Die operative Fallanalyse im Strafprozess

Europäische Hochschulschriften

European University Studies

Publications Universitaires Européennes

Reihe II	**Rechtswissenschaft**
Series II	Law
Série II	Droit

Band/ Volume **5906**

Frederike Stinshoff

Die operative Fallanalyse im Strafprozess

Ein Beitrag zur Dogmatik der persönlichen Beweismitte

PL ACADEMIC RESEARCH

Bibliografische Information der Deutschen Nationalbibliothek
Die Deutsche Nationalbibliothek verzeichnet diese Publikation in der Deutschen Nationalbibliografie; detaillierte bibliografische Daten sind im Internet über http://dnb.d-nb.de abrufbar.

Zugl.: Berlin, Freie Univ., Diss., 2016

D 188
ISSN 0531-7312
ISBN 978-3-631-71461-4 (Print)
E-ISBN 978-3-631-71464-5 (E-PDF)
E-ISBN 978-3-631-71465-2 (EPUB)
E-ISBN 978-3-631-71466-9 (MOBI)
DOI 10.3726/b10664

PL Academic Research ist ein Imprint der Peter Lang GmbH.
Peter Lang – Frankfurt am Main · Bern · Bruxelles · New York · Oxford · Warszawa · Wien

Diese Publikation wurde begutachtet.

www.peterlang.com

Meiner Familie

Vorwort

Die vorliegende Arbeit wurde im Sommersemester 2016 vom Fachbereich Rechtswissenschaft der Freien Universität Berlin als Dissertation angenommen.

An dieser Stelle möchte ich mich bei meinem Doktorvater Univ.-Prof. a.D. Dr. Klaus Rogall für die Betreuung meiner Arbeit sowie seine Anregungen und Unterstützung während der Bearbeitung bedanken.

Univ.-Prof. Dr. Carsten Momsen danke ich für die zügige Erstellung des Zweitgutachtens.

Mein besonderer Dank gilt meiner Familie, insbesondere meinen Eltern, die mich bedingungslos begleitet und unterstützt haben. Ihr Vertrauen in mich hat mir immer Kraft gegeben. Johannes danke ich für seine Liebe und seinen beständigen Rückhalt.

Hamburg, Oktober 2016 — Frederike Stinshoff

Inhaltsverzeichnis

Literaturverzeichnis

Ahlf, Ernst-Heinrich: Zur Ablehnung des Vertreters von Behördengutachten durch den Beschuldigten im Strafverfahren. MDR 1978, 981–983.

Alsberg, Max: Anmerkung zu RG v. 5.7.1928 – Az. 2 D 656/28. JW 1928, 2721–2722.

Alsberg, Max/Nüse, Karl Heinz/Meyer, Karlheinz: Der Beweisantrag im Strafprozeß. 3. Auflage, Köln 1967 (zit. *Alsberg/Nüse/Meyer*, 3. A.). 5. Auflage, Köln 1983 (zit. *Alsberg/Nüse/Meyer*, 5. A.). 6. Auflage, Köln 2013 (zit. Alsberg/Nüse/Meyer-*Bearbeiter*).

Arbab-Zadeh, Amir: Des Richters eigene Sachkunde und das Gutachterproblem im Strafprozess. NJW 1970, 1214–1219.

Artzt, Heinz: Begründung der Beschuldigten-Eigenschaft – Am Beispiel der Ermittlungsverfahren wegen NS-Verbrechen. Kriminalistik 1970, 379–384.

Arzt, Gunther: Anmerkung zu BGH v. 6.9.1968 – Az. 4 StR 339/68. JZ 1969, 438–440.

Aufenanger, Stefan/Lenssen, Margrit (Hrsg.): Handlung und Sinnstruktur. Bedeutung und Anwendung der objektiven Hermeneutik, München 1986 (zit. Aufenanger/Lenssen-*Bearbeiter*).

Bannenberg, Britta (Hrsg.): Alternativ-Entwurf Reform des Ermittlungsverfahrens (AE-EV): Entwurf eines Arbeitskreises deutscher, österreichischer und schweizerischer Strafrechtslehrer, München 2001 (zit. AE-EV).

Barton, Stephan: Der psychowissenschaftliche Sachverständige im Strafverfahren, Heidelberg 1983.

Bayerlein, Walter: Praxishandbuch Sachverständigenrecht, 5. Auflage, München 2015 (zit. Bayerlein-*Bearbeiter*).

Becker, Vera: Der Fallanalytiker im Strafprozess, Hamburg 2014.

Behrend, Jacob Friedrich (Hrsg.): Die Magdeburger Fragen, Berlin 1965.

Beling, Ernst: Deutsches Reichsstrafprozeßrecht, Berlin 1928.

Bennecke, Hans/Beling, Ernst: Lehrbuch des Deutschen Reichs-Strafprozessrechts, Breslau 1900.

Beulke, Werner: Strafprozessrecht, 12. Auflage, Heidelberg 2012.

Binding, Karl: Grundriss des Deutschen Strafprozessrechts, 5. Auflage, Leipzig 1904.

Birkmeyer, Karl: Deutsches Strafprozeßrecht, Berlin 1898.

Birnbaum, Johann: Über den Beruf der Sachverständigen im Criminalprozeß. Neues Archiv des Criminalrechts, 14. Bd., 2. Teil, 182–257.

Bittmann, Folker: Rechtsfragen um den Einsatz des Wirtschaftsreferenten. wistra 2011, 47–55.

Bleutge, Peter: Der öffentlich bestellte Sachverständige. DRiZ 1977, 170–173.

–: Die Hilfskräfte des Sachverständigen – Mitarbeiter ohne Verantwortung? NJW 1985, 1185–1191.

–: Besondere Sachkunde. DS 2007, 65.

Boetticher, Axel: Erste Erfahrungen mit der operativen Fallanalyse aus der Sicht des Revisionsrichters. FPPK 2010, 117–125.

Boetticher, Axel/Nedopil, Norbert/Bosinski, Hartmut A. G./Saß, Henning: Mindestanforderungen für Schuldfähigkeitsgutachten. NStZ 2005, 57–62.

Boetticher, Axel/Kröber, Hans-Ludwig/Müller-Isberner, Rüdiger/Böhm, Klaus/Müller-Metz, Reinhard/Wolf, Thomas: Mindestanforderungen für Prognosegutachten. NStZ 2006, 537–544.

Bosch, Nikolaus: Aspekte des nemo-tenetur-Prinzips aus verfassungsrechtlicher und strafprozessualer Sicht, Berlin 1998.

Bremer, Heinz: Der Sachverständige, 2. Auflage, Heidelberg 1973.

Brüning, Janique: Privatisierungstendenzen im Strafprozeß – Chancen und Risiken der Mitwirkung sachverständiger Privatpersonen im strafrechtlichen Ermittlungsverfahren. StV 2008, 100–104.

Bundeskriminalamt (Hrsg.): Zum Problem der Perseveranz in Delikttyp und modus operandi, BKA-Forschungsreihe, Bd. 17, Wiesbaden 1985 (zit. BKA-Forschungsreihe-Perseveranz-*Bearbeiter*).

Bundeskriminalamt (Hrsg.): Methoden der Fallanalyse – Ein internationales Symposium, BKA-Forschungsreihe, Bd. 38.1, Wiesbaden 1998 (zit. BKA-Forschungsreihe-*Bearbeiter*).

Bundeskriminalamt (Hrsg.): Die Operative Fallanalyse in der Hauptverhandlung – Ergebnisse eines BKA-Kolloquiums, Polizei + Forschung, Bd. 38, Köln 2009 (zit. BKA-Polizei+Forschung-*Bearbeiter*).

Conrad, Hermann: Deutsche Rechtsgeschichte. Bd. 1, Frühzeit und Mittelalter, 2. Auflage, Karlsruhe 1962. Bd. 2, Neuzeit bis 1806, Karlsruhe 1966.

Crefeld, Wolf: Bedarf es einer Ethik des Sachverständigen? Ein Plädoyer, den „objektiven“ durch den ärztlich engagierten Sachverständigen zu ersetzen. R & P 1994, 102–109.

Dahs, Hans: Handbuch des Strafverteidigers, 8. Auflage, Köln 2015.

Dästner, Christian: Zur Anwendbarkeit des § 74 StPO auf Polizeibeamte als Sachverständige. MDR 1979, 545–547.

Dern, Harald: Operative Fallanalysen bei Tötungsdelikten. Kriminalstik 2000, 533–541.

–: Heuristische Grundlagen der Fallanalyse. FPPK 2010, 98–106.

Dern, Harald/Horn, Alexander: Operative Fallanalyse bei Tötungsdelikten – Eine kriminologische und methodische Bestandsaufnahme im Jahr 2008. Kriminalistik 2008, 543–549.

Detter, Klaus: Der Sachverständige im Strafverfahren – eine Bestandsaufnahme. NStZ 1998, 57–61.

–: Der von der Verteidigung geladene psychiatrische Sachverständige – Konfliktverteidigung oder Ohnmacht der Tatgerichte? Festschrift für Lutz Meyer-Goßner, München 2001, 431–446.

Diepgen, Paul: Die Heilkunde und der ärztliche Beruf, Berlin 1947.

Dierlamm, Alfred: Das rechtliche Gehör vor der Auswahl eines Sachverständigen im Ermittlungsverfahren. Festschrift für Egon Müller, Baden-Baden 2008, 117–124.

Dippel, Karlhans: Die Stellung des Sachverständigen im Strafprozeß, Heidelberg 1986.

–: Ausgewählte Themen des Beweises durch Sachverständige im Strafverfahren. Festschrift für Egon Müller, Baden-Baden 2008, 125–145.

Ditzen, Wilhelm: Über Zeugenbeweisanträge im Strafverfahren. ZStW 10 (1890), 111–167.

Dose, Norbert: Der Sitzungsvertreter und der Wirtschaftsreferent der Staatsanwaltschaft als Zeuge in der Hauptverhandlung. NJW 1978, 349–354.

Duttge, Gunnar: Anmerkung zu BGH v. 10.9.2002 – Az. 1 StR 169/02. NStZ 2003, 375–378.

Egg, Rudolf (Hrsg.): Operative Fallanalyse bei Tötungsdelikten – Tötungsdelikte: mediale Wahrnehmung, kriminologische Erkenntnisse, juristische Aufarbeitung. Kriminologie und Praxis, Schriftenreihe der Kriminologischen Zentralstelle e.V., Bd. 36, Wiesbaden 2002, S. 109 ff. (zit. *Witt/Dern*).

Eisenberg, Ulrich: Zur Ablehnung des Sachverständigen im Strafverfahren wegen Besorgnis der Befangenheit. NStZ 2006, 368–374.

–: Beweisrecht der StPO (Spezialkommentar), 9. Auflage, München 2015.

Eisenhardt, Ulrich: Deutsche Rechtsgeschichte, 5. Auflage, München 2008 (zit. *Eisenhardt*, 5. A.) 6. Auflage, München 2013 (zit. *Eisenhardt*)

Erb, Volker: Die Abhängigkeit des Richters vom Sachverständigen. ZStW 121 (2009), 882–918.

Erb, Volker/Esser, Robert/Franke, Ulrich/Graalmann-Scheerer, Kirsten/Hilger, Hans/ Ignor, Alexander (Hrsg.) Löwe-Rosenberg, Großkommentar zur Strafprozessordnung. Bd. 1, §§ 1–212 b, 22. Auflage, Berlin 1971.

(zit. LR-*Bearbeiter*, 22. A.) Bd. 1, §§ 1–111 n, 24. Auflage, Berlin 1988.

(zit. LR-*Bearbeiter*, 24. A.) Bd. 3, §§ 213–295, 25. Auflage, Berlin 2000.

Bd. 4, §§ 213–295, 25. Auflage, Berlin 2001 (zit. LR-*Bearbeiter*, 25. A.).

Bd. 2, §§ 48–93, 26. Auflage, Berlin 2008.

Bd. 4, §§ 112–150, 26. Auflage, Berlin 2007.

Bd. 6/Teil 1, §§ 213–255 a, 26. Auflage, Berlin 2010.

Bd. 6/Teil 2, §§ 256–295, 26. Auflage, Berlin 2013 (zit. LR-*Bearbeiter*).

Erpenbach, Heinz: Operative Fallanalyse – Ein kriminalistisches Werkzeug zur Ermittlungsunterstützung im interdisziplinären Netzwerk. FPPK 2010, 107–116.

Feuerbach, von Joseph: Lehrbuch des gemein in Deutschland gültigen peinlichen Rechts, 7. Auflage, Gießen 1820.

Fezer, Gerhard: Die Folgen der Sachverständigenablehnung für die Verwertung seiner Wahrnehmungen. JR 1990, 397–401.

–: Strafprozeßrecht, 2. Auflage, München 1995.

–: Tatrichterlicher Erkenntnisprozess – „Freiheit" der Beweiswürdigung StV 1995, 95–101.

Fincke, Martin: Zum Begriff des Beschuldigten und den Verdachtsgraden. ZStW 95 (1983), 918–972.

Fischer, Thomas: Strafgesetzbuch, 62. Auflage, München 2015.

Fischer-Homberger, Esther: Medizin vor Gericht, Bern 1983.

Frank, Christel/Harrer, Gerhart: Der Sachverständige im Strafrecht, Berlin 1990 (zit. Frank/Harrer-*Bearbeiter*).

Frenken, J.: Kritische Betrachtungen über Sachverständigengutachten als Urteilsgrundlage. DAR 1956, 291–293.

Friederichs, Helmut: Persönliche Gutachterpflicht in Kliniken und Obergutachten. DRiZ 1971, 312–313.

–: Sachverständigengruppe und ihr Leiter – Fortentwicklung des Sachverständigenbeweisrechts? Zugleich eine Stellungnahme zu BGHSt 22, 268. JZ 1974, 257–258.

Fuld: Sachverständige und kein Ende. JW 1912, 520–521.

Geerds, Friedrich: Über strafprozessuale Maßnahmen, insbesondere Entnahme von Blutproben bei Verdacht der Trunkenheit am Steuer. GA 1965, 321–341.

–: Juristische Probleme des Sachverständigenbeweises. ArchKrim 137 (1966), 61–70.

–: Aufgaben und Probleme des Rechtsmediziners im Strafrecht. ArchKrim 187/188 (1991), 28–38.

Geppert, Klaus: Die Stellung des medizinischen Sachverständigen im Verkehrsstrafprozeß. DAR 1980, 315–323.

–: Der Zeugenbeweis (I). Jura 1991, 80–88.

–: Nochmals, doch immer wieder: Zum Beginn der „Beschuldigten"-Eigenschaft. Festschrift für Friedrich-Christian Schroeder, Heidelberg 2006, 675–690.

Gerlach, von Jürgen: Die Begründung der Beschuldigteneigenschaft im Ermittlungsverfahren. NJW 1969, 776–781.

Gerland, Heinrich: Der deutsche Strafprozeß, Mannheim 1927.

Gerst, Hans-Joachim: Profiler – Vom Täterprofilersteller in den USA und der Implementierbarkeit einzelner Aspekte seiner Tätigkeit in das deutsche Rechtssystem, 2. Auflage, München 2005.

Girnth, Joachim: Der Augenscheinsmittler und seine Einordnung in die Beweismittel des Strengbeweises, Bonn 1997.

Glaser, Julius: Handbuch des Strafprozesses, Bd. 1, Leipzig 1883 (zit. *Glaser*).

–: Beiträge zur Lehre vom Beweis im Strafprozess, Leipzig 1883 (zit. *Glaser*, Beiträge).

Goldschmidt, James: Der Prozeß als Rechtslage, Berlin 1925.

Gollwitzer, Walter: Behördengutachten in der Hauptverhandlung des Strafprozesses. Festschrift für Walther Weißauer, Heidelberg1986, 23–36.

Gönner, Nikolaus: Handbuch des deutschen gemeinen Prozesses, Bd. 2, Erlangen 1801.

Gössel, Karl: Strafverfahrensrecht, Stuttgart 1977.

–: Behörden und Behördenangehörige als Sachverständige vor Gericht. DRiZ 1980, 363–376.

–: Über Beweisverwertung, Beweiswürdigung und Beweisregeln. Gedächtnisschrift für Dieter Meurer, Berlin 2002, 381–394.

Grabow, Rolf: Anmerkung zu BGH v. 12.2.1998 – Az. 1 StR 588/97. StV 1999, 465–467.

Graf, Peter (Hrsg.): Beck'scher Online-Kommentar Strafprozessordnung, Edition 20, München Stand 15.1.2015 (zit. BeckOK/StPO-*Bearbeiter*).

Grolmann, von Karl: Grundsätze der Criminalrechts-Wissenschaft, 4. Auflage, Gießen 1825.

Grosjean, Sascha: Der Beginn der Beschuldigteneigenschaft, Frankfurt am Main, 1999.

Grünwald, Gerald: Das Beweisrecht der Strafprozeßordnung, Baden-Baden 1993.

Gundlach, Rainer: Die Vernehmung des Beschuldigten im Ermittlungsverfahren, Frankfurt am Main 1984.

Haar, Dirk-Hinrich: Möglichkeiten und Grenzen des sozio-psychologischen Täterprofilings in der Terrorismusbekämpfung. Kriminalistik 2012, 55–59.

Häberlein, Wilhelm: Die Sachverständigen im deutschen Recht, Marburg 1911.

Hagedorn, Axel: Die Bestellung des Sachverständigen im Strafverfahren wegen Wirtschaftskriminalität. StV 2004, 217–221.

Hahn, Carl: Die gesamten Materialien zur Strafprozeßordnung, 3. Bd. (Mat. zur StPO), 1. Abteilung, Berlin 1880.

Hall, Karl Alfred: Die Lehre vom Corpus Delicti, Stuttgart 1933.

Hamm, Rainer: Anmerkung zu BGH v. 6.7.1993 – Az. 5 StR 279/93. StV 1993, 455–458.

–: Die Revision in Strafsachen, 7. Auflage, Berlin 2010.

Hanack, Ernst-Walter: Zum Problem der persönlichen Gutachterpflicht, insbesondere in Kliniken. NJW 1961, 2041–2045.

–: Anmerkung zu BGH v. 7.5.1965 – Az. 2 StR 92/65. JR 1966, 425–427.

–: Zur Austauschbarkeit von Beweismitteln im Strafprozess JZ 1970, 561–564.

–: Die Rechtsprechung des Bundesgerichtshofes zum Strafverfahrensrecht JZ 1972, 114–116.

Hannich, Rolf (Hrsg.): Karlsruher Kommentar zur Strafprozessordnung und Gerichtsverfassungsgesetz. 1. Auflage, München 1982 (zit. KK-*Bearbeiter*, 1. A.) 7. Auflage, München 2013 (zit. KK-*Bearbeiter*).

Harbort, Stephan: Geographische Verhaltensmuster bei Serien-Sexualmördern. Kriminalistik 2006, 737–747.

Harms, Sven: Das Augenscheinsersatzobjekt im Strafprozess, Hamburg 2006.

Hegler, August: Die Unterscheidung des Sachverständigen vom Zeugen im Strafprozess. AcP 104 (1909), 151–291.

Heintschel-Heinegg, von Bernd/Stöckel, Heinz (Hrsg.): KMR Kommentar zur Strafprozessordnung Bd. 1, §§ 1–93, Stand: 63. EL, Köln 2012.

Bd. 3, §§ 223–295, Stand: 59. EL, Köln 2010.

Bd. 4, §§ 226–295, Stand 68. EL, Köln 2013 (zit. KMR-*Bearbeiter*).

Heitsch, Bernhard: Beweis und Verurteilung im Inquisitionsprozess Benedikt Carpzov´s, Göttingen 1964.

Hellmann, Uwe: Strafprozessrecht, 2. Auflage, Berlin 2006.

Henkel, Heinrich: Strafverfahrensrecht, 2. Auflage, Stuttgart 1968.

Hepner, Walter: Richter und Sachverständige. Kriminologische Schriftenreihe, Bd. 21, Husum 1966.

Herdegen,Gerhard: Die strafprozessualen Beweiswürdigungstheorien des Bundesgerichtshofs. Festschrift für Ernst-Walter Hanack, Berlin 1999, 311–330.

Heusler, Andreas: Die Grundlagen des Beweisrechts. AcP 62 (1879), 207–319.

Heydebreck, von Tessen: Die Begründung der Beschuldigteneigenschaft im Strafverfahren, Göttingen 1974.

Hindte, von Volker: Die Verdachtsgrade im Strafverfahren, Kiel 1973.

Hippel, von Robert: Lehrbuch des Strafrechts, Berlin 1932 (zit. *von Hippel*, Strafrecht).

–: Der deutsche Strafprozess, Marburg 1941 (zit. *von Hippel*).

Hochgartz, Peter: Zur Perseveranz bei Sexualmorden. Kriminalistik 2000, 322–327.

Hoppmann, Gerhard: Die Entwicklung der Rasterfahndung und DNA-Reihenuntersuchung. Kriminalistik 2013, 291–297.

Jähnke, Burkhard: Über die Befugnis des Revisionsgerichts zur Nachprüfung der tatrichterlichen Beweiswürdigung. Festschrift für Ernst-Walter Hanack, Berlin 1999, 355–368.

Jansen, Gabriele: Zeuge und Aussagepsychologie, 2. Auflage, Heidelberg 2012.

Jarass, Hans/Pieroth, Bodo: Grundgesetz, 13. Auflage, München 2014.

Jerouschek, Günter: Wie frei ist die Beweiswürdigung? – Überlegungen zur Genese, Funktion und zu Perspektiven eines strafprozessualen Rechtsinstituts. GA 1992, 493–515.

Jessnitzer, Kurt: Der Blutentnahmearzt als Sachverständiger Blutalkohol 1968, 184–188.

Jessnitzer, Kurt/Ulrich, Jürgen: Der gerichtliche Sachverständige, 11. Auflage, Köln 2001.

John, Richard E.: Strafproceßordnung für das Deutsche Reich, Bd. 1, Erlangen, 1884.

Jüttemann, Gerd (Hrsg.): Qualitative Forschung in der Psychologie, Weinheim 1985. (zit. Jüttemann-*Bearbeiter*).

Gercke, Björn/Julius, Peter/Temming, Dieter/Zöller, Mark (Hrsg.): Heidelberger Kommentar zur Strafprozessordnung, 5. Auflage, Heidelberg 2012 (zit. HK-*Bearbeiter*).

Jung, Heike: Straffreiheit für den Kronzeugen?, Köln 1974.

Kaufmann, Arthur: Das Problem der Abhängigkeit des Strafrichters vom medizinischen Sachverständigen. JZ 1985, 1065–1072.

Kerameus, Konstantinos: Die Entwicklung des Sachverständigenbeweises im deutschen und griechischen Zivilprozessrecht, Berlin 1963.

Kindhäuser, Urs: Strafprozessrecht, 3. Auflage, Baden-Baden 2013.

Klaming, Laura/Heubrock, Dietmar: Operative Fallanalyse bei Raubdelikten – Der Modus Operandi von Raubtätern. Kriminalistik 2007, 308–311.

Kleinknecht Theodor: Ermittlungen der Polizei nach der „kleinen Strafprozeßreform". Kriminalistik 1965, 449–456.

–: Strafprozessordnung, 30. Auflage, München 1970.

Kohlhaas, Max: Vom ersten Zugriff zum Schlussgehör. NJW 1965, 1254–1257.

Köhler, Denis/Müller, Silvia/Kernbichler, Andreas/Boogaart, van den Hilde/Hinrichs, Günter: Tathergangsanalyse in der forensischen Praxis? Die Beziehung zwischen Täterverhalten und Persönlichkeit bei Gewalt- und Sexualstraftätern. MschrKrim 2007, 360–373.

Krauß, Detlef: Richter und Sachverständige im Strafverfahren. ZStW 85 (1973), 320–359.

Krekeler, Wilhelm: Der Sachverständige im Strafverfahren, insbesondere im Wirtschaftsstrafverfahren. wistra 1989, 52–56.

Krekeler, Wilhelm/Löffelmann, Markus/Sommer, Ulrich (Hrsg.): Anwaltkommentar Strafprozessordnung, 2. Auflage, Bonn 2010.

Krey, Volker: Deutsches Strafverfahrensrecht, Bd. 2, Stuttgart 2007.

Kries, von August: Der Beweis im Strafprozess des Mittelalters, Weimar 1878 (zit. *v. Kries*).

–: Das Prinzip der Unmittelbarkeit im Beweisverfahren der deutschen Prozessordnungen. ZStW 6 (1886), 88–203.

–: Lehrbuch des Deutschen Strafprozeßrechts, Freiburg i. B. 1892 (zit. *v. Kries*, Strafprozessrecht).

Kröber, Hans-Ludwig: Tatbild und Tatanalyse – Editorial. FPPK 2010, 89.

Kruchen, Günter: Der gerichtliche Sachverständige als Organ der Zivilrechtspflege, Frankfurt am Main 1973.

Krüger, Matthias: Erklärungen von Behörden, Sachverständigen und Ärzten im Strafprozess (§ 256 StPO). Festschrift für Imme Roxin, Heidelberg 2012, 601–614.

Kube, Edwin/ Leineweber, Heinz: Polizeibeamte als Zeugen und Sachverständige, 2. Auflage, Köln 1980.

Kühne, Hans-Heiner: Strafprozessrecht, 8. Auflage, Heidelberg 2010.

Küper, Wilfried: Historische Bemerkungen zur „freien Beweiswürdigung“ im Strafprozess Festschrift für Karl Peters, Heidelberg 1984, 23–46.

Lampe, Ernst-Joachim: Richterliche Überzeugung. Festschrift für Gerd Pfeiffer, Köln 1988, 353–377.

Leineweber, Heinz: Die Rechtsstellung der Polizeibediensteten als Sachverständige vor Gericht (Zugleich Erwiderung auf Dästner in MDR 1979 S. 545 ff.). MDR 1980, 7–10.

Lemme, Dirk: Zur Ablehnung des Wirtschaftsreferenten der Staatsanwaltschaft gem. § 74 StPO. wistra 2002, 281–288.

Lent, Friedrich: Die Abgrenzung des Sachverständigen vom Zeugen im Zivilprozess. ZZP 60 (1936), 9–48.

Ligges, Wolfgang: Die Stellung des Sachverständigen im deutschen Strafprozeßrecht, Münster 1963.

Lohner, Erwin: Der Tatverdacht im Ermittlungsverfahren, Frankfurt am Main 1994.

Löwe, Ewald: Die Strafprozessordnung für das Deutsche Reich Kommentar, 13. Auflage, Berlin 1913 (zit. Löwe-*Rosenberg*).

Lück, Heiner: Über den Sachsenspiegel, 3. Auflage, Wettin-Löbejün OT Dößel 2013.

Lürken, Günter: Auswahl und Leitung des Sachverständigen im Strafprozeß. (§§ 73, 78 StPO). NJW 1968, 1161–1165.

Mahnken, Julia: Fallanalyse bei Mehrfachbrandstiftungen an Kraftfahrzeugen. Kriminalistik 2012, 555–560.

Mayer, Hellmuth: Der Sachverständige im Strafprozess. Festschrift für Edmund Mezger, München 1954, 455–476.

Mende, Ludwig: Ausführliches Handbuch der gerichtlichen Medizin für Gesetzgeber, Rechtsgelehrte, Aerzte und Wundärzte, Erster Theil, Leipzig 1819.

Meurer, Dieter: Beweiswürdigung, Überzeugung und Wahrscheinlichkeit. Festschrift für Herbert Tröndle, Berlin 1989, 533–549.

Meyer, Paul/Höver, Albert/Bach, Wolfgang/Oberlack, Henning: Die Vergütung und Entschädigung von Sachverständigen, Zeugen, Dritten sowie von ehrenamtlichen Richtern nach dem JVEG, 26. Auflage, Köln 2014

Meyer-Goßner, Lutz/Schmitt, Betram: Strafprozessordnung Kommentar, 58. Auflage, München 2015.

Mezger, EdmundM: Der psychiatrische Sachverständige im Prozeß. AcP 117 (1918), Beilageheft, 1–208.

–: Probleme der strafrechtlichen Zurechnungsfähigkeit, München 1949.

Mitteis, Heinrich/Lieberich, Heinz: Deutsche Rechtsgeschichte, 19. Auflage, München 1992.

Mittermaier, Joseph: Beiträge zur Lehre vom Beweise durch Sachverständige. AcP 2 (1819), 119–140.

–: Theorie des Beweises im Peinlichen Prozesse, Darmstadt 1821 (zit. *Mittermaier*).

–: Stellung und Wirksamkeit der Sachverständigen im Strafverfahren. GA 1853, 7–24; 107–137.

–: Die Gesetzgebung und Rechtsübung über Strafverfahren, Erlangen 1856 (zit. *Mittermaier*, Strafverfahren).

Montenbruck, Axel: „Entlassung aus der Zeugenrolle" – Versuch einer Fortentwicklung der materiellen Beschuldigtentheorie. ZStW 89 (1977), 878–898.

Moos, Reinhard: Beschuldigtenstatus und Prozeßrechtsverhältnis im österreichischen Strafverfahrensrecht. Festschrift für Hans-Heinrich Jescheck, Berlin 1985, 725–755.

Morgenthau, Otto: Zeugen und Sachverständige: Ihre Unterscheidung, Wiesbaden 1913.

Müller, Egon: Über Probleme des Sachverständigenbeweises im staatsanwaltschaftlichen Ermittlungsverfahren. Festschrift für Gerhard Lüke, München 1997, 493–502.

Müller, Klaus: Der Sachverständige im gerichtlichen Verfahren, 3. Auflage, Heidelberg 1988.

Müller-Dietz, Heinz: Die Stellung des Beschuldigten im Strafprozeß ZStW 93 (1981), 1177–1270.

Musolff, Cornelia/Hoffmann, Jens: Fallanalyse und Täterprofil, 2. Auflage Heidelberg 2006 (zit. *Hoffmann/Musolff*).

Musolff, Cornelia/Hoffmann, Jens (Hrsg.): Täterprofile bei Gewaltverbrechen, 2. Auflage, Berlin 2007 (zit. Musolff/Hoffmann-*Bearbeiter*).

Nagel, Udo/Horn, Alexander: ViCLAS – Ein Expertensystem als Ermittlungshilfe. Kriminalistik 1998, 54–58.

Neuhaus, Ralf: Der Profiler – Nur Mythos oder brauchbares Beweismittel im Strafprozess? Festschrift für Werner Beulke, Heidelberg 2015, 911–925.

Niese, Werner: Doppelfunktionelle Prozesshandlungen, Göttingen 1950.

Nitschke, Joachim/Schinke, D./Ottermann, Bernd/Thomas, J./Osterheider, Michael: Forensische Psychiatrie und operative Fallanalyse. Nervenarzt 2011, 827–833.

Nix, Christoph: Ablehnung eines polizeilichen Sachverständigen. Kriminalistik 1994, 83–86.

Obermeyer, Moritz: Die Lehre von den Sachverständigen im Civilprocess, München 1880.

Oevermann, Ulrich/Leidinger, Erwin/Simm, Andreas/Störmer, Thomas/Tykwer, Jörg: Kriminalistische Datenerschließung, Wiesbaden 1994.

Paulus, Rainer: Beweisverbote als Prozeßhandlungshindernisse. Gedächtnisschrift für Gedächtnisschrift für Karlheinz Meyer, Berlin 1990, 309–330.

Perron, Walter: Das Beweisantragsrecht des Beschuldigten im deutschen Strafprozeß, Berlin 1995.

Peters, Karl: Strafprozess, 4. Auflage, Heidelberg 1985.

Pfeiffer, Gerd: Strafprozessordnung, 5. Auflage, München 2005.

Planck, Julius Wilhelm: Die Lehre von dem Beweisurtheil, Göttingen 1848 (zit. *Planck*, Beweisurtheil).

–: Das Deutsche Gerichtsverfahren im Mittelalter, 2. Bd., Braunschweig 1879 (zit. *Planck*).

Poppen, Enno: Die Geschichte des Sachverständigenbeweises im Strafprozeß des deutschsprachigen Raumes, Göttingen 1984.

Prittwitz, Cornelius: Der Mitbeschuldigte im Strafprozess, Frankfurt am Main 1984.

Puppe, Ingeborg: Anmerkung zu BGH v. 2.8.1995 – Az. 2 StR 221/94. JZ 1996, 318–320.

Ranft, Otfried: Strafprozeßrecht, 3. Auflage, Stuttgart 2005.

Rasch, Wilfried/Jungfer, Gerhard: Die Ladung des psychiatrisch-psychologischen Sachverständigen nach § 220 StPO – Ein Disput. StV 1999, 513–515.

Rauch, Hans-Joachim: Auswahl und Leitung des Sachverständigen im Strafprozess, Bemerkungen zu Sarstedt in NJW 1968, 177. NJW 1968, 1173–1175.

Reichertz, Jo: Expertensysteme in der Kriminalistik. Kriminalistik 1998, 47–53.

Reinwarth, Jürgen: Psychological Profiling. Kriminalistik 1986, 173–174.

Rieß, Peter: Zur Revisibilität der freien tatrichterlichen Überzeugung. GA 1978, 257–277.

–: Die Vernehmung des Beschuldigten im Strafprozeß. JA 1980, 293–301.

Robak, Markus: Profiling: Täterprofile und Fallanalysen als Unterstützung strafprozessualer Ermittlungen, Münster 2004.

Rogall, Klaus: Der Beschuldigte als Beweismittel gegen sich selbst, Berlin 1977.

–: Zur Verwertbarkeit der Aussage einer noch nicht beschuldigten Person. MDR 1977, 978–980.

–: Der „Verdächtige" als selbständige Auskunftsperson im Strafprozess. NJW 1978, 2535–2538.

–: Der Augenscheinsgehilfe im Strafprozess. Gedächtnisschrift für Karlheinz Meyer, Berlin 1990, 391–412.

–: Anmerkung zu BGH v. 28.2.1997 – Az. StB 14/96. NStZ 1997, 399–400.

–: Behördengutachten im Strafverfahren. Festschrift für Karl-Heinz Gössel, Heidelberg 2002, 511–527.

–: Die Beschuldigtenstellung im Strafverfahren. Objektivismus und Subjektivismus bei der Statusbegründung Festschrift für Wolfgang Frisch, Berlin 2013, 1199–1232.

Rosenberg, Leo/Schwab, Karl Heinz/Gottwald, Peter: Zivilprozessrecht, 17. Auflage, München 2010.

Roxin, Claus: Beschuldigtenstatus und qualifizierte Belehrung – zugleich eine Besprechung von BGH 1 StR 3/07. JR 2008, 16–19.

–: Zur Beschuldigteneigenschaft im Strafprozess. Festschrift für Heinz Schöch, Berlin 2010, 823–838.

Roxin, Claus/Schünemann, Bernd: Strafverfahrensrecht, 28. Auflage, München 2014.

Rückert, Sabine: Tatort-Analyse. Die ZEIT, 16/2004.

Rudorff, Adolf August (Hrsg.): Vorlesungen über das heutige römische Recht von Georg Friedrich Puchta, Leipzig 1873.

Rüping, Hinrich: Das Strafverfahren, 3. Auflage, München 1997.

Sarstedt, Werner: Auswahl und Leitung des Sachverständigen im Strafprozess. NJW 1968, 177–182.

Sass, Wolfgang: Der „Mangel-Beweis“ durch Sachverständige und die Symptomtheorie des BGH. DS 2010, 132–139.

Savigny, von Friedrich Carl: Über Schwurgerichte und Beweistheorie im Strafprozesse GA 6 (1858), 469–491.

Schäfer, Gerhard: Anmerkung zu BGH v. 11.1.1963 – Az. 3 StR 52/62 GA 1964, 48–50.

–: Freie Beweiswürdigung und revisionsrechtliche Kontrolle. StV 1995, 147–157.

–: Die Praxis des Strafverfahrens, 6. Auflage, Stuttgart 2000.

Schiemann, Anja: Profiling und Operative Fallanalyse im Strafverfahren. NStZ 2007, 684–688.

Schikora, Gregor: Einsichtnahme in die Handakten von Sachverständigen durch Gericht und Parteien MDR 2002, 1033–1035.

Schlüchter, Ellen: Das Strafverfahren, 2. Auflage, Köln 1983.

Schmidhäuser, Eberhard: Zeuge, Sachverständiger und Augenscheinsgehilfe. ZZP 72 (1959), 365–402.

Schmidt, Eberhardt: Lehrkommentar zur Strafprozessordnung und zum Gerichtsverfassungsgesetz, Teil I, Göttingen 1952 (zit. *Eb. Schmidt* I) Teil II, Göttingen 1957 (zit. *Eb. Schmidt* II).

Nachträge und Ergänzungen zu Teil II, Nachtragsband I, Göttingen 1967 (zit. *Eb. Schmidt*, Nachtragsband I).

–: Einführung in die Geschichte der deutschen Strafrechtspflege 3. Auflage, Göttingen 1965 (zit. *Eb. Schmidt*, Geschichte).

–: § 261 StPO in der neueren höchstrichterlichen Rechtsprechung. JZ 1970, 337–343.

Schnellbach, Dietrich: Sachverständigengutachten kollegialer Fachbehörden im Prozeß (unter besonderer Berücksichtigung des österreichischen Rechts), Marburg 1964.

Schröer, Judith/Anders, Sven/Sperhake, Jan/Heinemann, Axel/Püschel, Klaus: Undoing – Ein besonderer Aspekt der Tatortanalyse. Kriminalistik 2006, 76–79.

Schulz, Joachim: Die Austauschbarkeit von Beweismitteln oder die Folge apokrypher Beweismittel. StV 1983, 341–350.

Schumann, Antje: BGHSt 10, 8, und der Willensakt der Strafverfolgungsbehörde zur Begründung der Beschuldigteneigenschaft – Karriere einer Entscheidung. GA 2010, 699–715.

Senge, Lothar: Strafverfahrensänderungsgesetz – DNA-Analyse. NJW 1997, 2407–2412.

Seyler, Wendelin: Das Behördengutachten im Strafprozess. GA 1989, 546–568.

Soeffner, Hans-Georg (Hrsg.): Interpretative Verfahren in den Sozial- und Textwissenschaften, Stuttgart 1979 (zit. Soeffner-*Bearbeiter*).

Stein, Friedrich: Das private Wissen des Richters, Leipzig 1893.

–: Anmerkung zu RG v. 30.1.1922 – Az. 3D 1125/21. JW 1923, 15–16.

Stenglein, Melchior: Lehrbuch des deutschen Strafprozessrechts, Stuttgart 1887.

Strippelmann, Friedrich: Die Sachverständigen im gerichtlichen und außergerichtlichen Verfahren, Cassel 1858.

Stübel, Christoph: Das Criminalverfahren in den deutschen Gerichten, Bd. 2, Leipzig 1811. Bd. 4, Leipzig 1811.

Toepel, Friedrich: Grundstrukturen des Sachverständigenbeweises im Strafprozess, Tübingen 2002.

Tondorf, Günter/Tondorf, Babette: Psychologische und psychiatrische Sachverständige im Strafverfahren, 3. Auflage, Heidelberg 2011.

Tondorf, Günter/Waider, Heribert: Der Sachverständige, ein „Gehilfe" auch des Strafverteidigers? StV 1997, 493–497.

Tröndle, Herbert: Der Sachverständigenbeweis. JZ 1969, 37–378.

Ullmann, von Emanuel: Lehrbuch des Deutschen Strafprocessrechts, München 1893.

Ulrich, Jürgen: Der gerichtliche Sachverständige, 12. Auflage, Köln 2007.

Volk, Klaus/Engländer, Armin: Grundkurs StPO, 8. Auflage, München 2013.

Volbert, Renate/Steller, Max (Hrsg.): Handbuch der Rechtspsychologie, Göttingen 2008 (zit. Volbert/Steller-*Bearbeiter*).

Vyhnálek, Sascha: Die Abgrenzung von Sachverständigen und Zeugen im Strafverfahren, Kiel 1997.

Walder, Hans: Die Vernehmung des Beschuldigten, Hamburg, 1965.

Walter, Gerhard: Freie Beweiswürdigung, Tübingen 1979.

Walther: Zur Lehre vom sogenannten Beweis durch Kunst- und Sachverständige, insbesondere aber über deren von Amtswegen verfügte Beiziehung im Civilprozeß. AcP 26 (1843), 85–113; 249–295.

Wassermann, Rudolf (Hrsg.): Reihe Alternativkommentare, Kommentar zur Strafprozessordnung in drei Bänden. 1. Bd, §§ 1–93, Neuwied 1988. 2. Bd./Tb. 1, §§ 94–212 b, Neuwied 1992 (zit. AK-*Bearbeiter*).

Wegener, Rudolf: Konzept der operativen Fallanalyse (OFA) bei Tötungsdelikten aus Sicht der Rechtsmedizin. Rechtsmedizin 2003, 315–328.

Wellmann, Carl: Der Sachverständige in der Praxis, 6. Auflage, Düsseldorf 1997.

Welzel, Hans: Das deutsche Strafrecht, 11. Auflage, Berlin 1969.

Wenskat, Wolfgang: Der richterliche Augenschein im deutschen Strafprozess, Frankfurt am Main 1988.

Wetzell, Georg: System des ordentlichen Civilprocesses, 3. Auflage, Leipzig 1878.

Widmaier, Gunter: Anmerkung zu BGH v. 6.7.1993 – Az. 5 StR 279/93. NStZ 1993, 602–604.

Widmaier, Gunter/Müller, Eckhart/Schlothauer, Reinhold (Hrsg.): Münchner Anwaltshandbuch, Strafverteidigung, 1. Auflage, München 2006 (zit. MAH-*Bearbeiter*, 1. A.) 2. Auflage, München 2014 (zit. MAH-*Bearbeiter*).

Wieczorek, Arnold: Lassen sich Operative Fallanalysen durch psychologische Verhaltensanalysen optimieren? Kriminalistik 2006, 86–91.

Wiegmann, Barbara: Ablehnung von Mitarbeitern der Strafverfolgungsbehörden als Sachverständige (§ 74 StPO) StV 1996, 570–574.

Wippler, Alice: Die Operative Fallanalyse als Beweismittel im Strafprozess, Berlin 2008.

Wolter, Jürgen (Hrsg.): Systematischer Kommentar zur Strafprozessordnung und zum Gerichtsverfassungsgesetz 4. Bd., §§ 199–263, 3. Auflage, Köln, Stand Oktober 2009 (zit. SK-*Bearbeiter*, 3. A.).

1. Bd., §§ 1–93 StPO, 4. Auflage, Köln 2014.

2. Bd., §§ 94–136 a StPO, 4. Auflage, Köln 2010.

4. Bd., §§ 198–246, 4. Auflage, Köln 2011.

5. Bd., §§ 246 a-295, 4. Auflage, Köln 2012 (zit. SK-*Bearbeiter*).

Zachariae, Heinrich: Handbuch des deutschen Strafprocesses. Bd. 1, Göttingen 1860. Bd. 2, Göttingen 1868.

Zacharias, Klaus: Der gefährdete Zeuge im Strafverfahren, Berlin 1997.

Zieschang, Frank: Anmerkung zu BGH v. 12.2.1998 – Az. 1 StR 588/97. StV 1999, 467–470.

Zimmermann, Peter: Sachverständigenpflichten. DS 2006, 304–316.

Zipf, Heinz: Strafprozeßrecht, Berlin 1972.

Zöller, Richard: Zivilprozessordnung Kommentar, 30. Auflage, Köln 2014.

Zwiehoff, Gabriele: Das Recht auf den Sachverständigen, Baden-Baden 2000.

1. Kapitel: Einleitung

Die *„Explosion der Erkenntnisse über naturwissenschaftliche Themen und die Fortschritte der psychologischen Diagnostik“*[1] sowie die zunehmende Komplexität der Verfahrensmaterie führten in den letzten Jahrzehnten zu einem deutlichen Anstieg des Stellenwerts des Sachverständigenbeweises.[2] Das gilt insbesondere auch für den Bereich des kriminaltechnischen Sachbeweises, der regelmäßig durch die entsprechenden Dienststellen der Strafverfolgungsbehörden erbracht wird. Die Kriminaltechnik dient dem Entschlüsseln von Spuren am Tatort zur Unterstützung der Ermittlungen.[3]

Eine vergleichsweise neue Form[4] des kriminaltechnischen Sachbeweises ist die sogenannte *operative Fallanalyse*.[5] Dabei handelt es sich um eine von einer FBI-Methode abgeleitete Form der Ermittlungsunterstützung, die vom Bundeskriminalamt weiter entwickelt wurde.

Durch die Unterhaltungsindustrie hat die FBI-Methode, die im allgemeinen Sprachgebrauch als *„Profiling“* bekannt ist, in Filmen und Serien wie *„Das Schweigen der Lämmer“* (1991), *„Profiler“* (1996–2000) und *„Criminal Minds“* (seit 2005) große Aufmerksamkeit erfahren. Dabei steht regelmäßig das Erkennen des Täters durch einzelne Akteure mit teilweise parapsychologischen Fähigkeiten im Vordergrund.

Mit der tatsächlichen Arbeit der deutschen Polizei hat das in Film und Fernsehen gezeichnete Bild jedoch kaum etwas zu tun. Insbesondere ist es nicht Ziel der die OFA durchführenden *„polizeilichen Fallanalytiker“*,[6] den individuellen Täter zu bestimmen. Vielmehr versuchen die in den Landeskriminalämtern und

---

1 *E. Müller*, FS-Lüke, 493, 498.

2 *Dierlamm*, FS-E. Müller, S. 117; *E. Müller*, FS-Lüke, 493, 498.

3 Zum kriminaltechnischen Sachbeweis SK-*Rogall*, Vor § 72 Rn. 182 ff.; *Peters*, S. 295, 325; *Eisenberg*, Rn. 1895 ff.

4 Die von *Marsh* entdeckte Arsen-Probe für den Nachweis von Vergiftungsdelikten gibt es bereits seit 1836, beschrieben bei *Diepgen*, S. 286; *Fischer-Homberger*, S. 399 ff.; *Dippel*, S. 9.

5 Im Folgenden auch als *„OFA“* oder *„Fallanalyse“* bezeichnet. Mit diesen Begriffen wird in dieser Arbeit ausschließlich die operative Fallanalyse bezeichnet, wie sie im 2. Kapitel, A. definiert wird.

6 Wenn im Folgenden von Fallanalytikern die Rede ist, sind damit in Abgrenzung zu selbsternannten Fallanalytikern ausschließlich die *„polizeilichen Fallanalytiker“* gemeint. Dieses Zertifikat wird nach erfolgreichem Abschluss der Ausbildung zum

dem Bundeskriminalamt eingegliederten[7] OFA-Einheiten, durch die Rekonstruktion des Tathergangs anhand objektiver Kriterien in Teamarbeit neue Erkenntnisse zu gewinnen, um die laufenden Ermittlungen zu unterstützen. An die Rekonstruktion des Tathergangs können sich weitere Schritte anschließen, auch die Erstellung eines Täterprofils.[8] Dabei dient das Täterprofil aber nicht der Individualisierung des Täters, sondern es soll seine Persönlichkeits- und Verhaltensmerkmale so beschreiben, dass er von anderen Personen signifikant zu unterscheiden ist.[9] Auf diese Weise soll der Kreis der Verdächtigen eingegrenzt werden, um die Ermittlungen zu priorisieren.[10]

Bei dieser Form des kriminaltechnischen Sachbeweises stellen sich strafprozessuale Fragen, die der Klärung bedürfen.[11] Urteile der Instanz- und Revisionsgerichte der letzten Jahre zeigen, dass einerseits ein wachsendes Bedürfnis an der Verwertung von Fallanalyseergebnissen in der Hauptverhandlung zu bestehen scheint. Andererseits zeigen sie eine große Unsicherheit im Umgang mit der Fallanalyse und der prozessualen Einführung ihrer Ergebnisse.[12] Auch in der juristischen Literatur findet eine vermehrte Auseinandersetzung mit der operativen Fallanalyse und der forensischen Verwertung ihrer Ergebnisse statt.[13]

Sollen die Erkenntnisse einer Fallanalyse im Strafverfahren verwertet werden und betreffen diese fallanalytischen Ergebnisse Schuld- und Rechtsfolgentatsachen, müssen sie in Form des Strengbeweises in das Hauptsacheverfahren eingeführt und dementsprechend in den *numerus clausus* der Beweismittel

---

„polizeilichen Fallanalytiker“ nach den Ausbildungsstandards des Bundeskriminalamts verliehen, s. auch 2. Kapitel, E.

7 S. dazu 2. Kapitel, D. I.

8 Zum Ablauf und den einzelnen Phasen der Fallanalyse ausführlich 2. Kapitel, B.

9 *Dern*, Kriminalistik 2000, 533, 538.

10 MAH-*Dern*, § 84 Rn. 2; Musolff/Hoffmann-*Nagel*, S. 295; dazu ausführlich 2. Kapitel, B. V.

11 SK-*Rogall*, Vor § 72 Rn. 186.

12 Vgl. BGH NStZ 2006, 712 f.; BGH NStZ 2009, 284 f.; BGH NJW 2007, 92 ff.; BGH BeckRS 2007, 12286; BGH, Beschl. v. 9.5.2006 – Az. 1 StR 149/05, dargestellt in BKA-Forschung+Polizei-*Boetticher*, S. 44 ff. und *Wippler*, S. 126 ff.

13 Umfassend *Becker*, S. 1 ff. und *Wippler*, S. 1 ff.; *Boetticher*, FPPK 2010, 117 ff.; Musolff/Hoffmann-*Bruns*, S. 257 ff.; BKA-Kolloquium zum Thema *„Die Operative Fallanalyse in der Hauptverhandlung“* im Dezember 2006, Beiträge veröffentlicht in BKA-Polizei+Forschung, Bd. 38; MAH-*Dern*, § 84 Rn. 1 ff.; *Schiemann*, NStZ 2007, 684; *Wegener*, Rechtsmedizin 2003, 315, 325 ff.; SK-*Rogall*, Vor § 72 Rn. 186 ff.; in Ansätzen *Gerst*, S. 1 ff.; *Roback*, S. 1 ff.

eingeordnet werden.[14] In Betracht kommen der Zeugen-, der Sachverständigen-, der Augenscheins- und der Urkundsbeweis.

Weil es sich bei den Fallanalytikern um natürliche Personen handelt, liegt eine forensische Verwertung ihrer Ergebnisse im Wege des Personalbeweises nahe, also ihre Vernehmung als Zeugen oder Sachverständige, wie es teilweise von der Rechtsprechung gehandhabt[15] und von der Literatur vertreten[16] wird. Ob diese Form der Verwertung der Fallanalyseergebnisse im Strafprozess rechtlich zutreffend ist, oder ob nicht eine andere Form der Verwertung erfolgen muss, z.B. durch Verlesung eines Behördengutachtens oder Behördenzeugnisses, soll im Folgenden betrachtet werden.[17]

Im Zusammenhang mit der derzeit wohl überwiegend vertretenen Auffassung, dass Fallanalyseergebnisse durch die Vernehmung von Fallanalytikern als Zeugen oder Sachverständige verwertet werden, stellt sich die Frage, wann eine Beweisperson Zeuge und wann sie Sachverständiger ist. Die seit dem Inkrafttreten der Reichsstrafprozessordnung im Jahr 1877[18] bis heute bestehenden Schwierigkeiten bei der Abgrenzung sind insbesondere der historischen Entwicklung des Sachverständigenbeweises geschuldet.[19]

Die Abgrenzung der Beweispersonen voneinander ist unerlässlich, weil das Gesetz die Beweispersonen unterschiedlich behandelt und die jeweilige Einordnung unterschiedliche Rechtspflichten auslöst.[20] Im Laufe der Zeit wurden verschiedene Versuche unternommen, ein allgemeingültiges Abgrenzungskriterium zu finden. Sie können nicht vollständig überzeugen. Auch die heute wohl als h. M. anerkannte sogenannte Kriterienkombination bietet Anlass zu Kritik.[21] Die Frage der Verwertung der Ergebnisse der operativen Fallanalyse im Strafprozess soll daher zum Anlass genommen werden, sowohl die h. M. als auch einige weitere, zur Abgrenzung der Beweispersonen entwickelte Theorien auf

---

14 *Boetticher*, FPPK 2010, 117, 118; BKA-Polizei+Forschung-*Ignor*, S. 93; vgl. *Meyer-Goßner/Schmitt*, § 244 Rn. 6; KK-*Krehl*, § 244 Rn. 8 m. w. N.

15 BGH BeckRS 2007, 12286; BGH NJW 2007, 92.

16 *Wippler*, S. 177, 313; *Becker*, S. 166 f., 208; Musolff/Hoffmann-*Bruns*, S. 257, 265 Fn. 41; *Gerst*, S. 219 ff.

17 Die Vernehmung von Fallanalytikern als Augenscheinsgehilfen zur Verwertung ihrer Ergebnisse erscheint nicht zielführend (s. dazu auch 4. Kapitel, C. IV.) und wird nach hiesigen Erkenntnissen auch nicht vertreten.

18 Zur Entstehung *Glaser*, S. 188 ff.

19 Vgl. *Dippel*, S. 7, 11; Pawlak, S. 55; SK-*Rogall*, Vor § 72 Rn. 2; LR-*Krause*, Vor § 72 Rn. 1.; s. auch 3. Kapitel, B. I., D.

20 Z. B. §§ 74, 80, 244 IV StPO.

21 S. dazu Ausführungen im 3. Kapitel, D. 8., 9.; vgl. z.B. auch *Vyhnálek*, S. 43 f.

ihre Tauglichkeit zu prüfen und zu bewerten. Voraussetzung dafür ist die Betrachtung der persönlichen Beweismittel, ihrer Beweisaufgaben und der für sie bestehenden prozessualen Besonderheiten.

Um die Frage beantworten zu können, wie die Fallanalyseergebnisse forensisch verwertet werden können, bedarf es zunächst einer Definition der operativen Fallanalyse sowie eines Verständnisses über die Aufgabenbereiche, die Vorgehensweise und die verwendeten Methoden der Fallanalytiker. Diese werden im zweiten Kapitel dargestellt.

Im dritten Kapitel erfolgt eine Untersuchung der möglichen Formen der Verwertung. Dafür werden die persönlichen Beweismittel mit ihren Aufgaben und prozessualen Besonderheiten beschrieben. Es findet an dieser Stelle eine vertiefte, abstrakte Darstellung statt, um die tatsächlichen und rechtlichen Unterschiede der Beweispersonen aufzuzeigen und somit Grundlagen für die spätere Behandlung der Abgrenzungsproblematik zu schaffen. Der Abschnitt über die historische Entwicklung des Sachverständigenbeweises soll dem besseren Verständnis der bestehenden Abgrenzungsproblematik dienen.

Insbesondere im Zusammenhang mit dem Sachverständigenbeweis werden ferner prozessuale Besonderheiten behandelt, die für die im dritten Teil stattfindende Betrachtung der von Rechtsprechung und Literatur vornehmlich erfolgenden Einordnung von Fallanalytikern in das Strafverfahren als Sachverständige von Bedeutung sind.

Im Anschluss an die Darstellung der Beweispersonen werden einige Abgrenzungstheorien sowie die derzeit wohl h. M. erörtert. Auf die vorangegangene Darstellung aufbauend, werden die Abgrenzungstheorien auf ihre Tauglichkeit überprüft und kritisch bewertet. In diesem Zusammenhang setzt sich die Arbeit ferner mit dem Begriff des sachverständigen Zeugen sowie dem speziellen Fall der sogenannten Kumulation- und Sukzession von Verfahrensrollen auseinander.

Im vierten Kapitel erfolgt eine Betrachtung der in der Praxis bisher vorgenommenen Versuche der Verwertung der Fallanalyseergebnisse in der Hauptverhandlung. Anhand der Ergebnisse des zweiten Teils und aufbauend auf die Darstellung der operativen Fallanalyse folgt abschließend eine eigene Einordnung der operativen Fallanalyse in den Strafprozess unter Betrachtung ihres generellen Nutzens für den Strafprozess.

2. Kapitel: Darstellung der operativen Fallanalyse

Zum Verständnis der operative Fallanalyse wird der Begriff im Folgenden definiert. Ferner werden die Ziele und Methoden der operativen Fallanalyse dargestellt. Zuletzt soll ein Beispielsfall die theoretischen Ausführungen praktisch verdeutlichen.

A. Definition und Ziele der operativen Fallanalyse

Die operative Fallanalyse ist ein kriminalistisches Werkzeug, das Anfang der neunziger Jahre in Deutschland eingeführt wurde.[22] Die vom BSU – der Abteilung für Verhaltensforschung des FBI – in den USA schon seit den 70er Jahren angewendete und weiterentwickelte Methode[23] wurde in Zusammenhang mit einer Ermittlungsunterstützung des FBI bei einem ungeklärten Mordfall in Deutschland erstmalig 1984 angewendet.[24] Auch wenn das Ergebnis des *„Profilings"*, wie sich später herausstellte, nur in wenigen Punkten zutreffend war,[25] war ein Anfang für die Einführung der neuen Ermittlungsmethode in Deutschland gemacht.[26] Es dauerte jedoch noch einige Jahre, bis sich die operative Fallanalyse in ihrer jetzigen Form in Deutschland etabliert hatte.

Bereits Anfang der 90er Jahre importierten andere europäische Staaten, insbesondere die Niederlande und Österreich, die Methode des FBI.[27] 1993 wurde in Deutschland eine Bund-Länder-Projektgruppe (BLPG) unter dem Namen *„Fallanalyse und ViCLAS"*[28] gegründet, um die Methoden auch in den Landeskriminalämtern einzuführen und eine Vereinheitlichung der Vorgehensweise zu

---

22 Vertiefend zur Geschichte der operativen Fallanalyse *Dern*, Kriminalistik 2000, 533 ff.; *Hoffmann/Musolff*, S. 29 ff.; Musolff/Hoffmann-*Musolff*, S. 7 ff., 12 ff.; Musolff/Hoffmann-*Hoffmann*, S. 275 ff.; Musolff/Hoffmann-*Nagel*, S. 293 ff.; *Witt/Dern*, S. 109 ff.; BKA-Forschung+Polizei-*Baurmann/Dern/Straub*, S. S. 2 ff.; *Wippler*, S. 7 ff.

23 Zu den in den USA und Großbritannien angewendeten Methoden s. vertiefend *Becker*, S. 4 ff., 20 ff.

24 *Hoffmann/Musolff*, S. 43 f.; *Wippler*, S. 31.

25 *Wippler*, S. 32; vgl. *Reinwarth*, Kriminalistik 1986, 173, 174.

26 Vgl. auch *Wippler*, S. 32.

27 Vertiefend dazu s. Musolff/Hoffmann-*Musolff*, 12 ff.; *Wippler*, S. 26 ff.

28 *„Violent Crime Linkage Analysis System"* (ViCLAS).

erreichen.[29] Es wurde ein Ausbildungslehrgang beim Bundeskriminalamt eingeführt und die *„Qualitätsstandards der Fallanalyse"*[30] für die Durchführung der Fallanalyse wurden zur Qualitätssicherung entwickelt.[31]

Die Schaffung der Qualitätsstandards war insbesondere deshalb notwendig, um einheitliche Qualitätskriterien als Handlungsanleitung für die Anwendung fallanalytischer Verfahren durch die Polizeien des Bundes und der Länder festzulegen.[32] Darüber hinaus sollen sie eine Abgrenzung zu Fallanalysen ohne seriösen kriminalistischen und wissenschaftlichen Hintergrund von selbsternannten Experten im In- und Ausland schaffen und ein für den Empfänger transparentes und nachvollziehbares Ergebnis *„von inhaltlicher Qualität und großem praktischen Nutzen"* liefern.[33]

In den Qualitätsstandards wird die operative Fallanalyse wie folgt definiert:

> *„Die Fallanalyse bewertet – abgesetzt von den Ermittlungen – im Falle von bestimmten Kapitaldelikten im Rahmen einer methodisch strengen Analyse das vorliegende Datenmaterial (z.B. Tatortbefund- und Obduktionsbericht) im Hinblick auf Tathergang, fallspezifische Parameter und das Täterprofil. Die so erzielten Ergebnisse dienen der Unterstützung der Ermittlungen der anfragenden Dienststelle."*[34]

Damit geht der Begriff der operativen Fallanalyse weit über den im Sprachgebrauch verbreiteten Begriff des Profilings hinaus. Der aus dem angloamerikanischen Bereich übernommene Begriff des Profilings beschreibt klassischerweise die Täterprofilerstellung. Auch wenn die Begriffe des *„Profilings"* und der *„operativen Fallanalyse"* bzw. *„Fallanalyse"* teilweise synonym verwendet werden, ist zu beachten, dass sich die Methode in Deutschland weiter fortentwickelt hat und heute eine ganzheitliche Herangehensweise für sich in Anspruch nimmt.[35] Dabei kommt der Täterprofilerstellung lediglich eine untergeordnete Rolle zu.[36]

In den Qualitätsstandards legt das Bundeskriminalamt fest, dass das Werkzeug der Fallanalyse ausschließlich im Sinn der zuvor genannten Definition

---

29 BKA-Forschung+Polizei-*Baurmann/Dern/Straub*, S. 4 f.; *Wippler*, S. 35 f.; vgl. auch *Erpenbach*, FPPK 2010, 107.

30 Im Folgenden auch Qualitätsstandards.

31 Musolff/Hoffmann-*Musolff*, S. 16.

32 *Dern* et al., Qualitätsstandards, 2.2, nachzulesen unter https://www.bka.de/nn_196810/SharedDocs/Downloads/DE/ThemenABisZ/OperativeFallanalyse/qualitaetsstandardsOfa.html?__nnn=true, zuletzt am 4.6.2015.

33 BKA-Forschung+Polizei-*Baurmann/Dern/Straub*, S. 6 f.

34 *Dern* et al., Qualitätsstandards, 2.2, s. Fn. 32.

35 *Dern*, Kriminalistik 2000, 533; *Hoffmann/Musolff*, S. 21.

36 Vgl. 2. Kapitel, B. V.

anzuwenden ist.[37] In dieser Arbeit wird daher allein die operative Fallanalyse im Sinne der vom Bundeskriminalamt entwickelten Definition behandelt.[38]

Der Begriff „*operativ*“ dient dabei der Abgrenzung von der strategischen Kriminalitäts- und Fallanalyse. Diese beschäftigt sich mit ganzen Kriminalitätsfeldern. Die OFA dagegen konzentriert sich auf den Einzelfall.[39]

Das Ziel der operativen Fallanalyse besteht darin,

> *„(…) das Fallverständnis bei Tötungs- und sexuellen Gewaltdelikten sowie anderen geeigneten Fällen von besonderer Bedeutung auf der Grundlage objektiver Daten und möglichst umfassender Information zum Opfer mit dem Ziel zu vertiefen, ermittlungsunterstützende Hinweise zu erarbeiten.“*[40]

Fallanalytiker ermitteln somit nicht selbst. Die Fallanalyse soll vielmehr helfen, die individuelle Sprache des Falls verstehen zu lernen,[41] um die Ermittlungen zu unterstützen.[42] Dadurch soll die Fallanalyse – zusätzlich zu den „*klassischen*“ Ermittlungen – ein „*Mehr*“ an Ermittlungserkenntnissen liefern.[43] Der Nutzeffekt besteht insbesondere darin, den Ermittlungsstand zu strukturieren und die Ermittlungen zu ökonomisieren.[44]

Das kann dadurch geschehen, dass die operative Fallanalyse hilft, Ermittlungsrichtungen sowie gegebenenfalls Verdächtige zu priorisieren.[45] So können durch die Fallanalyse im Idealfall z.B. Vorschläge für weitere Ermittlungsansätze gemacht und den Ermittlern Anregungen für Zeugenbefragungen und Beschuldigtenvernehmungen gegeben werden.[46] All das kann wiederum dazu führen, dass die ermittelnden Beamten durch die Vertiefung des Fallverständnisses erneut motiviert und in der Lage sind, neue Hypothesen zu generieren. Das

37 *Dern* et al., Qualitätsstandards, 2.2, s. Fn. 32.

38 Daraus soll nicht abgeleitet werden, dass anderen Ansätzen ihre Seriosität abgesprochen wird.

39 *Robak*, S. 143 f. m. w. N. Das „*Primat der Einzelfallperspektive*“, BKA-Polizei+Forschung-*Dern*, S. 22 ff.; vgl. *Dern*, FPPK 2010, 98, 101.

40 *Dern* et al., Qualitätsstandards, 2.2, s. Fn. 32.

41 *Dern*, Kriminalistik 2000, 533, 541 Fn. 33 c).

42 Zu den Methoden der Fallanalyse s. 2. Kapitel, C.

43 Vgl. *Dern/Horn*, Kriminalistik 2008, 543, 544; Musolff/Hoffmann-*Bruns*, S. 258; Musolff/Hoffmann-*Nagel*, S. 295.

44 *Kröber*, FPPK 2010, 89; vgl. Beispielsfall bei *Hoppmann*, Kriminalistik 2013, 291, 293 ff.

45 *Dern* et al., Qualitätsstandards, 2.3, s. Fn. 32; *Schiemann*, NStZ 2007, 684, 685; z. B. durch Einschränkung eines Personenkreises für die Durchführung von Massengentests, vgl. Beispielsfall von *Erpenbach*, FPPK 2010, 107, 110 ff., 116.

46 Vgl. MAH-*Dern/Baurmann*, 1. A., § 84 Rn. 5, 66; MAH-*Dern*, § 84 Rn. 2.

zusätzliche Wissen um den Tathergang durch die Rekonstruktion schafft ferner mehr Sicherheit bei den Ermittlungen und kann helfen, die Informationspolitik nach außen zu steuern.[47]

Die operative Fallanalyse wird vornehmlich bei Tötungs- und Sexualdelikten durchgeführt. Bedeutung hat sie jedoch auch in den Bereichen der Erpressung und des erpresserischen Menschenraubes, des Terrorismus,[48] bei Tötungen von Tieren, Brandstiftung[49] und Wohnungseinbrüchen.[50] OFA-Anfragen der ermittelnden Dienststellen sind ferner auch bei Serienstraftaten, schweren Bedrohungslagen und außergewöhnlichen polizeilichen Einsatzlagen denkbar.[51] Zudem werden seit einigen Jahren Studien zu Raubdelikten, insbesondere dem *modus operandi*,[52] durchgeführt. Eine Anwendung der Ergebnisse und Ansatzpunkte für den Einsatz fallanalytischer Methoden auf Raubdelikte scheint erfolgversprechend.[53]

B. Die Aufgaben der operativen Fallanalyse

Das Bundeskriminalamt hat unter dem Oberbegriff *„operative Fallanalyse"* in der Organisationseinheit KI 13 die Bereiche *„Fallanalyse"*, *„Täterprofilerstellung"* und *„ViCLAS"* zusammengefasst.[54] Die OFA setzt sich somit aus mehreren Phasen und Vorgehensweisen zusammen, wobei es sich streng genommen um nur zwei eindeutig voneinander abgrenzbare Teile handelt, die Tathergangsanalyse und die nicht zwingend nachfolgende Täterprofilerstellung. Weitere Schritte wie die ViCLAS-Analyse, die vergleichende Fallanalyse und die *„geografische Fallanalyse"* (GeoFAS) sind, ebenso wie die Täterprofilerstellung, nicht zwangsläufiger Bestandteil der operativen Fallanalyse im engeren Sinne, sie können sich jedoch daran anschließen.[55]

---

47 *Dern*, Kriminalistik 2000, 533, 539.

48 Zu den Möglichkeiten und Grenzen des *„Täterprofilings"* in der Terrorismusbekämpfung *Haar*, Kriminalistik 2012, 55 ff., der sich allerdings nicht auf die OFA im hier behandelten Sinn bezieht.

49 In jüngster Zeit auch bei Kraftfahrzeugen, *Mahnken*, Kriminalistik 2012, 555 ff.

50 Musolff/Hoffmann-*Musolff*, S. 1.

51 MAH-*Dern/Baurmann*, 1. A., § 84 Rn. 8; MAH-*Dern*, § 84 Rn. 5.

52 Zum Begriff s. 2. Kapitel, B. II. 2.

53 *Klaming/Heubrock*, Kriminalistik 2007, 308 ff.

54 BKA-Forschungsreihe-*Baurmann*, S. 302.

55 Vgl. MAH-*Dern/Baurmann*, 1. A., § 84 Rn. 157 ff.; Musolff/Hoffmann-*Hoffmann*, S. 280.

Für jeden der möglichen, sich an die Tathergangsanalyse anschließenden Schritte ist jedoch zwingend erforderlich, dass die Tathergangsanalyse abgeschlossen ist. Denn die weiteren Vorgehensweisen basieren auf der Interpretation des in der Tathergangsrekonstruktion entwickelten hypothetischen Tatverlaufs.[56] Aus diesem Grund sind auch die Ergebnisse der sich anschließenden Phasen unsicherer als die der Tathergangsrekonstruktion. Denn sie schließen sich einer Hypothesenbildung an und können, wenn bei der Hypothesenbildung fehlerhafte Einschätzungen vorgenommen werden, zu Folgefehlern führen.[57]

Im Folgenden wird eine Übersicht über die einzelnen Phasen der operativen Fallanalyse gegeben. Deren Darstellung sowie die im Anschluss erfolgende Darstellung der angewendeten Methodik und des Ablaufs der Fallanalyse bilden die Grundlage für die Beantwortung der Frage, ob und wie die Ergebnisse der Fallanalyse in den Strafprozess eingeführt werden können.

I. Tathergangsanalyse

Bei einer operativen Fallanalyse wird ausnahmslos in einem ersten Schritt die Tathergangsanalyse durchgeführt. Diese setzt sich zusammen aus der Tathergangsrekonstruktion und der Analyse der Tatsituation.

1. Tathergangsrekonstruktion

Die erste Phase und das „*Herzstück*“[58] einer Fallanalyse ist die Tathergangsrekonstruktion. Ihr Ziel besteht darin, auf der Grundlage der zur Verfügung gestellten objektiven Daten den Tathergang so genau wie möglich nachzuvollziehen.[59] Der Kriminalfall soll in seiner Gesamtheit durch das Schließen von Lücken aufgrund der erarbeiteten Hypothesen[60] verstanden werden.

Das Vorgehen in diesem Verfahrensabschnitt erfolgt streng chronologisch. Die Tat wird in einzelne Sequenzen zerlegt und Stück für Stück abgearbeitet (sogenannte Sequenzanalyse).[61] Durch die streng chronologische Darstellung und

---

56 Vgl. z.B. *Dern* et al., Qualitätsstandards, 2.5.2, s. Fn. 32; *Dern*, Kriminalistik 2000, 533, 538; s. auch 2. Kapitel, B. I. 1.

57 Vgl. *Dern*, Kriminalistik 2000, 533, 539; vgl. auch 2. Kapitel, B. V.

58 *Witt/Dern*, S. 109, 118; *Erpenbach*, FPPK 2010, 107, 116.

59 *Dern*, FPPK 2010, 98, 101 f.

60 Zu den Grundanforderungen an die Hypothesenbildung bei der Fallanalyse sehr ausführlich Musolff/Hoffmann-*Musolff*, S. 18 ff.

61 *Hoffmann/Musolff*, S. 233 ff., mit Beispiel S. 243 ff.; *Dern*, Kriminalistik 2000, 533, 539; Musolff/Hoffmann-*Hoffmann*, S. 280; *Wegener*, Rechtsmedizin 2003, 315, 322; *Mahnken*, Kriminalistik 2012, 555, 556 f.

Rekonstruktion des zeitlichen Ablaufs können die Entscheidungsmomente von Täter und Opfer besser erkannt und nachvollzogen werden. Mögliche Gründe für Entscheidungen sollen auf diese Weise offenbar werden.[62] So kann beispielsweise ein plötzlicher Kontrollverlust des Täters zu einer ungeplanten und vom bisherigen Geschehen stark abweichenden Handlung führen. Aus dem Erkennen des Geschehens können wiederum im Anschluss Motivlagen abgeleitet werden.[63]

Die Ergebnisse dieses Abschnitts der Fallanalyse stellen somit die Grundvoraussetzung für jedes nachfolgende Handeln der Fallanalytiker dar. Denn nur, wenn sie sich den Ablauf deutlich vor Augen führen, ist es ihnen möglich, das Täter-Opfer-Verhalten für den Einzelfall zu erkennen. Auf dieser Grundlage kann es ihnen dann z.B. möglich sein, ein Täterprofil zu erstellen.[64]

Durch das Nachstellen einzelner Handlungssequenzen wird also versucht, Hypothesen zu generieren, welche die Lücken im Tathergang schließen können. Die gebildeten Hypothesen müssen sich von den objektiven Daten ausnahmslos ableiten lassen und aus ihnen belegbar sein. Sie werden einer ständigen Kontrolle unterzogen. Zur Überprüfung der Thesen werden immer wieder konkurrierende Erklärungsmodelle herangezogen und die Vereinbarkeit der Hypothese mit der objektiven Spurenlage verglichen.[65] Dabei wird die Tat in Vortat-, Haupttat- und Nachtatphase eingeteilt.[66] Innerhalb der Haupttatphase wird nochmals differenziert. So sind für sexuell motivierte Tötungsdelikte die Phasen der Einleitung, der Überwältigung, die sexuell relevante Phase, das Töten, Aufräumen und die Flucht obligatorisch. Optional sind dagegen weitere Tatphasen, wie Misshandlungen und weitere sexuelle Handlungen. Diese sind den obligatorischen Phasen gegenüberzustellen.[67] Denn der Täter muss sich für jeden Handlungsschritt bewusst entscheiden, um sein Ziel zu erreichen. Aufschlussreich für die weitere Analyse sind an dieser Stelle die Momente, in denen ein Täter Handlungen vornimmt, welche für das direkte Erreichen des Taterfolgs unnötig sind.[68] Besonders von Interesse sind ferner Handlungen, die der Täter unterlässt, obwohl sie regelmäßig zur Durchführung der Tat gehören.[69] Aus solchen Parametern können in

62 Vgl. *Dern*, FPPK 2010, 98, 101 f.

63 MAH-*Dern/Baurmann*, 1. A., § 84 Rn. 59, 60, 121 ff.

64 *Dern*, Kriminalistik 2000, 533, 539.

65 MAH-*Dern/Baurmann*, 1. A., § 84 Rn. 102; MAH-*Dern*, § 84 Rn. 33 f.

66 MAH-*Dern/Baurmann*, 1. A., § 84 Rn. 102.

67 MAH-*Dern/Baurmann*, 1. A., § 84 Rn. 102.

68 *Dern*, Kriminalistik 2000, 533, 536; *Wegener*, Rechtsmedizin 2003, 315, 323.

69 *Dern*, Kriminalistik 2000, 533, 536; *Wegener*, Rechtsmedizin 2003, 315, 323.

den folgenden Schritten Rückschlüsse auf den Täter und seine Persönlichkeit gezogen werden.[70]

2. *Analyse der Tatsituation*

Der zweite Teil der Tathergangsanalyse ist die Bewertung der Tatsituation. Dafür werden das Zusammenspiel von Opfer, Tatgelegenheit und Tatentschluss betrachtet.[71] Wichtig für fallanalytische Erkenntnisse bezüglich des Tathergangs ist auch die Fragestellung nach dem Tatrisiko, also z.B. der Gefahr, entdeckt zu werden.[72] Für die Bestimmung der Tatgelegenheit maßgebliche Faktoren sind Tatzeit-, Tatort und Sozialkontrolle. So wird z.B. der Tatort dahingehend betrachtet, wie wahrscheinlich es ist, dass sich ein Opfer zu dieser Zeit an diesen Ort begibt.[73] Ferner wird die Tatörtlichkeit beschrieben und auf Besonderheiten hin überprüft.[74] Die Ergebnisse werden in Zusammenhang mit der Opferauswahl oder Routinehandlungen des Täters gebracht.

Von signifikanter Bedeutung ist des Weiteren der Versuch der Einordnung des Tatentschlusses. Hier stehen sich die Spontan-und die Neigungstat gegenüber.[75] Bei der Spontantat entschließt sich der Täter situativ zur Tat, d.h. aufgrund einer zufälligen Begebenheit. Sein Tatentschluss wird somit dadurch geweckt dass er zufällig auf ein Opfer trifft und die Lage als günstig einschätzt. Dabei kann es sich auch um einen latent tatbereiten Täter handeln.[76]

Bei der Neigungstat trägt der Täter dagegen eine generelle Bereitschaft zur Begehung der Tat in sich und setzt in diesem Fall einen länger bestehenden Tatentschluss um. Das Opfer wird gezielt ausgesucht.[77]

Die Beantwortung der Frage, um welchen Tattypus es sich handelt, hängt u.a. von den Parametern ab, die das Opfer selbst liefert. Es wird also die Frage nach der Geeignetheit und Verfügbarkeit des Opfers gestellt. Entscheidend kann

70 MAH-*Dern/Baurmann*, 1. A., § 84 Rn. 102.

71 Vgl. Beispielsfall Musolff/Hoffmann-*Nagel*, S. 298, 300; Beispielsfall *Erpenbach*, FPPK 2010, 108 ff.

72 MAH-*Dern/Baurmann*, 1. A., § 84 Rn. 108 f.

73 Vgl. Beispielsfall Musolff/Hoffmann-*Nagel*, S. 298, 300; MAH-*Dern/Baurmann*, 1. A., § 84 Rn. 110; *Mahnken*, Kriminalistik 2012, 555, 556 mit Darstellung der Besonderheiten bei Brandstiftungsfällen an KFZ.

74 Vgl. Beispielsfall Musolff/Hoffmann-*Nagel*, S. 298, 300; Beispielsfall *Erpenbach*, FPPK 2010, 108 ff., 110 f.

75 *Dern/Horn*, Kriminalistik 2008, 543, 547; MAH-*Dern/Baurmann*, 1. A., § 84 Rn. 108.

76 MAH-*Dern/Baurmann*, 1. A., § 84 Rn. 109.

77 MAH-*Dern/Baurmann*, 1. A., § 84 Rn. 109.

zunächst sein, ob das Opfer innerhalb einer Routinehandlung angetroffen wurde, oder ob es sich außerhalb seiner Routine befand. Letzteres spricht z.B. für eine zufällige Opferauswahl und somit für eine Spontantat.[78]

Die Einordnung des Tatentschlusses und die Opferauswahl können helfen, Rückschlüsse auf die Routinehandlungen des Täters zu ziehen. Denn die kriminalistische Erfahrung hat gezeigt, dass ein Großteil der Täter, welche die für die operative Fallanalyse relevanten Kapitaldelikte begehen, im Rahmen ihrer Routine handelt.[79] Derartige Rückschlüsse sind für die Fallaufklärung von großer Bedeutung. Das Handeln eines Täters aus seiner Routine heraus ist zudem ein wichtiges Indiz für die Frage, ob er regional agierte.[80] Die Beantwortung der Frage, ob Täter oder Opfer aus Routinehandlungen in die Tatsituation geraten sind, ist somit für die regionale Eingrenzung der Tätersuche in den späteren Arbeitsschritten von großer Bedeutung.

II. Verhaltensbewertung

Im Rahmen der Weiterentwicklung der Fallanalyse wurden weitere Zwischenschritte entwickelt, wie z.B. die Verhaltensbewertung des Täters.[81] Die Verhaltensbewertung geschieht durch die Darstellung von Verhaltensmerkmalen, deliktsuntypischen Verhaltens bzw. besonderen Verhaltens und die Charakterisierung des Täterhandelns.[82] Es gibt Bestrebungen, die Verhaltensanalyse mit möglichst deduktiver Vorgehensweise durchzuführen und als feststehenden Teil der OFA zu etablieren, um die Ergebnisse der Fallanalyse zu optimieren.[83]

Die Verhaltensbewertung setzt sich aus mehreren, im Folgenden beschriebenen Zwischenschritten zusammen.[84]

1. Darstellung der Verhaltensmerkmale

Zunächst wird das Verhalten des Täters deskriptiv dargestellt. Es handelt sich dabei um eine Befunderhebung. Es werden einzelne Aspekte beschrieben, die das Kontrollverhalten, Gewaltanwendungen, sexuelles Verhalten, Verbalverhalten, die Tatmittel und ihre Verwendung sowie die Maßnahmen des Täters zur

---

78 MAH-*Dern/Baurmann*, 1. A., § 84 Rn. 108 ff.
79 *Dern/Horn*, Kriminalistik 2008, 543, 546.
80 Vgl. *Harbort*, Kriminalistik 2006, 737, 746 f.
81 *Dern* et al., Qualitätsstandards, 2.4.2.4, s. Fn. 32.
82 *Dern* et al., Qualitätsstandards, 2.4.2.4, s. Fn. 32.
83 Dazu s. *Wieczorek*, Kriminalistik 2006, 86 ff.
84 *Dern* et al., Qualitätsstandards, 2.4.2.4, s. Fn. 32.

Verschleierung seiner Identität und zur Vermeidung von Spuren umfassen.[85] Die Beschreibung und Auflistung des Täterverhaltens ist ein notwendiger Zwischenschritt vor der Anfertigung eines Täterprofils und der Bewertung der Individualität des Täters.[86]

2. *Darstellung des deliktsuntypischen Verhaltens*

Ferner ist die Darstellung des deliktsuntypischen Verhaltens des Täters eine wichtige Komponente für die Einschätzung seines Verhaltensprofils im Hinblick auf ihn individualisierende Elemente.[87] Die in der Tathergangsrekonstruktion aufgedeckten „*Ungereimtheiten*" der Handlungen des Täters werden an dieser Stelle bewertet. Dabei wird das „*normale*" also „*typische*" Täterverhalten bei der Begehung des bestimmten Deliktstypus betrachtet und es wird auf besondere, abweichende Verhaltensweisen des Täters im Zusammenhang mit der vorliegenden Tat geachtet.[88] Unter Berücksichtigung der Tatsache, dass das Täterverhalten wegen situativer und örtlicher Unterschiede von der Norm abweichen kann, wird versucht, zu eruieren, in welchen Punkten der Täter untypisch handelte. Es wird die Frage gestellt, inwiefern denkbare oder erwartbare Verhaltensweisen ausgelassen oder unerwartete Verhaltensweisen ausgeführt wurden.[89]

Aufschluss geben können z.B. Handlungen, welche der Täter zwar vorgenommen hat, die für das Erreichen des Taterfolgs aber völlig unnötig erscheinen. Darunter fallen Handlungen wie das Inszenieren des Tatorts[90] oder auch die emotionale Distanzierung des Täters von der Tat. Letzteres geschieht z.B. durch das Abdecken der Leiche. Auch das sogenannte Übertöten ist eine ungewöhnliche Verhaltensweise, die den Täter individualisiert.[91] Beim Übertöten setzt der Täter mehr Tötungshandlungen ein, als zur Erreichung des Ziels notwendig gewesen wären.[92] In diese Kategorie fällt weiterhin das sogenannte „*Undoing*". Damit ist die emotionale „*Wiedergutmachung*" durch den Täter gemeint. Der Täter versucht durch seine Handlungsweise, die Tat symbolisch ungeschehen zu machen, indem er beispielsweise das Opfer wäscht, zudeckt oder dessen Hände faltet.[93]

---

85 Vgl. *Dern/Horn*, Kriminalistik 2008, 543, 547.

86 Vgl. MAH-*Dern/Baurmann*, 1. A., § 84 Rn. 113.

87 *Dern/Horn*, Kriminalistik 2008, 543, 547.

88 *Wieczorek*, Kriminalistik 2006, 86, 87 f.

89 MAH-*Dern/Baurmann*, 1. A., § 84 Rn. 114 f.; vgl auch MAH-*Dern*, § 84 Rn. 49 f.

90 *Dern/Horn*, Kriminalistik 2008, 543, 547 f.

91 *Wegener*, Rechtsmedizin 2003, 315, 323.

92 MAH-*Dern/Baurmann*, 1. A., § 84 Rn. 116; *Nagel/Horn*, Kriminalistik 1998, 54, 55.

93 *Schröer/Anders/Sperhake/Heinemann/Püschel*, Kriminalistik 2006, 76.

Anhand derartiger Verhaltensweisen wird versucht, die Individualität des Täters und dessen „*Handschrift*" zu erkennen. Denn die „*Handschrift*" des Täters ergibt sich aus dem Verhalten, das über das zur Tatbegehung absolut notwendige Handeln hinausgeht.[94] Davon erfasst ist auch das Verhalten des Täters, das diesem absolut normal und funktional erscheint, jedoch auf mangelnde intellektuelle Fähigkeiten und/oder mangelnde Erfahrung bzw. fehlende logistische Möglichkeiten hinweist. Daraus kann u. U. auf die psychische Realität des Täters geschlossen werden.[95]

Der *modus operandi* ist dagegen das zur Erreichung eines kriminellen Ziels in funktionaler Hinsicht gewählte Verhalten des Täters.[96] Zwischen dem *modus operandi* und der „*Handschrift*" des Täters kann es jedoch zu Überschneidungen kommen. Denn auch im *modus operandi* kann sich die „*Handschrift*" des Täters zeigen.[97]

3. *Charakterisierung des Täterhandelns*

In einem weiteren Schritt wird versucht, die Handlung des Täters zu charakterisieren. Ziel ist es, die Verhaltenseffizienz des Täters zu bewerten.[98] Dazu wird zunächst die Strukturiertheit des Handelns in den einzelnen Tatphasen bewertet. Anhand dessen sollen mögliche Brüche in den einzelnen Strukturen erkennbar gemacht werden.[99] Dafür wird analog der Tathergangsrekonstruktion vorgegangen. Es wird zwischen Täteraktionen und seiner Reaktion auf das Opferverhalten unterschieden und es erfolgt eine Prüfung hinsichtlich psychischer Beeinträchtigungen bzw. situativer Überforderung.[100] Auch wird an dieser Stelle versucht, zu erkennen, ob psychische Erkrankungen oder eine Persönlichkeitsstörung vorliegen könnten.[101]

---

94 MAH-*Dern/Baurmann*, 1. A., § 84 Rn. 114 Fn. 61; *Nagel/Horn*, Kriminalistik 1998, 54; Musolff/Hoffmann-*Hoffmann*, S. 282.

95 MAH-*Dern/Baurmann*, 1. A., § 84 Rn. 114 Fn. 61.

96 *Hoffmann/Musolff*, S. 263 f.; MAH-*Dern/Baurmann*, 1. A., § 84 Rn. 114 Fn. 61; Musolff/Hoffmann-*Hoffmann, S.* 281.

97 *Witt/Dern*, S. 109, 120, Fn. 17.

98 MAH-*Dern/Baurmann*, 1. A., § 84 Rn. 117; vgl. auch MAH-*Dern*, § 84 Rn. 47 ff.; *Dern/Horn*, Kriminalistik 2008, 543, 548.

99 MAH-*Dern/Baurmann*, 1. A., § 84 Rn. 117 f.

100 Vgl. MAH-*Dern/Baurmann*, 1. A., § 84 Rn. 117; *Dern/Horn*, Kriminalistik 2008, 543, 548.

101 Dies kann auch im Rahmen der Täterprofilerstellung geschehen, vgl. *Wegener*, Rechtsmedizin 2003, 315, 325.

In der Folge wird das Stressverhalten des Täters beurteilt und dabei auch die Ausprägung der Handlungsorientiertheit des Täters beobachtet. Ein Täter gilt dann als sehr handlungsorientiert, wenn er sich auf die Ausführung der Handlung konzentrieren kann und sich nicht von äußeren Umständen ablenken lässt. Daraus kann weiterhin abgeleitet werden, inwieweit der Täter flexibel ist, sich auf neue und veränderte Situationen einzustellen.[102]

III. Motivbewertung

Im Anschluss an Tatrekonstruktion und Verhaltensbewertung erfolgt eine Motivbewertung in drei Stufen.[103] In diesem Abschnitt wird zwischen dem ursprünglichen Motiv, der Frage nach einer möglichen Eskalation und dem eigentlichen Tötungsmotiv unterschieden.[104]

So besteht der erste Arbeitsschritt in der Bewertung des ursprünglichen Motivs des Täters bei Handlungsbeginn. Das ursprüngliche Motiv wird in sieben Klassen unterteilt: die sexuelle Motivation, die Bereicherungsmotivation, die Verdeckungsmotivation, die Beziehungsmotivation, die sogenannte täterimmanente Zerstörungsmotivation und die Gruppenmotivation.[105] Bei der Gruppenmotivation wird davon ausgegangen, dass mehrere Täter sich gruppendynamisch dahingehend beeinflussen, dass sie auf eine Art und Weise handeln, wie es ein Einzelner nicht tun würde. Die siebte Klasse ist die unklare Motivlage. Sie ist durch Mischmotive, Unstrukturiertheit und durch irrationale Elemente geprägt.[106]

In der zweiten Prüfungsstufe wird das Vorliegen einer Eskalation geprüft.[107] In der Praxis gibt es einige Fälle, in denen der Täter sich – im Gegensatz zu seinem ursprünglichen Motiv – spontan zur Tötung des Opfers entschließt und dabei auf erhebliche Schwierigkeiten stößt. Dadurch kann die Gewaltintensität zunehmen. Das kann dazu führen, dass ein Tatort ein extrem hohes Maß an Gewaltanwendung aufzeigt und dadurch den fälschlichen Eindruck eines sadistischen Motivs oder eines Gewaltexzesses nahelegt.[108] Um solche irrtümlichen

102 *Dern/Horn*, Kriminalistik 2008, 543, 548.

103 *Dern* et al., Qualitätsstandards, 2.4.2.4, s. Fn. 32; *Dern*, FPPK 2010, 98, 102.

104 *Dern/Horn*, Kriminalistik 2008, 543, 548; *Dern*, FPPK 2010, 98, 102 mit weiteren Ausführungen (Fn. 5).

105 MAH-*Dern/Baurmann*, 1. A., § 84 Rn. 122; *Dern/Horn*, Kriminalistik 2008, 543, 548.

106 MAH-*Dern/Baurmann*, 1. A., § 84 Rn. 122.

107 MAH-*Dern/Baurmann*, 1. A., § 84 Rn. 123; *Dern/Horn*, Kriminalistik 2008, 543, 548.

108 MAH-*Dern/Baurmann*, 1. A., § 84 Rn. 123.

Annahmen auszuschließen, bedarf es vor der Prüfung einer Eskalation zunächst einer gründlichen Tathergangsrekonstruktion.[109]

Der dritte Schritt ist die Prüfung einer erst im Zuge der Tatbegehung entstandenen Tötungsmotivation.[110]

IV. Fallcharakteristik

Als weiterer Schritt wird an dieser Stelle der Fallanalyse eine Fallcharakteristik vorgenommen.[111] Es handelt sich dabei um einen Kontrollabschnitt. Die Fallanalytiker prüfen, ob es ihnen möglich ist, den Sachverhalt und dessen fallanalytische Bewertung überschaubar und schlüssig darzustellen. Aus der Darstellung muss sich auch dem Unbeteiligten der Fall in seinen wesentlichen Bestandteilen erschließen und der Charakter des Falls deutlich werden.[112]

V. Täterprofilerstellung

Der nächste Abschnitt der Fallanalyse kann die Erstellung eines Täterprofils sein. Die Täterprofilerstellung ist kein zwingender Arbeitsschritt der operativen Fallanalyse.[113] Besteht für ihre Durchführung aus Ermittlungsgründen kein Bedarf, wird sie regelmäßig nicht durchgeführt. Weiterhin kann sie nicht durchgeführt werden, wenn zu wenige Informationen vorliegen.[114] Wird eine Täterprofilerstellung durchgeführt, orientieren sich die Fallanalytiker streng an den Hypothesen, welche in der Tathergangsanalyse entwickelten wurden. Um Folgefehler zu vermeiden, ist es daher zwingend notwendig, dass vor einer Täterprofilerstellung eine umfassende und ausschließlich an den objektiven Daten vorgenommene Tathergangsanalyse stattgefunden hat.[115]

Die Täterprofilerstellung wird definiert als

> *„(...) ein Verfahren, bei dem ein unbekannter (!) Täter hinsichtlich seiner Persönlichkeits- und Verhaltensmerkmale so beschrieben wird, dass er von anderen Personen signifikant zu unterscheiden ist. Das Täterprofil ist eine fallanalytisch hergeleitete Tätertyphypothese.*

---

109 MAH-*Dern/Baurmann*, 1. A., § 84 Rn. 123.

110 MAH-*Dern/Baurmann*, 1. A., § 84 Rn. 124.

111 *Dern* et al., Qualitätsstandards, 2.4.2.4, s. Fn. 32.

112 *Dern/Horn*, Kriminalistik 2008, 543, 548.

113 *Dern*, Kriminalistik 2000, 533, 538; Musolff/Hoffmann-*Musolff*, S. 3. In Bayern wurden bis in das Jahr 2006 lediglich sechs Täterprofile erstellt, während in drei Jahren rund 40 Fallanalysen durchgeführt wurden, Musolff/Hoffmann-*Nagel*, S. 295, 296.

114 MAH-*Dern/Baurmann*, 1. A., § 84 Rn. 129.

115 Vgl. *Dern*, Kriminalistik 2000, 533, 539.

Sie umreißt die Kategorie Mensch, die als Akteur für die Handlungen, die im Rahmen des Tatgeschehens gesetzt wurden, in Frage kommt."[116]

Entscheidend ist somit, dass es nicht das Ziel der Täterprofilerstellung ist, einen Täter zu individualisieren und zu benennen. Dieser Aspekt muss bei der Anwendung des erstellten Profils berücksichtigt werden. Daher sollte aus Gründen der Seriosität des Verfahrens die Täterprofilerstellung nicht durchgeführt werden, wenn sich die ermittelnde Dienststelle bereits auf einen Tatverdächtigen festgelegt hat.[117]

Das Täterprofil dient der Ermittlungsunterstützung. Es soll den ermittelnden Beamten neue Ansatzpunkte und Ideen liefern sowie einen möglichen Täterkreis eingrenzen.[118] Solche Ansatzpunkte können z.B. das Alter des Täters sein sowie Aussagen zu seinem Wohnort, Beruf, Bildungsstand, möglichen polizeilichen Vorkenntnissen oder Verhaltensauffälligkeiten, die für die Umwelt wahrnehmbar sind.[119] Aus diesem Grund enthält das Täterprofil in der Regel u.a. folgende Punkte:

Anzahl der Täter, physische Charakteristika, mentaler Typus, Umgang mit Autoritäten, Laufbahn, Ausbildung, Arbeit, Vorstrafen, Gewohnheiten/Freizeitaktivitäten, Vortatverhalten, Nachtatverhalten, Mobilität, Lebensraum/Wohnort und abgeleitete Ermittlungshinweise. Nicht abgebildet werden die Punkte, über die Unsicherheit herrscht.[120]

Das Täterprofil kann jedoch häufig keine für die polizeiliche Ermittlungstätigkeit brauchbaren Ergebnisse liefern. Beispielsweise kann ein Tatverdächtiger, dem sadistische Fantasien unterstellt werden, mithilfe dieser Erkenntnis weder gesucht noch gefunden werden.[121] Die Täterprofilerstellung dient in erster Linie der Eingrenzung eines großen Verdächtigenkreises zur Begrenzung und Schonung der Ressourcen beispielsweise bei der Durchführung von Massengentests.[122] Das geschieht z.B. durch die Beurteilung, ob eine Beziehung zum Opfer bestanden oder ob es sich um einen Fremdtäter gehandelt hat. Auch die Frage

---

116 *Dern*, Kriminalistik 2000, 533, 538.

117 *Dern*, Kriminalistik 2000, 533, 538.

118 MAH-*Dern*, § 84 Rn. 2; MAH-*Dern/Baurmann*, 1. A., § 84 Rn. 129; Musolff/Hoffmann-*Nagel*, S. 295.

119 MAH-*Dern/Baurmann*, 1. A., § 84 Rn. 130; Musolff/Hoffmann-*Nagel*, S. 295.

120 *Dern*, Kriminalistik 2000, 533, 538.

121 *Vick/Dern*, *„Wie kann ich Profiler werden?"*, BKA, nachzulesen unter http://www.bka.de/lageberichte/weitere/profiler.pdf, S. 5, zuletzt am 4.6.2015.

122 Vgl. MAH-*Dern/Baurmann*, 1. A., § 84 Rn. 129; *Dern/Horn*, Kriminalistik 2008, 543, 548; vgl. *Schiemann*, NStZ 2007, 684 f.

nach der Regionalität des Täters kann regelmäßig dazu beitragen.[123] Dasselbe gilt für die Frage nach möglichen Vorstrafen. So haben laut statistischer Untersuchungen ein Großteil der Sexualstraftäter Polizeierfahrung hinsichtlich andersartiger Straftatbestände, wie z.B. Einbruchs- und Diebstahlsdelikten.[124] Diese Informationen helfen, den Verdächtigenkreis Schritt für Schritt zu priorisieren und zu rastern.

Es ist zu beachten, dass die Objektivität der Täterprofilerstellung nicht den Grad der Objektivität der Tathergangsanalyse erreicht.[125] Das Täterprofil wird anhand der in der Tathergangsrekonstruktion entwickelten Hypothesen erstellt.[126] Damit handelt es sich bei der Vorgehensweise um indirekte Ableitungen.[127] Diese sind von Natur aus spekulativer und beruhen primär auf objektiv kaum nachvollziehbarer Intuition,[128] wogegen sich die Tathergangsrekonstruktion streng an objektiven Daten orientiert.[129]

Nach der ständigen höchstrichterlichen Rechtsprechung sind die Ergebnisse solcher Verfahren als Beweise jedoch nur verwertbar, wenn zumindest die theoretischen Grundannahmen und -zusammenhänge des Kontrollverfahrens wissenschaftlich belegt sind.[130] Die wenigen empirischen Studien haben bei der Untersuchung von Übereinstimmungen zwischen sozio-demographischen Merkmalen wie z.B. Alter, Familienstand, Vorstrafen etc.[131] mit Tathandlungen gezeigt, dass keinerlei Anzeichen dafür bestehen, dass ein Schluss von den Tathandlungen auf eine Anzahl sozio-demographischer Eigenschaften möglich ist. Mithin steht ein Nachweis aus, dass die Erstellung von Täterprofilen für solche Eigenschaften möglich ist.[132] Die Grundannahmen und –zusammenhänge für die Täterprofilerstellung können wissenschaftlich nicht belegt werden.[133]

---

123 *Dern/Horn*, Kriminalistik 2008, 543, 548.
124 MAH-*Dern/Baurmann*, 1. A., § 84 Rn. 15.
125 *Dern*, Kriminalistik 2000, 533, 538.
126 Musolff/Hoffmann-*Hoffmann*, S. 280.
127 *Witt/Dern*, S. 122.
128 *Wippler*, S. 256.
129 S. 2. Kapitel, B. I. 1.
130 BGH NJW 1999, 657; BGH NStZ 2011, 474 f.; BVerwG NVwZ-RR 2014, 887.
131 Musolff/Hoffmann-*Mokros*, S. 140.
132 Musolff/Hoffmann-*Mokros*, S. 140 f.
133 *Wippler*, S. 256.

VI. Vergleichende Fallanalyse

Im Rahmen der vergleichenden Fallanalyse, welche sich an die operative Fallanalyse im engeren Sinne anschließen kann, wird geprüft, ob signifikante Übereinstimmungen zwischen mehreren Fällen vorliegen.[134] Das Ziel der vergleichenden Fallanalyse besteht darin, eine Aussage darüber zu treffen, ob mehrere verglichene Taten aus Sicht der Fallanalyse einer Person oder Personengruppe zugeordnet werden können.[135] Die Prüfung der Übereinstimmungen erfolgt in erster Linie durch die Betrachtung des *modus operandi* und der *„Handschrift"* des Täters.[136] Betrachtet werden somit die Tathandlungen, die aufgrund ihrer Besonderheit die Täterpersönlichkeit und seine Biografie ausdrücken.[137]

Um die Objektivität bei komplexen Fällen zu wahren, sehen die Qualitätsstandards des Bundeskriminalamts vor, dass zunächst unabhängige Fallanalysen zu den einzelnen Delikten durch möglichst unterschiedliche Analyseteams durchgeführt werden.[138] Dadurch soll die Gefahr von Überstrahlungseffekten verringert werden.[139] Im Anschluss an die Einzelfallanalysen findet die vergleichende Fallanalyse statt. Diese wird von einem Team durchgeführt, das sich aus den Mitgliedern der jeweiligen Einzelfallanalysen zusammensetzt. Idealerweise ist der die vergleichende Fallanalyse leitende *„verantwortliche Fallanalytiker"*[140] an den Einzelfallanalysen nicht beteiligt gewesen.[141]

Nach der Präsentation der Ergebnisse der Einzelfallanalysen werden die für den Vergleich geeigneten Parameter der Einzelfälle herausgearbeitet. Diese können z.B. zeitliche und örtliche Variablen, die Opferauswahl, das Tatrisiko, Motive und Ausmaß sowie Art der Gewaltanwendung und deren Intensität sowie die Strukturiertheit des Vorgehens sein. Auch erkennbare intellektuelle Begrenzungen oder besondere Fähigkeiten des Täters fallen darunter.[142] Gerade Rückschlüsse auf die inneren Vorgänge des Täters gestalten sich jedoch schwierig, insbesondere da sie nicht einmal dem Täter selbst bewusst gewesen sein müssen.

---

134 *Dern* et al., Qualitätsstandards, 2.5.1.1, s. Fn. 32.
135 *Dern* et al., Qualitätsstandards, 2.5.1.1, s. Fn. 32.
136 Musolff/Hoffmann-*Hoffmann*, S. 282.
137 MAH-*Dern/Baurmann*, 1. A., § 84 Rn. 148.
138 *Dern* et al., Qualitätsstandards, 2.5.1.1, s. Fn. 32.
139 MAH-*Dern/Baurmann*, 1. A., § 84 Rn. 151.
140 Zum Begriff s. 2. Kapitel, C. II. 1.
141 MAH-*Dern/Baurmann*, 1. A., § 84 Rn. 151.
142 MAH-*Dern/Baurmann*, 1. A., § 84 Rn. 152.

Sie werden immer als Hypothesen von außen generiert[143] und sollen methodisch daher nur in Kombination mit objektiven Daten aufgestellt werden.[144] Im Ergebnis werden die Parameter benannt, die für den Vergleich am signifikantesten erscheinen.[145]

VII. Die geografische Fallanalyse

Ein zusätzliches Modul der Fallanalyse im weiteren Sinn ist die geografische Fallanalyse. Mit dieser speziellen Methode sollen, basierend auf der Tathergangsanalyse,[146] Aussagen über die möglichen örtlichen Bezugspunkte (Ankerpunkte)[147] des Täters getroffen,[148] sein Verhalten regional eingegrenzt und dadurch die Ermittlungen ökonomisiert werden.[149] Zu diesem Zweck werden kriminalistische, kriminologische und geografische Methoden eingesetzt.[150] Ankerpunkte können der aktuelle oder vormalige Wohnort des Täters, Örtlichkeiten, die mit der beruflichen Tätigkeit des Täters in Beziehung stehen oder standen und/oder aktuelle oder vormalige Örtlichkeiten aus dem Freizeitverhalten des Täters sein.[151]

Die geografische Fallanalyse wird regelmäßig bei Seriendelikten sowie bei schwerwiegenden Einzeldelikten angewendet, bei denen der Täter an mehreren Orten tatrelevante Spuren hinterlassen hat (sogenannte Handlungsorte, z.B. Entführungsort, Ort der Tötung, Ort der Leichenablage etc.).[152] Grundlage der Durchführung der geografischen Fallanalyse sind ausführliches Kartenmaterial und fotografische sowie videografische Dokumentationen.[153] In der

---

143 MAH-*Dern/Baurmann*, 1. A., § 84 Rn. 148; vgl. auch MAH-*Dern*, § 84 Rn. 17, Rn. 31 Fn. 47.

144 MAH-*Dern/Baurmann*, 1. A., § 84 Rn. 148.

145 MAH-*Dern/Baurmann*, 1. A., § 84 Rn. 153.

146 Vgl. Musolff/Hoffmann-*Mokros/Schinke*, S. 207.

147 Zu den der GeoFA zugrunde liegenden Theorien, wie dem Bequemlichkeitsprinzip oder der Routineaktivitätstheorie, s. vertiefend Musolff/Hoffmann-*Mokros/Schinke*, S. 208 ff.

148 Musolff/Hoffmann-*Musolff*, S. 11; ausführlich zur Methode und dem Ablauf der GeoFA s. Musolff/Hoffmann-*Mokros/Schinke*, S. 207 ff.

149 Musolff/Hoffmann-*Mokros/Schinke*, S. 207, 233 f.

150 „*Methodik der Fallanalyse*", BKA, nachzulesen unter https://www.bka.de/nn_205350/DE/ThemenABisZ/OperativeFallanalyse/Methodik/methodikOfa.html#doc218556bodyText4, zuletzt am 4.6.2015.

151 *Dern* et al., Qualitätsstandards, 2.5.2, s. Fn. 32; *Harbort*, Kriminalistik 2006, 737; Musolff/Hoffmann-*Mokros/Schinke*, S. 216.

152 *Harbort*, Kriminalistik 2006, 737, 738.

153 MAH-*Dern/Baurmann*, 1. A., § 84 Rn. 166.

Regel erfolgt auch eine Besichtigung aller handlungsrelevanten Orte durch das Analyseteam.[154] Nach Einschätzung von *Dern* und *Baurmann* ist eine enge Zusammenarbeit mit der örtlichen ermittelnden Dienststelle unerlässlich. Um die Ortskenntnisse zu nutzen, nehmen daher regelmäßig auch ermittelnde Beamte an der Analyse teil.[155]

Vor der Durchführung der GeoFA erfolgt zunächst eine Machbarkeitsprüfung.[156] Dabei werden die vorliegenden Informationen wie Abfolge der Handlungen, Informationen zum Opfer, Tatzeit nach Wochentag und Uhrzeit, Adresse des Tatorts etc. dargestellt und bewertet. Diese Daten werden zueinander in Beziehung gesetzt, vernetzt und visualisiert.[157] Anhand der grafischen Darstellungen können sich erste Auffälligkeiten zeigen, wie die geografische Nähe der Tatorte zueinander oder ihre Positionierung an einer Buslinie.[158]

Unverzichtbarer Bestandteil der geografischen Fallanalyse ist nach den Qualitätsstandards die fallanalytische Bewertung der Einzelereignisse sowie bei Seriendelikten die Durchführung einer Vergleichsanalyse.[159] Hat die vergleichende Fallanalyse zu dem Ergebnis geführt, dass die Taten einer Person oder Personengruppe zugeordnet werden können, werden die Ereignisse herausgefiltert, die dem Täter mit hoher Wahrscheinlichkeit zugeordnet werden können.[160]

Die geografische Fallanalyse eignet sich besonders, um für eine Rasterung die Anzahl der Tatverdächtigen numerisch sehr deutlich zu reduzieren und dadurch die Ermittlungsarbeiten zu priorisieren.[161] Das Ergebnis der GeoFA hat erhebliche Auswirkungen auf den Ressourceneinsatz bei Polizei und Staatsanwaltschaft, z. B. hinsichtlich der Durchführung von Massengentests. Insbesondere in Verbindung mit der Rasterfahndung hat sich die geografische Fallanalyse bewährt.[162]

So hat beispielsweise eine Studie von *Harbort* ergeben, dass Seriensexualmörder überwiegend regional agieren.[163] Das heißt, dass sie von ihren Ankerpunkten

---

154 MAH-*Dern/Baurmann*, 1. A., § 34 Rn. 166.

155 MAH-*Dern/Baurmann*, 1. A., § 34 Rn. 167.

156 Musolff/Hoffmann-*Mokros/Schinke*, S. 228.

157 Musolff/Hoffmann-*Mokros/Schinke*, S. 228 f.

158 Musolff/Hoffmann-*Mokros/Schinke*, S. 229.

159 *Dern* et al., Qualitätsstandards, 2.5.2, s. Fn. 32; Musolff/Hoffmann-*Mokros/Schinke*, S. 229.

160 *Dern* et al., Qualitätsstandards, 2.5.2, s. Fn. 32; Musolff/Hoffmann-*Mokros/Schinke*, S. 229.

161 Musolff/Hoffmann-*Mokros/Schinke*, S. 233.

162 Musolff/Hoffmann-*Mokros/Schinke*, S. 233.

163 *Harbort*, Kriminalistik 2006, 737 ff.

aus zur Tatbegehung keine größeren Entfernungen zurücklegen.[164] Andere Faktoren, die bei der geografischen Fallanalyse weiterhelfen, sind Studien zu dem räumlichen Verhalten des Täters beispielsweise in Zusammenhang mit kriminellen Erfahrungen, psychischen Erkrankungen, wie der Psychopathie und der sozialen Integration.[165]

VIII. ViCLAS

Das *„Violent Crime Linkage Analysis System"* (ViCLAS) ist ein Analysesystem zur Verknüpfung von Gewaltdelikten. ViCLAS wird zwar unter dem Oberbegriff operative Fallanalyse angeführt, hat mit dem Kern der Fallanalyse aber nichts zu tun.[166]

Die Aufgabe dieses in Kanada entwickelten Datenbanksystems ist es, hinsichtlich Serienstraftaten im Bereich der schweren Gewaltkriminalität auf überregionaler Basis Tat-Tat- und Tat-Täter-Zusammenhänge schnell und effektiv zusammenzuführen.[167] Ferner soll der Kontakt zwischen den ermittelnden Dienststellen hergestellt werden.[168]

Auf diese Weise soll das Problem der *„Linkage Blindness"*, also des Nichterkennens von Tat- und Täterzusammenhängen, vermindert werden.[169] Das Problem der *„Linkage Blindness"* ergab sich aus dem Fehlen eines Analysesystems zur Erkennung von Tatzusammenhängen aufgrund von Täterverhalten. Der Kriminalpolitische Meldedienst (KPMD) war dazu nicht ausreichend in der Lage.[170]

---

164 Diese Erkenntnis kann grundsätzlich auf Deliktsbegehungen angewendet werden. Zu berücksichtigen ist aber das *„Distance-Decay-Modell"*, wonach der Täter eine Ergreifung dadurch verhindern will, dass er sich so weit von seinem Ankerpunkt entfernt (Verlassen der sogenannten Sicherheitszone), dass eine Identifizierung durch mögliche Zeugen weniger wahrscheinlich ist. Es gelten aber Ausnahmen bei Sexualdelikten, bei denen eine solche Sicherheitszone nicht eingehalten wird. Das kann darauf zurückzuführen sein, dass in die Studie auch Täter-Opfer-Bekanntschaften mit einbezogen wurden, bei denen die Taten häufig in der Wohnung des Täters stattfinden, Musolff/Hoffmann-*Mokros/Schinke*, S. 210 ff., 212; zur Sicherheitszone s. auch *Harbort*, Kriminalistik 2006, 737, 739.

165 S. dazu ausführlich Musolff/Hoffmann-*Mokros/Schinke*, S. 216 ff.

166 *„ViCLAS als unterstützende Falldatenbank"*, BKA, nachzulesen unter http://www.bka.de/kriminalwissenschaften/viclasinter.html, zuletzt am 4.6.2015.

167 *„ViCLAS als unterstützende Falldatenbank"*, BKA, s. Fn. 166.

168 Musolff/Hoffmann-*Nagel*, S. 296.

169 *Robak*, S. 152.

170 *Robak*, S. 152; Musolff/Hoffmann-*Nagel*, S. 301; *Nagel/Horn*, Kriminalistik 1998, 54, 55; *Hochgartz*, Kriminalistik 2000, 322, 352 zum Fall Christina Nytsch.

Auch die Falldatei beim Bundeskriminalamt für Tötungs- und Sexualdelikte hatte hinsichtlich der Zusammenführung von Straftaten wenig Hilfestellung leisten können. Das war insbesondere dadurch zu erklären, dass das Meldeverhalten der einzelnen Landeskriminalämter stark variierte.[171]

Aufgrund der Notwendigkeit, ausreichende Daten für die Funktionsfähigkeit der Datenbank bereitzustellen, besteht seit Beginn des jeweiligen Wirkbetriebs in den Ländern eine Meldepflicht[172] aufgrund von Landesgesetzen.[173] Delikte müssen dem ViCLAS-Datenbanksystem gemeldet werden, wenn es sich um Tötungsdelikte mit sexuellem, unklarem oder unbekannten Motiv handelt, sowie sonstigen Tötungsdelikten, wenn sich aus einer Gesamtwürdigung, z.B. Wiederholungsgefahr oder anderen besonderen Tatumständen, eine ViCLAS-Relevanz ergibt. Ferner ist eine Meldung Pflicht bei sexuellen Gewaltdelikten, wenn körperliche Gewalt angewendet oder angedroht wurde, bei Vermisstenfällen, wenn die Gesamtumstände auf ein Verbrechen hindeuten und bei verdächtigem Ansprechen von Kindern und Jugendlichen, wenn versucht wurde, das Kind mit körperlicher Gewalt unter Kontrolle zu bringen bzw. verbal ein listiges oder bedrohendes Verhalten gezeigt und versucht wurde, das Kind an einen anderen Ort zu verbringen.[174]

Anders als das amerikanische ViCAP-System erfasst das ViCLAS-System somit neben Tötungsdelikten auch Sexualdelikte und Entführungsfälle.[175] Um mögliche Serientaten später zusammenführen zu können, werden in dem System bei schwerwiegenden Straftaten polizeilich zuverlässig später wieder erkennbare und deliktsübergreifende Fallinformationen erfasst und abgespeichert.[176]

Die Datenerhebung erfolgt durch den ViCLAS-Fragebogen.[177] Diese standardisierte Fallbeschreibung soll im Wesentlichen die festgestellten Verhaltensmuster der Straftäter bei ihrer Tatausführung abbilden. In der ViCLAS-Zentrale erfolgt nach Einreichung des Erhebungsbogens eine Prüfung der Abfolge der Ereignisse in Form einer chronologischen Auflistung der tatrelevanten Handlungen und Geschehnisse. Dadurch können wichtige Schlussfolgerungen aus dem Vergleich

171 *Nagel/Horn*, Kriminalistik 1998, 54, 55.

172 Musolff/Hoffmann-*Nagel*, S. 301.

173 Beispielhaft sei § 3 des Rd. Erlass des Innenministeriums NRW v. 3.2.2005 Operative Fallanalyse/Datenbank ViCLAS erwähnt.

174 „*ViCLAS als unterstützende Falldatenbank*", BKA, s. Fn. 166; Musolff/Hoffmann-*Nagel*, S. 302.

175 *Hoffmann/Musolff*, S. 225; *Robak*, S. 179; Musolff/Hoffmann-*Nagel*, S. 331, 342.

176 Vgl. *Nagel/Horn*, Kriminalistik 1998, 54, 56 ff.

177 *Nagel/Horn*, Kriminalistik 1998, 54, 57.

von Fällen gewonnen werden. Im Anschluss daran wird die Tat im Freitext zusammengefasst.[178] Eingegeben werden z.B. Tatorte, Informationen über den Täter, Informationen über das Opfer, Angaben zur Vorgehensweise des Täters bei der Tatbegehung, insbesondere sein verbales und physisches Verhalten etc.[179]

Die im ViCLAS-Verfahren geschulten Fallanalytiker können durch die bereits abgespeicherten Falldaten mögliche Zusammenhänge zwischen einzelnen Straftaten feststellen, die sogenannten Tat-Tat-Zusammenhänge.[180] Teilweise ist sogar die *„Handschrift"* des Täters erkennbar, wodurch weitere mögliche Tat-Tat-Zusammenhänge gefunden werden können.[181] Das geschieht, indem der ViCLAS-Analytiker zunächst wenige, eher allgemeine Suchkriterien eingibt. Durch kontinuierliches Eingrenzen anhand weiterer Kriterien wird die hohe Zahl von Treffern verringert.[182] Dies kann ein wichtiges Hilfsmittel bei der Ermittlung und Aufklärung von Straftaten sein.[183]

Der auf Polizeiforschung spezialisierte Sozialwissenschaftler *Reichertz* ist der Meinung, dass Datenbanken wie ViCLAS ein hilfreiches Werkzeug zur Erkennung der Zusammenhänge darstellen, über Erfolg und Misserfolg aber allein die Fähigkeiten des menschlichen Ermittlers entscheiden.[184] Denn zu dem Ergebnis führt ausschließlich die Vorgehensweise des bearbeitenden Beamten beim Recherchieren in der Datenbank, indem er die geeigneten Recherchekriterien herausarbeitet. So sind z.B. bei Sexualstraftaten andere Schwerpunkte zu setzen als bei Tötungsdelikten.[185] Zu einer solchen Leistung sind Computer jedoch nicht in der Lage. Denn sie schlussfolgern nicht und bilden keine Hypothesen.[186] Auch *Hoffmann* und *Musolff* sind der Ansicht, ViCLAS-Analytiker seien Experten, die über ein großes Wissen zum Täterverhalten verfügen müssen. Denn nicht nur der *modus operandi*, also die Handlungen, die direkt auf die Tatausführung gerichtet sind, ermögliche die Identifizierung einer Verbrechensserie, sondern auch die *„Handschrift"* eines unbekannten Täters sei insbesondere bedeutsam für den Vergleich. Die Aufgabe der Computer sei es dagegen, das Wissen zu speichern, zu bündeln und zu verwalten.[187]

---

178 *Hoffmann/Musolff*, S. 259.

179 *„ViCLAS als unterstützende Falldatenbank"*, BKA, s. Fn. 166.

180 *„ViCLAS als unterstützende Falldatenbank"*, BKA, s. Fn. 166.

181 *Witt/Dern*, S. 114; vgl. auch *Reichertz*, Kriminalistik 1998, 47, 50 f.

182 *Witt/Dern*, S. 114.

183 *„ViCLAS als unterstützende Falldatenbank"*, BKA, s. Fn. 166.

184 *Reichertz*, Kriminalistik 1998, 47, 53.

185 Vgl. *Nagel/Horn*, Kriminalistik 1998, 54, 58.

186 *Reichertz*, Kriminalistik 1998, 47, 48.

187 *Hoffmann/Musolff*, S. 260.

Somit wird deutlich, dass Ausbildung und Fachkenntnisse der ViCLAS-Analytiker – insbesondere das Wissen über das Verhalten von Gewalttätern – die ausschlaggebenden Variablen für die Leistungsfähigkeit derartiger Systeme sind.[188] Das Bundeskriminalamt führt deshalb besondere Schulungen für die Benutzung des Systems durch.

Die Bedienung des Programms setzt eine vorangegangene vollständige Fallanalyse voraus, weswegen ViCLAS-Analysen grundsätzlich erst nach Abschluss der Fallanalyse im engeren Sinne erfolgen. Deshalb hat die OFA-Einheit des Bundeskriminalamts die Tätigkeitsfelder von polizeilichen Fallanalytikern und ViCLAS-Experten bewusst miteinander verzahnt und bietet für alle Bundesländer eine entsprechende integrierte Spezialausbildung an.[189]

Da Serienstraftaten jedoch äußerst selten sind, wird eine ViCLAS-Analyse nicht zwangsläufig im Rahmen einer operativen Fallanalyse durchgeführt.

C. Methode der Fallanalyse

Im Folgenden werden die bei der Fallanalyse angewendeten Methoden dargestellt. Dies ist notwendig für die Beantwortung der Frage, ob Fallanalytikern eine besondere Sachkunde zuzusprechen ist. Die Beantwortung dieser Frage wiederum ist entscheidend für die später erfolgende Untersuchung, wie die Ergebnisse der Fallanalyse im Strafprozess verwertet werden können.

Methodisch bedient sich die OFA eines interdisziplinären *„Werkzeugkastenmodells“*,[190] welches zur Anwendung völlig unterschiedlicher Methoden führt.[191] Denn es werden

> *„(…) alle Ansätze, Theorien und Modelle herangezogen, die für die praktische Arbeit erfolgsversprechend sind – egal aus welchem Fachgebiet sie stammen. Die Experten greifen vor allem auf die Disziplinen der Kriminalistik, Kriminologie, Psychologie, Psychiatrie und Soziologie zurück (…)“*[192]

---

188 *Hoffmann/Musolff*, S. 267.

189 *Hoffmann/Musolff*, S. 267.

190 Musolff/Hoffmann-*Musolff*, S. 4.

191 *Witt/Dern*, S. 115; vertiefend zur Methode Musolff/Hoffmann-*Musolff*, 3 ff.; *Hoffmann/Musolff*, S. 21; *Dern*, FPPK 2010, 98 ff.; *Dern/Horn*, Kriminalistik 2008, 543, 545 ff.; vgl. MAH-*Dern*, § 84 Rn. 20 ff.; *Wieczorek*, Kriminalistik 2006, 86 ff.; *Wippler*, S. 77 f. mit Ausführungen zur Problematik der wissenschaftlichen Beurteilung des Methodenpluralismus.

192 *Hoffmann/Musolff*, S. 21; vgl. auch *Dern*, FPPK 2010, 98, 103.

Im Gegensatz zu anderen internationalen Vertretern der Täterprofilerstellung bedienen sich die OFA-Einheiten des Bundeskriminalamts und der Landeskriminalämter dabei nicht einer einzelnen, vorher festgelegten Methode. Vielmehr wird die anzuwendende Methodik von der jeweiligen Fragestellung und den Deliktsfeldern abhängig gemacht.[193] Daraus folgt zwangsläufig ein Pluralismus bei der Anwendung von Methoden und Theorien.[194] Die von der BLPG entwickelten Qualitätsstandards dienen u.a. dazu, die Fallanalyse einer Methodenkritik unterwerfen zu können. Eine einheitliche Vorgehensweise hinsichtlich der einzelnen Arbeitsschritte ist dafür unerlässlich. Allerdings hilft auch diese Vorgehensweise nicht vollständig über die Schwierigkeit der Bestimmung der Wissenschaftlichkeit hinweg, welche zu einem Großteil aus der Uneinheitlichkeit der Begriffsverwendung resultiert.[195]

I. Die „Grundpfeiler" der fallanalytischen Methode

Ziel der Fallanalyse ist es, gegenüber der klassischen Ermittlung ein *„Mehr"* an Erkenntnissen zu liefern. Dies soll dadurch gewährleistet werden, dass unterschiedliche Methoden und unterschiedliches Methodenwissen angewendet werden, die weit über die von den *„normalen"* Ermittlern angewendeten hinausgehen. Grob schematisch lassen sich drei *„Grundpfeiler"*[196] der Fallanalyse und der Täterprofilerstellung feststellen: die Falldaten, empirisch generiertes Wissen sowie Methoden, die dazu beitragen, fallanalytisch relevante Aussagen anhand der Fallinformationen abzuleiten.[197]

1. Deduktives Vorgehen

Dem Grunde nach folgt die Fallanalyse einem deduktiven Ansatz,[198] also der logischen Ableitung von einzelnen Erkenntnissen aus einem gegebenen Zusammenhang.[199] Es wird die Art und Weise des Einzelfalls betrachtet, wie sie in dem

---

193 *Gerst*, S. 69; BKA-Forschungsreihe-*Baurmann*, S. 300; Musolff/Hoffmann-*Musolff*, S. 4.

194 *Hoffmann/Musolff*, S. 21; *Witt/Dern*, S. 115; Musolff/Hoffmann-*Musolff*, S. 3.

195 *Wippler*, S. 94.

196 *Hoffmann/Musolff*, S. 22; *Dern* bezieht den FBI-Ansatz als Methode mit ein und spricht daher von vier Grundpfeilern, FPPK 2010, 98, 100; vgl. auch *Wieczorek*, Kriminalistik 2006, 86.

197 *Dern/Horn*, Kriminalistik 2008, 543, 545.

198 *Dern*, FPPK 2010, 98, 102; vgl. auch *Wieczorek*, Kriminalistik 2006, 86, 87.

199 *Wieczorek*, Kriminalistik 2006, 86, 87; BKA-Polizei+Forschung-*Dittmann*, S. 117; vgl. auch Musolff/Hoffmann-*Musolff*, S. 19 f.

festgeschriebenen Ablauf stattfindet.[200] Die Fallanalyse erfolgt nach dem Verfahren der objektiven Hermeneutik nach *Oevermann*, soweit sie sich mit der sequenziellen Analyse von Kriminalfällen befasst.[201]

a) Darstellung der objektiven Hermeneutik

Die Methodologie der objektiven Hermeneutik[202] ist ein in der Kriminalistik etabliertes und vielversprechendes Verfahren aus der qualitativen Sozialforschung, das von *Ulrich Oevermann* und seinen Mitarbeitern entwickelt wurde.[203] Sie stellt in seinem Forschungsschwerpunkt

> *„seit langem erprobte Methoden und Techniken der Sozial- und Kulturforschung bereit, die sich vor allem dazu eignen, auf wenig erforschten Gebieten und bei neuen, noch wenig bekannten Entwicklungen und Phänomenen die typischen, charakteristischen Strukturen dieser Erscheinungen zu entschlüsseln und die hinter den Erscheinungen operierenden Gesetzmäßigkeiten ans Licht zu bringen.“*[204]

Die ursprüngliche Methode der klassischen Hermeneutik wurde in der Theologie, den Rechts- und Geschichtswissenschaften sowie der Philosophie zur Auslegung von Texten anhand mehr oder weniger festgelegter Regeln angewendet. Später wurde diese Methode, die sich mit dem Entschlüsseln und Interpretieren von Texten und menschlichen Ausdrucksweisen beschäftigt, auch für die Sozial- und Geisteswissenschaften sowie Literatur- und Theaterwissenschaften nutzbar gemacht.[205] Ihr Gegenstandsbereich wird definiert als *„die (Kunst-)Lehre vom Auslegen bzw. Verstehen oder die Methode der Interpretation*

200 Das *„Primat der Einzelfallperspektive“*, s. 2. Kapitel, C. I. 1. Fn. 39.

201 Ausführlich *Hoffmann/Musolff*, S. 225 ff., 228 ff.; SK-*Rogall*, Vor § 72 Rn. 192; *Wippler*, S. 56 f.; *Dern*, FPPK 2010, 98, 101 ff.; *Wegener*, Rechtsmedizin 2003, 319 ff.

202 Zwischenzeitlich von *Oevermann* auch als *„strukturale“* Hermeneutik bezeichnet, Aufenanger/Lenssen-*Oevermann*, S. 19; vgl. Musolff/Hoffmann-*Musolff*, S. 110. Zur Methodologie und ihrer allgemeinen forschungslogischen Bedeutung in den Sozialwissenschaften s. Soeffner-*Oevermann/Allert/Konau/Krambeck* S. 352 ff.

203 *Hoffmann/Musolff*, S. 226, mit anschaulicher Darstellung eines Fallbeispiels zu einem Erpressungsversuch, S. 243 ff.; Musolff/Hoffmann-*Musolff*, S. 107 f., 110; *Dern*, FPPK 2010, 98, 101; *Wippler*, S. 56.

204 *Oevermann*, Manifest der objektiv hermeneutischen Sozialforschung, 2002, S. 1, abrufbar unter http://www.google.de/url?sa=t&rct=j&q=&esrc=s&source=web&cd=2&ved=0CCgQFjAB&url=http%3A%2F%2Fwww.ihsk.de%2Fpublikationen%2FUlrich_Oevermann-Manifest_der_objektiv_hermeneutischen_Sozialforschung.pdf&ei=quw4VYXMHInMyAPyxYCoCQ&usg=AFQjCNHUvma5pKfGFEiGxFEu-u3vsjJpUQ&bvm=bv.91427555,d.bGQ, zuletzt am 25.04.2015.

205 Musolff/Hoffmann-*Musolff*, S. 108 f.; *Hoffmann/Musolff*, S. 229.

von Sinn und Bedeutung menschlicher Lebensäußerungen."[206] Durch die Interpretation können die Motive, Ziele und Sinnvorstellungen des sich Äußernden, aber auch die Strukturen sozialen Zusammenlebens analysiert und rekonstruiert werden.[207]

Die klassische Methode wurde von *Oevermann* weiterentwickelt. Ziel dieser „*objektiven*" Hermeneutik ist das Deuten und Rekonstruieren von latenten Regeln, also verborgenen Strukturen, die sich im Verhalten wiederfinden, obwohl sie vom Handelnden nicht intendiert waren und von diesem unbemerkt geblieben sind.[208] Sie geht somit über die klassische Hermeneutik dahingehend hinaus, dass nicht die Deutung von bewussten Intentionen oder Motiven des Handelnden im Fokus steht.[209]

Nach *Oevermanns* These ist die soziale Realität – dazu gehören auch Straftaten – nur im Wege der Wahrnehmung von Texten zugänglich.[210] So lasse sich die Welt vollständig in Texten abbilden, also in sprachliche Ausdrücke überführen.[211] Die Texte wiederum können nur „*gelesen*" werden und sind der sinnlichen Wahrnehmung verschlossen.[212] Sie werden in Protokollen konserviert und dadurch dauerhaft abrufbar festgehalten.[213]

Mit der Bezeichnung der Methode als „*objektiv*" soll zum Ausdruck kommen, dass sowohl der mit dieser Methode untersuchte Gegenstand als auch das Verfahren, welches zur Überprüfung der Gültigkeit angewendet wird, denselben Anspruch auf Objektivität stellen, wie er in der Naturwissenschaft üblich ist.[214]

Nach der wichtigsten These der objektiven Hermeneutik[215] besteht der (Handlungs-)Text aus zwei verschiedenen Sachverhalten, der „*subjektiv-zielgerichteten*" Handlung, die die Ebene des bewussten, absichtsvollen Handelns darstellt, und

---

206 Musolff/Hoffmann-*Musolff*, S. 109.

207 Musolff/Hoffmann-*Musolff*, S. 109.

208 BKA-Forschungsreihe-Perseveranz-*Oevermann*, S. 186 f.

209 Soeffner-*Oevermann/Allert/Konau/Krambeck*, S. 379; Musolff/Hoffmann-*Musolff*, S. 110.

210 Aufenanger/Lenssen-*Oevermann*, S. 22; Soeffner-*Oevermann/Allert/Konau/Krambeck*, S. 378 f.; Jüttemann-*Schneider*, S. 73; *Dern*, FPPK 2010, 98, 101.

211 Soeffner-*Oevermann/Allert/Konau/Krambeck*, S. 378 f.; Jüttemann-*Schneider*, S. 72 f.; *Hoffmann/Musolff*, S. 230.

212 Soeffner-*Oevermann/Allert/Konau/Krambeck*, S. 378 f.

213 *Hoffmann/Musolff*, S. 230; Musolff/Hoffmann-*Musolff*, S. 112; Jüttemann-*Schneider*, S. 73 mit Ausführungen zur Unterscheidung der Begriffe Text und Protokoll.

214 *Hoffmann/Musolff*, S. 229; *Wippler*, S. 57; Musolff/Hoffmann-*Musolff*, S. 110.

215 Soeffner-*Oevermann/Allert/Konau/Krambeck*, S. 380; *Hoffmann/Musolff*, S. 231.

den objektiven Bedeutungsstrukturen, die die *„objektiv latente Sinnstruktur“* der Interaktion selbst darstellen.[216] Die *„objektiv latenten Sinnstrukturen“* entziehen sich der bewussten Kontrolle eines Menschen im Rahmen seines Verhaltens.[217] Dennoch sind sie vorhanden und das handlungsleitende Element.[218] Im Rahmen der objektiven Hermeneutik ist die Deutung des latenten Sinns der primäre Gegenstand der Betrachtung.[219]

Dem liegt die Annahme zu Grunde, dass Handlungen sinnhaft sind und nach rekonstruierbaren Regeln erzeugt werden. So erfolgen sie in einem komplexen Regelsystem, das von den Verhaltensnormen des Lebensalltags, aber z.B. auch von der Herkunft des Handelnden geprägt ist.[220] Durch seine Handlung protokolliert sich der Mensch selbst. Die *„objektiv latente Sinnstruktur“* wird im Zuge der Vertextung gespeichert und kann im Nachhinein mit der Methode extern entschlüsselt werden.[221] So erfolgt im Rahmen der erfahrungswissenschaftlichen Analyse nach der objektiven Hermeneutik eine Betrachtung der latenten Sinnstrukturen der menschlichen Handlungsweisen, z.B. die Handlungsweise des Täters. Daraus können Folgerungen für die subjektive Disposition, wie Herkunftsmilieu und persönliche Besonderheiten einer Person, gezogen werden.[222] Ziel ist die Herausbildung einer individuellen Fallstruktur.[223]

---

216 Soeffner-*Oevermann/Allert/Konau/Krambeck*, S. 379; Aufenanger/Lenssen-*Oevermann*, S. 45 ff.; auch als *„Strukturkonzept“* bezeichnet, Musolff/Hoffmann-*Musolff*, S. 110.

217 Soeffner-*Oevermann/Allert/Konau/Krambeck*, S. 379; Jüttemann-*Schneider*, S. 72 ff.; *Wegener*, Rechtsmedizin 2003, 315, 319.

218 *Hoffmann/Musolff*, S. 231.

219 Soeffner-*Oevermann/Allert/Konau/Krambeck*, S. 379; Jüttemann-*Schneider*, S. 72; *Hoffmann/Musolff*, S. 231.

220 *Wegener*, Rechtsmedizin 2003, 315, 319.

221 Soeffner-*Oevermann/Allert/Konau/Krambeck*, S. 379; Aufenanger/Lenssen-*Oevermann*, S. 45 ff.

222 *Oevermann*, Manifest der objektiv hermeneutischen Sozialforschung, 2002, S. 5, abrufbar unter http://www.google.de/url?sa=t&rct=j&q=&esrc=s&source=web&cd=2&ved=0CCgQFjAB&url=http%3A%2F%2Fwww.ihsk.de%2Fpublikationen%2FUlrich_Oevermann-Manifest_der_objektiv_hermeneutischen_Sozialforschung.pdf&ei=quw4VYXMHInMyAPyxYCoCQ&usg=AFQjCNHUvma5pKfGFEGxFEu-u3vsjJpUQ&bvm=bv.91427555,d.bGQ, zuletzt am 25.04.2015; Musolff/Hoffmann-*Musolff*, S. 111 f.

223 *Wegener*, Rechtsmedizin 2003, 315, 319; Jüttemann-*Schneider*, S. 78 f.

b) Anwendung der objektiven Hermeneutik im Rahmen der operativen Fallanalyse

Diese Methode wurde für die operative Fallanalyse übernommen.[224] Sie wird in der Regel nur im Rahmen der Aufklärung von schwerwiegenden (Gewalt-) Delikten, Serienstraftaten und Straftaten ohne klassische Täter-Opfer-Beziehung angewendet.[225] Die Verwendung der Methode für die operative Fallanalyse folgte einer Studie *Oevermanns* und seiner Mitarbeiter zum Problem der *Perseveranz in Delikttyp* und *modus operandi*[226] im Zusammenhang mit der Wirksamkeit des Kriminalpolizeilichen Meldedienstes (KPMD) Mitte der achtziger Jahre des letzten Jahrhunderts.[227] Die Theorie zur Perseveranz in Delikttyp und *modus operandi* folgt der Annahme, dass Straftäter bei Wiederholungstaten sowohl in Deliktsart als auch Tatausführung gleichförmig handeln.[228] Die Studie von *Oevermann* kam zu dem Ergebnis, dass diese schlichten Charakterisierungen nicht haltbar sind.[229]

Mit Hilfe der Methode der objektiven Hermeneutik konnte *Oevermann* den ursprünglichen Begriff der zweifachen Perseveranz modifizieren und ein praxistaugliches Verfahren entwickeln.[230] So sind nach *Oevermann* und *Simm* nicht primär äußerlich feststellbare Perseveranzen entscheidend für die kriminologische Betrachtung, sondern die tieferliegenden persönlichkeitsspezifischen Eigenschaften des individuellen Täters, die für sein äußerlich perseverantes Verhalten bestimmend sind bzw. auch bei zunächst scheinbar variierenden Tatmustern und Deliktskategorien bei genauerer Analyse noch ein identisches Strukturmuster erkennen lassen. Kurz gesagt müsse der Perseveranz-Begriff daher aus einer rein phänomenologischen Betrachtung herausgenommen werden.[231]

Die Straftat ist im Rahmen dieser Theorie der Ausdruck der Persönlichkeit des Täters und seiner lebensweltlichen Einbettung.[232] Im Zusammenhang mit

---

224 Ausführlich zur Methode BKA-Forschungsreihe-*Dern*, S. 73 ff., dessen Ausführungen hier kurz zusammengefasst werden; BKA-Forschungsreihe-*Vick*, S. 275 ff.
225 Musolff/Hoffmann-*Musolff*, S. 108.
226 Zur Perseveranzhypothese s. z. B. BKA-Forschungsreihe-*Schuster*, S. 26 ff.
227 BKA-Forschungsreihe-Perseveranz-*Oevermann/Schuster/Simm*, S. 1 ff.
228 Musolff/Hoffmann-*Musolff*, S. 112.
229 BKA-Forschungsreihe-*Schuster*, S. 34 ff.; Musolff/Hoffmann-*Musolff*, S. 113.
230 Musolff/Hoffmann-*Musolff*, S. 113.
231 BKA-Forschungsreihe-Perseveranz-*Oevermann/Simm*, S. 141.
232 BKA-Forschungsreihe-*Dern*, S. 73, 74.

Straftaten spricht *Oevermann* von *„Spurentexten“*[233] und verwendet diesen Begriff synonym zu dem der Handlung.[234] Darin enthalten sind die Begriffe der subjektiv-zielgerichteten Handlung und der objektiven Sinnstruktur.[235]

Die kriminalistische Praxis befragt demnach den Spurentext nach der lebensweltlichen Einbettung des Täters als Autor desselben zum Schließen von Informationslücken.[236] Der am Tatort wahrnehmbare und protokollierte Spurentext wird in Handlungssequenzen unterteilt, und die latente Sinnstruktur einer Sequenz so genau wie möglich rekonstruiert.[237] Dabei ist die latente Sinnstruktur in diesem Zusammenhang eine reproduzierbare Fallstruktur.[238] Die Strukturen sind in den Fällen als soziale Gebilde enthaltene Regeln und daraus resultierende Handlungsdispositionen und somit das Ergebnis und der Ausdruck einer Täterpersönlichkeit.[239] Die Handlungsdispositionen wiederum – als das jeweils Falltypische – bestimmen die Fallstrukturen.[240]

Weil sich der Ablauf einer Handlung aus dem vorhergehenden Handlungsschritt Zug um Zug entwickelt, wird nach der Theorie *Oevermanns* das Gesamtgeschehen in einzelne Handlungsschritte unterteilt.[241] Die Handlungsabschnitte sind nicht nur chronologisch, sondern auch sinnlogisch miteinander verknüpft.[242] Dabei wird von der Prämisse ausgegangen, dass bei dem Übergang von einer Handlungssequenz zur nächsten Handlungsspielräume entstehen, und sich der Täter innerhalb einer sequenziell ablaufenden sozialen Realität fortwährend bei Beginn jeder neuen Sequenz erneut entscheiden muss.[243] Bei dieser Art der Betrachtung des Falls handelt es sich um die sequenzielle Analyse.[244] Diese

---

233 BKA-Forschungsreihe-Perseveranz-*Oevermann*, S. 186 ff.; *Oevermann/Leidinger/Simm/Störmer/Tykwer*, S. 156 ff.

234 *Hoffmann/Musolff*, S. 231; vgl. auch Jüttemann-*Schneider*, S. 72.

235 Musolff/Hoffmann-*Musolff*, S. 113.

236 BKA-Forschungsreihe-*Dern*, S. 73, 75; Musolff/Hoffmann-*Musolff*, S. 113.

237 BKA-Forschungsreihe-*Dern*, S. 73, 74. f.

238 BKA-Forschungsreihe-Perseveranz-*Oevermann*, S. 196; BKA-Forschungsreihe-*Dern*, S. 73, 75, Musolff/Hoffmann-*Musolff*, S. 112.

239 BKA-Forschungsreihe-Perseveranz-*Oevermann*, S. 187 f.; Musolff/Hoffmann-*Musolff*, S. 114.

240 BKA-Forschungsreihe-*Dern*, S. 73, 76.

241 *Wegener*, Rechtsmedizin 2003, 315, 320; *Hoffmann/Musolff*, S. 233 f.

242 *Oevermann/Leidinger/Simm/Störmer/Tykwer*, S. 156 ff.; *Hoffmann/Musolff*, S. 234; vgl. auch Aufenanger/Lenssen-*Oevermann*, S. 22.

243 BKA-Forschungsreihe-*Dern*, S. 73, 75; *Hoffmann/Musolff*, S. 234.

244 Soeffner-*Oevermann/Allert/Konau/Krambeck*, S. 412 ff., 422 ff.; *Wegener*, Rechtsmedizin 2003, 315, 320.

erfolgt im Wege eines extensiven Interpretationsprozesses, in dessen Rahmen regelmäßig eine sogenannte Strukturhypothese[245] aufgestellt wird und der im Anschluss der permanenten Prüfung unterzogen wird.[246]

Die Hypothesen werden ausschließlich anhand der aus dem Text herauslesbaren Informationen auf ihre Chronologie und Sinnlogik überprüft, bis die wahrscheinlichste Interpretation übrig bleibt. Über den Text hinausgehendes Wissen über die äußeren Umstände darf hingegen nicht in die Bewertung einfließen.[247] In diesem Zusammenhang wird regelmäßig von der Schaffung einer *„künstlichen Naivität“* gesprochen.[248]

Darüber hinaus unterscheidet *Oevermann* zwischen der sogenannten Primärhandlung und der Tarnhandlung.[249] Während die Primärhandlung die Handlung ist, die für das Erreichen des unmittelbaren kriminellen Zwecks erforderlich ist, handelt es sich bei der Tarnhandlung um die Handlung zur Verdeckung der Tat. Die Tarnhandlung ist deshalb von besonderem Interesse, da sie Rückschlüsse auf die Persönlichkeitsstruktur des Täters zulässt in der Form, wie er sein Tun vor seinem eigenen Gewissen und den Strafverfolgungsorganen tarnt.[250] Denn der Täter weiß in der Regel, dass seine Tat von der Gesellschaft nicht gebilligt wird.[251] In der Tarnhandlung ist die Handschrift des Täters daher eher zu erkennen, als in der Strafhandlung.[252] Die rekonstruktiv vorgehende Ermittlungsarbeit hat sich daher insbesondere daran zu orientieren, wie die Durchführung der Tarnhandlung in der Gegenwart der ziel- und bedürfnisorientierten Strafhandlung gestaltet wurde und in welchem Verhältnis sie zur primären Ziel- und Bedürfnisorientierung systematisch steht.[253] Das führt zu dem paradoxen Ergebnis, *„dass*

---

245 Dabei handelt es sich um eine Hypothese zu individuellen Fallstruktur des Individuums, Musolff/Hoffmann-*Musolff*, S. 117 Fn. 18; BKA-Forschungsreihe-Perseveranz-*Oevermann*, S. 196.

246 *Hoffmann/Musolff*, S. 234.

247 Soeffner-*Oevermann/Allert/Konau/Krambeck*, S. 423; Musolff/Hoffmann-*Musolff*, S. 115 f.; Jüttemann-*Schneider*, S. 79.

248 BKA-Forschungsreihe-Perseveranz-*Oevermann//Simm*, S. 187; *Hoffmann/Musolff*, S. 234 f.; BKA-Forschungsreihe-*Dern*, S. 73, 75 f.; Musolff/Hoffmann-*Musolff*, S. 116.

249 *Oevermann/Leidinger/Simm/Störmer/Tykwer*, S. 146 ff.

250 BKA-Forschungsreihe-Perseveranz-*Oevermann*, S. 203 ff.; *Wippler*, S. 57 f.; *Hoffmann/Musolff*, S. 232 f.

251 Es sei denn, der Täter handelt ohne Unrechtsbewusstsein. In diesen Fällen werden keine strategischen Anstalten einer Tarnung vorgenommen, BKA-Forschungsreihe-Perseveranz-*Oevermann*, S. 203 ff.

252 Musolff/Hoffmann-*Musolff*, S. 115.

253 BKA-Forschungsreihe-Perseveranz-*Oevermann*, S. 204 f.

gerade das Bemühen des Täters um Tarnung als eine im Spurentext enthaltene eigenständige Bedeutungsschicht zu seiner Enttarnung beitragen kann.“[254]

c) Strenge Orientierung an objektiven Daten

Die strenge Orientierung an den objektiven Daten und das streng chronologische und sequenzielle Vorgehen insbesondere während der Tathergangsanalyse sind die wesentlichen methodischen Elemente.[255] Dadurch können Überstrahlungseffekte vermindert werden, die mit der Bewertung der Endprodukte ganzer Handlungsabfolgen verbunden sind.[256] Aus nahezu ausschließlich objektiven Falldaten werden die Lücken im Fallverständnis durch Rekonstruktion aufgedeckt und Hypothesen entwickelt, um diese zu schließen. Ziel ist das Erkennen des gesamten Ablaufs.[257]

Zwar müssen sich beim fallanalytischen Vorgehen die generierten Hypothesen daher immer wieder am Spurenmaterial – also den objektiven Daten – bewähren,[258] das Ergebnis besteht aber dennoch stets aus Wahrscheinlichkeitsaussagen.[259] Um bei der Generierung der Wahrscheinlichkeitsaussagen Fehler so weit wie möglich zu vermeiden, ist das Vorhandensein ausreichender objektiver Falldaten sowie die sorgfältige Tatortarbeit und detaillierte Protokollierung sämtlicher wahrnehmbarer Befunde[260] mithin Grundvoraussetzung für die Durchführung der Fallanalyse.[261]

Als objektive Daten kommen insbesondere der Tatortbefund, Tatort- und Umgebungsfotos sowie Luftaufnahmen vom Tatort, ausführliches Kartenmaterial, Obduktionsbefund und Obduktionsfotos, möglichst ausführliche und objektive Daten zur Lebensweise, zum Verhalten und zur Persönlichkeit des Opfers in Betracht.[262]

---

254 BKA-Forschungsreihe-Perseveranz-*Oevermann*, S. 201.

255 *Dern/Horn*, Kriminalistik 2008, 543, 547; vgl. auch *Dern*, FPPK 2010, 98, 101 ff.; *Wieczorek*, Kriminalistik 2006, 86, 87.

256 *Dern*, FPPK 2010, 98, 104; *Erpenbach*, FPPK 2010, 107, 115.

257 *Dern*, FPPK 2010, 102 ff.; *Dern/Horn*, Kriminalistik 2008, 543, 547; MAH-*Dern/Baurmann*, 1. A., § 84 Rn. 9 ff., 13 ff.; vgl. *Erpenbach*, FFPK 2010, 107, 113.

258 *Dern/Horn*, Kriminalistik 2008, 543, 549, Anmerkung Nr. 8; BKA-Polizei+Forschung-*Dern*, S. 23; *Dern*, FPPK 2010, 98, 104.

259 BKA-Polizei+Forschung-*Dern*, S. 23; *ders.*, FPPK 2010, 98, 103; Musolff/Hoffmann-*Musolff*, S. 18; *Becker*, S. 171.

260 Musolff/Hoffmann-*Musolff*, S. 114.

261 BKA-Polizei+Forschung-*Dern*, S. 22; 2. Kapitel, D. II.

262 *Dern*, Kriminalistik 2000, 533, 538; *Wieczorek*, Kriminalistik 2006, 86, 87; *Dern/Horn*, Kriminalistik 2008, 543, 546; vgl. auch MAH-*Dern/Baurmann*, 1. A., § 84 Rn. 96;

Von der Verwendung rein objektiver Daten wird allerdings in Bezug auf die Opferdaten eine Ausnahme gemacht. Die Daten über die Lebensgewohnheiten und Verhaltensweisen des Opfers sind für die Fallanalyse sehr wichtig. Diese können jedoch nach der Tat[263] häufig nur über Verwandte, Freunde und Arbeitskollegen erhoben werden.[264] Derartige Aussagen sind subjektiv. Es wird versucht, die Inhalte der Aussagen zu objektivieren und sie entsprechend in der Fallanalyse zu verwerten. Ist eine Objektivierung durch Abgleichung mit anderen Aussagen nicht möglich, werden sie lediglich als unsichere Arbeitshypothesen eingeführt.[265]

Bei der Befunderhebung ist auch problematisch, dass z.B. Daten übernommen werden, die gesichert erscheinen, es aber nicht sind (z.B. der Inhalt von Zeugenaussagen über das Opfer). Auch kann es vorkommen, dass Inhalte wie Ursache und Wirkung vertauscht werden oder objektive Falldaten vernachlässigt werden. Weil dies typische Fehlerquellen im Rahmen der Fallanalyse sind, werden sämtliche Ergebnisse in ihrer Ganzheit überprüft.[266] Dabei kann mit einem induktiven Ansatz gearbeitet werden, allerdings immer nur in einem zweiten Schritt.[267]

2. *Induktives Hintergrundwissen*

Die Induktion ist die Beweisführung durch Anführung ähnlicher Beispiele und Fälle.[268] Es handelt sich um eine wissenschaftliche Methode, bei der vom besonderen Einzelfall auf das Allgemeine bzw. auf Gesetzmäßigkeiten geschlossen wird.[269] Man schließt sich dabei einer bestehenden, bereits konstruierten Ordnung an,[270] die bei der Fallanalyse in der Regel aus kriminalistischem oder kriminologischem Wissen besteht.[271]

Musolff/Hoffmann-*Nagel*, S. 296 f.; vgl. dazu beispielhaft *Erpenbach*, FPPK 2010, 107, 110.

263 Zumindest bei Tötungsdelikten, vgl. auch *Erpenbach*, FPPK 2010, 107, 108.

264 Vgl. dazu beispielhaft *Erpenbach*, FPPK 2010, 107, 110.

265 MAH-*Dern/Baurmann*, 1. A., § 84 Rn. 40, 41.

266 MAH-*Dern/Baurmann*, 1. A., § 84 Rn. 13 f., 17; vgl auch MAH-*Dern*, § 84 Rn. 25.

267 *Erpenbach*, FPPK 2010, 107, 114; vgl. *Dern/Horn*, Kriminalistik 2008, 543, 547; MAH-*Dern/Baurmann*, § 84 Rn. 25.

268 Vgl. Musolff/Hoffmann-*Musolff*, S. 19 f.

269 BKA-Polizei+Forschung-*Dittmann*, S. 117.

270 *Reichertz*, Kriminalistik 1998, 47, 52; *Wieczorek*, Kriminalistik 2006, 86, 87.

271 Vgl. *Dern/Horn*, Kriminalistik 2008, 543, 545; BKA-Polizei+Forschung-*Dern*, S. 26.

Es können also empirische Daten und Ergebnisse von Studien einfließen, welche die Ergebnisse absichern oder ergänzen können. Sie werden beispielsweise zum Vergleich mit der einschlägigen Fallgruppe und der Betrachtung von Abweichungen und Besonderheiten herangezogen.[272]

Induktiv generiertes Hintergrundwissen kommt in Form von Ergebnissen wissenschaftlicher Studien, spezifischem sowie allgemeinem Erfahrungswissen zum Einsatz.[273] Das Ziel von Forschungen des Bundeskriminalamts ist beispielsweise, Ergebnisse aus empirischen, phänomenologischen Studien zu Häufigkeitsverteilungen und Wahrscheinlichkeiten zu erhalten, mit denen neue Fälle zunächst beurteilt werden können.[274] Spezielle Forschungen haben sich mit den spezifischen Methoden und inhaltlichen Problemen der Fallanalyse in den in ihrem Rahmen bearbeiteten Deliktsfeldern beschäftigt. Beispiele sind die Studien zum geografischen Verhalten von sexuellen Gewalttätern und zur fallanalytischen Alterseinschätzung von Sexualmördern. Auch Hintergrundwissen, wie das spezifische Wissen über das Wesen eines Delikts, Wissen um den kulturellen Kontext eines Verbrechens und psychologisches wie biografisches Hintergrundwissen zu Täter und/oder Opfer, unterfällt dem empirischen Wissen.[275] Die Kriminalistik ist dabei – trotz des interdisziplinären Ansatzes der OFA – die für die Fallanalyse wichtigste Bezugswissenschaft.[276]

Mithilfe dieser Erkenntnisse soll die Aussagekraft der Fallanalyse überprüft und gegebenenfalls verbessert und erweitert werden.[277] Das geschieht, indem ein Fall oder mehrere Fälle analysiert und dann auf sämtliche Fälle angewendet werden, die dieser Gruppe unterfallen. Der Einzelfall wird anhand von generellen Erfahrungssätzen betrachtet. Die Parameter eines Einzelfalls werden also übergeordneten Fallgruppen, Tätertypen, statistischen oder wissenschaftlichen Aussagen zu Täterklassen etc. zugeordnet.[278] So werden beispielsweise durch deduktive Schlussfolgerungen Lücken im Fallverlauf festgestellt und mit Hypothesen aufgefüllt, die induktiv mit kriminologischen Erfahrungswerten und Wahrscheinlichkeiten überprüft werden.[279] Bei diesem Wechselspiel der Methoden können

272 MAH-Dern, § 84 Rn. 27; MAH-Dern/Baurmann, 1. A., § 84 Rn 17 ff., 23 ff.

273 Vgl. *Dern*, FPPK 2010, 98, 102.

274 MAH-*Dern/Baurmann*, 1. A., § 84 Rn. 34.

275 *Hoffmann/Musolff*, S. 22.

276 *Dern/Horn*, Kriminalistik 2008, 543, 545; *Hoffmann/Musolff*, S. 22 f.

277 MAH-*Dern/Baurmann*, 1. A., § 84 Rn. 34; *Dern*, FPPK 2010, 98, 102.

278 *Wieczorek*, Kriminalistik 2006, 86, 87.

279 MAH-*Dern/Baurmann*, 1. A., § 84 Rn. 17 ff.; *Wieczorek*, Kriminalistik 2006, 86, 87.

Widersprüche im Fall aufgedeckt werden. Dadurch kann eine neue Sicht auf den Fall entstehen.[280] Mit diesen Erkenntnissen werden Arbeitshypothesen erstellt, wozu die Regeln der Wahrscheinlichkeit herangezogen werden und die der Statistik beachtet werden müssen. Hierbei können jedoch leicht Fehler in Form von falschen Rückschlüssen auftreten.[281]

Problematisch bei der Anwendung induktiven Hintergrundwissens im Rahmen der Fallanalyse ist ferner, dass ein Einzelfall nicht generalisiert werden kann. Die Betrachtung des Einzelfalls in seinen Besonderheiten ist jedoch das Kernstück der operativen Fallanalyse.[282] Der Rückgriff auf die Empirie in einer Fallanalyse muss deshalb kenntlich gemacht werden.[283] Auf sie wird auch kein Hauptaugenmerk gelegt. Dennoch wird diese Methode aus dem *„Werkzeugkasten"* angewendet und kann nützlich sein, indem die Ergebnisse des deduktiven Vorgehens parallel induktiv abgesichert werden.[284]

3. *Heuristische Metaregeln*

Im Rahmen der Durchführung der Fallanalyse findet gleichzeitig eine heuristische Überprüfung statt. Die Prinzipien des systematischen Erkenntnisgewinns werden den Fallanalytikern während ihrer Ausbildung vermittelt und von ihnen trainiert.[285] Die heuristische Überprüfung findet z.B. durch das *„Primat der Einzelfallanalyse"*,[286] das *„Primat objektiver Daten"*,[287] das hypothetiko-deduktive Vorgehen,[288] die Sequenzierung des Tathergangs und das streng chronologische Vorgehen[289] statt. Auch durch das Prinzip der Hypothesenvielfalt, kommunikative Validierung, Modellentwicklung, das Prinzip *„Occam's Razor"*[290] und laterales

280 MAH-*Dern/Baurmann*, 1. A., § 84 Rn. 19.
281 MAH-*Dern*, § 84 Rn. 31; *Wieczorek*, Kriminalistik 2006, 86, 87.
282 *„Primat der Einzelfallperspektive"*, 2. Kapitel, C. I. 1., Fn. 39.
283 *Dern*, FPPK 2010, 102.
284 MAH-*Dern/Baurmann*, 1. A., § 84 Rn. 18.
285 *Dern*, FPPK 2010, 104 f.; s. auch 2. Kapitel, C. I., E.
286 S. 2. Kapitel, A., C. I. 1., Fn. 39.
287 S. 2. Kapitel, B. I., C. I. 1.
288 S. 2. Kapitel, C. I. 1.
289 S. 2. Kapitel, B. I., C. I. 1.
290 Bei zwei konkurrierenden Thesen soll diejenige gewählt werden, für die weniger Zusatzannahmen gebraucht werden, *Dern*, FPPK 2010, 98, 105.

Denken[291] nach *Edward de Bono* findet diese Methode Eingang in die Fallanalyse.[292]

II. Teamansatz

Die induktive Absicherung der deduktiv entwickelten Hypothesen erfolgt ferner durch den Teamansatz,[293] welcher in den Qualitätsstandards vorgeschrieben ist.[294] Durch die Teamarbeit werden die entwickelten Hypothesen einer umfangreichen Kritik unterzogen und somit überprüft.[295]

Erkenntnisse der Sozialpsychologie haben ergeben, dass Gruppenarbeit fallanalytische Einschätzungen verbessert.[296] Es besteht eine größere Quantität an Arbeitshypothesen, die einer größeren Kritik und Qualitätskontrolle ausgesetzt sind, als wenn ein einzelner arbeitet. Auch kann eine Gruppe größere und komplexe Informationsmengen besser verarbeiten. Die Überlegenheit des Teamansatzes soll in der Funktion der Gruppe als Korrektiv liegen, in der Bündelung von Wissen, in der Vielfalt der Hypothesenbildung sowie in der Objektivierung der Hypothesenprüfung.[297] Der deutschen Fallanalyse wird im internationalen Vergleich ein hohes Niveau zugesprochen, weil durch die Teamarbeit mehrere Experten gleichzeitig sowohl an der Hypothesenschöpfung als auch an deren Überprüfung arbeiten.[298]

1. *Zusammensetzung des Teams*

Das Team besteht aus mindestens drei[299] maximal jedoch acht Fallanalytikern, welche die objektiven Falldaten bearbeiten und analysieren. Die Größe des Teams hängt von den Möglichkeiten der OFA-Dienststellen der einzelnen

291 Das laterale Denken ist eine Denkmethode, die als Kreativtechnik zur Lösung von Problemen verwendet wird und insbesondere Perspektivwechsel, Hierarchisierungen von Alternativen, veränderte Problemdefinitionen oder den Bewegungswert von Hypothesen umfasst, *Dern*, FPPK 2010, 98, 105.

292 *Dern*, FPPK 2010, 98, 104 f. mit weiteren Ausführungen.

293 MAH-*Dern*, § 84 Rn. 35.

294 *Dern* et al., Qualitätsstandards 2.4.1.2, s. Fn. 32.

295 *Dern*, FPPK 2010, 98, 102; *Erpenbach*, FPPK 2010, 107, 113 f.

296 MAH-*Dern*, § 84 Rn. 35.

297 *Dern* et al., Qualitätsstandards 2.4.1.2, s. Fn. 32.

298 MAH-*Dern/Baurmann*, 1. A., § 84 Rn. 62.

299 *Dern* et al., Qualitätsstandards 2.4.1.2, s. Fn. 32.

Landeskriminalämter ab, bei denen sie eingegliedert sind.[300] In der Regel besteht eine Arbeitsgruppe aus sechs Mitgliedern.

Die Gruppe wird von einem erfahrenen Leiter moderiert, in der Regel dem verantwortlichen Fallanalytiker, der viel Erfahrung auf dem Gebiet der Fallanalyse aufweist.[301] Seine Aufgaben bestehen in der Prüfung der inhaltlichen Geeignetheit des Falls, Gewährleistung einer objektiven Funktionsgrundlage, Zusammenstellung des Analyseteams, im Lenken und Leiten des Analyseprozesses, in der Zusammenfassung und Dokumentation der Analyseergebnisse und der Präsentation der Analyseergebnisse vor den Ermittlungsbehörden. Weiterhin hat er die Einhaltung der fallanalytischen Qualitätsmerkmale sicherzustellen.[302] Durch Denkanstöße soll er ferner dafür sorgen, dass das Team beim Finden neuer Hypothesen zum Fallverlauf und neuer Tathergangs- und Tätertyphypothesen kreativer wird.[303]

Bei der Zusammensetzung des Teams wird auf vorhandenes Spezialwissen geachtet. Auch wird versucht, das Team so zusammenzustellen, dass es gruppendynamisch zueinander passt.[304] In einigen Bundesländern wie Hamburg und Schleswig-Holstein sind regelmäßig ein Rechtsmediziner und ein Psychologe Teil des Teams.[305] In Nordrhein-Westfalen werden Rechtsmediziner zur Bewertung von Verletzungsbildern[306] und forensische Psychiater oder klinische Psychologen, beispielsweise zur Beurteilung der motivalen Faktoren,[307] dagegen von außen herangezogen.[308]

In der OFA-Einheit des Bundeskriminalamts arbeiten zusätzlich zwei Psychologen, die auf die Bereiche *„kriminologische Forschung"* und *„Methoden der Fallanalyseerstellung"* spezialisiert sind. Sie garantieren eine inhaltliche und methodologische Supervision.[309] Bei Bedarf können weitere Experten, z.B. aus der

---

300 MAH-*Dern/Baurmann*, 1. A., § 84 Rn. 46.

301 MAH-*Dern/Baurmann*, 1. A., § 84 Rn. 151.

302 *Dern* et al., Qualitätsstandards, 2.4.1.2, s. Fn. 32.

303 MAH-*Dern/Baurmann*, 1. A., § 84 Rn. 47.

304 MAH-*Dern/Baurmann*, 1. A., § 84 Rn. 50.

305 *Wegener*, Rechtsmedizin 2003, 315, 322; *Schiemann*, NStZ 2007, 684, 685; vgl. *Erpenbach*, FPPK 2010, 107, 108.

306 Vgl. dazu *Erpenbach*, FPPK 2010, 107, 111 mit Fn. 4.

307 Den Begriff verwendet *Erpenbach*, FPPK 2010, 107, 112 Fn. 5 in Abgrenzung zu Motivbeurteilungen von forensischen Gutachtern in der Gerichtsverhandlung.

308 *Erpenbach*, FPPK 2010, 107, 114.

309 MAH-*Dern/Baurmann*, 1. A., § 84 Rn. 52.

Kriminaltechnik des Bundeskriminalamts, der Linguistik etc., hinzugezogen werden.[310]

Beim Bundeskriminalamt und in einigen Bundesländern[311] werden ferner regelmäßig ermittelnde Beamte in das Team mit einbezogen was die OFA-Dienststellen der übrigen Bundesländer in der Regel nicht tun. Der Grund für die Einbeziehung beim Bundeskriminalamt liegt darin, dass die ermittelnden Beamten häufig Detailwissen und Ortskenntnisse besitzen, die durch die vorliegenden schriftlichen Berichte nicht beantwortet werden können.[312]

2. Arbeit des Teams abgesetzt von den Ermittlungen

Um die Effizienz der Gruppenarbeit zu gewährleisten, werden möglichst optimale Rahmenbedingungen geschaffen. Die Standorte werden bewusst abgesetzt von den eigentlichen Ermittlungen gewählt.[313] Das soll eine Unabhängigkeit der operativen Fallanalyse gegenüber der Ermittlungstätigkeit garantieren. Die räumliche Abgrenzung der OFA-Einheit sorgt gleichzeitig für ein Arbeiten ohne Ermittlungsdruck.[314] Die Fallanalytiker werden aus dem täglichen – oft hektischen – Ermittlungsgeschäft herausgehalten. So werden sie nicht mit ständig neuen Informationen, Ermittlungshinweisen und -ideen konfrontiert und können den Fall konzentriert und intensiv allein anhand der vorhandenen objektiven Fakten analysieren.[315]

Die ermittelnde Dienststelle und die OFA-Einheit sind somit räumlich und organisatorisch streng voneinander getrennt.[316]

---

310 MAH-*Dern/Baurmann*, 1. A., § 84 Rn. 53.

311 *Wegener*, Rechtsmedizin, 2003, 315, 322.

312 Musolff/Hoffmann-*Hoffmann*, S. 280; *Dern/Horn*, Kriminalistik 2008, 543, 549.

313 Vgl. *Dern* et al., Qualitätsstandards, 2.4.1.2, s. Fn. 32, „*(…) Die Fallanalyse bewertet – abgesetzt von den Ermittlungen – (…)*"; BKA-Polizei+Forschung-*Baurmann*, S. 9; Musolff/Hoffmann-*Bruns*, S. 270; MAH-*Dern/Baurmann*, 1. A., § 84 Rn. 68 die der Auffassung sind, dass dieses Prinzip nicht dadurch beeinträchtigt wird, dass ein bis zwei Mitglieder der sachbearbeitenden Dienststelle beim Bundeskriminalamt an der Fallanalyse teilnehmen (Fn 46), in der 2. Auflage wird das Thema nicht weiter behandelt; *Dern/Horn*, Kriminalistik 2008, 543; vgl. dazu s. 4. Kapitel, C. III. 1. a).

314 Vgl. Musolff/Hoffmann-*Nagel*, S. 296.

315 Vgl. MAH-*Dern/Baurmann*, 1. A., § 84 Rn. 98 ff., 100; BKA-Polizei+Forschung-*Baurmann*, S. 9.

316 *Dern* et al., Qualitätsstandards, 2.4.1.1, s. Fn. 32; Das ist wichtig in Bezug auf die möglicher Stellung der OFA-Mitarbeiter als Sachverständige, s. 3. Kapitel, B IV. 1.

III. Schriftform

Unabhängig von einer mündlichen Präsentation werden die Analyseergebnisse zur Wahrung der Transparenz und Nachvollziehbarkeit schriftlich dargestellt.[317] In der Darstellung müssen sich Informationen zu Auftrag, Methode, Material, Beteiligten und Rahmendaten ebenso wie eine Bewertung des Materials, Informationen zu Opfer, Verletzungen, Tatort, Tathergang, Motiv und Fallspezifika wiederfinden. Auch Hypothesen zur Person des Täters und Ermittlungshinweise sind aufzunehmen.[318]

IV. Zusammenfassung

Die operative Fallanalyse betrachtet immer einen konkreten Einzelfall und kann deshalb nicht ausschließlich auf empirischen und induktiven Ergebnissen basieren. Diese Methoden können lediglich zur Unterstützung und Überprüfung der Hypothesenbildung herangezogen werden. Eine generelle Erforschung dieses Bereichs ist nicht möglich. Allerdings kann *„ein systematisches, wissenschaftliches Durcharbeiten von Kriminalfällen zu einer gesicherten Erkenntnisquelle"* führen.[319] So kann die Phänomenologie der *„kriminologisch korrekt definierten Deliktsgruppe mittels einer repräsentativen Stichprobe von Kriminalfällen"* mit wissenschaftlichen Mitteln aufgearbeitet werden.[320] Das geschieht mit dem Ziel des Erkenntnisgewinns für die operative Fallanalyse.[321] Die Empirie bildet somit die Basis durch eigene Forschungsarbeiten und eine Vielzahl von durchgeführten Fallanalysen. Daran muss sich die darauf aufbauende spezifische fallanalytische Methodik anschließen.[322]

Es handelt sich bei den Ergebnissen der einzelnen Fallanalyse somit um eine Arbeitsmethode.[323] Sie weist eine relativ hohe Erfolgsquote hinsichtlich ihrer Aufgabe – der Ermittlungsunterstützung – auf. Die OFA liefert gute Erkenntnisse, die helfen, die Ermittlungshandlungen und Verdächtigen zu priorisieren. Es ist jedoch festzuhalten, dass die Einzelfallanalyse keine generellen

---

317 *Dern* et al., Qualitätsstandards, 2.4.1.1, s. Fn. 32.
318 MAH-*Dern/Baurmann*, 1. A., § 84 Rn. 89.
319 Volbert/Steller-*Baurmann*, S. 282.
320 Volbert/Steller-*Baurmann*, S. 282.
321 Volbert/Steller-*Baurmann*, S. 282.
322 MAH-*Dern/Baurmann*, 1. A., § 84 Rn. 30.
323 Volbert/Steller-*Baurmann*, S. 275.

wissenschaftlichen Erkenntnisse liefert, auch wenn sie mit wissenschaftlichen Methoden arbeitet, die der Durchführung der Fallanalyse dienen.[324]

D. Der Ablauf der Fallanalyse

Die inhaltlichen Ziele der Fallanalyse sind also das Ordnen, Strukturieren und ggf. Vervollständigen der Informationslage.[325] Auf der prozeduralen Ebene sind ihre Ziele die Erarbeitung von Ermittlungshinweisen für die sachbearbeitende Dienststelle vor dem Hintergrund des Beratungskonzepts.[326]

Wie die Fallanalyseeinheiten organisiert sind und wie die Fallanalyse faktisch abläuft, soll im Folgenden dargestellt werden. Die Darstellung soll Grundlagen für die spätere Beantwortung der Frage schaffen, ob die Ergebnisse der Fallanalyse im Wege des Sachverständigenbeweises in den Prozess eingeführt werden können.

I. Die Organisation der operativen Fallanalyse

Die OFA-Einheiten sind bei den Landeskriminalämtern eingerichtet (vgl. Art. 70 I GG; § 1 III BKAG). Sie führen die operativen Fallanalysen grundsätzlich selbstständig durch. Auch beim Bundeskriminalamt besteht eine Einheit für die operative Fallanalyse. Sie wird dann hinzugezogen, wenn die OFA-Einheiten der Länder überlastet sind oder es sich um sehr komplizierte Fälle handelt.[327]

Zwar orientieren sich die Landeskriminalämter an den Qualitätsstandards, trotzdem weicht das Vorgehen in den einzelnen Bundesländern voneinander ab.[328] So findet die Fallanalyse grundsätzlich völlig losgelöst und funktional getrennt von den eigentlichen Ermittlungen statt.[329] In einigen Bundesländern kommt es dennoch vor, dass die Beamten der OFA-Abteilung schon mit zur ersten Tatortbesichtigung fahren und die Ermittlungen von Anfang an begleiten.[330] Dies ergibt sich wohl aus der unterschiedlichen Struktur von Flächenland und Stadtstaat und der damit zusammenhängenden Häufigkeit von Kapitaldelikten und der Erfahrung der ermittelnden Dienststellen mit solchen Fällen. So sind in Stadtstaaten durch die lokale Begrenzung auch immer dieselben polizeilichen

324 Ausführlich *Wippler*, S. 199 ff.
325 *Dern*, Kriminalistik 2000, 533, 536.
326 *Dern*, Kriminalistik 2000, 533, 536.
327 Vgl. *Dern* et al., Qualitätsstandards, 2.1.
328 Vgl. 2. Kapitel, C. II. 1.
329 *Dern* et al., Qualitätsstandards, 2.4.1.2, s. Fn. 32; s. dazu s. 2. Kapitel, C. II. 2.
330 Vgl. Beispielsfall der OFA-Bayern bei Musolff/Hoffmann-*Nagel*, S. 298, 299.

Einheiten mit derselben Deliktsstruktur befasst. Die Unterschiede ergeben sich ferner aufgrund von Kapazitäten, Räumlichkeiten und Ressourcen, was sich auch in der Zusammensetzung der Teams zeigt.[331]

Jährlich finden zwischen 50 und 80 Fallanalysen in ganz Deutschland statt. In den Bundesländern gibt es insgesamt ca. 50 Fallanalytiker, beim Bundeskriminalamt 16.[332] In letzter Zeit wurden Fallanalysen beispielsweise in Zusammenhang mit den NSU-Morden,[333] in dem Fall einer möglichen Vergewaltigung in der Kaserne Bückeburg[334] und im Fall zweier getöteter Jugendlicher in Bodenfelde[335] durchgeführt.

II. Beauftragung der OFA und Erstellung des Fallanalyse-Protokolls

Die Fallanalyse läuft regelmäßig nach folgendem Muster ab: Zunächst wendet sich die das Kapitaldelikt bearbeitende Dienststelle an die Hotline der OFA-Einheit des Bundeskriminalamts oder der Landeskriminalämter. Diese sind inhaltlich und räumlich von den Ermittlungsabteilungen getrennt.[336] Bei der Anfrage stellt die ermittelnde Dienststelle den Sachverhalt kurz dar. Auf der Grundlage dieser Angaben untersucht ein Fallanalytiker die Bedingungen, unter denen die Fallanalyse voraussichtlich stattfinden wird und schätzt ihre Durchführbarkeit ein.[337]

Ausschlaggebend für die Durchführung einer Fallanalyse ist die objektive Datenlage. Denn, wie bereits ausgeführt, findet eine Fallanalyse nur auf der Grundlage objektiver Daten statt. So wird in jedem Einzelfall mit der örtlichen Dienststelle vereinbart, dass Daten über Tatverdächtige und Verdachtsspuren aus den Akten herausgenommen werden sollen.[338] Die vorliegenden Daten werden

---

331 S. 2. Kapitel, C. II. 1.

332 *Vick/Dern*, *„Wie kann ich Profiler werden?“*, S. 3, s. Fn. 121.

333 Vgl. http://www.spiegel.de/spiegel/print/d-91346546.html; http://blog.zeit.de/stoerungsmelder/2013/11/16/hamburger-nsu-mord-kritik-an-generalstaatsanwalt_14368; http://blog.zeit.de/nsu-prozess-blog/2013/09/07/zeugenaussage-yasar/, alle zuletzt abgerufen am 4.6.2015.

334 http://www.spiegel.de/panorama/justiz/zweifel-an-vergewaltigung-in-jaeger-kaserne-in-bueckeburg-a-871357.html, zuletzt abgerufen am 4.6.2015.

335 http://www.spiegel.de/panorama/justiz/getoetete-teenager-in-bodenfelde-spur-zum-taeter-fuehrt-ueber-nina-a-730548-2.html, zuletzt abgerufen am 4.6.2015.

336 S. 2. Kapitel, C. II. 2., D. I.

337 MAH-*Dern*, § 84 Rn. 40.

338 BKA-Polizei+Forschung-*Baurmann*, S. 9. In den Qualitätsstandards ist dies allerdings nicht festgeschrieben.

einer „*Machbarkeitsprüfung*" unterzogen. Es wird überprüft, ob die kriminalistisch relevanten Daten in ausreichendem Maß vorhanden sind, denn es muss ein Mindestumfang bestehen, damit eine Fallanalyse durchführbar ist.[339]

Eine Fallanalyse wird beispielsweise regelmäßig abgelehnt, wenn bei einem vermeintlichen Tötungsdelikt keine Leiche gefunden wurde oder an einer gefundenen Leiche die Todesursache nicht mehr festgestellt werden kann, beispielsweise wegen einer starken Verwesung der Leiche. In solchen Fällen ist die Fallanalyse regelmäßig nicht möglich, weil es an lesbaren Spuren fehlt, aus denen auf das Täterverhalten geschlossen werden könnte.[340] Können die fehlenden Daten auch durch eine Nacherhebung durch die ermittelnde Dienststelle nicht mehr beigebracht werden, wird die Fallanalyse abgelehnt.[341]

Entscheidet sich die OFA für die Durchführung der Fallanalyse, sendet sie der anfragenden Dienststelle den Eingabefragebogen zu (nicht identisch mit dem ViCLAS-Erfassungsbogen).[342] Die Ermittlungsgruppe muss den Bogen vollständig ausfüllen und ihn mit jeglichem zur Verfügung stehenden und für die Fallanalyse aufbereitetem Informationsmaterial zurücksenden.[343] Das nun vorliegende Material wird von der angefragten OFA-Dienststelle auf Vollständigkeit und ein weiteres Mal auf Machbarkeit geprüft.[344] In der Regel besichtigt das OFA-Team daraufhin den Tatort.[345] Stellen sich entsprechende Fragen, werden forensische Experten wie Rechtsmediziner oder Ballistiker befragt.[346]

Die Tathergangsanalyse nimmt in der Regel drei bis vier Tage in Anspruch.[347] Nach Abschluss der Analyse wird ein vorläufiges Protokoll erstellt. Darin enthalten sind eine Bestandsaufnahme zum vorliegenden Informationsstand, die fallbezogene Bewertung des Täterverhaltens, gegebenenfalls konkurrierende Erklärungslinien und Vermutungen zum Täterbild (Täterprofil) sowie Ermittlungs- und Fahndungshinweise.[348]

---

339 Musolff/Hoffmann-*Nagel*, S. 296; MAH-*Dern/Baurmann*, 1. A., § 84 Rn. 38, in der 2. Auflage entfernen sich *Dern/Bauermann* von dem Begriff „*Machbarkeitsprüfung*" und rücken die „*Materialprüfung*" in den Vordergrund, § 84 Rn. 40.

340 MAH-*Dern/Baurmann*, 1. A., § 84 Rn. 36; vgl. auch *Wegener*, Rechtsmedizin 2003, 315, 322.

341 Vgl. *Dern*, Kriminalistik 2000, 533, 538.

342 *Dern*, Kriminalistik 2000, 533, 538.

343 Musolff/Hoffmann-*Nagel*, S. 296.

344 MAH-*Dern/Baurmann*, 1. A., § 84 Rn. 68.

345 Musolff/Hoffmann-*Nagel*, S. 297; vgl. Beispielsfall von *Erpenbach*, FPPK 2010, 110 f.

346 MAH-*Dern/Baurmann*, 1. A., § 84 Rn. 101.

347 Musolff/Hoffmann-*Hoffmann*, S. 280.

348 *Dern*, Kriminalistik 2000, 533, 538.

Nach einer Überprüfung durch die den Fall bearbeitenden Kriminalbeamten wird das Protokoll gegebenenfalls überarbeitet und anschließend der gesamten Sonderkommission sowie der Staatsanwaltschaft vorgetragen und diskutiert.[349] Nach der Diskussion wird das Protokoll gegebenenfalls ein weiteres Mal redaktionell und/oder inhaltlich überarbeitet und der bearbeitenden Dienststelle in einer endgültigen Fassung übergeben. Es besteht die Möglichkeit eines Analyseanschlusses, sollten sich in der Folgezeit neue Informationen ergeben.[350]

III. Einbeziehung der Staatsanwaltschaft

Die Qualitätsstandards der OFA sehen eine Einbeziehung der Staatsanwaltschaft im Rahmen der Beauftragung der OFA-Dienststelle nicht zwingend vor. Das führt dazu, dass die Beauftragung zur Durchführung der Fallanalyse in der Regel durch die sachbearbeitende Dienststelle der Polizei erfolgte. Das ist rechtlich problematisch.[351]

Zutreffenderweise darf die OFA ausschließlich auf Anordnung der Staatsanwaltschaft oder mit deren Billigung durchgeführt werden.[352] Das folgt aus der verfahrensrechtlichen Rollenverteilung, wonach die Staatsanwaltschaft die Ermittlungen leitet (vgl. §§ 160, 161 I 1 StPO).[353] Etwas anderes kann nur gelten, wenn die Fallanalyse zu präventivpolizeilichen Zwecken durchgeführt wird. Da in solchen Fällen präventive und repressive Schritte häufig nicht zu trennen sind, sollte ein Einvernehmen zwischen Staatsanwaltschaft und Polizei über die Erstellung der OFA erzielt werden.[354] Die Staatsanwaltschaft soll schon in frühen Ermittlungsstadien beurteilen, was für das Strafverfahren notwendig ist und hat dazu auch die forensische Erfahrung.[355] Die Beauftragung durch die Staatsanwaltschaft kann auch entscheidend für eine spätere Verwertung der Fallanalyseergebnisse in der Hauptverhandlung im Wege des Sachverständigenbeweises sein.

Auch wenn die Beauftragung der OFA-Einheit durch Auftrag oder im Einvernehmen mit der Staatsanwaltschaft erfolgt, handeln die Fallanalytiker dennoch

---

349 MAH-*Dern/Baurmann*, 1. A., § 84 Rn. 6; *Dern*, Kriminalistik 2000, 533, 537 f.

350 *Dern*, Kriminalistik 2000, 533, 537 f.

351 BKA-Polizei+Forschung-*Ernst*, S. 131.

352 So auch *Becker*, S. 163 f.

353 BKA-Polizei+Forschung-*Bruns*, S. 162; BKA-Polizei+Forschung-*Ernst*, S. 131 ff.; *Wippler*, S. 113 ff.; *Dern/Horn*, Kriminalistik 2008, 543, 547; *Boetticher*, FPPK 2010, 117, 118.

354 BKA-Polizei+Forschung-*Bruns*, S. 162; SK-*Rogall*, Vor. § 72 Rn. 195.

355 BKA-Polizei+Forschung-*Ernst*, S. 132.

weisungsfrei.[356] Wie an späterer Stelle noch ausgeführt werden wird, handelt es sich bei einer solchen Beauftragung um einen Sachverständigenauftrag gemäß § 75 StPO. Zwar hat die Staatsanwaltschaft gegenüber dem Sachverständigen eine Sachleitungskompetenz gemäß § 161 a I S. 2 i.V.m. 78 StPO. Die fachliche Durchführung seiner Untersuchungen unterliegt jedoch allein dem beauftragten Sachverständigen. Die Staatsanwaltschaft kann lediglich die Beweisaufgabe bestimmen.[357]

IV. Evaluation der Fallanalyseergebnisse

Nach jeder durchgeführten Fallanalyse wird eine Einzelevaluation zusammen mit dem örtlich zuständigen Sachbearbeiter durchgeführt. Dabei wird – z.B. anhand eines nach der Fallanalyse erfolgten Geständnisses – überprüft, inwieweit die Ergebnisse der Fallanalyse mit den Ermittlungsergebnissen übereinstimmen. Es wird die prozentuale Richtigkeit der Fallanalyseergebnisse ausgewertet. Danach werden die richtigen und falschen Aussagen der Fallanalyse dahingehend überprüft, wie stark sie auf das tatsächliche Geschehen zutrafen oder wie stark sie davon abgewichen sind. In einem weiteren Schritt werden die in der Fallanalyse getroffenen Aussagen auf ihre Wichtigkeit für die Ermittlungen überprüft. Aus diesen Schritten berechnet sich die „*Treffer-Quote*" für die Tathergangsrekonstruktion, das Täterprofil und die gesamte Fallanalyse. Bei der Evaluation der gesamten Fallanalyse werden die Ergebnisse der Tathergangsrekonstruktion und des Täterprofils zusammengefasst. Dieses Vorgehen ist für alle polizeilichen Fallanalysen vorgeschrieben.[358]

In Bezug auf Tötungsdelikte hat sich für die Tathergangsanalyse eine Treffer-Quote von 90 % bis 98 % (95 % im Durchschnitt) ergeben, wobei es sich bei dem Ergebnis um den Anteil der gewichteten zutreffenden Aussagen handelt. Hinsichtlich des Täterprofils bei Tötungsdelikten wurde eine Treffer-Quote von durchschnittlich 86 % evaluiert (73 %–98 %). Daraus ergibt sich bei Tötungsdelikten für die gesamte Fallanalyse eine Treffer-Quote von durchschnittlich 90 %.[359] Wie aber *Wippler* zutreffend feststellt, muss dieses Ergebnis mit Vorbehalt betrachtet werden, weil lediglich die Fälle einbezogen werden können,

356 BKA-Polizei+Forschung-*Ernst*, S. 133; *Wippler*, S. 117; SK-*Rogall*, Vor § 72 Rn. 195.
357 S. dazu ausführlich 3. Kapitel, B. III. und V. 1. b).
358 MAH-*Dern/Baurmann*, 1. A., § 84 Rn. 173, 174 mit Verweis auf *Dern* et al., Qualitätsstandards, 2.4.2.5, s. Fn. 32.
359 MAH-*Dern/Baurmann*, 1. A., § 84 Rn. 175.

welche aufgeklärt wurden und bei denen die Fallanalyse wohl zu Ungunsten des Angeklagten ausging.[360]

E. Die Ausbildung zum „polizeilichen Fallanalytiker"

Die Fallanalyse ist eine durch die Arbeit an Fällen erlernbare Methode und *„keine Geheimwissenschaft"*.[361] Das Erlernen der Fallanalyse setzt aber die Bearbeitung einer Vielzahl von Fällen unter Anleitung erfahrener Fallanalytiker voraus. Um die Qualität der Fallanalyse zu sichern, hat das Bundeskriminalamt einen einheitlichen Ausbildungsgang zum *„polizeilichen Fallanalytiker"* entwickelt.[362] Dieser wurde 1998 durch die damalige *„Kommission Fort- und Spezialausbildung"* der AG Kripo erstellt und 1999 verabschiedet. Nach Abschluss der Ausbildung erhält der Teilnehmer das Zertifikat *„Polizeilicher Fallanalytiker"*.[363]

Die Mehrzahl der ausgebildeten OFA-Mitarbeiter rekrutiert sich aus dem gehobenen Polizeidienst. Dabei ist eine rund dreijährige Erfahrung in der kriminalpolizeilichen Sachbearbeitung, vorzugsweise in den einschlägigen Deliktsbereichen wie Tötungs- und Sexualdelikten oder in anderen, geeigneten Deliktsfeldern bzw. im Bereich des Erkennungsdiensts, der Kriminaltechnik oder der Auswertung in den o.a. Deliktsfeldern Eingangsvoraussetzung für den Ausbildungsgang.[364] Das Anforderungsprofil für polizeiliche Fallanalytiker im gehobenen kriminalpolizeilichen Vollzugsdienst ist in den Qualitätsstandards festgelegt.[365]

In den einzelnen Lehrgängen werden der Umgang mit der ViCLAS-Datenbank, die Methodik und der aktuelle kriminologische Wissensstand der operativen Fallanalyse vermittelt und deren Anwendung vertieft. Es wird ein streng systematisches Vorgehen erlernt und die Kursteilnehmer werden in der Methodik der Hypothesengenerierung und -überprüfung geschult. Dafür müssen die Teilnehmer Erfahrungen in der Fallanalyse sammeln und diese nachweisen. Die Erfahrung sammeln sie in einer ein- bis zweijährige Praxisphase. In dieser Zeit

360 Zur Vertiefung hinsichtlich der Aussagekraft von Validitätsstudien und der *„Trefferquote"* der Fallanalyse vgl. *Wippler*, S. 223 ff.; zu weiteren Studien bzw. Befragungen, die sich aber nicht auf polizeiliche Fallanalytiker beziehen s. auch *Nitschke/Schinke/Ottermann/Thomas/Osterheider*, Nervenarzt 2011, 827, 828.

361 *Dern*, Kriminalistik 2000, 533; erkennbar am Ausbildungsprogramm des Bundeskriminalamts, vgl. *Dern* et al., Qualitätsstandards, 4, s. Fn. 32; s. auch 2. Kapitel, C.

362 Vgl. *Dern*, FPPK 2010, 98, 99.

363 *Dern* et al., Qualitätsstandards, 3, s. Fn. 32.

364 Vgl. *Erpenbach*, FPPK 2010, 107, 108; Musolff/Hoffmann-*Nagel*, S. 304.

365 *Dern* et al., Qualitätsstandards, 3, s. Fn. 32.

übt der Kriminalbeamte die Fallanalyse in einem Team unter Anleitung des Verantwortlichen Fallanalytikers.[366]

Weiterhin bilden sich die Fallanalytiker in einem der Lehrgänge durch Hospitationen und Praktika in fallanalytisch relevanten Gebieten selbstständig weiter. Dabei werden vertiefte interdisziplinäre Kenntnisse vermittelt und gefordert. Von Relevanz sind Disziplinen wie Medizin (insbesondere Rechtsmedizin), Biologie (DNA-Analysen), Psychologie sowie Soziologie bzw. Sozialpsychologie.[367]

Neben den Kriminalbeamten gibt es in Deutschland einige wenige Psychologen, die zu Fallanalytikern ausgebildet wurden.[368] Der Schwerpunkt ihrer Arbeit liegt in der Weiterentwicklung des fallanalytischen Methodenrepertoires sowie der Erforschung der kriminologischen Grundlagen und Koordinationsaufgaben. Einige weitere Psychologen werden zeitweise in akute Fallanalysen eingebunden. Bei ihnen handelt es sich regelmäßig um Diplom-Psychologen, die bei der Polizei angestellt sind, sogenannte Polizeipsychologen. Auch sie müssen qualifizierende kriminalistisch-kriminologische Berufserfahrung aufweisen.[369]

F. Beispiel für den Ablauf einer Fallanalyse – Der Fall Karin F.

Im Folgenden soll ein Beispielsfall den Ablauf einer Fallanalyse verdeutlichen. Er wird anhand der Ausführungen von *Erpenbach*[370] zusammengefasst dargestellt.

Die Dienststelle *„Operative Fallanalyse/ViCLAS“* des Landeskriminalamts Nordrhein-Westfalen führte eine Fallanalyse zur Unterstützung der Ermittlungen im Fall der Tötung der Karin F. durch.[371]

I. Bekanntwerden der Tat

Am 21. Juli wurde Karin F. tot in ihrem Schlafzimmer von einem Freund, Rudi N., aufgefunden. Dieser hatte sich Zutritt zu der Wohnung verschafft, nachdem das Opfer eine gemeinsame Verabredung nicht eingehalten hatte. Mit einem Hausschlüssel gelangte er in den Hausflur und hatte von dort Zugang zu der nicht verschlossenen Wohnung. Zuvor hatte sich bereits der Eigentümer des Dreifamilienhauses, Herr K., durch die offenstehende Terrassentür in die Wohnung begeben, ohne das Opfer gesehen zu haben, da er das Schlafzimmer nicht

366 MAH-*Dern/Baurmann*, 1. A., § 84 Rn. 78.

367 *Witt/Dern*, S. 109, 115.

368 In Deutschland gab es im Jahr 2005 nur drei ausgewiesene Stellen.

369 *Vick/Dern*, *„Wie kann ich Profiler werden?“*, S. 3, s. Fn. 121.

370 Ausführlich *Erpenbach*, FPPK 2010, 107, 108 ff.

371 Die Angaben zu Personen und Orten sind verfremdet.

betreten hatte. Nachdem N. dem K. den Fund mitgeteilt hatte, benachrichtigte K. die Polizei.[372]

II. Erkenntnisse der Mordkommission

Die ermittelnde Mordkommission trug im Anschluss folgende Erkenntnisse zusammen:

1. Auffindesituation

Karin F. lag unbekleidet in ihrem Bett unter einem Moskitonetz. Oberkörper und Kopfbereich waren mit einer Bettdecke abgedeckt, während der unbekleidete Unterkörper frei sichtbar war.[373] Todesursache war eine Serie von ca. 20 massiven Schlägen mit einem Gegenstand gegen den Kopf. Es wurden Blutspurenbilder im Bereich des Kopfkissens, des Bettlakens sowie der dahinter liegenden Wand gefunden.[374]

Im Wohnzimmer lag die ausgeschüttete Handtasche des Opfers auf einem Stuhl. Die Geldbörse war leer. Darüber hinaus fehlten Zigarettentabak und Blättchen. Auf der Terrasse stand ein Bierkasten, dem eine Flasche entnommen worden war. Der Kronkorken lag auf der Terrasse, die Flasche im Garten. K. hatte am Morgen im Garten ferner einen Maurerhammer mit Blutanhaftungen gefunden, der aus dem Keller des Hauses stammte. Auf dem Kronkorken, der Flasche Bier, dem Hammer und dem Schlafzimmerschrank konnten übereinstimmende DNA-Merkmale einer noch unbekannten Person festgestellt werden. Aufgrund dieser Merkmale konnte ein kurzfristig tatverdächtiger Freund der Karin F. als Täter ausgeschlossen werden.[375]

Darüber hinaus wurden Abdrücke von Schuhsohlen auf dem Grundstück gefunden, die Cowboystiefeln zugeordnet werden konnten. Die Abdrücke waren über mehrere Gärten zu verfolgen.[376]

2. Tatort

Der Tatort befindet sich in einem dreigeschossigen Reihenhaus in der R.-Straße Nr. 21. Das Haus ist Teil einer in sich geschlossenen Häuserzeile, die sich über die Nummern 3 bis 33 über ca. 120 m erstreckt. Die dazugehörigen Gärten sind

---

372 *Erpenbach*, FPPK 2010, 107, 108.
373 *Erpenbach*, FPPK 2010, 107, 108, 109.
374 *Erpenbach*, FPPK 2010, 107, 109.
375 *Erpenbach*, FPPK 2010, 107, 109.
376 *Erpenbach*, FPPK 2010, 107, 109.

durch leicht überwindbare Zäune voneinander getrennt. Die Gärten liegen in einem durch drei weitere Straßen samt Bebauung begrenzten Viereck. Eine dieser Straßen, die S.-Straße, zweigt in einem 90-Grad-Winkel von der R.-Straße Nr. 3 ab. Zugänge zu den Gärten befinden sich an den Eckgrundstücken. Zusätzlich sind die Gärten über einige Tore erreichbar.[377]

3. *Zeugenaussagen*

Dem Zeuge B., der sich in der Nacht im Gartenhaus der R.-Straße Nr. 7 aufgehalten hatte, war um 4.15 Uhr eine Person aufgefallen, welche die Gärten der R.-Straße in Richtung der aufsteigenden Hausnummern durchquerte.[378]

Die in der S.-Straße Nr. 90 wohnende Zeugin A. hatte zwischen 3.00 und 3.30 Uhr ein Geräusch gehört, als ob jemand über die im Garten liegenden Gerüststangen gefallen sei. Der Garten der S.-Straße Nr. 90 grenzt an den Garten der R.-Straße Nr. 3 an.[379]

Auf der Terrasse des Grundstücks S.-Straße Nr. 90 hatte in der Tatnacht jemand versucht, einen Terrassenrollladen hochzuschieben. Aufgrund einer Sicherung war dies nicht gelungen. Ein Terrassenstuhl war verschoben, dessen Rücklehne war zurückgestellt, und es fehlte ein Sixpack Bier aus einem auf der Terrasse befindlichen Kühlschrank.[380] Auch in diesem Garten wurden Schuhabdrücke gesichert.[381]

Unklar war, ob ein Zusammenhang zwischen diesen Geschehnissen und dem Tötungsdelikt bestand.[382]

4. *Angaben zum Opfer*

Die im Jahr 1956 geborene Karin F. hatte drei erwachsene Kinder. Von dem Vater der Kinder war sie seit einigen Jahren geschieden. Sie wurde von Zeugen als attraktiv, freundlich, hilfsbereit und höflich beschrieben. Auf Männer habe sie anziehend gewirkt. Feindschaften schien sie nicht zu haben.[383]

Karin F. hatte wiederholt feste Beziehungen zu Männern, mit denen sie auch zusammenlebte. Neuen Bekanntschaften war sie dennoch weiterhin nicht

---

377 *Erpenbach*, FPPK 2010, 107, 109.
378 *Erpenbach*, FPPK 2010, 107, 109.
379 *Erpenbach*, FPPK 2010, 107, 109, 111 mit einem Foto von den örtlichen Gegebenheiten.
380 *Erpenbach*, FPPK 2010, 107, 109.
381 *Erpenbach*, FPPK 2010, 107, 111.
382 *Erpenbach*, FPPK 2010, 107, 109.
383 *Erpenbach*, FPPK 2010, 107, 109.

abgeneigt. Diese hatte sie überwiegend in einem Szenelokal gefunden, in dem sie regelmäßig verkehrte und auch kellnerte. Wenn sie Alkohol konsumiert hatte, habe sie gerne geflirtet und sei für Ansprachen von Männern offen gewesen. Daraus haben sich auch kurzfristige Erlebnisse ergeben; ihren jeweiligen Partner sei dies jedoch verborgen geblieben.[384]

Nach einem Besuch in dem Szenelokal wurde das angetrunkene Opfer in der Tatnacht von einer Freundin gegen 2.05 Uhr zu Hause abgesetzt.[385]

5. *Unterstützungsersuchen*

Da vieles für ein Beziehungsdelikt sprach, konzentrierten sich die Ermittlungen der Mordkommission erfolglos auf das Umfeld des Opfers. Folgende Fragen blieben jedoch ungeklärt:

- Warum wurde Karin F. das Opfer?
- Wurde sie gezielt oder zufällig ausgewählt?
- Kannte das Opfer den Täter?
- Lag tatsächlich eine Beziehungstat vor?
- Welches andere Delikt war denkbar? Versuchtes Sexualdelikt? Raubdelikt? Wurde der Täter beim Diebstahl überrascht?
- Ist das Geschehen durch Interaktion zwischen Täter und Opfer eskaliert?
- Ist ein diffuses Motiv denkbar?[386]

In dieser Situation bat die Mordkommission die OFA-Dienststelle um Unterstützung durch Erstellung einer Fallanalyse.

III. Die operative Fallanalyse

Die operative Fallanalyse wurde von einem Team durchgeführt, das aus einem verantwortlichen Fallanalytiker und drei weiteren Fallanalytikern bestand.[387]

1. *Aufarbeitung der Fallinformationen*

Zunächst wurden die Fallinformationen methodisch auf- und die objektiven Falldaten herausgearbeitet. Unsichere Informationen blieben unberücksichtigt.[388]

---

384 *Erpenbach*, FPPK 2010, 107, 109.
385 *Erpenbach*, FPPK 2010, 107, 109.
386 *Erpenbach*, FPPK 2010, 107, 109.
387 *Erpenbach*, FPPK 2010, 107, 110.
388 *Erpenbach*, FPPK 2010, 107, 110.

Die Angaben zum Opfer, welche die Mordkommission durch Befragung von Bezugspersonen zusammengetragenen hatte, wurden auf ihre Validität geprüft, bevor sie in den Analyseprozess einbezogen wurden. Im Ergebnis entsprach das Opferbild der OFA-Einheit dem der Mordkommission.[389]

Darüber hinaus wurden der Tatbefundbericht, die Ergebnisse der kriminalistischen Untersuchungen und sämtliche Lichtbildmappen des Tatorts R.-Straße Nr. 21 ausgewertet. Die Fallanalytiker besichtigten des Weiteren mehrfach den Tatort mit besonderem Augenmerk auf dem Annäherungs- und Fluchtweg sowie den Lichtverhältnissen, unter denen sich der Täter zurechtfinden musste. Dabei wurden die Fallanalytiker von den Tatortbeamten begleitet. Das Team erhoffte sich Erkenntnisse über entscheidungsleitende Kriterien.[390]

a) *Annäherung an den Tatort*

Wie das Team feststellen konnte, ist ein Durchgang vom Garten der R.-Straße Nr. 19 zur S.-Straße Nr. 90 möglich, wo ebenfalls Fußabdrücke gesichert worden waren. Der Täter hatte die Gärten von der R.-Straße Nr. 3 – angrenzend an die S.-Straße Nr. 90 – betreten und sich in Richtung R.-Straße Nr. 21 durch die Gärten bewegt. Die Häuser der R.-Straße Nr. 3 bis 19 waren aufgrund von Bepflanzungen von den Gärten aus nicht frei einsehbar. Auf das Haus des Opfers bestand dagegen freie Sicht. Dessen Terrassentür verfügte ferner als erste der vom Täter abgelaufenen Häuser nicht über einen Terrassenrollladen.[391]

b) *Fluchtweg*

Obwohl der Täter den Tatort am einfachsten durch die Haustür hätte verlassen können, nahm er den Weg über die Terrasse. Er öffnete die Terrassentür und nahm sich eine Flasche Bier aus dem dort befindlichen Bierkasten. Diese öffnete er auf der Terrasse (Fundort Kronkorken). Den Hammer warf der Täter im Garten fort. Wie anhand der Fußabdrücke nachvollzogen werden konnte, bewegte er sich von dort weiter in seiner ursprünglichen Laufrichtung bis zum Grundstück R.-Straße Nr. 33. Dort kehrte er um, durchquerte die Gärten ein weiteres Mal, und verließ das Gelände über die R.-Straße Nr. 3.[392]

Die nächtliche Besichtigung der örtlichen Gegebenheiten durch das Fallanalyseteam brachte eine Erklärung für das Umkehren: Der Garten des Grundstücks

---

389 *Erpenbach*, FPPK 2010, 107, 110.
390 *Erpenbach*, FPPK 2010, 107, 110.
391 *Erpenbach*, FPPK 2010, 107, 110.
392 *Erpenbach*, FPPK 2010, 107, 111.

der R.-Straße Nr. 33 war frei einsehbar, breiter als die anderen Gärten und durch einen hohen Zaun zur Straße gesichert. Auch war ein Bewegungsmelder angebracht, der einen hellen Lichtstrahl auslöste.[393]

c) Tatort

Im Haus der R.-Straße Nr. 21 wurden die Handlungsorte besichtigt: Der Keller (Auswahl Tatwerkzeug), das Wohnzimmer (Durchsuchen Handtasche und Entwendung Gegenstände) sowie das Schlafzimmer (Tötungshandlung und Durchsuchen Kleiderschrank).[394]

Zur Erarbeitung der Handlungssequenzen im Schlafzimmer war es erforderlich, das Verletzungsbild mit den Blutspuren und den übrigen Tatortspuren in Beziehung zu setzen.[395]

d) Verletzungsbild

Es erfolgte daher eine Auswertung des Verletzungsbildes und der Blutspuren, wobei Entstehung und Reihenfolge der Verletzungen erörtert sowie Hypothesen denkbarer Abläufe entwickelt wurden. Die Hypothesen wurden daraufhin im Ausschlussverfahren entweder verworfen oder präferiert. Das Fallanalyseteam nahm für dieses Vorgehen die Hilfe eines Rechtsmediziners des Instituts für Rechtsmedizin in Bonn in Anspruch.[396] Im Rahmen der Auswertung und Hypothesenbildung wurde Folgendes festgestellt:

> *„Alle Verletzungen vital zugefügt. Der Hammer kommt als Tatwerkzeug infrage. Es erfolgten mindestens 20 Schläge gegen das Schädeldach und den Gesichtsschädel. (…) Die massive Gewalt gegen den Kopf wurde dem liegenden Opfer aus unterschiedlichen Richtungen zugefügt. Die ersten Schläge trafen das Opfer in linker Seitenlage oder in Bauchlage unmittelbar auf den Kopf. Ab diesem Zeitpunkt war es handlungsunfähig. Weitere Schläge trafen das Opfer in die blutenden Wunden und erzeugten das vorgefundene Blutverteilungsmuster. In dieser Dynamik griff der Täter das Bettlaken am Fußende, schlug dieses über den Kopf des Opfers und schlug mehrfach mit dem Hammer auf den nun bedeckten Schädel.“*[397]

Ein Aufrichten oder Aufstehen des Opfers war aufgrund dieser Erkenntnisse zu den Verletzungen ebenso auszuschließen wie eine Abwehrreaktion. Bei einigen Schlägen hatte sich der Hammer im Moskitonetz verheddert. Der Standort des

---

393 *Erpenbach*, FPPK 2010, 107, 111.
394 *Erpenbach*, FPPK 2010, 107, 111.
395 *Erpenbach*, FPPK 2010, 107, 111.
396 *Erpenbach*, FPPK 2010, 107, 111.
397 *Erpenbach*, FPPK 2010, 107, 112.

Täters neben dem Bett konnte durch die Analyse des Blutverteilungsmusters festgestellt werden. Eine Feststellung dazu, ob der Täter Rechts- oder Linkshänder war, war dagegen nicht möglich.[398]

Die Erkenntnisse zu den Verletzungen des Opfers und dem Handlungsablauf waren für die spätere Beurteilung von Bedeutung, mit welcher handlungsleitenden Motivation der Täter vorgegangen war.[399]

2. *Tathergangsrekonstruktion (Sequenzanalyse) Teil 1*

Im Rahmen der Tathergangsrekonstruktion versuchte das Team durch Hypothesenbildung nachzuvollziehen, zu welchem Zeitpunkt der Täter welche Entscheidung getroffen hatte.

Im Zuge der Sequenzanalyse wurden folgende Handlungssequenzen erarbeitet, deren Ablauf in der dargestellten Reihenfolge erfolgte:[400]

a) *Erste Sequenz: Zugang zum Tatort*

Der Täter gelangte über das frei zugängliche Grundstück R.-Straße Nr. 3 in die Gärten und durchquerte diese bis zum Tatort. Er betrat über den Garten gegebenenfalls die Terrasse des Hauses R.-Straße Nr. 21. Aufgrund der verschlossenen Terrassentür hatte er aber keinen unmittelbaren Zutritt zu der Wohnung. Unklar war, ob der Täter zu diesem Zeitpunkt die Flache Bier aus dem Kasten auf der Terrasse entnahm und diese öffnete.[401]

Durch die unverschlossene Kellertür betrat der Täter den Keller des Hauses und nahm dort aus einem Werkraum den Maurerhammer aus einer Kiste. Beim Verlassen des Kellers über den Hausflur ließ der Täter die Kellertür halb geöffnet. Er betrat die Wohnung der Karin F. durch die [Anm.: wohl unverschlossene, s. o.] Wohnungstür und schloss die Tür hinter sich.[402]

b) *Zweite Sequenz: Handlungen im Objekt, Schlafzimmer*

Unklar ist, ob der Täter nach Betreten der Wohnung zunächst ins Schlafzimmer zum Opfer, oder ins Wohnzimmer zur Handtasche ging. Das Schlafzimmer betrat der Täter durch die mit großer Wahrscheinlichkeit offenstehende Schlafzimmertür. Er griff an den Schlafzimmerschrankschlüssel (kein abgeschlossenes

398 *Erpenbach*, FPPK 2010, 107, 112.
399 *Erpenbach*, FPPK 2010, 107, 111.
400 Darstellung verkürzt nach *Erpenbach*, FPPK 2010, 107, 112.
401 *Erpenbach*, FPPK 2010, 107, 112.
402 *Erpenbach*, FPPK 2010, 107, 112.

Durchsuchen). Er trat ans Bett, schob das Moskitonetz beiseite und schlug auf das in linker Seiten- oder Bauchlage liegende Opfer mit dem Maurerhammer ein (Schläge gegen die rechte Kopfhälfte; Verletzungen der linken Gesichtshälfte resultieren gegebenenfalls aus einem kurzem Hinwenden des Opfers zum Täter). Die Schläge, die zu den linksseitigen Gesichtsverletzungen führten, wurden durch das Moskitonetz abgefedert, in dem sich der Hammer verfangen hatte. Der Täter schlug weiter auf die rechtsseitige, stark blutende Kopfverletzung ein (Blutspritzer, Knochenstücke). Er unterbrach die Schläge und bedeckte den Kopf der Karin F. mit dem Oberbett. Danach schlug er wiederholt auf die rechte Kopfhälfte ein. Der Täter unterbrach die Schläge erneut und zog den unteren linken Zipfel des Bettlakens über den Kopf des Opfers; das Gesäß war unbedeckt. Im Anschluss schlug er wieder auf die rechte Kopfhälfte des Opfers, dieses kam in Bauchlage. Der Täter ließ das Opfer liegen und nahm den Hammer mit. Ob er diesen am Bettlaken reinigte, ist unklar.[403]

c) Dritte Sequenz: Handlungen im Objekt, Wohnzimmer

Der Täter durchsuchte im Wohnzimmer die Handtasche und entnahm die Gegenstände. Dann öffnete er die Terrassentür und ging hinaus. Der Täter nahm nun die Bierflasche aus dem Kasten und öffnete sie (Kronkorken mit DNA) oder er nahm die bereits geöffnete Flasche wieder an sich (s. o.). Er verließ die Terrasse, warf den Hammer in den Garten (der Hammer war nass und mit Erde behaftet), ging in Richtung R.-Straße Nr. 33 und warf die Flasche auf dem Weg fort (nur Täter-DNA, kein Opferblut).[404]

3. Erste Motivbewertung

Nach diesen Erkenntnissen, erfolgte eine Diskussion, mit welchem Motiv der Täter die Wohnung betreten hatte.

Zur Diskussion stand, ob der Täter nach dem Betreten der Wohnung zunächst im Wohnzimmer nach Beute gesucht oder unmittelbar das Schlafzimmer betreten hatte. Die Reihenfolge konnte nicht abschließend geklärt werden. Die massiven Schläge auf das vermutlich schlafende Opfer, die Unterbrechungen zum Abdecken des Kopfes und die daraufhin erneut erfolgenden Schläge zeugten von einer expressiven, vernichtenden Gewalt. Die Handlungen konnten weder mit

403 *Erpenbach*, FPPK 2010, 107, 112 f.
404 *Erpenbach*, FPPK 2010, 107, 113.

einer Eskalation des Geschehens noch mit einem Kontrollverhalten (Erlangung und Aufrechterhaltung der Kontrolle über das Opfer) in Übereinstimmung gebracht werden.[405]

An dieser Stelle war die Überprüfung der Hypothese notwendig, ob es sich bei dem Täter um dieselbe Person handelte, die zuvor die Terrasse der S.-Straße Nr. 90 betreten hatte.[406]

4. *Tathergangsrekonstruktion (Sequenzanalyse) Teil 2*

Für die Sequenz S.-Straße Nr. 90 entwickelte das Team folgende Hypothesen:

Der Täter betrat die Terrasse vom Garten aus und schob den Rollladen hoch. Nachdem dieser nach ca. 20 cm blockierte, stellte der Täter einen vorgefundenen Schuh darunter. Der Täter wollte eindringen, unternahm aber keinen Einbruchsversuch. Aus dem Kühlschrank auf der Terrasse entnahm er ein Sixpack Bier und verweilte auf der Terrasse (zurückgestellte Stuhllehne). Der Täter nahm das Sixpack mit und deponierte es außerhalb des Grundstücks.[407]

5. *Ergebnis der Hypothesenprüfung*

Die Zeugenaussagen, insbesondere die Zeitangaben, sowie die Ortsfaktoren deuteten auf einen Zusammenhang der Geschehnisse hin. Die Tatsachen, dass der Täter in der S.-Straße versuchte, in die Wohnung über die Terrasse einzudringen ohne tatsächlich einzubrechen, und dass das Haus in der R.-Straße Nr. 21 nicht über die verschlossene Terrassen-, sondern über die unverschlossene Kellertür betreten wurde, zeigten übereinstimmende Entscheidungen. Auch stimmten die Handlungen des Biertrinkens und des Verweilens auf der jeweiligen Terrasse überein. Aus der Gesamtbetrachtung folgerte das Team somit, dass die Handlungen von demselben Täter vorgenommen worden waren und zwar zuerst in der S.-Straße und danach in der R.-Straße[408] Die Handlungen in der S.-Straße waren daher in den Bewertungsprozess mit einzubeziehen.[409]

---

405 *Erpenbach*, FPPK 2010, 107, 113.

406 *Erpenbach*, FPPK 2010, 107, 113.

407 *Erpenbach*, FPPK 2010, 107, 113.

408 *Erpenbach*, FPPK 2010, 107, 113.

409 Die Fallanalyse hatte bis zu diesem Punkt bereits 10 Tage angedauert.

6. *Analyse der Tatsituation*

Im Anschluss an die Tathergangsrekonstruktionen erfolgte eine Analyse der Tatsituation in Zusammenarbeit mit einem Mitarbeiter des Instituts für Forensische Psychiatrie in Essen.[410]

Die Entstehung der Tatsituation wurde betrachtet. Die Fragen, die sich stellten, waren, ob Karin F. gezielt als Opfer ausgesucht wurde, welche Rolle ihre Person spielte und ob das Einsteigeobjekt für die Auswahl entscheidend war.[411]

Das Opfer lebte allein in einer Erdgeschosswohnung. Die Bewohnerin der S.-Straße Nr. 90 war aufgrund der längeren beruflichen Abwesenheit ihres Partners ebenfalls allein in ihrer Wohnung. Diese Erkenntnisse traten bei der Bewertung jedoch in den Hintergrund, nachdem der Versuch des Eindringens bzw. das Eindringen des Täters in die jeweilige Wohnung bewertet worden waren.[412] Der Täter hatte kein eigenes Einbruchswerkzeug mitgebracht und handelte an keinem der beiden Tatorte zielgerichtet. So bewegte er sich, nachdem sein Versuch, in die Wohnung in der S.-Straße einzudringen, gescheitert war, er dort eine gewisse Zeit verweilt und das Sixpack Bier entwendet hatte, weiter durch die Gärten in Richtung R.-Straße Nr. 21. Zuvor hatte er das Sixpack anderweitig deponiert. Die baulichen Gegebenheiten auf dem Grundstück R.-Straße Nr. 21, insbesondere die fehlenden Rollläden, die freie Sicht vom Garten auf die Wohnung und die offenstehende Kellertür, sprachen für eine zufällige Opferauswahl. Die Person der Karin F. war mithin austauschbar.[413] Diese Schlussfolgerung des Fallanalyseteams wurde dadurch bestärkt, dass sich der Täter die Tatwaffe erst nach dem Eindringen in das Haus angeeignet hatte.[414]

Diese Umstände sowie die fehlenden Vorkehrungen des Täters zur Tarnung der Tat und zur Verhinderung seiner Identifizierung ließen den weiteren Schluss zu, dass die Tat ungeplant war, und der Täter erst während des Geschehens den spontanen Tötungsentschluss gefasst hatte. Ob dieser Entschluss vor Aneignung des Hammers oder danach gefasst wurde, blieb offen.[415]

Eine Beziehungstat mit einem persönlichen Konflikt zwischen Täter und Opfer trat nach diesen Bewertungen in den Hintergrund. Somit konnten die Ermittlungsrichtungen der Mordkommission in andere Richtungen fokussiert werden.[416]

---

410 *Erpenbach*, FPPK 2010, 107, 114.
411 *Erpenbach*, FPPK 2010, 107, 114.
412 *Erpenbach*, FPPK 2010, 107, 114.
413 *Erpenbach*, FPPK 2010, 107, 114.
414 *Erpenbach*, FPPK 2010, 107, 114.
415 *Erpenbach*, FPPK 2010, 107, 114.
416 *Erpenbach*, FPPK 2010, 107, 114.

7. *Verhaltensbewertung*

Im Rahmen der sich anschließenden Verhaltensbewertung kam das Fallanalyseteam zu dem Ergebnis, dass die massive Gewalt des Täters gegen das ihm unbekannte Opfer isoliert stand und nicht dem Erreichen anderer Ziele diente, wie beispielsweise der Durchsetzung eines Raub- oder eines Sexualdelikts. Dem Täter war ein ihm innewohnendes Aggressionspotential zuzusprechen, das nach Auffassung des Teams auch in anderen Lebenssituationen erkennbar sein dürfte. Zu diesen Schlussfolgerungen kam das Team aufgrund folgender Erwägungen:

Bereits die ersten Schläge hatten ausgereicht, das Opfer zu töten. Die Anzahl und Schwere der Schläge gegen das schlafende, nach Zufügung der ersten Schläge unmittelbar handlungsunfähige und daher wehrlose Opfer, waren somit nicht mit einer Eskalation des Tatgeschehens oder Widerstand durch das Opfer zu erklären. Zwischendurch unterbrach der Täter die Schläge wiederholt, um sich durch Bedeckung des Opfers mit dem Bettlaken vor Blutspritzern zu schützen, um im Anschluss weiter auf das bedeckte Opfer einzuschlagen.[417]

Die Beurteilung des Täterverhaltens führte ferner zu dem Ergebnis, dass der Täter weder bei der Planung noch beim Eindringen in das Tatobjekt noch in der Tatausführung strukturiert handelte.[418]

8. *Motivbewertung und Täterprofil*

Die massive Gewaltanwendung, die Tatortsituation und die Lebensweise des Opfers hatten bei der ermittelnden Mordkommission zunächst zu einem Überstrahlungseffekt geführt, der sie von einer Beziehungstat ausgehen ließ.[419]

Ein auf einer Beziehung des Täters zum Opfer begründetes Motiv konnte durch die vorangegangene Tathergangsrekonstruktion und die daraufhin erfolgenden Bewertungen ausgeschlossen werden. Für eine sexuelle Motivation fanden sich weder am Opfer noch am Tatort Anhaltspunkte.[420]

Ein Bereicherungsmotiv war latent erkennbar, da der Täter Gegenstände entwendet hatte und die Auswahl des Objekts für Gelegenheitseinsteiger nicht untypisch war. Das Motiv musste jedoch in Anbetracht der massiven Gewaltanwendung hinter einer „*Wut-/Aggressions-Motivation*“ zurücktreten.[421]

---

417 *Erpenbach*, FPPK 2010, 107, 114.
418 *Erpenbach*, FPPK 2010, 107, 114.
419 *Erpenbach*, FPPK 2010, 107, 115.
420 *Erpenbach*, FPPK 2010, 107, 115.
421 *Erpenbach*, FPPK 2010, 107, 115.

Bei der Präsentation der Ergebnisse vor der Mordkommission sprach das Fallanalyseteam von *„einem hohen Erregungsniveau"* des Täters *„beim Betreten der Gärten"*, das *„sich immer weiter potenzierte"*.[422] Weiter heißt es:

> *„Aufgrund der Tatsache, dass er [der Täter] noch kein Tatwerkzeug mit sich führte, muss angenommen werden, dass er sich über die Art der gleich zu begehenden Straftat noch nicht im Klaren war. Sicher dürfte gewesen sein, dass etwas passieren musste."*[423]

Das Team führte aus, dass auch andere Delikte, wie z.B. Brandstiftung, möglich gewesen wären. Spätestens beim Fund der Tatwaffe

> *„(...) entwickelte sich seine aggressive Vorstellung in Richtung eines Tötungsdelikts. (...) Die Vielzahl der Schläge, die eindeutig über das Maß einer gezielten Tötungshandlung hinaus gehen, dürften Ausdruck einer schwerwiegenden Aggressionsproblematik sein."*[424]

Das Analyseteam entwickelte folgendes Täterprofil:

- männlicher Einzeltäter,
- keine oder flüchtige Beziehung zum Opfer,
- Alter: keine Altersangabe,
- Vorstrafen wahrscheinlich: zu erwarten sind Taten mit aggressivem, destruktivem Hintergrund, z.B. Sachbeschädigung, Hausfriedensbruch, Brandstiftung, Vandalismus, Gewalt gegen Tiere, Einsteigediebstähle (...),
- Ankerpunkt: in der Stadt in Nähe des Tatorts,
- Charaktereigenschaften: impulsiv, leicht erregbar, Alkohol-/Drogen- und Medikamentenkonsum wahrscheinlich, Alkohol gewöhnt aber nicht desorientiert,
- dem Motiv der Tat zugrunde liegende, denkbare Konflikte: Zurückweisung von Frauen, Probleme in der Partnerschaft, Probleme im Beruf, Geldschwierigkeiten.[425]

IV. Der weitere Ermittlungsverlauf

Nach der Präsentation der Ergebnisse der Fallanalyse fokussierte sich die Mordkommission nicht mehr auf den Bekanntenkreis der Karin F. und führte in Abstimmung mit der Staatsanwaltschaft eine DNA-Reihenuntersuchung durch. Dabei wurden insgesamt 1005 Speichelproben bei Männern im Alter zwischen 19 und 59 Jahren im Umkreis des Tatorts genommen. Durch den DNA-Test

---

422 *Erpenbach*, FPPK 2010, 107, 115.
423 *Erpenbach*, FPPK 2010, 107, 115.
424 *Erpenbach*, FPPK 2010, 107, 115.
425 *Erpenbach*, FPPK 2010, 107, 115.

konnte der 38-jährige Karl T. der Tat überführt werden. Karl T. lebte in einer Seitenstraße zur R.-Straße und trug zur Tatzeit Cowboystiefel. Er wurde zu einer lebenslangen Freiheitsstrafe verurteilt.[426]

V. Evaluation der Fallanalyseergebnisse

Im Rahmen der Evaluation der Fallanalyseergebnisse wurde festgestellt, dass Karl T. nach der 6. Klasse die Schule verlassen hatte. Er war zum Tatzeitpunkt arbeitslos. Durch Gelegenheitsarbeiten verfügte er jedoch über Einkünfte. Er wurde von seinem Umfeld als leicht reizbar und jähzornig beschrieben und war wegen wiederholten Einbruchsdiebstahls, Raubes, Leistungserschleichung und Urkundenfälschung vorbestraft.[427]

Nach den Angaben seines Rechtsanwalt habe Karl T. am Tatabend Alkohol und Ecstasy konsumiert. Er sei gegen 2.30/3.00 Uhr aufgewacht und habe sich in die Gärten begeben.[428]

Nach der rechtskräftigen Verurteilung äußerte Karl T. sich auf Befragung durch Fallanalytiker zur Entstehung des Tatentschlusses wie folgt:

> *„(…) auf dem Weg durch die Gärten war ich erregt. Ich wusste, dass gleich etwas passieren würde. Was (…) ? War mir nicht klar! (…) Ich habe dann die Schlafzimmertür gesehen. Ich bin rein und habe die Frau dort liegen gesehen (…) In dem Moment, als ich auf die Frau einschlug, da kam der ganze Hass in mir raus! Ich kann das nicht erklären; ich verstehe das selbst nicht. Die Frau F. kannte ich nicht. Sie hat mir doch nichts getan. Sie werden es nicht glauben, früher hatte ich häufig Albträume. Seit der Tat kann ich endlich wieder schlafen!“*[429]

426 *Erpenbach*, FPPK 2010, 107, 116.
427 *Erpenbach*, FPPK 2010, 107, 116.
428 *Erpenbach*, FPPK 2010, 107, 116.
429 *Erpenbach*, FPPK 2010, 107, 116.

3. Kapitel: Die persönlichen Beweismittel

Bei den Fallanalytikern handelt es sich um natürliche Personen. Somit liegt die forensische Verwertung ihrer im Rahmen einer durchgeführten Fallanalyse erzielten Ergebnisse im Wege des Personalbeweises nahe, also ihre Vernehmung als Zeugen oder Sachverständige, wie es teilweise von der Rechtsprechung gehandhabt[430] und von der Literatur vertreten[431] wird. Daher sollen an dieser Stelle insbesondere die persönlichen Beweismittel mit ihren Aufgaben und prozessualen Besonderheiten dargestellt werden. In diesem Zusammenhang erfolgt ferner eine Darstellung des ebenfalls als Verwertungsform in Betracht kommenden Behördengutachtens und Behördenzeugnisses.

Zeugen und Sachverständige sind die in der StPO im Rahmen des Strengbeweisverfahrens[432] geregelten persönlichen Beweismittel. Ihre Abgrenzung beschäftigt Literatur und Rechtsprechung schon seit Entstehung der StPO. Um eine Abgrenzung rechtlich richtig vornehmen zu können, ist eine Betrachtung der persönlichen Beweismittel und ihrer Aufgaben im Strafverfahren sowie die Definition der Begriffe zwingend erforderlich.

A. Der Zeuge

Ein persönliches Beweismittel der StPO ist der Zeuge.[433] Der Zeugenbeweis ist im sechsten Abschnitt der StPO in den §§ 48 ff. StPO geregelt.

I. Definition des Zeugen

Eine Definition des Zeugen findet sich weder in der StPO noch in anderen Verfahrensordnungen. Insbesondere im Hinblick auf die Abgrenzung zum Sachverständigenbeweis ist sie jedoch unverzichtbar, weswegen eine vertiefte Betrachtung an dieser Stelle notwendig erscheint.

---

430 BGH BeckRS 2007, 12286; BGH NJW 2007, 92.

431 *Wippler*, S. 177, 313; *Becker*, S. 166 f., 208; Musolff/Hoffmann-*Bruns*, S. 257, 265 Fn. 41; *Gerst*, S. 219 ff.

432 Zum *numerus clausus* der Beweismittel z. B. Alsberg/Nüse/Meyer-*Dallmeyer*, Rn. 302.

433 SK-*Rogall*, Vor § 48 Rn. 8; KK-*Senge*, Vor § 48 Rn. 1; *Meyer-Goßner/Schmitt*, Vor § 48 Rn. 1; Alsberg/Nüse/Meyer-*Dallmeyer*, Rn. 303.

Zeuge im Sinne der §§ 48 ff. StPO ist nach der wohl herrschenden Definition eine Beweisperson, die in einem nicht gegen sie selbst gerichteten Strafverfahren Auskunft über die Wahrnehmung von Tatsachen gibt.[434]

Bei genauer Betrachtung erscheint diese Definition aber als nicht vollständig und daher nicht ausreichend.[435] So kann zum einen auch die Bekundung von Tatsachenwahrnehmungen Gegenstand des Sachverständigenbeweises sein.[436] Zum anderen ist in der o. g. Definition eine Voraussetzung enthalten, die näherer Erläuterung bedarf. Die Definition setzt nämlich voraus, dass eine Person bereits in das Strafverfahren einbezogen wurde. Das geschieht aber nicht schon dadurch, dass die Person eine für den Prozess relevante Tatsache wahrgenommen hat. Das Wahrnehmen von Tatsachen macht eine Person lediglich zu einem potenziellen Zeugen. Um zum Zeugen zu werden, bedarf es über die Tatsachenkenntnis aufgrund von Wahrnehmung (materielles Element)[437] hinaus einer Einbeziehung in das Verfahren durch ein Strafverfolgungsorgan (formelles Element).[438] Das sind im Ermittlungsverfahren regelmäßig Polizei und Staatsanwaltschaft (§ 161 a I 1 StPO), im Hauptsacheverfahren das erkennende Gericht (§ 48 StPO).[439]

Es gibt daher nicht den *„Zeugen an sich“*,[440] sondern es bedarf eines Willensakts[441] der Behörde als konstitutives Element.[442] Das Strafverfolgungsorgan muss

---

434 Z. B. RG DStR 1934, 345, 346; BGHSt 22, 347 f.; Alsberg/Nüse/Meyer-*Dallmeyer*, Rn. 303; LR-*Ignor/Bertheau*, Vor § 48 Rn. 3; *Meyer-Goßner/Schmitt*, Vor § 48 Rn. 1; KMR-*Neubeck*, Vor § 48 Rn. 1; AwK-*Krekeler/Werner*, Vor § 48 Rn. 1; *Kindhäuser*, § 21 Rn. 6; vgl. *Eisenberg*, Rn. 1003, 1005; *Zacharias*, S. 30 f. führt aus: *„(…) als Beweisperson Auskunft über Tatsachen geben soll“*; so auch RGSt 52, 289; *Roxin/Schünemann*, § 26 Rn. 1; in dem Sinne auch *Ranft*, Rn. 479; *Eb. Schmidt* II, § 48 Rn. 1, der hinzufügt, dass die Tatsachenwahrnehmung außerhalb der prozessualen Funktion stattgefunden haben muss; kritisch SK-*Rogall*, Vor § 48 Rn. 11 m. w. Ausführungen.

435 SK-*Rogall*, Vor § 48 Rn. 11.

436 S. dazu 3. Kapitel, B. II. 3.

437 SK-*Rogall*, Vor § 48 Rn. 11; *Zacharias*, S. 30 f.

438 SK-*Rogall*, Vor § 48 Rn. 11; KMR-*Neubeck*, Vor § 48 Rn. 1; *Zacharias*, S. 31; *Ranft*, Rn. 479.

439 SK-*Rogall*, Vor § 48 Rn. 21; KMR-*Neubeck*, Vor § 48 Rn. 1; LR-*Ignor/Bertheau*, Vor § 48 Rn. 3; *Meyer-Goßner/Schmitt*, § 48 Rn. 1 b.

440 KMR-*Neubeck*, Vor § 48 Rn. 1; *Zacharias*, S. 30; vgl. auch *Birkmeyer*, S. 420, der von einem Zeugnis im *„technischen Sinn“* bei der Bekundung gegenüber einem Richter zum Zweck des Beweises spricht.

441 *Rogall* kritisiert, dass dieser Begriff zu Missverständnissen geführt hat, FS-Frisch, S. 1199, 1219.

442 Wie für andere Verfahrensrollen auch, *Zacharias*, S. 30.

folglich den Entschluss fassen, einen Bezug zwischen einer Person und einem Strafverfahren derart herzustellen, dass die in das Wissen der Person gestellten Wahrnehmungen nach den Vorschriften über den Zeugenbeweis in das Strafverfahren eingeführt werden sollen.[443]

Es wird allgemein – zumindest stillschweigend – davon ausgegangen, dass es einer Einbeziehung der Person in den Prozess bedarf, wie es auch schon die o. g. Definition zeigt.[444] Dennoch wird regelmäßig festgestellt, dass die Verfahrensstellung einer Aussageperson nicht vom Wohlwollen des Richters, also seinem subjektiven Willensentschluss, abhängen dürfe.[445] Auch die Bezeichnung in der Ladung oder im Urteil sei nicht dafür entscheidend, in welcher Funktion die Aussageperson vernommen wird.[446] Das ist insofern richtig, als es für die Bestimmung der Verfahrensstellung einen Akt der Zulassung des zuständigen Strafverfolgungsorgans bedarf, der nicht durch die Ladung dieses Organs per se bewirkt wird.[447] In der Ladung oder der Vernehmung als Zeuge manifestiert sich jedoch regelmäßig der Wille des Strafverfolgungsorgans[448] und damit der Akt der Zulassung.[449] So muss die Ladung erkennen lassen, dass die Person als Zeuge vernommen werden soll (Nr. 64 I 1 RiStBV).

---

443 *Zacharias*, S. 31 f.; KMR-*Neubeck*, Vor § 48 Rn. 1; so im Ansatz auch LR-*Ignor/Bertheau*, Vor § 48 Rn. 3.

444 Vgl. z.B. RGSt 52, 289; RG DStR 1934, 345, 346; BGHSt 22, 347 f.; Alsberg/Nüse/Meyer-*Dallmeyer*, Rn. 303; LR-*Ignor/Bertheau*, Vor § 48 Rn. 3; *Meyer-Goßner/Schmitt*, Vor § 48 Rn. 1; SK-*Rogall*, Vor § 48 Rn. 11 mit Vorbehalten; *Eisenberg*, Rn. 1003, 1005; *Kindhäuser*, § 21 Rn. 6; *Roxin/Schünemann*, § 26 Rn. 1.

445 Z. B. *Ulrich*, Rn. 19.

446 Diese Aussage wird im Zusammenhang mit der Abgrenzung von (sachverständigen) Zeugen und Sachverständigen getätigt. Entscheidend sei der Inhalt der Bekundung, z.B. BGH NStZ 1985, 182; LR-*Krause*, § 85 Rn. 1; KK-*Senge*, Vor § 72 Rn. 7; *Eisenberg*, Rn. 1513; Alsberg/Nüse/Meyer-*Dallmeyer*, Rn. 377; *Ulrich*, Rn. 19, der aber davon spricht, dass die Bezeichnung in der Ladung nicht entscheidend für die „*endgültige*" Einordnung sei; mit Einschränkung SK-*Rogall*, § 85 Rn. 11; *Eb. Schmidt* II, Vor § 72 Rn. 15; *Mezger*, AcP 117 (1918), Beilageheft, 1, 6; zu der Abgrenzungsproblematik s. 3. Kapitel, D. II.

447 *Mezger*, AcP 117 (1918), Beilageheft, 1, 6 f.

448 SK-*Rogall*, Vor § 72 Rn. 32, vgl. auch *ders.* Vor § 48 Rn. 21; *ders.* GS-Meyer, S. 391, 402; KMR-*Neubeck*, Vor § 48 Rn. 1; *Zacharias*, S. 31.

449 Eine unmittelbare Ladung durch die Prozessbeteiligten (z.B. §§ 214 III StPO, 220 I StPO) oder ein Beweisantrag führen noch nicht zur Eigenschaft einer Person als Zeuge oder Sachverständiger; str., s. 3. Kapitel, B. III. 1.

Die sich somit stellende Frage, ob ausschließlich die (subjektive) Prozesshandlung[450] die Verfahrensrolle bestimmt oder ob objektive Kriterien heranzuziehen sind, wurde insbesondere im Zusammenhang mit der Begründung der Beschuldigteneigenschaft diskutiert. Denn auch für den Begriff des Beschuldigten hält die StPO keine Definition bereit. Die Diskussion soll im Folgenden kurz dargestellt werden.

1. Betrachtung der Grundsätze für die Begründung und Beendigung der Beschuldigteneigenschaft

Der Beschuldigte[451] genießt gegenüber dem Zeugen im strafrechtlichen Verfahren einen besonderen Schutz.[452] So muss er sich gemäß § 136 I 2 StPO nicht zur Beschuldigung äußern oder zur Sache aussagen. Vor allem aber ist ihm zu Beginn seiner Vernehmung mitzuteilen, welche Tat ihm zur Last gelegt wird und

450 Der Begriff der Prozesshandlung findet sich in der StPO nicht. Die Lehre von den Prozesshandlungen soll helfen, die gesetzlichen Lücken hinsichtlich der Wirksamkeitsbedingungen bestimmter verfahrensrechtlich bedeutsamer Handlungen und Erklärungen zu schließen, die in der StPO nur unvollkommen geregelt sind, *Kühne*, Rn. 670. Die Definition der Prozesshandlung ist umstritten. Dieser Streit hat aber keine Auswirkungen auf die Funktion der Lehre von den Prozesshandlungen und ist deswegen lediglich von theoretischer Bedeutung, *Kühne*, Rn. 671. Nach der wohl h. M. sind Prozesshandlungen diejenigen prozessgestaltenden Verhaltensweisen, die in Voraussetzung und Wirkung vom Prozessrecht geregelt sind, in jedem Fall aber mindestens solche Erklärungen, die eine Rechtsfolge im Prozess willensgemäß auslösen und dies auch sollen, LR-*Kühne*, Einl. Abschn. K Rn. 9; *ders.*, Rn. 671; *Eb. Schmidt* I, Rn. 181 ff. im Anschluss an *Niese*, S. 85, 89 ff.; vgl. *Roxin/Schünemann*, § 22 Rn. 1 ff.; *Gössel*, S. 159; *Paulus*, GS-Meyer, S. 309, 316 f.; *Henkel*, S. 235 f.; *Peters*, 248 f.; KK-*Fischer*, Einl. Rn. 398; *Meyer-Goßner/Schmitt*, Einl. 95; auch *Beling*, S. 170 ff. mit einem sehr weiten Verständnis. Zum Begriff der Prozesshandlungen und den unterschiedlichen Auffassungen vgl. ausführlich *Eb. Schmidt* I, Rn. 181 ff., 202 ff.; *Roxin/Schünemann*, § 22 Rn. 1 ff.; *Gössel*, S. 159; *Paulus*, GS-Meyer, S. 309, 310 ff., 316 f.; *Peters*, 248 ff.; *Goldschmidt*, der die Prozesshandlungen in *„Erwirkungs- und Bewirkungshandlungen"* unterteilt, S. 364 ff. Dem haben sich u.a. angeschlossen *Henkel*, S. 235 ff.; *Peters*, 248 ff.; *Schlüchter*, Rn. 130 ff.; *Gössel*, S. 159 f. Diese Begriffe haben nach *Kühne*, Rn. 672 lediglich eine ordnende Funktion.

451 Gemeint ist hier der *„enge"* Beschuldigtenbegriff, wonach derjenige als Beschuldigter bezeichnet wird, der noch nicht Angeschuldigter oder Angeklagter ist. Zum Begriff des Beschuldigten und zur Notwendigkeit der Bestimmung des Beginns der Beschuldigteneigenschaft vertiefend *Rogall*, S. 20 ff., 24 ff., SK-*ders.*, Vor § 133 ff. Rn. 9 ff.

452 *Rogall*, S. 20.

dass er jederzeit einen Verteidiger konsultieren kann.[453] Über seine Rechte ist der Beschuldigte zu belehren (§ 136 I StPO). Auf der anderen Seite kann mit dem Übergang in die Beschuldigteneigenschaft eine Stigmatisierung des Betroffenen mit starken Auswirkungen auf das private und berufliche Leben einhergehen.[454]

Aus der systematischen Stellung des Vereidigungsverbots in § 60 Nr. 2 StPO im sechsten Abschnitt über den Zeugen[455] in Ergänzung durch § 55 StPO ergibt sich jedoch, dass nicht jeder Verdächtige gleichzeitig Beschuldigter sein muss, sondern Verdächtige auch Zeugen sein können.[456] Es handelt sich dann um den sogenannten *verdächtigen* Zeugen.[457] Es ist im deutschen Strafverfahren aber ausgeschlossen, dass eine Person in demselben Verfahren gleichzeitig Zeuge und Beschuldigter ist.[458] Daraus ist wiederum zu folgern, dass der auf einer Person ruhende Verdacht – unabhängig von seiner Stärke – über die Stellung der Person im Verfahren allein nichts aussagt,[459] sondern ein weiteres Element

---

453 Dem Zeugen steht zwar gemäß § 55 StPO ein Zeugnisverweigerungsrecht zu. Er muss sich daher ebenfalls nicht selbst belasten. Ein Tatvorwurf besteht zum Zeitpunkt der Vernehmung aber noch nicht, *v. Gerlach*, NJW 1969, 776, 777 unter Bezugnahme auf *Kleinknecht*, Kriminalistik 1965, 449, 451.

454 BGHSt 51, 367, 372 = BGH NJW 2007, 2706, 2708; *Schumann*, GA 2010, 699, 712; *Fincke*, ZStW 95 (1983), 918, 967; *Rogall*, FS-Frisch, S. 1199, 1213; vertiefend *Lohner*, S. 34 ff.

455 Die Vernehmung des Beschuldigten wird dagegen im zehnten Abschnitt der StPO geregelt.

456 *Rogall*, FS-Frisch, S. 1199, 1216 f.

457 RGSt 6, 279, 280; BGHSt 10, 8, 10; 38, 302, 306 mit Anm. *Rogall*, JR 1993, 380 ff.; SK-*ders.*, Vor § 133 ff. Rn. 11 f.; *Meyer-Goßner/Schmitt*, Einl. Rn. 77; *v. Gerlach*, NJW 1969, 776 f.; der heutige § 60 Nr. 2 StPO entspricht § 60 Nr. 3 StPO a. F.; a. A. für das Ermittlungsverfahren *Schumann*, GA 699, 714.

458 RGSt 6, 279, 280 ff.; BGHSt 10, 8, 10; BGH NJW 1964, 1034; BGH JR 1969, 147, 148; SK-*Rogall*, Vor § 48 Rn. 40; *ders.*, S. 32; KK-*Senge*, § Vor § 48 Rn. 6.

459 Die Verdachtsstärke ist aber entscheidend für die Pflicht zur Inkulpation, vgl. BGH BGHR StPO § 136 – Belehrung 6; *Rogall*, FS-Frisch, S. 1199, 1219, 1221; SK-*ders.*, Vor § 133 ff. Rn. 14; *Fincke*, ZStW 95 (1983), 918, 919; *Artzt*, Kriminalistik 1970, 379, 380, der die Prüfung des Verdachts als einen sehr subjektiven Faktor bezeichnet; vgl. auch *Grosjean*, S. 63 ff. Für den die Pflicht begründenden Verdacht ist wohl von einem eigenen Verdachtsgrad auszugehen, da er weder dem Anfangs-, noch dem hinreichenden oder dem dringenden Tatverdacht entspricht, *Rogall*, FS-Frisch, S. 1199, 1214 ff. Er bezeichnet ihn als „*Inkulpationsverdacht*“, wobei der Begriff von ihm, anders als von *Fincke*, ZStW 95 (1983), 918, 925 ff. und der h. M., gerade nicht als Unterfall des Anfangsverdachts verwendet wird.

hinzukommen muss.[460] Notwendig ist, dass gegen die verdächtige Person als Beschuldigten ermittelt wird.[461] Es bedarf also eines Willensakts der zuständigen Strafverfolgungsbehörde als Prozesshandlung.[462] Denn Beschuldigter ist derjenige, gegen den wegen eines Verdachts einer strafbaren Handlung die Strafverfolgung als Verantwortlichen betrieben wird.[463]

Die Frage, wann[464] und wodurch jemand zum Beschuldigten wird (Inkulpation)[465] bzw. wann die Pflicht der Strafverfolgungsbehörden zur Inkulpation besteht,[466] ist damit noch nicht beantwortet.[467] Auf die Beantwortung dieser Fragen kommt es im Strafverfahren jedoch aus den o. g. Gründen ganz entscheidend an. Beurteilungsmaßstab für die Beantwortung dieser Frage ist das Legalitätsprinzip (§§ 152 II, 161 I, 163 I StPO).[468]

Die Voraussetzungen des Beginns der Beschuldigteneigenschaft scheinen heute geklärt.[469] Der zuvor geführte Meinungsstreit, ob für die Begründung der Beschuldigteneigenschaft subjektive oder objektive Kriterien entscheidend sind, soll im Folgenden kurz dargestellt werden.

---

460 RGSt 6, 279, 280; BGHSt 10, 8, 10; 34, 138, 140; OLG Frankfurt, NStZ 1988, 425; *Rogall*, S. 22.; SK-*ders.*, Vor § 133 ff. Rn. 13 m. w. N.; *v. Gerlach*, NJW 1969, 776, 778; *Artzt*, Kriminalistik 1970, 379; *Geppert*, FS-Schroeder, 675, 678; KK-*Diemer*, § 136 Rn. 4; LR-*Gleß*, § 136 Rn. 4.

461 SK-*Rogall*, Vor § 133 ff. Rn. 16; *ders.* NJW 1978, 2535; *ders.* FS-Frisch, S. 1199, 1219; *Fincke*, ZStW 95 (1983), 918, 945; KK-*Diemer*, § 136 Rn. 4; *Meyer-Goßner/Schmitt*, Einl. Rn. 76; *Ranft*, Rn. 322 f.; *Schlüchter*, Rn. 85; *Rieß*, JA 1980, 293, 298; *v. Gerlach*, NJW 1969, 776, 777 ff.

462 SK-*Rogall*, Vor § 133 ff. Rn. 17, 26 ff., 31 ff.; *ders.* NJW 1978, 2535; LR-*Gleß*, § 136 Rn. 7; KK-*Diemer*, § 136 Rn. 4; zur Theorie der Prozesshandlung s. auch Fn. 451.

463 Z. B. BGHSt 10, 8, 12; 34, 138, 141; *Rogall*, S. 23; SK-*ders.* Vor § 133 ff. Rn. 16; LR-*Gleß*, § 136 Rn. 4; *Walder*, S. 53; *Zipf*, S. 107; *Henkel*, S. 169; *Schlüchter*, Rn. 85; *Artzt* Kriminalistik 1970, 379, 380; *v. Gerlach*, NJW 1969, 776, 777; a. A. *Schumann*, GA 2010, 699, 700 ff., 707 ff.

464 Die Inkulpation darf also weder zu früh (*inculpation hâtive*) noch zu spät (*inculpation tardive*) erfolgen, *Fincke*, ZStW 95 (1983), 918, 968.

465 Zum Begriff *Fincke*, ZStW 95 (1983), 918 f., 945; SK-*Rogall*, Vor § 133 Rn. 17; *ders.*, FS-Frisch, S. 1199, 1200 Fn. 6.

466 *Schumann* GA 2010, 699, 712 bezeichnet diese Frage als einen der *„neuralgischen Punkte des Strafverfahrens"* und verweist auf die umfangreiche Literatur zu dem Thema (Fn. 119).

467 SK-*Rogall*, Vor § 133 Rn. 10.

468 SK-*Rogall*, Vor § 133 Rn. 17.

469 Wobei in jüngster Zeit neue Kritik aufkommt, vgl. *Schumann*, GA 2010, 699 ff.; *Roxin*, FS-Schöch, S. 328 ff.

a) Subjektive Theorie – der Willensakt der Strafverfolgungsorgane

Für die Beantwortung der Frage, ob und wann eine verdächtige Person zum Beschuldigten wird, stellte die subjektive Theorie allein darauf ab, ob die Strafverfolgungsbehörden das Verfahren gerade gegen diese Person als Beschuldigten betreiben. Danach sollte allein der Willensakt der Behörde maßgeblich sein.[470] *Kleinknecht* stellte fest, dass jeder Verdächtige Zeuge sei, bis er durch einen Willensakt der Ermittlungsbehörde zu einem Beschuldigten gemacht wird.[471]

Der Theorie ist insoweit zuzustimmen, als die Staatsanwaltschaft als *„Herrin des Ermittlungsverfahrens“* bestimmt, wen sie als Täter einer Straftat verfolgt.[472] Zu diesem Akt ist sie wegen des Legalitätsprinzips nach pflichtgemäßer Beurteilung auch verpflichtet, wenn die dafür erforderlichen Voraussetzungen vorliegen.[473]

Dieser Ansicht wird entgegengehalten, dass der Status des (noch nicht) Beschuldigten davon abhängig ist, ob das pflichtgemäße Ermessen auch tatsächlich ausgeübt wird,[474] wenn die Voraussetzungen vorliegen, die zur Begründung der Beschuldigteneigenschaft verpflichten.[475] Das Innehaben der Beschuldigtenrechte dürfe aber nicht ausschließlich vom Willen und dem pflichtgemäßen Handeln der Verfolgungsbeamten abhängen.[476] Denn dies könne zu Willkürentscheidungen und Rechtsunsicherheit[477] führen.

---

470 Z. B. BGH NJW 1994, 2904, 2907; *Artzt*, Kriminalistik 1970, 379, 380; *Kleinknecht*, Einl. 3 B; LR-*Sarstedt*, 22. A., § 136 Rn. 2; KK-*Boujong*, 1. A., § 136 Rn. 4; *Zipf*, S. 107 f.; *Prittwitz*, S. 94, 103; *Montenbruck*, ZStW 89 (1977), 878, 887 f.; *Rieß*, JA 1980, 293, 298; *Fincke*, ZStW 95 (1983), 918, 920; wohl auch BGHSt 10, 8, 12 mit kritischer Auseinandersetzung *Schumann*, GA 2010, 699 ff.

471 *Kleinknecht*, Kriminalistik 1965, 449, 451 f. unter ausschließlicher Berufung auf seine Abhandlungen und BGHSt 10, 8, vgl. auch *Schumann* GA 2010, 699, 709.

472 *V. Gerlach*, NJW 1969, 776, 779.

473 *Rogall*, S. 25 f. mit Hinweis darauf, dass die Einzelheiten des pflichtgemäßen Ermessens streitig sind; *Artzt*, Kriminalistik 1970, 379, 380; *Kleinknecht*, Einl. 3 B b.; *ders.* Kriminalistik 1965, 449, 452.

474 *V. Gerlach*, NJW 1969, 776, 779; *Rogall*, S. 26; *Rieß*, JA 1980, 293, 298.

475 *Rogall*, S. 26.

476 *V. Gerlach*, NJW 1969, 776, 779; *Peters*, S. 200 f.; *Geerds*, GA 1965, 321, 327; *Grünwald*, S, 78; *Rogall*, S. 26; *ders.* MDR 1977, 978; SK-*ders.*, Vor § 133 Rn. 27; *v. Heydebreck*, S. 69.

477 *Rogall*, S. 26; *ders.* MDR 1977, 978; LR-*Gleß*, § 136 Rn. 5.

b) *Objektive Theorie – rein rechtliche Kriterien*

Diese Kritik berücksichtigt die objektive Theorie.[478] Danach soll die Verfahrensstellung des Beschuldigten nicht (allein)[479] von der Willensentschließung des Strafverfolgungsorgans abhängen, da sonst derjenige nicht Beschuldigter wäre, gegen den nach dem Verfahrensstand als Verantwortlichen ermittelt wird, der jedoch mangels entsprechender Willensentschließung der Strafverfolgungsbehörde nicht dazu gemacht wird.[480]

Notwendig sei daher eine rein rechtliche Einordnung.[481] Eines gesonderten Entschlusses des Strafverfolgungsorgans bedürfe es nach der objektiven Theorie daher nicht, wenn gegen einen Tatverdächtigen verantwortlich ermittelt wird. Er solle dann automatisch zum Beschuldigten werden.[482] Insofern seien in erster Linie objektive Kriterien, insbesondere die Lage des Verfahrens und der Stand der Ermittlungen, entscheidend.[483] Zur Bestimmung, wann die objektiven Kriterien vorliegen, gibt es verschiedene Ansichten.

Geerds führte beispielsweise aus, dass es nicht so sehr auf die Tatsache ankomme, dass ein Strafverfolgungsorgan jemanden als Tatverdächtigen behandelt, sondern darauf, ob diese Behandlung, gemessen an den Vorschriften der Strafprozessordnung, zurecht erfolgt. Der Begriff des Tatverdachts richte sich nicht nach den subjektiven Vorstellungen der Strafverfolgungsorgane.[484]

Nach Ansicht von *v. Gerlach* erreicht die Verdachtslage den Grad, nach dem ein Verdächtiger zum Beschuldigten wird, wenn sich bei einer Ermittlung gegen Unbekannt bei einer Mehrzahl von Verdächtigen der Verdacht bezüglich einer Person derart konkretisiert hat, dass diese vom Standpunkt eines objektiven Betrachters als der wahrscheinliche Täter angesehen werden kann.[485]

---

478 *V. Heydebreck*, S. 73; *Peters*, S. 200 f.; *Geerds*, GA 1965, 321, 327; *Gundlach*, S. 33 ff.; nicht ganz konsequent *v. Gerlach*, NJW 1969, 776, 779 f., wie *Prittwitz* bemerkte, S. 90 Fn. 311; *ders.* bezeichnete die objektive Theorie schon im Jahr 1984 als *„nicht mehr nachdrücklich vertreten"*, S 90. *Rogall* bezeichnet diese Auffassung als seit längerer Zeit überwunden, FS-Frisch, S. 1199, 1201. In Ansätzen vertritt die objektive Theorie aber wieder *Roxin*, FS-Schöch, S. 823 ff., 827 f., 833 ff., 837 f. S. dazu ausführlich und überzeugend ablehnend *Rogall*, FS-Frisch, S. 1199, 1201 ff., 1211 ff., 1219 ff., 1230 ff.

479 *V. Gerlach*, NJW 1969, 776, 779; ohne diese Einschränkung *v. Heydebreck*, S. 73.

480 *Geerds*, GA 1965, 321, 327; *v. Gerlach*, NJW 1969, 776, 779; *v. Heydebreck*, S. 69.

481 *V. Gerlach* NJW 1969, 776, 779; *Prittwitz*, S. 91.

482 *V. Gerlach*, NJW 1969, 776, 779.

483 *V. Gerlach*, NJW 1969, 776, 779; *Peters*, S. 200 f.; *Geerds*, GA 1965, 321, 327.

484 *Geerds*, GA 1965, 321, 327.

485 *V. Gerlach*, NJW 1969, 776, 780; mit weniger hohen Anforderungen *v. Heydebreck*, S. 77 ff. *Eb. Schmidt* II, § 81 a Rn. 7 a, § 81 b Rn. 7 ist sogar der Ansicht, dass jeder, der

Dieser Ansicht muss jedoch entgegengehalten werden, dass unklar ist, wie der Standpunkt eines objektiven Betrachters festzustellen ist.[486] Auch kann niemand automatisch zum Beschuldigten werden.[487] So entspricht es der Struktur des Ermittlungsverfahrens, der Staatsanwaltschaft einen gewissen Beurteilungsspielraum[488] in der Selektion zu gewähren.[489] Denn die Begründung des Verfahrensstatus des Beschuldigten hängt davon ab, dass das Verfahren gegen ihn als Täter betrieben wird.[490] Es liegt daher in der Hand der Staatsanwaltschaft, den Beginn der Beschuldigteneigenschaft festzulegen.[491] Die Festlegung ist eine auf einem Willensakt beruhende Prozesshandlung. Der Akt des Strafverfolgungsorgans ist infolgedessen für den Beginn der Verfahrensstellung konstitutiv.[492]

c) *Einschränkend subjektive Theorie*

In Auseinandersetzung mit den soeben erörterten Theorien und der gerechtfertigten Kritik entwickelte *Rogall* in Anlehnung an den Rechtsgedanken aus § 432 I AO a. F.[493] (§ 397 I AO n. F.)[494] die heute wohl h. M.[495] der einschränkend

---

nach Auffassung der Polizei irgendwie als Tatverdächtiger in Betracht kommt, von dieser zum Beschuldigten gemacht werden müsse; *ders.* Nachtragsband I, Vor § 158 Rn. 2. Schon wegen der Stigmatisierung des Verdächtigen durch Verleihung des Beschuldigtenstatus ist diese sehr weite Ansicht jedoch abzulehnen, so auch *v. Heydebreck*, S. 66. Das gilt aber auch, weil nicht jeder Verdacht zu einer Beschuldigtenstellung führen kann, wie bereits ausgeführt wurde.

486 *Rogall*, S. 27; *Artzt*, Kriminalistik 1970, 379, 381; *Jung*, S. 74; *v. Hindte*, S. 37.

487 SK-*Rogall*, Vor § 133 Rn. 29; *Artzt*, Kriminalistik 1970, 379, 380.

488 Zur Vertiefung, warum der Begriff des Ermessens an dieser Stelle keine Anwendung finden kann, *Fincke*, ZStW 95 (1983), 918, 935 f.; SK-*Rogall*, Vor § 133 ff. Rn. 17; a. A. *Volk/Engländer*, § 9 Rn. 2.

489 BVerfG NStZ 1984, 228; BGHSt 37, 48, 51; 38, 214, 228; 51, 367, 371; *Jung*, S. 74 f.; *Artzt*, Kriminalistik 1970, 379, 380; *Rieß*, JA 1980, 293, 298; *Ranft*, Rn. 323; *Fincke*, ZStW 95 (1983), 918, 935; SK-*Rogall*, Vor § 133 Rn. 17 m. w. N.; *Schumann*, GA 2010, 699, 714.

490 *Rogall*, S. 27; *ders.* MDR 1977, 978.

491 *Jung*, S. 74 f.

492 *Rogall*, MDR 1977, 978.

493 Zur Anwendbarkeit des § 432 I AO a. F. auf das allgemeine Strafverfahren s. vertiefend *Rogall*, S. 29 ff.; *ders.*, FS-Frisch, S. 1199, 1223; a. A. *Gundlach*, S. 33 ff; *Bosch*, S. 153 ff., 158 ff.; *Roxin*, FS-Schöch, S. 823 ff.

494 Im Folgenden wird die aktuelle Norm verwendet.

495 Z. B. BVerfG StV 2001, 257, 258; BGH NJW 2007, 2706; BGHSt 38, 214, 228; 51, 150, 157; BGH NStZ 1997, 398, 399 mit Anm. *Rogall*; OLG Hamburg StV 1995, 588, 589; *Rogall*, S. 26 f.; SK-*ders.*, Vor § 133 ff. Rn. 31 m. w. N.; *Grosjean*, S. 26 ff., 36 ff.,

subjektiven Theorie.[496] Der ihr zugrunde liegende Beschuldigtenbegriff vereinigt sowohl subjektive als auch objektive Elemente.[497]

So setzt diese Ansicht für die Begründung der Beschuldigteneigenschaft einen – subjektiven – Verfolgungswillen in Form der Entschlussfassung voraus.[498] Dabei handelt es sich um einen innerpsychischen Vorgang, der für sich genommen nicht nach außen in Erscheinung tritt.[499] Als solcher kann er allerdings keine Wirkung erlangen und ist daher folgenlos.[500] Um prozessuale Realität zu erlangen, muss er sich deshalb objektiv in einem äußerlich erkennbaren Verfolgungsakt, einer Prozesshandlung, manifestieren.[501] Der finale Verfolgungsakt als willensgetragenes, nach außen erkennbares Verhalten einer Strafverfolgungsbehörde ist für die Beschuldigteneigenschaft konstitutiv.[502]

Es kommt also darauf an, ob ein Strafverfolgungsorgan objektiv eine Maßnahme trifft, die darauf abzielt, gegen eine Person wegen einer Straftat vorzugehen.[503] Maßnahmen sind alle Handlungen,

> *„die Behörden in tatsächlicher und rechtlicher Hinsicht gegen den Bürger unternehmen können."*[504]

Eine zur Inkulpation führende Maßnahme liegt jedoch erst vor, wenn die Handlung objektiv auf eine Strafverfolgung gerichtet ist.[505] Eine bloße innerdienstliche Mitteilung oder die Prüfung einer Selbstanzeige stellen daher keine solche

---

43 ff.; *Meyer-Goßner/Schmitt*, Einl. Rn. 76; LR-*Gleß*, § 136 Rn. 5; *Schlüchter*, Rn. 85; AK-*Achenbach*, § 163 a Rn. 20; *Eisenberg*, Rn. 505; *Roxin/Schünemann*, § 25 Rn. 11; *Ranft*, Rn. 323 f.; *Geppert*, FS-Schroeder S. 675, 679; *Müller-Dietz*, ZStW 93 (1981), 1177, 1224; AE-EV, S. 95 ff.; kritisch *Roxin*, JR, 2008, 16; wohl i. E. auch *Rieß*, JA 1980, 293, 298; in Ansätzen schon *Zipf*, 108; kritisch dagegen *Schumann*, GA 2010, 699 ff., 712 f., nach deren Ansicht für das Erfordernis eines *„Willensaktes"* eine tragfähige Begründung fehlt; s. dazu *Rogall*, FS-Frisch, S. 1199, 1220 f.; a. A. *Roxin*, FS-Schöch, S. 823, 827 ff.; *Gundlach*, S. 33 ff.

496 *Rogall*, S. 27 ff.; *ders.*, MDR 1977, 978; *ders.*, FS-Frisch, S. 1199, 1219 f.

497 BGH NJW 2007, 2706, 2707.

498 SK-*Rogall*. Vor § 133 Rn. 32; *Fincke*, ZStW 95 (1983), 918, 937, 945.

499 *Rogall*, FS-Frisch, 1199, 1219.

500 *Rogall*, FS-Frisch, 1199, 1219.

501 BGH NJW 2007, 2706, 2707; SK-*Rogall*, Vor § 133 ff. Rn. 32; *ders.*, FS-Frisch, 1199, 1219; *ders.*, NStZ 1997, 399; *Moos*, FS-Jescheck I, S. 725, 753 f.

502 BGH JR 2008, 39, 40; SK-*Rogall*, Vor § 133 ff. Rn. 31; *ders.*, FS-Frisch, 1199, 1219; *Schumann*, GA 699, 714.

503 *Rogall*, S. 28.

504 *Rogall*, S. 28 m. w. N.

505 *Rogall*, S. 28 m. w. N.

Maßnahme dar. Dagegen liegt in der Übersendung der Akten in Bezug auf einen Täter zur Verfolgung einer bestimmten Tat eine solche Maßnahme.[506] An eine bestimmte Form ist die Maßnahme nicht gebunden,[507] sie muss aber erkennbar[508] und gegen eine bestimmte Person gerichtet sein. Auf die reine Willensentschließung eines Strafverfolgungsorgans und die eigene Vorstellung des Ermittlers kommt es somit nicht an.[509]

Auf diese Weise kann vermieden werden, dass eine verdächtige Person nur deshalb nicht zum Beschuldigten wird, weil dem objektiv handelnden Strafverfolgungsorgan der subjektive Wille fehlt oder der Handelnde behauptet, ihm habe der Wille gefehlt.[510] Durch die Erkennbarkeit ist ferner auch eine rechtliche Überprüfung der Inkulpation möglich.

Zwar handelt es sich bei der Erkennbarkeit der Maßnahme auch um ein objektives Element. Gegenüber der objektiven Theorie besteht bei dieser Voraussetzung aber der Vorteil, dass sich die Erkennbarkeit weder auf die Lage des Verfahrens noch auf die Konkretisierung des Verdachts bezieht, sondern darauf, ob es eine konkrete Strafverfolgungsmaßnahme gab, was deutlich leichter festzustellen ist.[511]

aa) Ausdrückliche Inkulpation

Unproblematisch ist die Erkennbarkeit, wenn sich der Verfolgungsentschluss in einer ausdrücklichen Handlung manifestiert, wie z.B. der Bezeichnung in der Ladung oder der Einleitung eines (förmlichen) Ermittlungsverfahrens.[512] Letzteres ist in der Regel durch die Eintragung im JS-Register der Staatsanwaltschaft erkennbar.[513]

Darüber hinaus wird die Beschuldigteneigenschaft spätestens durch die Einleitung von Zwangsmaßnahmen wie Verhaftung (§§ 112 ff. StPO), vorläufige Festnahme (§ 127 StPO) und Maßnahmen nach §§ 81 ff StPO begründet.[514]

---

506 *Rogall*, S. 29; *Artzt*, Kriminalistik 1970, 379, 383.

507 *Rogall*, S. 28; SK-*ders.*, Vor § 133 ff. Rn. 33; *Fincke* ZStW 95 (1983), 918, 946.

508 *Rogall*, S. 28 als Einschränkung des weiten Begriffs der Maßnahme.

509 *Rogall*, S. 28 unter Bezugnahme auf die englischen „*Judges Rules*"; *ders.*, NStZ 1997, 399.

510 *Fincke* ZStW 95 (1983), 918, 945 f.

511 *Rogall*, S. 28 f.

512 *Rogall*, FS-Frisch, S. 1199, 1221.

513 SK-*Rogall*, Vor § 133 Rn. 22.

514 LR-*Sarstedt*, 22. A., § 136 Anm. 2; *Rogall*, S. 25; *Artzt*, Kriminalistik 1970, 379, 380; *Rogall*, S. 25 m. w. Beispielen; *Schumann*, GA 2010, 699, 714; KK-*Diemer*, § 136 Rn. 4;

Auch soll der Beschuldigte in der Ladung nach Nr. 44 RiStBV als solcher bezeichnet werden, wenn er in dieser Eigenschaft zur Vernehmung geladen wird. Zeuge kann der Betroffene dann nicht mehr sein.[515] Bei Ermittlungen gegen eine unbekannte Person finden diese Maßnahmen bis zur Ermittlung einer Person gerade nicht statt.[516]

bb) Konkludente Inkulpation

Die Inkulpation kann jedoch auch konkludent erfolgen. Verdichtet sich beispielsweise im Laufe eines Ermittlungsverfahrens gegen Unbekannt der Verdacht gegen eine bestimmte Person, kann sich der Übergang in den Beschuldigtenstatus auch aus Verhaltensweisen des Ermittlers ergeben, z.B. aus der Art der Befragung.[517] Es ist dann von den äußeren auf die inneren Vorgänge zu schließen, was in der Forensik jedoch nicht unüblich ist, z.B. bei der Beurteilung des Vorsatzes.[518]

cc) Erweiterung des Maßnahmenkatalogs durch den Bundesgerichtshof

Der Bundesgerichtshof hat den Katalog der Maßnahmen, welche die Beschuldigteneigenschaft begründen können, im Laufe der Zeit noch erweitert. Nach seiner Rechtsprechung sind strafprozessuale Eingriffsmaßnahmen, die nur gegenüber dem Beschuldigten zulässig sind, Handlungen, welche die Beschuldigteneigenschaft unmittelbar begründen, da sie ohne Weiteres auf den Verfolgungswillen schließen lassen.[519] Eine Inkulpation finde aber grundsätzlich auch gegenüber demjenigen statt, der von Eingriffsmaßnahmen betroffen ist, die an einen Tatverdacht anknüpfen, weil die Eingriffsmaßnahmen regelmäßig darauf abzielten, gegen diese Person wegen einer Straftat vorzugehen.[520] Das seien z.B.

---

so wohl auch *v. Gerlach*, NJW 1969, 776, 777; *Kohlhaas*, NJW 1965, 1254, 1255 in Bezug auf die Anordnung von Beschlagnahme und Durchsuchung sowie die vorläufige Festnahme.

515 *V. Gerlach*, NJW 1969, 776, 777.

516 Die Möglichkeit, ein Ermittlungsverfahren gegen Unbekannt einzuleiten, zeigt ganz deutlich, dass sich die Einleitung des Verfahrens von der Beschuldigung einer Person als Täter oder Teilnehmer unterscheidet, *Rogall*, FS-Frisch, S. 1199, 1211.

517 BGHSt 38, 228; *Rogall*, FS-Frisch, S. 1199, 1222.

518 *Rogall*, FS-Frisch, S. 1199, 1219.

519 Z. B. BGH NStZ 1997, 398 ff.; BGH NJW 2007, 2706, 2707; BGH StV 2010, 5, 6.

520 BGH NStZ 1997, 398 ff.; BGH NJW 2007, 2706, 2707.

Durchsuchungen nach § 102 StPO, die dazu dienen, geeignete Beweismittel für die Überführung des von der Durchsuchung Betroffenen zu finden.[521]

dd) Zusammenfassung

Zur Beantwortung der Frage, ob sich der Verfolgungswillen manifestiert hat, kommt es somit darauf an, welche Bedeutung das Verhalten der Strafverfolgungsbehörde objektiv nach außen hat.[522] Liegt keine faktische Verfolgungshandlung vor, gibt es keine Inkulpation.[523] Auf die Vorstellung des Ermittlers kommt es somit nicht an.[524] Widerspricht das Unterlassen einer Inkulpation der pflichtgemäßen Ausübung des Beurteilungsspielraums, stellt das Unterlassen der gebotenen Prozesshandlung einen Verfahrensfehler dar.[525] Umgekehrt gilt aber auch, dass gesetzeswidrige Inkulpationen prozessual wirksam sind.[526] Ein solcher Fall liegt z.B. vor, wenn jemand zum Beschuldigten gemacht wird, obwohl ein Inkulpationsverdacht gegen ihn fehlt,[527] oder wenn Strafunmündige zu Beschuldigten gemacht werden.[528]

d) Der heutige Diskussionsstand

Die h. M. erfährt in jüngster Zeit Kritik.[529] Die Kritiker berufen sich insbesondere auf die Rechtsprechung des Bundesgerichtshofs, die im Laufe der Zeit in Zusammenhang mit der Inkulpation ergangen ist.[530]

---

521 BGH NStZ 1997, 398, 399; BGH NJW 2007, 2706, 2707; krit. *Rogall*, NStZ 1997, 399, 400, da § 102 StPO nur einen Verdächtigen, nicht aber einen Beschuldigten voraussetzt. Der Verfolgungswille könne sich in dem Zusammenhang aber aus der Begründung des Antrags ergeben.

522 SK-*Rogall*, Vor § 133 ff. Rn. 33 mit vertiefenden Ausführungen; *Geppert*, FS-Schroeder, S. 675, 681 f.; a. A. BGH NJW 2007, 2706, 2707, der auf die Wahrnehmung des Betroffenen abstellt.

523 SK-*Rogall*, Vor § 133 ff. Rn. 33.

524 *Rogall*, FS-Frisch, S. 1199, 122 f.; *Roxin*, JR 2008, 16, 17.

525 SK-*Rogall*, Vor § 133 ff. Rn. 17, 33 m. w. N. und vertiefenden Ausführungen.

526 SK-*Rogall*, Vor § 133 ff. Rn. 17; *Geppert*, FS-Schroeder, S. 675, 680.

527 *Geppert*, FS-Schroeder, S. 675, 681.

528 SK-*Rogall*, Vor § 133 ff. Rn. 17; *ders.*, NStZ 1997, 399; *Geppert*, FS-Schroeder, S. 675, 681; *Meyer-Goßner/Schmitt*, Einl. Rn. 76; *Eisenberg*, Rn. 507.

529 *Roxin*, FS-Schöch, S. 823 ff., 828, 829, 830, 833, 837; *Schumann*, GA 2010, 699, 713; vgl. auch schon *Roxin*, JR 2008, 16.

530 Auf die Kritik soll hier nur kurz eingegangen werden, da die Kritikpunkte zum einen mit überzeugenden Argumenten und Fallbeispielen entkräftet werden konnten, *Rogall*, NStZ 1997, 399, 400; *ders.* FS-Frisch, S. 1199 ff. mit vertiefenden Ausführungen;

In einer frühen Entscheidung[531] schuf der Bundesgerichtshof die sogenannte *„Missbrauchsklausel“*.[532] Danach könne ein Ermessensmissbrauch vorliegen, wenn z.B. das Strafverfolgungsorgan den Betroffenen aus sachfremden Erwägungen in die Rolle eines Zeugen drängt, etwa, um ihn dem Aussage- und Eideszwang auszusetzen, dem Betroffenen aber nicht die Eigenschaften eines Zeugen verleiht.[533] Dann sei er in Wirklichkeit Beschuldigter.[534]

Später führte der Bundesgerichtshof aus, dass, abhängig von der objektiven Stärke des Tatverdachts unter dem Gesichtspunkt der Umgehung der Beschuldigtenrechte, ein Verstoß gegen die Belehrungspflicht nach § 136 I 2 StPO vorliegen könne, wenn sich die Beschuldigteneigenschaft nicht aus einem Willensakt der Strafverfolgungsbehörden ergibt.[535] Dies folgt konsequent der standardisierten Rechtsprechung, wonach nach pflichtgemäßer Beurteilung der Strafverfolgungsbehörden dann von der Zeugen- zur Beschuldigtenvernehmung überzugehen ist,[536] wenn sich der Verdacht so verdichtet hat, dass die vernommene Person ernstlich als Täter der untersuchten Straftat in Betracht kommt.[537]

Diese Rechtsprechung ist hinsichtlich der von ihr vertretenen eingeschränkt subjektiven Ansicht inkonsequent, da Ausnahmen geschaffen werden, die der objektiven Ansicht entsprechen.[538] So wird von einer Inkulpation ausgegangen,

---

zum anderen, weil nach hiesigem Kenntnisstand die h. M. zutreffend nicht von den Grundsätzen der einschränkend subjektiven Ansicht abrückt.

531 Sie wird auch als *„Grundsatzentscheidung“* bezeichnet, z.B. *Geppert*, FS-Schroeder, S. 675, 680. *Prittwitz*, S. 90 bezeichnet ihn als *„Parade-Fall“*.

532 BGHSt 10, 8, 12; auch *„Willkürklausel“* genannt, z.B. *Rogall*, FS-Frisch, S. 1199, 1201 f., 1224; *Schumann*, GA 2010, 699, 707.

533 BGHSt 10, 8, 12.

534 BGHSt 10, 8, 13.

535 BGH NJW 2007, 2706, 2708; BGH NStZ-RR 2012, 49 f.; dem hat sich angeschlossen *Roxin*, FS-Schöch, S. 823, 833; *Beulke*, Rn. 112; *Geppert*, FS-Schroeder, S. 675, 681, wobei letztere die Inkonsequenz der Rechtsprechung gegenüber der eingeschränkt subjektiven Auffassung betonen, zum Schutz des Beschuldigten aber hinnehmen. Die unterlassene Belehrung nach § 136 I 2 StPO führt zu einem Verwertungsverbot, BGH NJW 1992, 1463.

536 Es soll ein Verfahrensfehler vorliegen, sollte dieser Übergang nicht stattfinden.

537 BGH NJW 1994, 2904, 2907; BGH NStZ-RR 2002, 64, 67; BGH NStZ-RR 2004, 368; BGH StraFo 2004, 241 f.; BGHSt 53, 112, 114; vgl. dazu auch *Rogall*, FS-Frisch, S. 1199, 1202.

538 Vgl. *Beulke*, Rn. 112; *Geppert*, FS-Schroeder, S. 675, 681, Anm. 28, die aber der Inkonsequenz aus Wertungsgesichtspunkten zustimmen.

obwohl sich kein entsprechender Akt der Strafverfolgungsbehörde erkennbar manifestiert hat.[539]

In Anlehnung an die Ausnahmen des Bundesgerichtshofs entwickelte *Roxin* neben der allgemein anerkannten ausdrücklichen und konkludenten Inkulpation zwei weitere Inkulpationsformen: die faktische Inkulpation und die Verdachtsinkulpation.[540] Die ersten beiden Inkulpationsformen sollen weiter auf einem subjektiven Akt der Strafverfolgungsbehörde, die letzten beiden Formen auf objektiven Kriterien beruhen.[541] Gleichzeitig konstatiert *Roxin* zu Beginn seiner Ausführungen:

> *„Und sicher setzt die Stellung eines Beschuldigten immer voraus, dass bei den Strafverfolgungsbehörden der Wille zur Verfolgung einer potentiellen Straftat vorliegt und sich in Ermittlungshandlungen manifestiert."*[542]

Die faktische Inkulpation solle nun aber vorliegen, wenn die zuständigen Ermittler eine Person offiziell als Zeugen vernehmen oder informatorisch befragen, obwohl sie ihn trotz eines lediglich vagen Tatverdachts für den wahrscheinlichen Täter halten und ihn durch die Vernehmung überführen wollen.[543]

Diesem Konstrukt ist aber entgegenzuhalten, dass die h. M. diese Fälle abdeckt. Denn in der Art der Vernehmung[544] kann bereits die schlüssige Inkulpationshandlung liegen. Selbst wenn also objektiv die Verdachtslage für die Begründung des Beschuldigtenstatus nicht ausreicht, manifestiert sich der Wille objektiv und erkennbar nach außen. Der Betroffene ist somit Beschuldigter und entsprechend zu belehren. Für eine faktische Inkulpation besteht daher kein Bedürfnis.[545] Ist der Verdachtsgrad zu gering, stellt die Inkulpationshandlung einen Verfahrensfehler dar, weswegen sie rückgängig zu machen ist.[546]

Entsprechendes gilt aber auch für die Verdachtsinkulpation. Nach Ansicht der Kritiker der h. M. soll der Beschuldigte diesen Status auch dann erlangen, wenn er ihm trotz starken Tatverdachts von den Ermittlern missbräuchlich durch

---

539 Vgl. *Rogall*, FS-Frisch, S. 1199, 1202.

540 *Roxin*, FS-Schöch, S. 823 ff., 828, 829, 830, 833, 837; *Schumann*, GA 2010, 699, 713 geht mit dem RGSt 27, 312, 314 von unterschiedlichen Beschuldigtenbegriffen für unterschiedliche Bestimmungen aus; vgl. abl. dazu *Rogall*, FS-Frisch, S. 1199, 1201.

541 *Roxin*, FS-Schöch, S. 823, 827 f., 831, 837 f.

542 *Roxin*, FS-Schöch, S. 823, 825.

543 *Roxin*, FS-Schöch, S. 823, 830 in Anlehnung an BGH NJW 2007, 2706, 2708; abl. *Rogall*, FS-Frisch, S. 1199, 1223.

544 Vgl. BGH NJW 2007, 2706, 2707.

545 Ausführlich *Rogall*, FS-Frisch, S. 1199, 1223 f. m. w. Beispielen.

546 Auch kann der Tatbestand des § 344 StGB erfüllt sein, *Rogall*, FS-Frisch, S. 1199, 1225.

Vermeidung einer ausdrücklichen, konkludenten oder faktischen Inkulpation vorenthalten wird.[547]

Ohne einen Verdächtigenden kann es eine Inkulpation aber nicht geben.[548] So gesteht *Roxin Rogall* auch zu, dass niemand *„automatisch"* zum Beschuldigten werden könne. Auch wird sich bei so einem starken Tatverdacht der Verfolgungswille fast ausnahmslos in einer Maßnahme nach außen erkennbar manifestieren.[549] Selbst wenn diese Maßnahmen aber nicht ergriffen werden und der Betroffene fälschlicherweise erst durch Anklageerhebung zum Beschuldigten gemacht wird, führt das Unterlassen der gebotenen Prozesshandlung zu einem Verfahrensfehler.[550] Die Konsequenz ist, dass die Aussagen der im Ermittlungsverfahren fehlerhaft als Zeugen vernommenen Person mangels hinreichender Belehrung in der Hauptverhandlung regelmäßig nicht verwertet werden dürfen,[551] wodurch der Beschuldigte ausreichend geschützt wird.[552] Daher muss schon der Umgehungsgedanke des Bundesgerichtshofs nicht herangezogen werden. Für eine Ausnahme in dem Sinne, wie sie *Roxin* vornehmen will, besteht erst recht kein Raum.[553] Soweit *Roxin* auf die Bestimmung des Verdachtsgrads abstellt,[554] ist dieser insoweit entscheidend, dass er über die Richtigkeit der Vornahme oder des Unterlassens der Inkulpationshandlung entscheidet, nicht aber Voraussetzung dafür ist, ob der Betroffene Beschuldigter oder Zeuge ist.[555]

Ein Abstellen auf rein objektive Kriterien ist somit weiterhin nicht erforderlich und mangels Bestimmbarkeit auch nicht sinnvoll,[556] weswegen der Beschuldigtenstatus weiterhin mit der h. M. nach eingeschränkt subjektiven Kriterien zu bestimmen ist. In diesem Zusammenhang ist festzustellen, dass die vom Bundesgerichtshof entwickelten Ausnahmen die klare Bestimmbarkeit ohne Not

---

547 *Roxin*, FS-Schöch, S. 823, 833 ff.; vgl. BGHSt 10, 8, 12; BGHSt 37, 48; 38, 228; 53, 114; BGH NJW 1994, 2907; BGH NStZ 2008, 48 f.; BGH NStZ-RR 2012, 49; vgl. ferner auch *Beulke*, Rn. 112; *Geppert*, FS-Schroeder, S. 675, 681, Anm. 28; a. A. *Rogall*, NStZ 1997, 399, 400.

548 *Rogall*, FS-Frisch, S. 1199, 1224; *Fincke*, ZStW 95 (1983), 918, 923.

549 *Rogall*, NStZ 1997, 399, 400.

550 Vgl. BGH NJW 2007, 2706, 2708 m. w. N.; *Rogall*, FS-Frisch, S. 1199, 1225.

551 *Rogall*, NStZ 1997, 399, 400; SK-*ders.*, Vor § 133 Rn. 33, 17; so auch *Roxin*, FS-Schöch, 823, 834 f.

552 *Rogall*, FS-Frisch, S. 1199, 1224 f. mit vertiefenden Ausführungen; zweifelnd *Roxin*, FS-Schöch, 823, 835.

553 *Rogall*, FS-Frisch, S. 1199, 1224 f.

554 *Roxin*, FS-Schöch, 823, 834.

555 Vgl. auch *Rogall*, FS-Frisch, S. 1199, 1219, 1225.

556 S. 3. Kapitel, A. I. 1. b).

verwässern. In seinem Urteil vom 30. Dezember 2014 hat sich der Bundesgerichtshof nunmehr aber der h. M. angeschlossen.[557]

e) *Das Ende der Beschuldigteneigenschaft*

Die Beschuldigteneigenschaft endet in konsequenter Anwendung der herrschenden Meinung nicht automatisch, sondern bedarf, ebenso wie die Begründung, eines Akts der Strafverfolgungsbehörde, einer Prozesshandlung als *actus contrarius* zur Inkulpation.[558] Der Hauptfall im Ermittlungsverfahren ist die Einstellung desselben gemäß § 170 II StPO,[559] aber auch Einstellungen nach den §§ 153 ff. und 154 I, 154 a I StPO können unter Umständen die Beschuldigteneigenschaft beenden.[560]

Im Zwischenverfahren wird die Inkulpation des nun Angeschuldigten durch den Beschluss der Nichteröffnung des Hauptsacheverfahrens rückgängig gemacht.[561] Im Hauptsacheverfahren verliert der Angeklagte seinen Beschuldigtenstatus durch rechtskräftige Entscheidung.[562]

Tote können zwar nicht mehr Beschuldigte sein. Sollte aber der Beschuldigte im Verfahren versterben, muss auch in einem solchen Fall das Verfahren durch einen Akt der jeweils zuständigen Strafverfolgungsbehörde beendet werden, da das Verfahren nicht von selbst endet.[563]

2. *Anwendung der Grundsätze zur Begründung der Beschuldigteneigenschaft auf die Definition des Zeugen*

Wie sich gezeigt hat, geht die ganz h. M. davon aus, dass es für die Begründung der Verfahrensstellung eines Beschuldigten auf eine Prozesshandlung eines Strafverfolgungsorgans als subjektiven Willensakt ankommt, die durch ein objektives Korrektiv überprüft wird. Die Nichtvornahme der statusbegründenden Prozesshandlung stellt zwar gegebenenfalls einen Verfahrensfehler dar, ein automatischer Übergang in den Beschuldigtenstatus findet aber deswegen nicht statt.

557 BGH NStZ 2015, 291 ff.

558 BGHSt 45, 108 ff.; SK-*Rogall*, Vor § 133 ff. Rn. 36; *Kühl*, FS-Meyer-Goßner, S. 715 ff., 727 ff. mit vertiefenden Ausführungen zu dem früheren Meinungsstreit und m. w. N.; i. E. auch *Meyer-Goßner/Schmitt*, Einl. Rn. 81.

559 *Meyer-Goßner/Schmitt*, Einl. Rn. 81.

560 SK-*Rogall*, Vor § 133 ff. Rn. 36 mit weiteren Ausführungen.

561 *Meyer-Goßner/Schmitt*, Einl. Rn. 81.

562 OLG Hamm NJW 1974, 914; *Meyer-Goßner/Schmitt*, Einl. Rn. 81; SK-*Rogall*, Vor § 133 ff. Rn. 36.

563 BGHSt 45, 108 ff.; SK-*Rogall*, Vor § 133 ff. Rn. 3; a. A. *Henkel*, S. 182.

Dasselbe muss für einen Zeugen gelten. Die Begriffe des Zeugen und Sachverständigen sind, wie auch der des Beschuldigten, prozessuale Begriffe.[564] Die Zeugeneigenschaft kann daher erst durch eine Einbeziehung in das Verfahren begründet werden, namentlich durch eine Prozesshandlung.[565] Diese kann dadurch erfolgen, dass ein Strafverfolgungsorgan[566] die Beweisperson mit dem Willen zur Beweiserhebung auffordert, sich gemäß §§ 68, 69 StPO zur Person und zur Sache zu äußern.[567]

Wird der Zeuge durch eine Prozesshandlung einbezogen, muss er aussagen, wenn ihm kein Zeugnisverweigerungsrecht aus den §§ 52 ff. StPO zusteht. Denn die Pflicht, ein Zeugnis vor Gericht abzulegen, ist eine staatsbürgerliche Pflicht[568] und seit dem Jahr 2009 auch in § 48 I StPO normiert. Damit ist jede der inländischen Gerichtsbarkeit unterworfene Person zur Abgabe eines Zeugnisses verpflichtet.[569]

Die Definition des Zeugenbegriffs wurde von *Rogall* – dem soeben ausgeführten entsprechend – zutreffend wie folgt formuliert:

Zeuge ist,

> *„jede Person, die Wahrnehmungen über Tatsachen, die den Verfahrensgegenstand betreffen, gemacht hat und deshalb von einem Strafverfolgungsorgan in Anspruch genommen wird, ihre Wahrnehmungen nach Maßgabe der ihr obliegenden gesetzlichen Pflichten durch Aussage zu bekunden.“*[570]

II. Aussagegegenstand

Nach der soeben dargelegten Definition ist Gegenstand des Zeugenbeweises die Bekundung von wahrgenommenen Tatsachen.[571] Denn der Zweck der Vernehmung

---

564 SK-*Rogall*, Vor § 48 Rn. 11, 21 f.; KMR-*Neubeck*, Vor § 48 Rn. 1; *Zacharias*, S. 30 f.

565 SK-*Rogall*, Vor § 48 Rn. 11., 21 f.; *ders.* GS-Mayer, 391, 402; KMR-*Neubeck*, Vor § 48 Rn. 1; *Zacharias*, S. 30 f.

566 Es kommt nicht darauf an, welches, SK-*Rogall*, Vor § 48 Rn. 21; a. A. *Birkmeyer*, S. 420, 422.

567 SK-*Rogall*, Vor § 48 Rn. 21; vgl. auch Ausführungen zur Begründung der Beschuldigteneigenschaft, 3. Kapitel, A. I. 1.

568 Vgl. BVerfGE 49, 280, 284; 38, 105, 118; BVerfG NJW 2002, 955; KK-*Senge*, Vor § 48 Rn. 2; *Meyer-Goßner/Schmitt*, Vor § 48 Rn. 5; *Eisenberg*, Rn. 1055.

569 LR-*Ignor/Bertheau*, Vor § 48 Rn. 16; *Hegler*, AcP 104 (1909), 151, 279.

570 SK-*Rogall*, Vor § 48 Rn. 11.

571 Dabei handelt es sich um einen subjektiven Personalbeweis, SK-*Rogall*, Vor § 48 Rn. 8; *ders.*, S. 31 f.; *Peters*, S. 325; Alsberg/Nüse/Meyer-*Dallmeyer*, Rn. 336 ff. Der subjektive Personalbeweis ist die wichtigste Funktion des Zeugen. Er kann aber auch

ist die Abschöpfung des gesamten verfahrensrelevanten Wissens des Zeugen,[572] weil er über exklusives Tatsachenwissen verfügt.[573] Die Beweisaufgabe und Pflicht[574] des Zeugen ist es, seine Tatsachenwahrnehmungen zu der verhandelten Straftat wahrheitsgemäß zu bekunden. Das ergibt sich aus den §§ 153 ff. StGB sowie aus der Zeugenbelehrung, deren Inhalt aus § 57 S. 1 StPO abgelesen werden kann.[575] Die mitgeteilten Tatsachen sollen dem Gericht die Möglichkeit geben, einen Sachverhalt zu erkennen, zu rekonstruieren und zu beurteilen. Der Zeuge soll also der Aufklärung eines nicht feststehenden Sachverhalts dienen. *John* erklärt die Aufgabe des Zeugen zutreffend als die Vermehrung des Beweismaterials durch Bekundung der Wahrnehmung.[576] § 85 StPO sorgt in diesem Zusammenhang dafür, dass kein Beweisverlust eintritt, wenn es um die Bekundung von Tatsachen und Zuständen geht, die nur mit besonderer Sachkunde wahrgenommen werden können. Denn die Norm ordnet auch solche Bekundungen dem Zeugenbeweis zu.[577]

Tatsachen sind alle für den Prozess subsumtionsrelevanten Umstände, also

> *„(…) etwas Geschehenes oder Bestehendes, das zur Erscheinung gelangt und in die Wirklichkeit getreten und das daher dem Beweis zugänglich ist.“*[578]

Entscheidend für das Vorliegen einer Tatsache ist ihre grundsätzliche Nachprüfbarkeit, ohne dass es auf eine konkrete Möglichkeit des Beweises ankommt.[579]

Gegenstand des objektiven Personalbeweises, wie einer Augenscheinseinnahme oder körperlichen Untersuchung sein, SK-*Rogall*, Vor § 48 Rn. 128 ff., 129, 130 mit vertiefenden Ausführungen.

572 SK-*Rogall*, Vor § 48 Rn. 164.

573 SK-*Rogall*, Vor § 72 Rn. 86; vgl. auch RGSt 47, 100, 105; 57, 158; BGH MDR 1974, 382; OLG Hamm NJW 1969, 567; BVerwG NJW 2011, 1983; *Hegler*, AcP 104 (1909), 151, 247 f.; RGSt 47, 100, 105; 57, 158; BGH MDR 1974, 382; OLG Hamm NJW 1969, 567; KK-*Senge*, Vor § 72 Rn. 7; *Peters*, S. 343; *Hauser*, S. 53; *Gerland*, S. 220; *Rosenberg/Schwab/Gottwald*, § 119 Rn. 1 ff., 3, § 120 Rn. 10, 12; *Heusler*, AcP 62 (1879), 207, 243; *Schmidhäuser*, ZZP 72 (1959), 365, 387, 401 f.

574 Es sei denn, es liegt eine im Gesetz zugelassene Ausnahme vor (§ 48 I 2, 2. HS StPO).

575 SK-*Rogall*, Vor § 48 Rn. 134; LR-*Ignor/Bertheau*, Vor § 48 Rn. 16; KK-*Senge*, Vor § 48 Rn. 3; *Pfeiffer*, Vor §§ 48–71 Rn. 1.

576 *John*, S. 695.

577 SK-*Rogall*, § 85 Rn. 1; Löwe-*Rosenberg*, § 85, 2. a); zum sachverständigen Zeugen s. 3. Kapitel, A. III.

578 RGSt 55, 130, 131.

579 Vgl. BVerfGE 90, 241 247; 94, 1, 8; BVerfG NJW 2008, 358, 359; BGHZ 3, 270, 273 f.; 45, 296, 304; 139, 95, 102; dazu auch EGMR NJW 2006, 1645, 1648 f. [Rz. 76]; *Fischer*, § 186 Rn. 2; *Meyer-Goßner/Schmitt*, Vor § 48 Rn. 2; Jarass/Pieroth-*Jarass*, Art. 5 Rn. 5.

Der Zeuge kann somit nur über Begebenheiten und Zustände aussagen, die sinnlich wahrnehmbar sind.[580] Diese Tatsachen können positiv oder negativ, äußerlich oder innerlich sein.[581] Auch Hypothesen können Tatsachenwahrnehmungen sein, aber nur, sofern sie auf das eigene Denken und Handeln bezogen sind.[582]

Vom Zeugenbeweis nicht erfasst sind dagegen reine Prognosen, Meinungen, Schlussfolgerungen oder Werturteile.[583] Das Bewerten von Tatsachen ist dem Sachverständigen vorbehalten.[584] Die Schlussfolgerung auf ein bestimmtes weiteres Geschehen aus den Wahrnehmungen des Zeugen ist somit kein tauglicher Gegenstand des Zeugenbeweises.[585] Antworten auf Fragen danach dürfen vom Zeugen verweigert werden.[586]

Problematisch ist jedoch, dass eine klare Trennung von Tatsachen und Werturteilen bzw. Schlussfolgerungen nicht immer möglich ist. Denn der Verstand beurteilt fast jede Wahrnehmung bis zu einem gewissen Grad, um sie zu verarbeiten.[587] Das Ergebnis dieser Beurteilung ist ein Werturteil.[588] So liegt beispielsweise eine Bewertung der Situation vor, wenn die Person aussagt, dass es in der Tatnacht sehr kalt[589] oder der Beschuldigte nicht betrunken sondern lediglich angetrunken war.[590] Es müssen also auch Werturteile und Bewertungen Gegenstand einer Zeugenaussage sein können.[591]

---

580 Alsberg/Nüse/Meyer-*Dallmeyer*, Rn. 336.

581 LR-*Ignor/Bertheau*, § 48 Rn. 5; SK-*Rogall*, Vor § 48 Rn. 16; KK-*Senge*, Vor § 48 Rn. 1; Alsberg/Nüse/Meyer-*Dallmeyer*, Rn. 337 ff.

582 *Meyer-Goßner/Schmitt*, Vor § 48 Rn. 2; Alsberg/Nüse/Meyer-*Dallmeyer*, Rn. 340.

583 LR-*Ignor/Bertheau*, Vor § 48 Rn. 4; KK-*Senge*, Vor § 48 Rn. 1; *Meyer-Goßner/Schmitt*, Vor § 48 Rn. 2 f.; *Eisenberg, Rn.* 1003; *Kindhäuser*, § 21 Rn. 22.

584 Zu den Aufgaben des Sachverständigen ausführlich 3. Kapitel, B. II.

585 BGHSt 39, 251 mit abl. Anm. *Hamm* StV 1993, 455 und mit zust. Anm. *Widmaier*, NStZ 1993, 602.

586 LR-*Ignor/Bertheau*, Vor § 48 Rn. 4.

587 Seit *Kant* muss jede Beobachtung als theorieimprägniert und daher zumindest zu einem großen Teil als konzeptabhängig betrachtet werden, *Toepel*, S. 236, mit Verweis auf *Kant*, Kritik der reinen Vernunft, I. Transzendentale Elementarlehre, 2. Teil, 1. Abteilung, 2. Buch, 2. Hauptstück, 3. Abschnitt, 2. Antizipation der Wahrnehmung, S. 155.

588 Alsberg/Nüse/Meyer-*Dallmeyer*, Rn. 346 f.; LR-*Ignor/Bertheau*, Vor § 48 Rn. 6; *Ranft*, Rn. 479; vgl. auch *Hegler*, AcP 104 (1909), 151, 193 f.

589 Beispiel u.a. bei *Vyhnálek*, S. 33.

590 Beispiel bei *Eisenberg*, Rn. 1003; BGH bei *Holtz*, MDR 79, 807; weitere Beispiele bei SK-*Rogall*, Vor § 48 Rn. 18.

591 Vgl. *Eisenberg*, Rn. 1003 mit weiteren Beispielen und Nachweisen; BGH bei *Holtz*, MDR 79, 807.

Um aber den Inhalt des Zeugenbeweises – insbesondere im Hinblick auf die Beweisaufgaben des Sachverständigen – nicht zu sehr auszuweiten,[592] darf der Zeuge nur über solche Werturteile oder Schlussfolgerungen aussagen, die ihm nach seiner allgemeinen Lebenserfahrung ohne Weiteres möglich sind bzw. sich dem verständigen Betrachter ohne Weiteres aufdrängen.[593]

III. Der sachverständige Zeuge

Ein Unterfall des Zeugenbeweises ist der Beweis durch den sogenannten sachverständigen Zeugen.[594] Dieser Begriff findet sich zwar nicht (mehr)[595] im Gesetz, wird aber allgemein verwendet.[596] Angewendet wird der Begriff auf die in § 85 StPO beschriebenen Personen. In der Norm ist von einer sachkundigen Person die Rede, die nach den Vorschriften über den Zeugenbeweis zu vernehmen ist, soweit sie zum Beweis vergangener Tatsachen oder Zustände aussagen soll, zu deren Wahrnehmung eine besondere Sachkunde erforderlich war.

1. § 85 StPO

Der Begriff des sachverständigen Zeugen sowie die Verortung von § 85 StPO im Abschnitt über den Sachverständigenbeweis scheinen in der Praxis die Abgrenzungsschwierigkeiten zwischen Sachverständigen und Zeugen weiter zu erschweren,[597] weswegen an dieser Stelle eine vertiefte Betrachtung des sachverständigen Zeugen und seiner Zuordnung im Rahmen der persönlichen Beweismittel erfolgt.

---

592 Bewertungen und Schlussfolgerungen sind Gegenstand des Sachverständigenbeweises, s. 3. Kapitel, B. II. 2.

593 RGSt 37, 371, 372; RGSt 57, 412, 413; SK-*Rogall*, Vor § 48 Rn. 18 ff.; LR-*Ignor/Bertheau*, Vor § 48 Rn. 6; KK-*Senge*, Vor § 48 Rn. 1; *Eisenberg*, Rn. 1003; Alsberg/Nüse/Meyer-*Dallmeyer*, Rn. 347.

594 Zu den weiteren Arten des Zeugen, wie den *„unmittelbaren"* und *„mittelbaren"* Zeugen sowie den *„Kronzeuge[n]"*, SK-*Rogall*, Vor § 48 Rn. 24 ff.

595 Früher fand sich der Begriff in § 5, S. 1 ZSEG, in das JVEG wurde er nicht übernommen, LR-*Krause*, § 85 Rn. 12.

596 Statt vieler s. nur *Meyer-Goßner/Schmitt*, § 85 Rn. 1; KK-*Senge*, § 85 Rn. 1 ff.; BeckOK/StPO-*Ritzert*, § 85 Rn 2; *Pfeiffer*, § 85 Rn. 1; vgl. *Hegler*, AcP 104 (1909), 151, 155 f.; zum ersten Mal wurde der Begriff wohl verwendet von *Gensler* in *Martin*, Vorlesungen über die Theorie des deutschen gemeinen bürgerlichen Processes, S. 64; *Obermeyer*, S. 60 Fn. 63; kritisch zum Begriff LR-*Krause*, § 85 Rn. 12.

597 S. dazu 3. Kapitel, D. 8., 9. E.

Die Norm ordnet ihrem Wortlaut nach eine sachkundige Person dem Zeugenbeweis zu, wenn sie Tatsachen bekunden soll, die nur mit besonderer Sachkunde wahrgenommen werden können. Gesetzgeberischer Grund war die Besorgnis, dass ein Beweisverlust eintreten könne, wenn die sachkundig wahrnehmende Person Sachverständiger sei.[598]

Zwar erscheint die Vorschrift auf den ersten Blick unzulänglich und nicht geeignet, ein Abgrenzungskriterium zum Sachverständigen[599] zu liefern.[600] Diese Kritik ist sicherlich zum einen der systematischen Stellung der Norm im Gesetz geschuldet.[601] Zum anderen wird durch die Norm zunächst lediglich festgestellt, dass ein Zeuge nicht deshalb automatisch zum Sachverständigen wird, weil er Tatsachen aufgrund besonderer Sachkunde wahrgenommen hat. Denn § 85 StPO ordnet die Beweisaufgabe des sachverständigen Zeugen dem Zeugenbeweis zu („*(…) gelten die Vorschriften über den Zeugenbeweis.*").[602]

Bei genauer Betrachtung wird aber deutlich, dass eben gerade diese Zuordnung eine Abgrenzung bedeutet. Weil die Norm von Tatsachenwahrnehmungen spricht, die aufgrund besonderer Sachkunde gemacht werden konnten, ordnet die Norm der Beweisperson ihre materielle Stellung im Prozess nach der Beweisaufgabe zu. Aus der Vorschrift folgt nämlich einerseits, dass eine Person nicht deshalb automatisch zum Sachverständigen wird, weil sie Wahrnehmungen aufgrund besonderer Sachkunde gemacht hat. Anderseits kann aus der Norm im Umkehrschluss auch herausgelesen werden, dass Schlussfolgerungen, Werturteile und Begutachtungen auch dann nicht mehr zur Aufgabe des Zeugenbeweises gehören, wenn die Person sachkundig ist. Denn solche Tätigkeiten unterfallen der Beweisaufgabe des Sachverständigen.[603]

Der sachverständige Zeuge ist demnach Zeuge und auch so zu behandeln.[604] Deshalb finden die Vorschriften über den Zeugenbeweis für den sachverständigen

598 SK-*Rogall*, § 85 Rn. 1 mit Ausführungen zur Entstehungsgeschichte; Löwe-*Rosenberg*, § 85, Rn. 2 a.

599 Zur Abgrenzungsproblematik s. 3. Kapitel, D.

600 LR-*Krause*, § 85 Rn. 2.

601 LR-*Krause*, Vor § 72 Rn. 1.

602 LR-*Krause*, § 85 Rn. 2; Alsberg/Nüse/Meyer-*Dallmeyer*, Rn. 377 f.; *Eb. Schmidt* II, Vor § 72 Rn. 12.

603 SK-*Rogall*, § 85 Rn. 3; vgl. *Vyhnálek*, S. 52. Nähere Ausführungen zur Beweisaufgabe des Sachverständigen im 3. Kapitel, B. II.

604 So schon die Motive zur RStPO, *Hahn*, S. 122; *Obermeyer*, S. 62; *Hegler*, AcP 104 (1909), 151, 156; *Eb. Schmidt* II, Vor § 72 Rn. 12; LR-*Krause*, § 85 Rn. 12; SK-*Rogall*, Vor § 48 Rn. 26; § 85 Rn. 34; KK-*Senge*, § 85 Rn. 2; *Meyer-Goßner/Schmitt*, § 85 Rn. 1; *Roxin/Schünemann*, § 26 Rn. 3; *Hellmann*, § 15; *Peters*, S. 342; a. A. *v. Kries*,

Zeugen nicht nur entsprechend, sondern unmittelbar Anwendung. Der sachverständige Zeuge bildet keine eigene Kategorie der persönlichen Beweismittel.[605] Der Unterschied zum einfachen Zeugen besteht einzig im Innehaben einer besonderen Sachkunde.[606]

Der sachverständige Zeuge wird daher wie ein einfacher Zeuge entschädigt und vereidigt. Eine Ablehnung nach §§ 74 I, 22 Nr. 1–4 StPO oder wegen der Besorgnis der Befangenheit ist nicht möglich.[607] Ebenso wenig kann die Beweisperson von einem Gutachtenverweigerungsrecht aus § 76 StPO Gebrauch machen.

2. *Die Auswertung des Wahrgenommenen*

Jedoch ist der Wortlaut des § 85 StPO

> „*(...) zu deren* Wahrnehmung *eine besondere Sachkunde erforderlich war (...)*“

in anderer Hinsicht problematisch. Denn verstünde man den Text dahingehend, dass ausschließlich die Möglichkeit der Wahrnehmung eines sachverständigen Zeugen von der besonderen Sachkunde abhinge, wäre ein Anwendungsfall für § 85 StPO kaum denkbar. Die Wahrnehmung als solche beruht in den seltensten Fällen auf Sachkunde.[608] Deutlich wird dies an folgenden Beispielfällen:[609]

A und B gehen an einem Haus vorbei, in dem Musik gemacht wird. Während A lediglich bekunden kann, dass Klavier gespielt wurde, kann B aussagen, dass die Beethoven'schen As-Dur Variationen op. 26 von einem schlechten Spieler gespielt wurden. Später gehen A und B an einer Scheune vorbei. A kann nur aussagen, dass in der Scheune Getreide gedroschen wurde. B kann darüber hinaus bekunden, dass es sich bei dem gedroschenen Getreide um Gerste handelte. Die Wahrnehmungen der Musik bzw. des Dreschen des Getreides selbst konnten

---

Strafprozessrecht, S. 382, der ausführt: „*Der sog. sachverständige Zeuge ist, wie jeder Sachverständige, der über die außergerichtlich gemachten Wahrnehmungen berichtet und dann ein Gutachten abgibt, zugleich Zeuge und Sachverständiger. Seine Besonderheit besteht nur darin, dass die Wahrnehmungen nicht mehr wiederholt werden können (...) Das Gesetz schießt aber über das Ziel hinaus, wenn es einfach die Vorschriften über die Zeugen für maßgebend erklärt.*“

605 SK-*Rogall*, § 85 Rn. 3; vgl. auch *Ullmann*, S. 346.

606 *Meyer-Goßner/Schmitt*, § 85 Rn. 1; *Ullmann*, S. 346; *Obermeyer* bezeichnet ihn als „*intelligenter*“, S. 62.

607 *Meyer-Goßner/Schmitt*, § 85 Rn. 1; LR-*Krause*, § 85 Rn. 12; KK-*Senge*, § 85 Rn. 2; SK-*Rogall*, § 85 Rn. 35, 37.

608 SK-*Rogall*, § 85 Rn. 7.

609 Beispiele bei *John*, S. 695.

ohne Sachkunde gemacht werden. Die Interpretation des Gesehenen, nämlich dass es sich bei der Musik um die Beethoven'schen Variationen in As-Dur bzw. bei dem Getreide um Gerste handelte, konnte jedoch nur die sachkundige Person vollständig erbringen.[610]

Um die Anwendbarkeit des § 85 StPO nicht auf ein sehr geringes Maß zu reduzieren, muss daher auch die richtige Auswertung des Wahrgenommenen gemeint sein, also die richtige Interpretation und Fixierung des Sinneseindrucks.[611] § 85 StPO ist dementsprechend auszulegen.

Ebenso wie der *„einfache"* Zeuge beurteilt und schlussfolgert somit auch der sachverständige Zeuge bis zu einem gewissen Grad und zwar aufgrund seiner besonderen Sachkunde.[612] Aber auch für sachverständige Zeugen gilt, dass diese Schlussfolgerungen ohne komplizierte Denkvorgänge erreichbar sein müssen.[613] Auf die Abgrenzung zum Sachverständigen wird an späterer Stelle eingegangen.[614]

B. Der Sachverständige

Der Beweis durch den Sachverständigen wird in den §§ 72 ff. StPO gesetzlich geregelt. Der Sachverständige ist neben dem Zeugen das zweite persönliche Beweismittel.[615]

Schon aus § 72 StPO, wonach auf Sachverständige der sechste Abschnitt über Zeugen entsprechend anzuwenden ist, soweit dort nicht abweichende Vorschriften getroffen sind, ergibt sich, dass das Gesetz beim Sachverständigen von einer

---

610 So mit einem anderen Beispielsfall SK-*Rogall*, § 85 Rn. 7 m. w. N.

611 SK-*Rogall*, § 85 Rn. 7; RGSt 44, 11, 14, das von *„Wahrnehmung und Erkenntnis"* spricht.

612 So schon RG JW 1887, 111, 112 f.

613 Dieser Unterschied ist nach *Hegler*, AcP 104 (1909), 151, 193 f., 207 kein logischer, sondern ein erkenntnistheoretischer, s. dazu 3. Kapitel, B. II. 3.

614 S. 3. Kapitel, D.

615 *Hegler*, AcP 104 (1909), 151, 152; *Mezger*, AcP 117 (1918), Beilageheft, 1 f.; SK-*Rogall*, Vor § 72 Rn. 3; *ders.*, FS-Gössel, S. 511; *Meyer-Goßner/Schmitt*, Vor § 72 Rn. 1; KK-*Senge*, Vor § 72 Rn. 1; LR-*Krause*, Vor § 72 Rn. 2; *Ranft*, Rn. 479; KMR-*Neubeck*, Vor § 72 Rn. 2; *Dippel*, S. 14 ff.; *Peters*, S. 325. Bis zur Einführung der Reichsstrafprozessordnung wurde der Sachverständige jedoch nicht als Beweismittel angesehen, s. Ausführungen zur historischen Entwicklung des Sachverständigenbeweises, 3. Kapitel, B. I.

natürlichen Person ausgeht.[616] Aber auch § 79 II StPO, der den Inhalt der Eidesformel vorgibt, macht diese Konzeption des Gesetzes deutlich.[617] Denn der Eid soll dahin gehen, dass der Sachverständige das Gutachten unparteiisch und nach bestem Wissen und Gewissen erstattet habe. Diese Begriffe können ausschließlich auf natürliche Personen Anwendung finden.[618]

Der Sachverständigenbeweis ist im Strafprozess durch die Vernehmung der sachkundigen Person zu erheben (§§ 250 ff. StPO).[619] Jede natürliche und besonders sachkundige Person ist grundsätzlich fähig und geeignet, als Sachverständiger auszusagen,[620] wenn die entsprechenden Voraussetzungen vorliegen. Aus § 76 II StPO und im Umkehrschluss aus §§ 74 I 1 i. V. m. § 22 Nr. 4 StPO ergibt sich, dass auch Angehörige von Strafverfolgungsorganen grundsätzlich Sachverständige sein können,[621] was für diese Arbeit von grundsätzlicher Bedeutung ist.

Wie auch der Zeugenbegriff ist aber der Begriff des Sachverständigen gesetzlich nicht definiert. Eine Definition des Begriffs muss daher aus den Aufgaben des Beweismittels sowie der Zweckbestimmung seiner Tätigkeit abgeleitet werden.[622] Die Definition ist für die Unterscheidung vom Zeugenbeweis unerlässlich. Zum Verständnis der Beweisfunktion und zur Bestimmung des Sachverständigenbegriffs in Abgrenzung zum Zeugen ist eine Betrachtung der historischen Entwicklung des Sachverständigenbeweises, der Aufgaben des Sachverständigen sowie seiner Rechte und Pflichten hilfreich.

I. Die historische Entwicklung des Sachverständigenbeweises im Strafverfahren bis zum Erlass der Reichsstrafprozessordnung

Die bis heute andauernde Diskussion um die Position des Sachverständigen im Strafverfahren bzw. die Abgrenzung zum Zeugen und Augenscheinsgehilfen

---

616 SK-*Rogall*, Vor § 72 Rn. 7, 10; *ders.*, FS-Gössel, S. 511, 512; LR-*Krause*, Vor § 72 Rn. 2; *Meyer-Goßner/Schmitt*, Vor § 72 Rn. 2; *Hagedorn*, StV 2004, 217, 218; Alsberg/Nüse/Meyer-*Dallmeyer*, Rn. 363 ff.; *Hanack*, NJW 1961, 2041; *Dippel*, S. 89; dies ergibt sich auch aus der historischen Entwicklung des Sachverständigenbeweises, s. 3. Kapitel, B. I.

617 *Rogall*, FS-Gössel, S. 511.

618 *Müller*, Rn. 148; *Rogall*, FS-Gössel, S. 511; vgl. auch SK-*Velten*, § 256 Rn. 19

619 *Rogall*, FS-Gössel, S. 511.

620 S. auch *Rogall*, FS-Gössel, S. 511.

621 Vgl. auch Nr. 70 IV, 66 RiStBV; *Rogall*, FS-Gössel, S. 511, 512; *Gössel*, DRiZ 1980, 363, 364.

622 *Bleutge*, NJW 1985, 1185, 1187.

beruht überwiegend auf der historischen Entwicklung des Sachverständigenbeweises.[623] Zum Verständnis soll der folgende Abschnitt einen kurzen Überblick darüber geben.[624]

1. *Die Ursprünge des Sachverständigenbeweises*

Die Mitwirkung von sachkundigen Personen an der Rechtsfindung hat eine lange Tradition, auch wenn es über den Sachverständigenbeweis in seiner heutigen Form, seine Stellung und Kompetenzen kaum Hinweise aus den früheren Jahrhunderten gibt.[625] Allerdings finden sich Dokumente aus der Antike, aus denen sich ergibt, dass „*Mediziner*"[626] von Gerichten als fachkundige Personen in Anspruch genommen wurden, beispielsweise aus den Jahren um 2200 v. Chr. aus der Zeit des Königs *Hammurabi.*[627] Aus griechischen Papyri ist ebenfalls die Beiziehung medizinischer Sachverständiger, aber auch anderer Fachleute, übermittelt.[628] Darüber hinaus gibt es Quellen aus China, Indien, Persien, Ägypten und dem römischen Reich, in denen von Sachverständigen in gerichtlichen Verfahren die Rede ist.[629] In der *Lex Aquilia,*[630] die vermutlich aus dem Jahr 286 v. Chr. stammt,[631] werden die „*Wunde*" und ihre forensische Auswertung durch medizinische Sachverständige beschrieben.[632] Auch wurden in Quellen aus der

623 Vgl. *Dippel*, S. 7, 11; Pawlak, S. 55; SK-*Rogall*, Vor § 72 Rn. 2; LR-*Krause*, Vor § 72 Rn. 1.; s. auch 3. Kapitel, B. I., D.

624 Zur Entwicklung des Sachverständigenbeweises s. z.B. auch *Poppen*, S. 1 ff.; *Dippel*, S. 5 ff.; *Pawlak*, S. 46 ff.; *Eb. Schmidt*, Geschichte, §§ 27 ff.

625 *Arbab-Zadeh*, NJW 1970, 1214; *Dippel*, S. 5; *Pawlak, S.* 47. Dagegen finden sich über den Zeugenbeweis, seinen formalen Charakter und seine Zulassung als Beweismittel schon seit der Antike viele Hinweise, s. *Arbab-Zadeh*, NJW 1970, 1214 mit Verweis auf *Pringsheim*, Le témoignage dans la Grèce et Rome archiique, Revue Intern. des Droits de l`Antiquité 6, Bruxelles, 1951, S. 161 ff.

626 *Arbab-Zadeh* bezeichnet den „*Mediziner*" als den klassischen Sachverständigen durch die Jahrhunderte, NJW 1970, 1214.

627 *Diepgen*, S. 285 f.; *Arbab-Zadeh*, NJW 1970, 1214.

628 *Hepner*, S. 19 f. mit Beispielen und unter Verweis auf *Marian San Nicolo*, Strafrechtliches aus den griechischen Papyri, Archiv 46/118; *Pawlak*, S. 47.

629 *Arbab-Zadeh*, NJW 1970, 1214 unter Berufung auf *Gradwohl*, Legal Medicine, 2. Ed., Bristol 1968, S. 2 f.; *Dippel*, S. 5; *Pawlak*, S. 47.

630 Es handelt sich um eine Regelung zum deliktischen Schadenersatz, *Arbab-Zadeh*, NJW 1970, 1214; *Dippel*, S. 6.

631 *Dippel*, S. 5.

632 *Arbab-Zadeh*, NJW 1970, 1214 unter Hinweis auf *Buchner*, Die Rechtsquellen, Weimar 1953 und *Gradwohl*, Legal Medicine, 2. Ed., Bristol 1968, S. 2 f.; *Dippel*, S. 6;

römischen Zeit Schreibkundige und Feldmesser (*agrimensoren*) im Zusammenhang mit Grundstücksstreitigkeiten erwähnt.[633] Da es im römischen Recht aber keine formelle Trennung des Richteramts vom Sachverständigen gab, kam dem Sachverständigen keine eigenständige Bedeutung zu.[634] Der Richter wurde „*ad hoc*" für den einzelnen Fall bestimmt. Die geltende Gerichtsverfassung machte es möglich, die Person mit Rücksicht auf die Natur des jeweiligen Falls auszuwählen.[635] Dabei konnte die Sachkunde der jeweiligen Person Berücksichtigung finden. In bestimmten Fällen war es dem Richter möglich, eine Art Schiedsrichter, die sogenannten „*arbitri*", damit zu beauftragen, den gesamten Prozess an seiner Stelle zu entscheiden, wenn es auf Schätzungen oder Vermessungen ankam. Es wird vermutet, dass für solche Aufgaben Priester herangezogen wurden, die aufgrund des geringen Wissensstands alle „*Naturwissenschaften*" beherrschten.[636]

Ähnliche Regelungen wie in der *Lex Aquilia* finden sich später z.B. im 6. Jahrhundert n. Chr. in den *Leges Barbarorum* oder der *Lex Alamannorum* im 7. Jahrhundert.[637]

2. *Der Sachverständige in der germanisch-fränkischen Zeit bis zur Rezeption des römisch-kanonischen Rechts*

Dem germanischen Recht waren Beweispersonen wie Zeugen und Sachverständige unbekannt.[638] Der germanische Prozess war von der Fehde und Rache geprägt, eine nach germanischem Recht anerkannte Privatsache.[639] Er fand also ohne Mitwirkung des Staats, der Gerichte oder Obrigkeiten statt.[640]

---

vertiefend zum Nachweis von Sachverständigentätigkeit und Begrifflichkeiten im römischen Recht *Hepner*, S. 21 ff.; *Kruchen*, S. 2 ff.; *Glaser*, S. 677; *Obermeyer*, S. 9 ff.; *Wetzell*, S. 528 Fn. 11; *Strippelmann*, S. 3 ff.; *Mittermaier* AcP 2 (1819), 119; *Morgenthau*, S. 7 ff., *Walther* AcP 26 (1843), 86 ff.; *Zachariae* II, S. 219 Fn. 10.

633 Diese waren aber lediglich im Zivilprozess tätig, *Wetzell*, S. 528 Fn. 11; *Obermeyer*, S. 15; 18; *Strippelmann*, S. 19 f., 29; *Kruchen*, S. 3.

634 Vgl. *Obermeyer*, S. 10; *Wetzell*, S. 528 Fn. 11; *Kruchen*, S. 3; *Pawlak*, S. 47.

635 *Obermeyer*, S. 6, 10; *Kruchen*, S. 2.

636 *Toepel*, S. 260; *Dippel*, S. 6 f.; *Arbab-Zadeh*, NJW 1970, 1214.

637 *Arbab-Zadeh*, NJW 1970, 1214 unter Hinweis auf *Buchner*, Die Rechtsquellen, Weimar 1953 und *Gradwohl*, Legal Medicine, 2. Ed., Bristol 1968, S. 2 f.; *Poppen*, S. 1 f.

638 *Morgenthau*, S. 15 f.; *Obermeyer*, S. 23; *Strippelmann*, S. 2, 41; *Mayer*, FS-Mezger, S. 455, 462; *Kruchen*, S. 4; *Dippel*, S. 6.

639 *V. Hippel*, S. 15; *ders.*, Strafrecht, S. 20; *Eisenhardt*, § 10 Rn. 424 f.; vgl. *Conrad* I, S. 29. In solchen Fällen urteilten die Sippenangehörigen, die aufgrund der einfachen Lebensverhältnisse regelmäßig ausreichende Sachkunde hatten, *Kruchen*, S. 4.

640 *Eb. Schmidt*, Geschichte, § 27; *Obermeyer*, S. 22.

Die Fehde diente ihrer Idee nach der Abwehr von Unrecht und Rechtswahrung im Wege der Selbsthilfe.[641] Der Verletzte und seine Verwandtschaft (Sippe) nahmen durch die Fehde an dem Verletzer und dessen Verwandtschaft Rache.[642] Diese Rechtsinstitute wurden bis in das 16. Jahrhundert angewendet.[643]

Sippenfehden wurden im Sühneprozess beigelegt. Dafür traten von Fall zu Fall zur Verhandlung des Sühnevertrags Schiedsgerichte zusammen.[644] Die Gerichte konnten nur dann tätig werden, wenn die Parteien diese anriefen.[645] Der Rechtsgang war von starren Beweisformen wie Partei, Eideshelfer und Gottesurteil geprägt.[646] Das charakteristische des germanischen Beweisrechts lag nicht in der objektiven Glaubwürdigkeit der Behauptungen, sondern in der Vertrauenswürdigkeit des Behauptenden.[647] So konnte sich der Angeklagte von der Anklage regelmäßig durch Eid reinigen.[648] Es gibt Anhaltspunkte dafür, dass zu dieser Zeit schon Heilkundige als Zeugen auftraten.[649] Auch entstanden erste Formen des Augenscheinsbeweises.[650]

In den ersten Jahrhunderten n. Chr. gab es keine eigens ausgebildeten Richter, es war die Zeit des Volksrechts,[651] das in der fränkischen Zeit von königlichen Beamten übernommen[652] und erst im gemeinen Recht vom Juristenrecht abgelöst wurde.[653]

---

641 *Eb. Schmidt*, Geschichte, § 37; *Eisenhardt*, § 10 Rn. 424.

642 *Conrad* I, S. 435 ff.; *Mitteis/Lieberich*, S. 38 ff.

643 *Eb. Schmidt*, Geschichte, § 34.

644 *Eb. Schmidt*, Geschichte, § 27.

645 *Conrad* I, S. 29; *Mitteis/Lieberich*, S. 44 mit Verweis auf die römische *litis contestatio*.

646 *Dippel*, S. 30; Kruchen, S. 4; *Geerds*, ArchKrim 137 (1966), 61, 62; *Gerland*, S. 16; *Henkel*, S. 25, 29; *Hepner*, S. 27; *v. Hippel*, Strafrecht, S. 21; *v. Kries*, Strafprozessrecht, S. 16; *Eb. Schmidt*, Geschichte, § 29, mit vertiefenden Ausführungen zum Rechtsgang, §§ 27 ff.; *Zachariae* I, S. 127 ff.; vgl. auch *Glaser*, S. 55.

647 *Mezger*, AcP 117 (1918), Beilageheft, 1, 24.

648 *Glaser*, S. 55.

649 *Poppen*, S. 1, 6 mit vertiefenden Ausführungen; *Mende*, S. 88 f.; *Janovsky*, S. 18; *Pawlak*, S. 49.

650 In Form einer *„leiblichen Beweisung"* vgl. *Obermeyer*, S. 25; *Pawlak*, S. 49; vgl. *Planck* II, S. 148 ff. mit vertiefenden Ausführungen zur *„leiblichen Beweisung"*.

651 *V. Hippel*, Strafrecht, S. 21; *Kruchen*, S. 4, 6; *Obermeyer*, S. 21 ff., wobei beide darauf hinweisen, dass sich die *„Richter"* die erforderliche Sachkunde anmaßten.

652 *V. Hippel*, Strafrecht, S. 21; *Conrad* I, S. 146; *Kruchen*, S. 5. Dadurch wurde die Stellung des Richters gestärkt. An die Stelle der Ladung des Gegners durch eine Partei trat zu der Zeit die Ladung durch das Gericht, zur Vertiefung *Conrad* I, S. 146 ff.

653 S. dazu 3. Kapitel, B. I. 5.

Zu dieser Zeit fehlte es aber auch an einem Stand der Wissenschaften, der einen Sachverständigenbeweis in heutiger Form notwendig machte, da die eigene Erfahrung der Richter bei den einfachen Lebensverhältnissen regelmäßig ausreichte.[654] Die Folge davon war, dass die Tätigkeit des Sachverständigen regelmäßig vom Richter selbst ausgeübt wurde.[655] Es handelte sich somit um das *„Idealabbild des ‚Sachverständigen-Richters'"*.[656] Somit bedurfte es auch keiner Regelungen zum Sachverständigen im altdeutschen Recht.[657]

Im Ansatz begann allerdings auch schon während dieser Epoche ein erstes, selbstständiges Sachverständigenwesen. So wurde beispielsweise ein *„Schreibsachverständiger"* zum Vergleich von Schriften hinzugezogen.[658] Es wird vermutet, dass dieser vor allem bei der Beurteilung der Echtheit von Urkunden eine Rolle gespielt hat,[659] als diese in der fränkischen Zeit als Beweis an Bedeutung gewonnen haben.[660]

Das sich im späten Mittelalter parallel entwickelnde kanonische Recht, das die Entwicklung des Strafprozessrechts maßgeblich vorantrieb, orientierte sich, anders als das germanische Recht, stark am römischen Recht, insbesondere hinsichtlich der Behandlung der Beweise.[661] Der Schwerpunkt wurde auf den *„Menschenverstand"* und seine *„Verstandesoperationen"* gelegt.[662] Im Gegensatz zum germanischen Recht sollte es nicht auf die subjektive Glaubwürdigkeit von Behauptungen ankommen, sondern auf die Schlüsse, die aus dem unmittelbar vorliegenden Prozessstoff gewonnen werden konnten.[663]

---

654 *Dippel*, S. 6; *Geerds*, ArchKrim 137 (1966), 61, 62; *Morgenthau*, S. 7; *Obermeyer*, S. 22; a. A. *Walther*, AcP 26 (1843), 91 f.

655 *Obermeyer*, S. 22; *Kruchen*, S. 4 f.

656 *Dippel*, S. 8; so wohl auch *Arbab-Zadeh*, NJW 1970, 1214, der die Vereinigung des Sachverständigen und des Richters in einer Person als die ideale – wenn auch utopische – Lösung des heutigen Sachverständigenproblems sieht.

657 *Dippel*, S. 6; vgl. *Obermeyer*, S. 22 f.; *Kruchen*, S. 4; vgl. *Strippelmann*, S. 2, 41.

658 *Hepner*, S. 25 f.; *Pawlak*, S. 48; auch schon im römischen Recht, *Obermeyer* S. 9; *Kruchen*, S. 3.

659 Vgl. *Hepner*, S. 26; *Walter*, S. 16; *Pawlak*, S. 48.

660 *Kruchen*, S. 5; vgl. *Conrad*, S. 148; vgl. *Planck* II, S. 193 ff.

661 *Glaser*, S. 76; *v. Hippel*, S. 32 mit vertiefenden Ausführungen zum kanonischen Recht, S. 17 ff.; *ders.*, Strafrecht, S. 20 ff., S. 24; *Eisenhardt*, § 10 Rn. 426, ebenfalls mit vertiefenden Ausführungen zum kanonischen Recht ab § 10 Rn. 425 ff.

662 *Planck*, Beweisurtheil, S. 94 f.; *Glaser*, S. 76; vgl. auch *Mezger*, AcP 117 (1918), Beilageheft, 1, 25.

663 Vgl. *Glaser*, S. 76. Indem das kanonische Recht als erste Rechtsordnung die Faktoren der Gesetzgebung, Rechtsprechung und Rechtswissenschaft für die Zeitgenossen

Bis weit in das Mittelalter hinein gibt es jedoch keine Anhaltspunkte für einen Sachverständigen im heutigen Sinne. Auch im Sachsenspiegel (Entstehung wohl in der Zeit von 1220 bis 1235)[664] ist ein Sachverständiger nicht erwähnt.[665]

Zu Beginn des 13. Jahrhunderts erlebte das Verfahrensrecht einen strukturellen Wandel von großer Bedeutung.[666] Es bildete sich das *„strenge Strafrecht"* mit der *„peinlichen Strafe"* heraus, der Strafe an Leib und Leben.[667] Das Interesse des Verletzten wich dem Interesse der Allgemeinheit.[668] Bedeutende Erneuerungen waren in diesem Zusammenhang der Übergang zum Offizialprinzip[669] und der Instruktionsmaxime[670] sowie die Aufhebung der unterschiedlichen Behandlung von Freien und Unfreien.[671] Der Wandel brachte den Übergang zum Inquisitionsprozess, dessen Ziel es war, die materielle Wahrheit des in der Vergangenheit liegenden Sachverhalts mit rationalen Erkenntnismitteln zu erforschen.[672] Das sollte insbesondere durch das Geständnis des Angeklagten, die Zeugenaussage[673] und den Augenscheinsbeweis geschehen.[674]

Ferner finden sich erste Ansätze für den Sachverständigenbeweis beispielsweise in den Magdeburger Fragen,[675] einer Rechtsprechungssammlung, die Ende des 14. Jahrhunderts zusammengestellt wurde, aber auf ältere Vorlagen zurückgreift.[676] Auch das Lübecker Recht und die Goslarer Statuten zeigen entsprechende Ansätze. Sie betreffen das Erkennen von Wunden beim *„todten*

---

erfahrbar machte und das Prinzip der Rechtssicherheit vermittelte, ist es Vorbild für das neuzeitliche weltliche Recht geworden, *Eisenhardt*, 5. A., § 14 Rn. 148 f.

664 *Lück*, S. 26 f. m. w. N.

665 *Dippel*, S. 6; *Kruchen*, S. 5; *Obermeyer*, S. 21 f.

666 Vgl. nur *Eb. Schmidt*, Geschichte, §§ 41 ff.; *Glaser*, S. 78 ff.; *Eisenhardt*, § 10 Rn. 435 f.; *Dippel*, S. 6 f.; *Pawlak*, S. 52.

667 Der Prozess begann schon im 11. Jahrhundert, *Eb. Schmidt*, Geschichte, § 41; *Eisenhardt*, § 10 Rn. 435.

668 *Conrad* I, S. 390.

669 Vgl. *Conrad* I, S. 390 f.; *Henkel*, S. 37 ff.; *Eb. Schmidt*, Geschichte, § 70 ff.; *Pawlak*, S. 52; bis dahin galt auch für das Strafverfahren der Grundsatz der Parteimaxime, vgl. *Glaser*, S. 52 ff., S. 54; *Mitteis/Lieberich*, S. 45.

670 Die amtliche Erforschung der Wahrheit, *Conrad* I, S. 392.

671 *Eb. Schmidt*, Geschichte, § 42; *Eisenhardt*, § 10 Rn. 435.

672 *Eb. Schmidt*, Geschichte, § 70; vgl. *Mezger*, AcP 117 (1918), Beilageheft, 1, 25; *Pawlak* S. 52.

673 Vgl. *Geerds*, ArchKrim 137 (1966), 61, 62 f.; *v. Kries*, S. 97.

674 Vgl. *Walter*, S. 54; *Pawlak*, S. 52.

675 *Morgenthau*, S. 17; *Obermeyer*, S. 25 f.; *Dippel*, S. 6.

676 *Behrend*, S. VIII f.

Gericht".[677] Auch hier waren es also zunächst die Medizinkundigen, die insbesondere im Rahmen der Inaugenscheinnahme zusammen mit dem Richter zur Betrachtung herangezogen wurden.[678] Aber auch andere fachkundige Personen wurden mehr und mehr hinzugezogen, z.B. Schreibmeister für die Beurteilung der Echtheit von Schriften[679] und fachkundige Münzmeister für die Frage der Echtheit von Münzen.[680]

Wie Sachverständige im heutigen Sinne wurden diese Personen aber nicht behandelt und eine Zuordnung zu einem bestimmten Beweismittel ist nicht möglich. So sind Parallelen mit Zeugen, Ermittlungsorganen, Augenschein, Rechtsberatern, und Richtern erkennbar.[681]

3. *Der Sachverständige in der Constitutio Criminalis Bambergensis und der Constitutio Criminalis Carolina*

Mit der vollständigen Rezeption des römisch-kanonischen[682] Rechts (1495)[683] vollzog sich eine erneute grundlegende Änderung des Rechts.[684] Zum ersten Mal übernahmen gelehrte Richter die Leitung des Prozesses. Das Erlangen von juristischem Fachwissen war nur durch Vernachlässigung anderer Wissenschaften möglich.[685] So entstand ein Bedürfnis nach sachkundigem Beistand. Die Notwendigkeit der Hinzuziehung sachkundiger Personen lässt sich auch aus der damaligen Gesetzgebung ersehen. So finden sich dazu erstmals Bestimmungen in Art. 173 des vom Bischof von Bamberg, *Johann von Schwarzenberg*,

677 *Morgenthau*, S. 17; *Obermeyer*, S. 25 f., der weiter ausführt, dass die Bestimmungen der Goslarer Statuten bereits ganz entschieden aus der leiblichen Beweisung hervortreten, indem eine Partei mit dem Eid eines Arzts einen Beweis über die Kampfwürdigkeit führen kann; *Dippel* S. 6.

678 *Glaser* I, S. 677 nennt das den „*zusammengesetzten Augenschein*", der für die Verwendung des Sachverständigen im gemeinen deutschen Strafprozess typisch gewesen sei; Pawlak, S. 53 mit vertiefenden Ausführungen.

679 *Hepner*, S. 27; *Pawlak*, S. 54.

680 Vgl. *Poppen*, S. 48 ff. unter Bezugnahme auf die einzelnen Rechtsquellen.

681 *Obermeyer*, S. 31 ff.; *Pawlak*, S. 55; *Poppen*, S. 55 f.

682 Im kanonischen Recht finden sich in Anlehnung an das römische Recht ähnliche Ansätze zur Entscheidung von Fragen, für deren Beantwortung besondere Sachkunde notwendig war, *Toepel*, S. 260.

683 *Dippel*, S. 7; *Conrad* I, S. 392.

684 *Dippel*, S. 7; s. auch vertiefend *Rudorff*, S. 12 ff. mit Ausführungen zum Verhältnis des römischen Rechts zum „*einheimischen deutschen gemeinen Recht*".

685 *Dippel*, S. 7; *Kruchen*, S. 6; *Kerameus*, S. 13; *Wetzell*, S. 528.

herausgegebenen *Codex Bambergensis*[686] von 1507,[687] einem der wichtigsten Gesetzgebungswerke seiner Zeit.[688] Die CCB entstand aus dem Bedürfnis, das Strafverfahren aus der Willkür und Rechtsungleichheit herauszuführen,[689] indem die Wahrheit vor Gericht mit justizförmigen Erkenntnismitteln und Methoden gefunden werden sollte.[690] Dazu formalisierte *Schwarzenberg* den Strafprozess bewusst und band den Richter an *„geformte Normen"*.[691] Diese zwangen den Richter auch zu inneren Entschließungen wie der Vornahme von Beweishandlungen oder der Entscheidung darüber, ob der Beschuldigte gefoltert werden sollte.[692] Durch die im Rahmen der formalen Beweistheorie vorgenommene Beschränkung der Beweismittel fand eine Bevormundung des Richters statt.[693]

Im Jahr 1532 wurde auf dem Reichstag in Regensburg die *Constitutio Criminalis Carolina*[694] auf der Basis des CCB ratifiziert, allerdings nicht ohne wesentliche Abweichungen.[695] Sie gilt als das bedeutendste Reformgesetz des 16. Jahrhunderts. In ihr wurden zum ersten Mal in Deutschland materielles Strafrecht und Prozessrecht kodifiziert.[696] Auf ihrer Grundlage entwickelten sich die meisten Partikulargesetze, z.B. die *Constitutio Criminalis Filipina* in Hessen von 1535.[697] Die *Constitutio Criminalis Carolina* und die zu ihrer Ausführung ergangenen Partikulargesetze waren die Grundlage für den sogenannten gemeinen

686 Auch *Constitutio Criminalis Bambergensis* genannt, daher im Folgenden auch CCB.

687 *Ullmann*, S. 342 Fn. 3; *Zachariae* II, S. 220 Fn. 11; *Hepner*, S. 27; *Arbab-Zadeh*, NJW 1970, 1214; *Poppen*, S. 60 f.; *Dippel*, S. 7.

688 *Welzel*, S. 11; *Conrad* I, S. 392; *Poppen*, S. 60.

689 Zuvor hatte die Wormser Reformation von 1498 bereits wesentliche Neuerungen in der Strafrechtspflege insbesondere zugunsten des Beschuldigten gebracht, *Conrad* I, S. 392.

690 *Eb. Schmidt*, Geschichte, § 116; *Conrad* I, S. 392.

691 *Eb. Schmidt*, Geschichte, § 116.

692 *Eb. Schmidt*, Geschichte, § 116.

693 *Mezger*, AcP 117 (1918), Beilageheft, 1, 25.

694 Auch die *„Peinliche Halsgerichtsordnung Karl V."* genannt; im Folgenden auch CCC.

695 So wurde nach der CCB Augenschein durch Richter und Schöffen genommen (Art. 229), dagegen schrieb Art. 149 CCC die gemeinschaftliche Besichtigung durch das Gericht und einen oder mehrere Wundärzte vor, *Ullmann*, S. 342 Fußnote 3; *Glaser*, S. 677; *Zachariae* II, S. 220 Fn. 11; *Dippel*, S. 7 Fn. 38.

696 *Welzel*, S. 11; *Eb. Schmidt*, Geschichte, § 122 ff.; *Eisenhardt*, § 10 Rn. 448 ff.; *Pawlak*, S. 56.

697 *Dippel*, S. 7, Fn. 40 m. w. N.; *Eb. Schmidt*, Geschichte, § 124; *Arbab-Zadeh*, NJW 1970, 1214; weitere Partikulargesetze bei *Zachariae* I, S. 5 ff., *Zachariae* II, S. 221 mit Fn. 13.

Prozess in Gestalt des Inquisitionsprozesses.[698] Dadurch vollzog sich ein bis in das 19. Jahrhundert wirkender Wandel über das gemeine Prozessrecht auf das reformierte Strafverfahren.[699]

Die CCC enthielt umfassende Bestimmungen über die Zuziehung von Sachverständigen.[700] Beispielsweise wurden Hebammen oder *„verstendig frawen"* (Art. 35, 36 CCC und Art. 43, 44 CCB) für die Untersuchung einer im Verdacht des Kindsmords stehenden Frau herangezogen.

Für die Frage, ob ärztliche Kunstfehler vorlagen, wurden die *„gelerten und verstendigen der arteznei"* (Art. 134 CCC und Art. 159 CCB) hinzugezogen und bei Fragen, ob *„streych halb"* gestorben war, die *„Wundtärtzt der Sach verstendig"* (Art. 147 CCC und Art. 173 CCB). Normiert war die ärztliche Leichenschau durch den *„Richter sampt zweyen Schöffen, dem gerichtsschreiber und eynem oder mer Wundärtzten"* (149 CCC).[701] Dabei handelte es sich allerdings nicht um eine Obduktion, wie sie heute vorgenommen wird, sondern um eine oberflächliche Begutachtung.[702] Leichensektionen in der Art einer Obduktion gab es wohl erst seit dem 17. Jahrhundert.[703]

Auch war für den Fall der Bestrafung eines jugendlichen Angeklagten schon damals die Mitwirkung von Sachverständigen vorgeschrieben (Art. 179, 164 CCC).[704]

Im 16. Jahrhundert wurde in Europa ferner ein aus China stammendes, umfassendes Werk für gerichtsärztliche Sachverständige unter dem Titel *„Hsi Yuan Lu"* bekannt.[705] Darin waren genaue Richtlinien für Sachverständige und deren Aufgabengebiete festgeschrieben.[706] Im Jahr 1609 gab der gerichtliche

698 Dieser hatte die deutsche Strafrechtspflege allerdings schon erobert, *Eb. Schmidt*, Geschichte, § 108; *Pawlak*, S. 55.

699 *Dippel*, S. 7; *Geerds*, ArchKrim 137 (1966), 61, 63 f.; vgl. *Kruchen*, S. 6 f.

700 *Poppen*, S. 61.

701 *Dippel*, S. 7 Fn. 37 mit Verweis auf *Glaser*, S. 677; *Ullmann*, S. 342; *Zachariae* II, S. 220 Fn. 11; *Pawlak*, S. 56.

702 *Pawlak*, S. 56; vgl. *Poppen*, S. 68 f.; *Mende*, S. 103 f., der entgegen *Mittermaier*, Handbuch des peinlichen Processes, Heidelberg 1810, S. 622 f., ausführt dass in der peinlichen Halsgerichtsordnung nur von der Besichtigung der Wunde, nicht aber von einer Zergliederung der Leiche die Rede ist.

703 *Geerds*, ArchKrim 137 (1966), 61, 64; *Pawlak*, S. 56.

704 Zum Inhalt der Carolina s. insbesondere *Obermeyer*, S. 42 f.; *Walther*, AcP 26 (1843), 101; *Zachariae* II, S. 219 f.; *Dippel*, S. 7.

705 *Arbab-Zadeh*, NJW 1970, 1214; *Dippel*, S. 8, mit Ausführungen zu den dort beschriebenen, *„aus heutiger Sicht höchst merkwürdig anmutenden Methoden"*.

706 *Arbab-Zadeh*, NJW 1970, 1214.

Schreibmeister *Démelle* die *„Anleitung zur Beurteilung gefälschter Schriften oder zum Vergleich von Schrift und Unterschrift"* heraus.[707] Aus der Bedeutung dieser Werke ist die gesteigerte Bedeutung von sachkundigen Begutachtungen in dieser Zeit abzulesen.

Der Sachverständigenbeweis entwickelte sich im inquisitorischen Verfahren in *„engstem Zusammenhang mit der Entwicklung des richterlichen Augenscheins"*.[708] So wurde er zu dieser Zeit, wenn möglich, als *„gemischter"* oder *„zusammengesetzter"* Augenschein geführt.[709] Dies geschah dadurch, dass der Sachverständige die Untersuchungen in der Verhandlung demonstrierte,[710] also die vom Richter zugezogene Person beim Augenschein einen Befund oder ein Gutachten abgab.[711] Regelmäßig wurde auf diese Weise bei der Leichenschau oder Leichenöffnung vorgegangen,[712] für die es neben dem Richter einer sachkundigen Person bedurfte, welche die Handlung vornehmen konnte. Auf diesem Vorgehen begründen sich sowohl die Bezeichnung des Sachverständigen als *„Gehilfe des Richters"*[713] als auch die heutige Diskussion über die Einordnung des Sachverständigen als Beweismittel in den Strafprozess.[714]

Im 16. und 17. Jahrhundert wurde in Anlehnung an die italienische Lehre der Inquisitionsprozess der Carolina weiterentwickelt und das Verfahren in zwei Abschnitte geteilt, die General- und die Spezialinquisition.[715] Im ersten Verfahrensabschnitt, der Generalinquisition, musste das *corpus delicti* (z.B. die Leiche

707 *Hepner*, S. 27; *Dippel*, S. 8.

708 *Ullmann*, S. 343.

709 *Dippel*, S. 8.

710 *Arbab-Zadeh*, NJW 1970, 1214; *Diepgen*, S. 286; *Dippel*, S. 8, der jedoch der Ansicht ist, dass *Arbab-Zadehs* aus diesem Vorgehen abgeleitete Schlussfolgerung, der Richter stütze sein Urteil voll und ganz auf den Sachverständigen und sei an dessen Erkenntnisse gebunden, nicht ohne Weiteres gefolgt werden könne.

711 *Glaser*, S. 673.

712 Vgl. auch Ausführungen zu Art. 134, 147, 149 CCC.

713 Dieser Begriff wird bis in die jüngste Zeit verwendet, z.B. RGSt 52, 161; 57, 158; 69, 98; BGHSt 3, 27, 28; 7, 238, 239; 9, 292, 293; 11, 211, 212; 13, 1, 4; BVerwG NJW 2011, 1983; *Kühne*, Rn. 856; *Henkel*, S. 217; *v. Hippel*, S. 411; *Wetzell*, S. 528; *Mayer*, FS-Mezger S. 455, 463. Er ist jedoch als irreführend und falsch abzulehnen, s. 3. Kapitel, D. II. 2.

714 Vgl. *Dippel*, S. 7, 11; Pawlak, S. 55; SK-*Rogall*, Vor § 72 Rn. 2. So ist der Sachverständige heute in der StPO systematisch im siebten Abschnitt über Sachverständige und Augenschein geregelt, obwohl er dem Zeugenbeweis sehr viel näher steht, LR-*Krause*, Vor § 72 Rn. 1.

715 *Eb. Schmidt*, Geschichte, § 187; *Henkel*, S. 47 f.; *Poppen*, S. 73 f.

oder Tatwaffe) bewiesen werden, um festzustellen, ob überhaupt eine verbrecherische Tat begangen worden war.[716] Folglich war der Augenschein das klassische Beweismittel dieses Verfahrensabschnitts.[717] Da das Geständnis des Täters lediglich dessen Täterschaft, aber nicht dessen Tat beweisen konnte, wurde der Täter erst im zweiten Verfahrensabschnitt, der Spezialinquisition, vernommen.[718] Der Täter musste also erst gefunden sein, bevor die Spezialinquisition beginnen konnte.[719] Die Zweiteilung und der Nachweis des *corpus delicti* diente der Einschränkung der Folter und somit dem Schutz des Beschuldigten.[720]

4. Der Sachverständige in der Neuzeit

Eine entscheidende Weiterentwicklung des deutschen gemeinen Strafrechts und Strafprozessrechts fand im 17. Jahrhundert statt. Für die Entwicklung des Sachverständigenbeweises nahm *Benedikt Carpzov der Jüngere* (1595 bis 1666) eine wichtige Stellung in der Entwicklung des Strafprozessrechts ein.[721] *Eb. Schmidt* bezeichnet ihn unter Verweis auf *v. Weber* als den Begründer der deutschen Strafrechtswissenschaft.[722] Trotz seines stark religiös geprägten Strafrechtsdenkens bemühte er sich darum, die Anwendung von Folter in engen Grenzen zu halten.[723] Konsequent machte er die nach Art. 149 der CCC im Ermessen des Richters stehende Hinzuziehung von Sachverständigen zum unverzichtbaren Bestandteil des Verfahrens.[724] Denn um die Todesstrafe zu verhängen, war Voraussetzung, dass eine dem Opfer zugefügte Wunde generell geeignet war, zum Tod zu führen. Eine Verletzung, die rein zufällig zum Tod führte, war dagegen nicht ausreichend. Diese Feststellung musste aber von medizinischen Sachverständigen getroffen werden.[725] Die sich daraus ergebende Notwendigkeit der Hinzuziehung eines medizinischen Sachverständigen zur Beurteilung der Tödlichkeit der Wunde setzte *Carpzov* so konsequent um, dass selbst ein geständiger

---

716 *Henkel*, S. 47 f.; *Heitsch*, S. 3 ff.; *Poppen*, S. 73 mit Verweis auf *Saur*, Peinlicher Process, 1580, S. 13 ff.

717 *Heitsch*, S. 3; vertiefend *Hall*, S. 2 ff., 4.

718 *Heitsch*, S. 3; vertiefend *Hall*, S. 4.

719 *Heitsch*, S. 3.

720 *Eb. Schmidt*, Geschichte, § 199; *Poppen*, S. 86.

721 *Welzel*, S. 12; *Eb. Schmidt*, Geschichte, § 137 mit Ausführungen zum Leben *Carpzovs*.

722 *Eb. Schmidt*, Geschichte, §§ 139, 142.

723 *Eb. Schmidt*, Geschichte, § 142.

724 *Pawlak*, S. 57; vgl. *Eb. Schmidt*, Geschichte, § 155.

725 *Poppen*, S. 76 ff. mit Verweis auf *Carpzov*, pars I, qu. 26, n. 1–3, S. 180 f.; vgl. dazu *Eb. Schmidt*, Geschichte, § 155; *Pawlak*, S. 57.

Täter dann nicht wegen eines Tötungsdelikts verurteilt werden konnte, wenn die Leichenbesichtigung unterlassen oder nicht in der vorgeschriebenen Form durchgeführt wurde.[726] Das Gutachten wurde als objektives Beweismittel behandelt, das, solange es nach den gesetzlichen Erfordernissen erstellt wurde, objektive Beweiskraft hatte.[727] Der Richter war somit daran gebunden.

Bis Mitte 18. Jahrhunderts wurden die strengen Beweisregeln allmählich gelockert und es setzte sich die Ansicht durch, dass eine Besichtigung des Leichnams im Falle einer vorsätzlichen Tötung zwar nach Möglichkeit vorgenommen werden sollte, aber nicht mehr unverzichtbar für eine Verurteilung war.[728] Nachdem seit der Entstehung der CCC bis ins 17. Jahrhundert der Richter eine solche Besichtigung vornahm,[729] war nach der Auffassung im 18. Jahrhundert die Anwesenheit des Richters bei der Besichtigung des Leichnams durchaus entbehrlich.[730] Weil die Ärzte vermehrt schriftliche Gutachten über die vorgenommenen Sektionen verfassten, wurden Erläuterungen an der geöffneten Leiche immer weniger notwendig, was eine Abkehr vom dogmatischen Verständnis des Sachverständigen als *„gemischter"* Augenschein bedeutete.[731] Dadurch wurde die Rolle des Sachverständigen gegenüber dem Richter faktisch deutlich gestärkt.

Gleichzeitig vollzog sich im Geiste der Aufklärung und in Umsetzung der Ideen des aufgeklärten Naturrechts ein Wandel im Denken über das Strafrecht aber auch den Strafprozess.[732] Die Aufklärungsbewegung lehnte sich gegen die noch immer geltende CCC mit ihren harten und grausamen Strafen sowie den Prozess der Wahrheitsfindung durch Folter auf und forderte mehr Rechtssicherheit im Verfahren.[733]

Samuel Frh. v. Pufendorf führte bereits Ende des 17. Jahrhunderts den Gedanken der moralischen Verantwortlichkeit in das Strafrecht ein und wurde somit

---

726 *Pawlak*, S. 57; Poppen, S. 77 f. mit Verweis auf *Carpzov*, S. 186 f.; Pars I, qu. 26, n. 53 und 54; vgl. auch *Eb. Schmidt*, Geschichte, § 155; dagegen wandte sich u. a. *Blumbacher* 1670 unter Berufung auf die Carolina, s. *Poppen*, S. 82 mit Fn. 3.

727 *Pawlak*, S. 70; *Poppen*, S. 117 mit weiteren Quellennachweisen; vgl. *Ullmann*, S. 343.

728 *Poppen*, S. 92 mit vertiefenden Ausführungen dazu ab S. 85 ff.

729 Vgl. *Poppen*, S. 9, 20.

730 Das ergab sich u.a. aus der Rolle der Stadtärzte, denen ein besonderes Vertrauen entgegengebracht wurde, weil sie ein öffentliches Amt bekleideten, wofür sie ihre Qualifikation nachweisen mussten. Ausführlich dazu *Poppen*, S. 104 ff.

731 *Poppen*, S. 124; von *Glaser* allerdings noch als die *„umfassendste und zugleich die normale Verwendung des Sachverständigen"* bezeichnet, S. 673, 675.

732 Vgl. *Eb. Schmidt*, Geschichte, §§ 203 ff., 210 ff.; *Eisenhardt*, § 10 Rn. 459 ff.

733 Vgl. *Eb. Schmidt*, Geschichte, §§ 214 f., 252.

zum Begründer der Lehre vom Schuldstrafrecht.[734] Mit *K. F. Hommel* (1722–1781) fand ein Verständnis für soziale Ursachen des Verbrechens Eingang in die Strafrechtswissenschaft. Er forderte eine Reform des Strafrechts.[735] Mit seinem in viele Sprachen übersetzten Werk *„Dei delitti e delle pene"* von 1764 verbreitete *Cesare Beccaria* die kriminalpolitischen Reformgedanken der französischen Aufklärung in Europa und forderte die Humanisierung der Strafrechtspflege auch im Strafprozess, insbesondere durch Abschaffung der Folter und die Stärkung der Beschuldigtenrechte. Vor allem aber machte er die Unzulänglichkeiten der bisherigen Beweistheorien deutlich.[736]

Schon zuvor schaffte *Friedrich der Große* kurz nach seinem Amtsantritt im Jahr 1740 unter dem Einfluss von *Thomasius*,[737] *Montesquieu* und *Voltaire* als preußischer Gesetzgeber und oberster Richter die Folter ab.[738] Dadurch ergab sich aber ein Beweisproblem im Rahmen der bestehenden strengen Beweisregeln, da das Gericht einen Beschuldigten lediglich dann verurteilen konnte, wenn es die der Verurteilung zugrunde liegenden Tatsachen als erwiesen ansehen durfte. Das war dem Gericht wiederum nur dann erlaubt, wenn der Beschuldigte gestand oder zwei vollgültige Zeugen die Tatsachen bekundeten, was in der Praxis wohl sehr selten vorkam.[739] Die von *Friedrich dem Großen* gefundenen Lösungen waren lediglich punktuell und eine notwendig gewordene Reformierung des Beweisrechts fand nicht statt.[740] Mit der *Kriminalordnung* von 1805 fand die Entwicklung des Inquisitionsprozesses in Preußen ihren Abschluss.[741]

Ende des 18. und Anfang des 19. Jahrhunderts war eine entscheidende Frage das Verhältnis des Naturrechts zum positiven Gesetzesrecht im Zusammenhang mit der Imputation und der Strafzumessung.[742] *V. Feuerbach* führte die *kantsche* absolute Straftheorie, die auf der Ethik gründete und strikt zwischen Moralität und Legalität trennte, über auf eine rechtspolitische Funktion der Strafe und die

---

734 *Conrad* II, S. 437.

735 *Eb. Schmidt*, Geschichte, § 211 mit vertiefenden Ausführungen zum Leben und Wirken von *Hommel*.

736 *Eb. Schmidt*, Geschichte, § 209.

737 *Thomasius* äußerte zwar rationale Bedenken gegen die Eignung der Folter zur Ermittlung der Wahrheit, hielt allerdings – zumindest für einige Fälle – an ihr fest, *Eb. Schmidt*, Geschichte, § 253.

738 *Eb. Schmidt*, Geschichte, §§ 210, 237 ff.

739 *Eb. Schmidt*, Geschichte, § 253; vgl. auch *Poppen*, S. 221.

740 Vertiefend dazu *Eb. Schmidt*, Geschichte, § 253.

741 *Conrad* II, S. 447.

742 *Eb. Schmidt*, Geschichte, § 226.

sie kodifizierenden Gesetze.[743] Gleichzeitig begann ein Prozess zur Neugestaltung des Strafverfahrens. Das Prinzip der freien Beweiswürdigung konnte sich jedoch auch zu dieser Zeit in den deutschen Partikularrechten nicht durchsetzen.[744] Trotz der Versuche *v. Feuerbachs*, die grundlegenden Mängel des Inquisitionsprozesses zu beseitigen, blieb der Inquisitionsprozess in den Landesgesetzen der drei größten deutschen Staaten[745] Österreich (1803), Preußen (1805) und Bayern (1813) bestehen, wenn auch in modifizierter Form.[746]

5. *Der Sachverständigenbeweis im 19. Jahrhundert bis zum Erlass der Reichsstrafprozessordnung*

Mit dem 19. Jahrhundert beginnt ein Zeitalter, das bis heute durch immer rasantere Fortschritte in den Naturwissenschaften und der Technik geprägt ist.[747] Die moderne Forschung auf den Gebieten der Physik und Chemie begann, sich in den Jahren zwischen 1750 und 1800 weiterzuentwickeln. Als Folge davon entwickelte sich auch das Gebiet der Kriminaltechnik weiter.[748]

Im Jahr 1836 ermöglichte beispielsweise die Entdeckung der Arsen-Probe durch *Marsh* den Nachweis von Vergiftungen mit dem damals *„populärsten"* Gift.[749] Auch der Bereich der Psychiatrie, der von *Kant*[750] noch als Gebiet der Philosophie gesehen wurde, fand Eingang in die Naturwissenschaften.[751] Das führte dazu, dass der Sachverständigenbeweis immer mehr an Bedeutung gewann.[752]

---

743 Vgl. *Eb. Schmidt*, Geschichte, §§ 220 ff., § 230.

744 *Dippel*, S. 12.

745 *Glaser*, S. 120.

746 *Conrad* II, S. 450 mit weiteren Ausführungen; *Glaser*, S. 121.

747 Das Bedürfnis nach der Erforschung der materiellen Wahrheit hat geschichtlich im Ergebnis auf die beweisrechtliche Entwicklung zum Grundsatz der freien Beweiswürdigung einen erheblichen Einfluss gehabt, vgl. *Glaser*, S. 339 f., 161 und im Anschluss daran *Mezger*, AcP 117 (1918), Beilageheft, 1, 27, der weiter ausführt, dass dieses Prinzip eine besondere Ausprägung schließlich in § 243 III StPO a. F. (§ 244 II n. F.) gefunden habe, S. 28.

748 Vgl. *Dippel*, S. 9 f.

749 Beschrieben bei *Diepgen*, S. 286; *Fischer-Homberger*, S. 399 ff.; *Dippel*, S. 9.

750 *Kant*, Anthropologie, 2. A., 1800, 2. Kapitel, 1. Buch C, § 51, zitiert nach *Mezger*, S. 41 f.; *Dippel*, S. 9.

751 *Dippel*, S. 9.

752 Vgl. *Dippel*, S. 9; *ders.*, FS-E. Müller, S. 125, 129; *Frenken*, DAR 1956, 291, 292; *Fuld*, JW 1912, 520; ArchKrim 137 (1966), 61, 66 mit Fn. 35; *Geppert*, DAR 1980, 315.

Neben der Medizin gewannen nun auch diverse andere Wissensgebiete durch entsprechend kundige Personen im Gericht an Bedeutung.[753]

In dieser Zeit begann auch die Auseinandersetzung mit der Stellung des Sachverständigen im Prozess.[754] Aufgrund der noch geltenden strengen gesetzlichen Beweistheorie waren die Richter an das ordnungsgemäß erstattete und unverdächtige Gutachten gebunden.[755]

Im Jahr 1801 erschien eine erste zusammenfassende dogmatische Bearbeitung des Prozessrechts,[756] das „*Handbuch des deutschen gemeinen Prozesses*", in dem sich *Gönner* mit der Natur des Sachverständigenbeweises beschäftigte. Seine Ausführungen zu den „*Kunstverständigen*"[757] beginnt er mit folgendem Satz:

> *„Nichts war schädlicher, als daß man Kunstverständige für ein Beweismittel ansah, und die Kunstverständigen als Zeugen behandelte, weil sie dritte Personen sind, deren Aeusserungen auf den Ausgang eines Streits einen wichtigen Einfluss haben."*[758]

Im Anschluss führte er aus:

> *„Kunstverständige sind immer Gehülfen des Richters, und sie haben gar nichts an sich, welches uns berechtigte, sie in die Klasse der Beweismittel zu stellen. Sie wirken entweder bey einem Augenschein als Mittel, wodurch der Richter seine Augen bewaffnet, ihre Handlung ist nur mittelbare richterliche Wahrnehmung; oder sie wirken ausser dem Augenschein auf die Beurtheilung solcher Tatsachen, welche der Richter aus Mangel an Kenntnissen einer besonderen Kunst nicht beurteilen kann; sie urtheilen hier über das Faktum, welches der Richter unter das Gesetz subsumiert, um die Rechte unter den streitenden Theilen festzusetzen (…) ihr Wirkungskreis ist ein Theil des Richteramts."*[759]

Durch diese Äußerungen erhält man einen umfassenden Überblick über den Streit der damaligen Zeit bezüglich der Einordnung des Sachverständigen in den Strafprozess, welcher bis heute – wenn auch auf anderen Ebenen[760] – weiter

---

753 Beispiele bei *Dippel*, FS-E. Müller, S. 125, 129.

754 Vgl. nur *Mittermaier*, AcP 2 (1819), S. 119, 121.

755 *Dippel*, S. 12; *Mayer*, FS-Mezger, S. 455, 465 mit Verweis auf *Mittermaier*, Das deutsche Strafverfahren, 1846, II, § 160; *v. Savigny*, GA 6 (1858), 467, 482; *Ullmann*, S. 322 f.

756 *Pawlak*, S. 60 f.; vgl. auch *Obermeyer*, S. 48 ff.

757 *Gönner*, S. 427 ff.

758 *Gönner*, S. 427.

759 *Gönner*, S. 428, 430 f.

760 Die heute ganz h. M. sieht den Sachverständigen als persönliches Beweismittel, s. 3. Kapitel, B.

fortgeführt wird und der auf den Entwicklungen des Sachverständigenbeweises im gemeinen Recht beruht.[761]

Der Sachverständige wurde als *„gelehrter“*,[762] *„rationaler“*[763] oder *„sachverständiger“* Zeuge,[764] also als Beweismittel gesehen, aber auch als Augenscheinsbeweis, als *„Gehilfe des Richters“* und in derselben Funktion als Teil des richterlichen Ausspruchs. Die Streitfrage war also, ob der Sachverständige einem anderen Beweismittel zufalle, ob er *„Gehilfe des Richters“*[765] oder ob er ein Beweismittel eigener Art sei.[766]

a) Der Sachverständige als gelehrter oder rationaler Zeuge

So war eine ältere Ansicht,[767] die noch von *Stübel* vertreten wurde,[768] der Auffassung, dass der Sachverständige ein Beweismittel wie der Zeuge sei, da er ebenfalls zunächst Wahrnehmungen mache und diese dann dem Gericht zur Verfügung stelle, um ihm bei der Wahrheitsfindung zu helfen.[769] Sachverständige seien daher *„gelehrte“* oder *„rationale“* Zeugen, weswegen die Regeln des Zeugenbeweises auch für den Sachverständigen gelten sollten.[770] Diese Ansicht geht u.a. auf die Partikulargesetze zurück, z.B. das Bayrische Gesetz von 1848, das Zeugen und Sachverständige gleichstellte.[771]

---

761 *Dippel*, S. 11, der darauf hinweist, dass die Bezeichnung *„Sachverständiger“* am Ende einer Entwicklung steht, die von zahlreichen Benennungen wie *„gelehrter Zeuge“*, *„rationaler Zeuge“*, *„sachverständiger Zeuge“* und *„Kunstsachverständiger“* geprägt war. Das Wort *„sachverständig“* dürfte nach *Dippel* erstmals in der CCB und der daran angelehnten CCC verwendet worden sein, s. Fn 73.

762 Der Begriff findet sich bei *Ullmann*, S. 344 mit Fn. 5, unter Bezugnahme auf das französische und englische Recht; *Glaser*, Beiträge, S. 383 ff.

763 Im Gegensatz zu *„faktischen“* Zeugen, *Stübel*, IV § 2478 f.

764 Belege bei *Obermeyer*, S. 55, Fn. 40 f., 31 Fn. 41, 42.

765 Dieser Begriff wurde jedoch uneinheitlich verwendet und kann somit kein eigenständiges dogmatisches Verständnis des Sachverständigenbeweises vermitteln, *Poppen*, S. 228 m. w. N.

766 *Zachariae* II, S. 425 f.; *Birkmeyer*, S. 445; *Mittermaier*, GA 1853, 7.

767 Vgl. *Obermeyer*, S. 55 f.

768 *Stübel*, II § 877, IV §§ 2478 ff.; vgl. dazu auch *Mittermaier*, S. 142 f. mit Fn. b) mit a. A.; später aber *ders.* AcP 2 (1819), 119, 122 f. mit einer Annäherung.

769 Vgl. *Stübel*, II § 877, IV §§ 2478 ff.

770 *Stübel*, IV § 2478; *Birkmeyer* sieht ebenfalls eine große Nähe zum Zeugen, schließt sich dieser Ansicht aber nicht an, S. 443 f.; vgl. *Pawlak*, S. 64; *Ullmann*, S. 344; *Hegler* 104 (1909), 151.

771 S. dazu vertiefend *Mittermaier*, GA 1853, 7, 10 ff.

b) *Der Sachverständige als Teil des richterlichen Augenscheins und als Gehilfe des Richters*

Andere länderrechtliche Kodifikationen aus dem 19. Jahrhundert haben den Sachverständigenbeweis häufig zusammen mit dem richterlichen Augenschein behandelt.[772]

Auch *Gönner* ordnete den Sachverständigen dem Augenscheinsbeweis zu,[773] wenn er nicht begutachtet, sondern lediglich aufgrund seiner Sachkunde Tatsachen wahrnimmt und dem Gericht darüber Auskunft gibt.[774] Beurteilt der Sachverständige in einem Gutachten, bezeichnete ihn *Gönner* als *iudex facti*, dessen Ausspruch also das Faktum wird, das der Richter unter das Gesetz subsumiert, um die Rechtsfolgen zu bestimmen.[775] Dies mache den Sachverständigen zum „*Gehilfen des Richters*".[776] Zeuge könne der Kunstverständige u.a. deshalb nicht sein, weil es bei Zeugen nicht auf ihr Urteil oder ihre Meinung, aber die Kenntnis des Faktums ankäme. Beim Sachverständigenbeweis sei die Beurteilung dagegen sein Zweck und dafür käme es auf seine Kenntnis der Kunst und der Wissenschaft an.[777]

Sowohl in den Fällen des Augenscheins als auch bei der Beurteilung übe der Sachverständige also den Bereich der richterlichen Tätigkeit in Form der Reflexion aus, den der Richter selbst nicht beurteilen könne und sei damit Teil des richterlichen Ausspruchs.[778] Wie der Richter dürfe der Sachverständige daher nicht

---

772 Z. B. Strafprozess-Ordnung Oldenburg von 1857, 10. Teil zit. nach *C.F.W.J. Haeberlin*, Sammlung der neuen deutschen Strafprocessordnungen mit Einschluss der französischen und belgischen sowie der Gesetze über Einführung des mündlichen und öffentlichen Strafverfahrens mit Schwurgerichten, Greifswald 1852. Insbesondere die Kodifikationen aus den 60er Jahren stellen eine Schnittstelle zwischen dem gemeinen Recht und den sich im 19. Jahrhundert entwickelnden neueren Auffassungen dar, die zugleich die Grundlage für den Entwurf der RStPO von 1873 sind. Sie haben einen großen Einfluss auf das Sachverständigenrecht ausgeübt, so und zur Vertiefung *Pawlak* mit weiteren Quellen, S. 79 f.

773 *Stübel*, II § 2478 sieht das als irrige dogmatische Einordnung, die zu falschen Ergebnissen führt.

774 *Gönner*, S. 432.

775 *Gönner*, S. 439.

776 So z.B. auch *Stenglein*, S. 198.

777 *Gönner*, S. 443, mit weiteren Argumenten, S. 442 ff.

778 *Gönner*, S. 427 ff., 432. Diese Auffassung sei nach *Mayer*, FS-Mezger, S. 455, 465, für das damalige Prozessrecht die richtige Einordnung gewesen; wie *Gönner* wohl auch *Mittermaier*, S. 145 ff. mit weiteren Ausführungen u.a. mit Berufung auf Art. 149 CCC; vgl. auch *Pawlak*, S. 73.

als Beweismittel angesehen werden.[779] Am Richteramt solle er aber nur insoweit Anteil nehmen, wie seine Sachkunde reiche. Die Subsumtion unter das Gesetz sei immer ausschließliche Aufgabe des Gerichts.[780]

Der Richter war nach dieser Ansicht an das Urteil des Sachverständigen gebunden. Es war danach ein Widerspruch, wenn sich der Richter ein Urteil über das Gutachten anmaßen würde. Die Richtigkeit des Gutachtens könnten allein andere Kunstverständige von höherem Rang beurteilen.[781]

Mittermaier schloss sich dem zunächst insoweit an, als seiner Auffassung nach die Aufgabe des Sachverständigen in der Schlussfolgerung und Reflexion, also der Bildung eines Urteils, liege und deshalb die Tätigkeit mit der des Richters übereinstimme.[782] Auch er bezeichnete den Sachverständigen als *„Gehilfen des Richters"*, weswegen seiner Auffassung nach die Anwesenheit des Richters bei Untersuchungen dann nicht erforderlich war, wenn der Sachverständige diese vornahm.[783] Das sollte aber nicht gelten, wenn es sich um die bloße Wahrnehmung von Tatsachen handelte.[784]

Auch nach *Wetzell* sind Sachverständige *„Hülfsorgane"* und *„Gehülfen"* des Richters.[785] Als Sachverständigentätigkeit sah er aber nur eine beurteilende Tätigkeit an, bei der die Person Schlüsse aus Tatsachen zieht, die als feststehend oder vorläufig als feststehend angenommen werden.[786] Er trennte diese Tätigkeit

779 *Gönner*, S. 432 f.; so im Anschluss auch *Mittermaier*, S. 140 ff.; 165 ff. Es ist an dieser Stelle darauf hinzuweisen, dass die *„Theorie des Beweises im Peinlichen Prozesse"* schon ca. 1809 fertig gestellt war, aber aufgrund *„unverschuldeter Unglücksfälle"* erst 1821 in den Verkehr gebracht wurde, wie es sich aus ihrem Vorwort ergibt. *Mittermaier* führt in dem Vorwort weiter aus, dass sich in den seit der Fertigstellung vergangenen 12 Jahren seine Ansichten teilweise geändert haben, was man auch seinen Ausführungen in der AcP 2 (1819), S. 119 ff., entnehmen kann, die im Jahr 1819 und somit vor dem an dieser Stelle zitierten Werk erschienen sind.

780 *Gönner*, S. 439.

781 *Gönner*, S. 447 ff. mit weiteren Ausführungen zum Vorgang.

782 *Mittermaier*, S. 172; *Pawlak*, S. 67.

783 *Mittermaier*, S. 179; *Pawlak*, S. 67. Während der Zeit, in der die Ansicht herrschte, der Sachverständige werde im Rahmen des *„gemischten Augenscheins"* tätig, sollte der Richter während der Untersuchungen anwesend sein, was zu Kritik führte, da dies z. T. als *„Zeitverschwendung"* gesehen wurde, vgl. *Poppen*, S. 226 f.

784 *Mittermaier*, S. 179; *Pawlak*, S. 67.

785 *Wetzell*, S. 528 f., der den Sachverständigen im Jahr 1878 im Kapitel über die *„Richterliche Cognition"* abhandelt.

786 *Wetzell*, S. 529; *Pawlak*, S. 63.

von der Tätigkeit sachverständiger Zeugen.[787] Diese waren nach seiner Ansicht Personen, die über die Wahrnehmung von Tatsachen aussagen, deren Vorliegen bestritten[788] wurde und die nicht ohne Sachkunde wahrgenommen werden können.[789] Die Unterscheidung von wahrnehmenden und urteilenden Sachverständigen lehnte *Wetzell* als unbrauchbar ab, da auch der im Sinne des Augenscheins wahrnehmende Sachverständige bereits urteile.[790]

Der von ihm aufgezeigte Gegensatz von Sachverständigen und sachverständigen Zeugen bannte seines Erachtens die Gefahr, dass Sachverständige als eigenes Beweismittel behandelt würden, was sie als Gehilfen des Richters nicht sein könnten.[791] Auch er nahm die Bindung des Gerichts an das Sachverständigengutachten an.[792]

c) *Vermittelnde Ansicht*

Mittermaier setzte bereits im Jahr 1819 Anstöße für die sich entwickelnde vermittelnde Ansicht, indem er Sachverständige als Beweismittel wie Zeugen ansah, wenn sie Tatsachen wahrnehmen, die allein mit Sachkunde wahrgenommen werden können. Dagegen sollte der Sachverständige hinsichtlich der Beurteilung von Tatsachen „*Gehilfe des Richters*" sein.[793] Dem liege die Einteilung der Sachverständigentätigkeit in eine „*doppelte Bestimmung*" zugrunde, je nachdem, ob Sachverständige als Erklärende und Wahrnehmende (*artis periti declarantes v. percipientes*) oder als Urteilende (*judicantes a.p., judices facti*) in Betracht kommen.[794] Er differenzierte ferner danach, wer den Sachverständigen hinzuziehe. Wollten die Parteien damit einen Beweis führen, sollte es sich bei dem Sachverständigen um ein Beweismittel handeln. Fehlte dem Richter dagegen die Sachkunde und zog er den Sachverständigen zur Vornahme notwendiger

---

787 Nach seiner Ansicht können Sachverständige nicht Zeugen sein, was seines Erachtens aber gegen die h. M. sprach, *Wetzell*, S. 530 Fn. 16.

788 *Wetzell* schreibt über den „*Civilprozess*", seine Ausführungen sind aber auch für den Strafprozess weiterführend.

789 *Wetzell*, S. 529.

790 *Wetzell*, S. 529 Fn. 13.

791 *Wetzell*, S. 530; *Pawlak*, S. 63.

792 Er schließt den Gegenbeweis aus, *Wetzell*, S. 534.

793 *Mittermaier*, AcP 2 (1819), 119, 122 ff.

794 *Walther*, AcP 26 (1843), 255; *Mittermaier*, S. 143 f.; *ders.* AcP 2 (1819), 119, 121 ff.; *Strippelmann*, S. 68, von diesem aber wieder verworfen, S. 85; *Dippel*, S. 11. Diese Trennung gab es in terminologischer Hinsicht bereits früher, wurde allerdings wieder aufgegeben, *Pawlak*, S. 65 Fn. 130; vgl. *Obermeyer*, S. 50 f.

Schlussfolgerung für die Urteilsfindung heran, sei er als Richtergehilfe zu sehen.[795] Noch später bezeichnete *Mittermaier* den Sachverständigenbeweis jedoch als *„eine eigenthümliche Quelle des Beweises"*, die nach eigenen Regeln beurteilt werden müsse.[796]

Die vermittelnde Ansicht ging davon aus, dass Sachverständige Beweismittel oder Richtergehilfen sein können und lehnte eine strikte Alternativität ab.[797] Zur Begründung führte *Häberlein* aus, dass auch der einfache Zeuge urteile.[798] Ein Sachverständiger, der sowohl wahrnehmend als auch urteilend tätig wird, könne entweder als Beweismittel oder als Richterhilfe oder auch in Kombination tätig werden.[799] Die wahrnehmende Tätigkeit läge dann vor, wenn der Richter Tatsachen selbst nicht wahrnehmen konnte, weil dafür eine bestimmte Sachkunde erforderlich war.[800] Dann sei der Sachverständige *„Befundberichterstatter"*.[801] Die Beurteilung dieser Tatsachen sollte dann durch den Richter oder einen anderen, nämlich *„urteilenden"*, Sachverständigen vorgenommen werden.[802]

V. Feuerbach ordnete den Sachverständigen systematisch im Kapitel der einzelnen Beweismittel dem Augenschein zu,[803] obwohl er den Sachverständigen in der Art des Richtergehilfen beschreibt, da er in seiner Funktion auch urteile und somit richterliche Aufgaben wahrnehme.[804]

d) Die Bindung des Richters an das Gutachten

Die Bindung des Richters an das Gutachten war zu dieser Zeit selbstverständlich.[805] So war man der Ansicht, als *iudex facti* könne der Sachverständige nicht vom Richter überprüft werden.[806] *Gönner* und *Grolmann* setzten sich jedoch,

795 *Mittermaier*, AcP 2(1819), 119, 121 ff.; *Pawlak*, S. 68.

796 *Mittermaier*, Strafverfahren, S. 473; *ders.* schon im Ansatz in GA 1853, 7, 24; *Zachariae* II, S. 426; *Pawlak*, S. 68.

797 *Mittermaier*, AcP 2 (1819), 119, 121 ff.; *Grolmann*, §§ 466, 512; vgl. *Obermeyer*, S. 52 f.; *Birkmeyer*, S. 447; *Binding*, S. 150; *Pawlak*, S. 65; *Dippel*, S. 11.

798 *Häberlein*, S. 44 f. Zu dieser Zeit war der Sachverständige allerdings bereits durch die Reichszivilprozessordnung von 1877 zum formellen Beweismittel geworden, S. 8.

799 *Häberlein*, S. 8; *Pawlak*, S. 65.

800 *Pawlak*, S. 66; *Birkmeyer, S.* 443; *Binding, S.* 150.

801 *Häberlein*, S. 45; *Pawlak*, S. 65.

802 *Häberlein*, S. 45; *Pawlak*, S. 66.

803 *V. Feuerbach*, § 574; *Pawlak* S. 68.

804 *V. Feuerbach*, § 574; *Pawlak*, S. 68.

805 Z. B. *Gönner*, S. 432.

806 *Gönner*, S. 445; *Birnbaum*, Neues Archiv des Criminalrechts, Band 14, S. 243 ff.; *Grolmann*, § 513.

konsequent ihrer Auffassung folgend, für die Rechtsmittelfähigkeit des Gutachtens ein, weil das Gutachten als faktischer Teil des Urteils die gleiche Qualität wie dieses habe.[807] *Mittermaier* gestand dem Richter eine Überprüfung der Widerspruchsfreiheit und der zugrunde gelegten Tatsachen zu.[808] Noch später näherte er sich dann dem Grundsatz der freien Beweiswürdigung an und rückte damit vom gemeinrechtlichen Bindungsprinzip des Gutachtens ab.[809]

Im jüngeren gemeinen Recht führte dann die im Rahmen der Reformbewegung entwickelte *„negative Beweistheorie"*[810] zu einer leichten Abschwächung der starren gesetzlichen Beweisregeln insoweit,[811] als das Gericht für die Verurteilung nur noch an ein Minimum gesetzlicher Beweisregeln gebunden war.[812] Das führte wiederum dazu, dass das Urteil des Sachverständigen nicht mehr als Teil des richterlichen Ausspruches galt, auch wenn sich an der Vorstellung der *„doppelten Bestimmung"* des Sachverständigenbeweises nichts änderte.[813]

Ullmann lehnte schließlich die Einordnung des Sachverständigen als *iudex facti* mit der Begründung ab, er wirke nicht als Subjekt der Gerichtsbarkeit am gerichtlichen Verfahren mit. Das Urteil des Sachverständigen sei eines im gutachtlichen, nicht im prozessrechtlichen Sinne und könne den Richter deshalb nicht binden.[814] Die Bezeichnung des Sachverständigen als *„Gehilfe des Richters"* lehnte er mit der Begründung ab, dass der Zeuge dem Richter ebenfalls helfe und der Sachverständige auch im Interesse der Parteien handelt.[815]

---

807 *Grolmann*, § 513 Fn. (b); *Gönner*, S. 445.

808 *Mittermaier*, AcP 2 (1819), 119, 139 f.; *Mittermaier*, GA 1853, 107 ff., 113.

809 *Mittermaier*, Strafverfahren, S. 475 ff. unter Betrachtung des englischen und französischen Rechts; *Pawlak*, S. 76.

810 *V. Savigny*, GA 6 (1858), 469, 483; *Glaser*, S. 678; vgl. *Ullmann*, S. 322 f.; *v. Kries*, Strafprozessrecht, S. 60 f.; *Walter*, S. 64; *Dippel*, S. 13; vertiefend zur Entwicklung der Beweistheorien, *Küper*, FS-Peters, S. 23, 34 ff.

811 *Dippel*, S. 13.

812 Die *„negative Beweistheorie"* wurde ausdrücklich in der württembergischen Strafprozessordnung von 1843 und der badischen Strafprozessordnung von 1845 erwähnt, *v. Kries*, Strafprozessrecht, S. 60 mit Fn. 2 und 3.

813 *Dippel*, S. 13; vgl. auch *Glaser*, S. 679 f.

814 *Ullmann*, S. 344.

815 *Ullmann*, S. 343.

6. *Der Sachverständigenbeweis in der Reichsstrafprozessordnung*

Das Sachverständigengutachten wurde erst durch Kodifizierung in der Reichsstrafprozessordnung im Jahr 1877[816] mit der damit einhergehenden Einführung der freien Beweiswürdigung zum Beweismittel.[817] Jegliche Bindung des Richters an Sachverständigengutachten wurde aufgrund der bewussten Entscheidung des Gesetzgebers beseitigt.[818] Die unterschiedlichen Auffassungen des gemeinen Rechts zur Rechtsnatur des Sachverständigenbeweises fanden jedoch Eingang in das Gesetz.

So wird in den Motiven zum Entwurf der deutschen Strafprozessordnung der Sachverständige als *„Gehilfe des Richters“* bezeichnet,[819] was dazu führte, dass diese Bezeichnung bis weit in das 20. Jahrhundert hinein Anhänger fand.[820] Auch findet sich die Nähe des Sachverständigen zur Verfahrensposition des Richters in der Regelung des § 74 StPO wieder. Diese Vorschrift, deren Einführung mit dem richterähnlichen, teilweise sogar identischen Tätigkeits- und Entscheidungsbereich begründet wurde,[821] orientiert die Ablehnung des Sachverständigen am Ausschluss des Richters von der Ausübung seines Amts. Wie *Pawlak* daher zutreffend feststellt, hat die Gesetzeskonzeption, trotz der Unterstellung des Sachverständigengutachtens unter die freie richterliche Beweiswürdigung, die gemeinrechtliche Doktrin nicht gänzlich überwunden.[822]

Des Weiteren wurde der Sachverständige im siebten Abschnitt der StPO zusammen mit dem Augenscheinsbeweis geregelt, woran sich bis heute nichts geändert hat. Begründet wurde dies damit, dass beide Arten der Beweiserhebung in einem inneren Zusammenhang stünden und die Zuziehung von Sachverständigen vorzugsweise bei der Einnahme des gerichtlichen Augenscheins stattzufinden pflege.[823] Die systematisch etwas unglückliche Einordnung trägt ebenfalls zu der bis heute andauernden Diskussion im Rahmen der Abgrenzung der Beweismittel voneinander bei.[824]

Dasselbe gilt für die zu Beginn der Vorschriften über den Sachverständigenbeweis in § 72 StPO ausgeführte Regelung, wonach der Abschnitt über den

---

816 Zur Entstehung s. *Glaser*, S. 188 ff.
817 *Mayer*, FS-Mezger, S. 455, 465.
818 *Erb*, ZStW 121 (2009), 882, 884.
819 *Glaser*, S. 681; Motive bei *Hahn*, S. 121.
820 S. 3. Kapitel, D. II. 2.
821 Vgl. *John*, S. 666 f.; Motive bei *Hahn*, S. 121; *Pawlak*, S. 91.
822 *Pawlak*, S. 91.
823 Motive bei *Hahn*, S. 120.
824 *Eb. Schmidt* II, Vor § 72 Rn. 1; *v. Hippel*, S. 410; zur Abgrenzung s. 3. Kapitel, D.

Zeugenbeweis entsprechend Anwendung finden soll, soweit nicht in den nachfolgenden Paragraphen abweichende Vorschriften getroffen sind. Diese Norm sollte ursprünglich zwischen § 82 und § 83 RStPO eingeordnet werden.[825] Eine systematische Einordnung an spätere Stelle wäre richtig gewesen, da durch die jetzige Position der Regelung der falsche Eindruck erweckt werden könnte, der Sachverständige sei eine Art Zeuge und die nachfolgenden Regelungen hätten lediglich ergänzende Funktion.[826]

7. Zusammenfassung

Mit Abschwächung der sich seit dem Hochmittelalter herausgebildeten „*gesetzliche[n] Beweistheorie*", wonach der Strafrichter an das Vorliegen bestimmter, gesetzlich oder sonst wie rechtlich vorgegebener Beweise für eine Verurteilung gebunden war,[827] verringerte sich im gemeinen Prozess auch die Rechtsstellung des Sachverständigen vom *iudex facti* zum bloßen „*Richtergehilfen*".[828] Bis zum Ende des gemeinen Prozessrechts hielt sich die Auffassung, dass Sachverständige keine echten Beweismittel seien.[829] Erst mit den Reichsprozessgesetzen wurde das Sachverständigengutachten mit der Einführung der unkontrollierten freien Beweiswürdigung zum Beweismittel.[830]

Festzustellen ist jedoch, dass sich bis heute die unterschiedlichen Auffassungen des gemeinen Rechts über die Rechtsnatur des Sachverständigenbeweises im Gesetz wiederfinden, was die bis heute vertretenen, unterschiedlichen Auffassungen hinsichtlich der Abgrenzung der persönlichen Beweismittel voneinander stützt.[831]

825 *V. Kries*, Strafprozessrecht, S. 383.

826 Vgl. *John*, S. 651; *v. Kries*, Strafprozessrecht, S. 383; *v. Hippel*, S. 410; *Eb. Schmidt* II, Vor § 72 Rn. 2; SK-*Rogall*, Vor § 72 Rn. 4.

827 *Jerouschek*, GA 1992, 493, 497; *Gössel*, FS-Meurer, S. 381, 389; vgl. *Mittermaier*, Strafverfahren, S. 475 ff.

828 *Mayer*, FS-Mezger, 455, 465 mit Verweis auf die Darstellung bei *Walther*, AcP 26 (1843), S. 255 ff.; *Zachariae* II, S. 426, führte aus, dass sich damit die Kontroverse über die Art des Sachverständigenbeweises verringert habe. An dem Begriff des „*Richtergehilfen*" wird bis heute festgehalten. Dazu und zur Untauglichkeit dieses Begriffs für die Abgrenzung des Sachverständigen vom Zeugen, vgl. 3. Kapitel, D. II. 2.

829 *Mayer*, FS-Mezger, S. 455, 465; *Wetzell*, S. 528 ff., 530.

830 *Glaser*, S. 681; *Mayer*, FS-Mezger, 455, 466.

831 *Eb. Schmidt* II, Vor § 72 Rn. 1; *v. Hippel*, S. 410; zur Abgrenzung s. 3. Kapitel, D.

II. Beweisaufgabe des Sachverständigen

Wie schon aus der historischen Entwicklung des Sachverständigenbeweises und den dazu erfolgten Diskussionen erkennbar, besteht ein bedeutender Unterschied zwischen Zeugen und Sachverständigen in ihren jeweiligen Aufgaben, also dem Grund ihrer Einbeziehung in den Strafprozess. Für die später zu beantwortende Frage der Abgrenzung der Beweispersonen voneinander sowie die Frage, ob und in welcher Form Fallanalytiker im Strafprozess vernommen werden können, ist die Betrachtung der Beweisaufgaben von besonderem Interesse.

Anders als der Zeuge, der dem Gericht entscheidungsrelevante Tatsachen mitteilen soll,[832] soll der Sachverständige im Prozess dem erkennenden Gericht und im Ermittlungsverfahren der Staatsanwaltschaft[833] Sachkunde[834] vermitteln, anwenden oder beides kombinieren.[835] Die besondere Sachkunde kann auf verschiedene Weisen Eingang in den Prozess finden.

Hegler[836] und im Anschluss daran *Mezger*[837] unterteilen in ihren grundlegenden Ausführungen zur Beweisaufgabe des Sachverständigen die möglichen Beweisthemen zur Verwertung der Sachkunde zum Zwecke des Prozesses in drei Kategorien.[838] Die erste Kategorie ist die Mitteilung abstrakter Ergebnisse aus dem Gebiet besonderer Sachkunde, die zweite Kategorie ist die Mitteilung von Schlussfolgerungen aus feststehenden konkreten Tatsachen des Prozesses mithilfe von Sachkunde und die dritte Kategorie ist die Wahrnehmung von Tatsachen, wenn zur Wahrnehmung und Feststellung der Tatsachen besondere Sachkunde notwendig ist.[839] In der Praxis ist es durchaus möglich und auch häufig, dass die verschiedenen Kategorien miteinander kombiniert werden.[840]

---

832 S. 3. Kapitel, A. II.

833 S. 3. Kapitel, B. III. 1.

834 Zur besonderen Sachkunde s. 3. Kapitel, B. III. 3. a) bb).

835 LR-*Krause*, Vor § 72 Rn. 2; vgl. auch BGHSt 7, 239.

836 *Hegler*, AcP 104 (1909), 151, 164 ff.

837 *Mezger*, AcP 117 (1918), Beilageheft, 1, 10 ff.

838 Im Anschluss z.B. auch *Eb. Schmidt* II, Vor § 72 Rn. 6 ff.; *Bleutge*, NJW 1985, 1185 f.; ausführlich *Toepel*, S. 104 ff.; SK-*Rogall*, Vor § 72 Rn. 80 ff. m. w. N.

839 *Mezger*, AcP 117 (1918), Beilageheft, 1, 5 f., 10 ff.

840 SK-*Rogall*, Vor § 72 Rn. 80; *Hegler*, AcP 104 (1909), 151, 168; *Kühne*, Rn. 858.

1. *Die Mitteilung von abstrakten Erfahrungssätzen*

Die erste Kategorie ist die Mitteilung abstrakter Erfahrungssätze in Form allgemeiner Sätze einer Wissenschaft oder Kunst als generelle Oberprämisse.[841] Die Aussageperson überliefert generelle, theoretische Erkenntnisse[842] und praktische Erfahrungen.[843] Ihre Aussagen beziehen sich in der Regel auf offenkundige Tatsachen,[844] denn diese Tatsachen sind Bestandteil gegenwärtig anerkannten Wissens.[845] Eine Beziehung zum Sachverhalt hat die Beweisperson in dieser Aussagekategorie nicht. Das Erfahrungswissen wird abstrakt angewendet.[846] Der Sachverständige zieht daher auch keine Schlussfolgerungen.[847]

Unter die allgemeinen Erfahrungssätze fallen z.B. Definitionen und Erklärungen von Fachausdrücken,[848] Aussagen über das Wesen allgemeiner Erscheinungen, Überlieferung mathematischer Sätze, Übermittlung von Kausalgesetzen der Naturwissenschaften,[849] Forschungsergebnisse und technisches Wissen,[850] Buchführungsgrundsätze,[851] Erkenntnisse oder praktische Regeln aus dem Wissens- oder Erfahrungsgebiet des Sachverständigen, abstrakte Ergebnisse der

---

841 *Toepel* mit sehr ausführlichen Beschreibungen und Erklärungen der syllogistischen Struktur, die in einem Urteil darzustellen ist, und den daran ausgerichteten Arten der Sachverständigenaussagen, S. 109 ff.; SK-*Rogall*, Vor § 72 Rn. 1; LR-*Krause*, Vor § 72 Rn. 5; *Meyer-Goßner/Schmitt*, Vor § 72 Rn. 6; KMR-*Neubeck*, Vor § 72, Rn. 7; Alsberg/Nüse/Meyer-*Dallmeyer*, Rn. 371; *Hegler*, AcP 104 (1909), 151, 166 ff.; *Mezger*, AcP 117 (1918), Beilageheft, 1, 10 ff.; *Eb. Schmidt* II, Vor § 72 Rn. 7; *Dippel*, S. 120.

842 Vor *Hegler*, AcP 104 (1909), 151, 166, bestand vielfach die Ansicht, Sachverständige würden ausschließlich solche abstrakten Erfahrungssätze liefern z.B. *Stein* S. 54 ff., 68, weitere Nachweise bei *Hegler*, AcP 104 (1909), 151, 166, Fn. 40.

843 *Hegler*, AcP 104 (1909), 151, 167.

844 Kritisch dazu äußert sich *Hegler*, S. 170. Er bezeichnet diese Terminologie als irreführend, da in der Regel nicht über Allgemeinkundiges, sondern nur im Kreis Sachkundiger Bekanntes ausgesagt wird.

845 *Toepel*, S. 109 ff. mit ausführlichen Ausführungen.

846 So auch die gegenwärtige Literatur, z.B. Alsberg/Nüse/Meyer-*Dallmeyer*, Rn. 371; LR-*Krause*, Vor § 72 Rn. 8.

847 *Meyer-Goßner/Schmitt*, Vor § 72 Rn. 6. Wendet der Sachverständige das Wissen auf einen konkreten Sachverhalt an, handelt es sich um eine Aussage der zweiten Kategorie, dazu mehr im Folgenden Abschnitt (3. Kapitel, B. II. 2.).

848 *Hegler*, AcP 104 (1909), 151, 168; *Stein*, S. 22 ff.

849 Für alles bisher Aufgezählte *Hegler*, AcP 104 (1909), 151, 168.

850 *Meyer-Goßner/Schmitt*, Vor § 72 Rn. 6; LR-*Krause*, Vor § 72 Rn. 1.

851 *Meyer-Goßner/Schmitt*, Vor § 72 Rn. 6.

Geschichtswissenschaft[852] und die Mitteilung von Handelsbräuchen (s. § 114 GVG).[853] Auch die Erläuterung ausländischen Rechts oder inländischen Gewohnheitsrechts kann eine Aussage der ersten Kategorie sein,[854] nicht dagegen eine sachverständige Aussage über inländisches Gesetzesrecht. Denn dessen Beurteilung ist Aufgabe des Richters.[855]

Die Vermittlung dieses Wissens erfolgt zur direkten oder indirekten Feststellung der konkreten, unmittelbar erheblichen Tatsachen des konkreten Prozessfalls.[856] Sie soll dem Gericht ermöglichen, bestehende Tatsachen im Rahmen der Beweiswürdigung auszuwerten,[857] also z.B. ein bereits von anderer Seite erstattetes Gutachten bewerten zu können.[858] Im Zusammenhang mit der Mitteilung dieser Erfahrungssätze wird der Sachverständige regelmäßig auch die Verwendungsweise erklären, wozu beispielsweise auch gehört, aus welchen Hintergrundannahmen sich die Schlussregel – der Erfahrungssatz – ergibt.[859] Soweit diese *„Bewertung"* als vertiefende Information dient, kann diese Aussage aber grundsätzlich noch der ersten Kategorie zugeordnet werden.[860]

Puppe kritisiert, dass ein allgemeingültiger Satz nicht vor Gericht bewiesen werden könne, da die dort zur Verfügung stehenden Mittel nicht zu seinem Beweis geeignet seien. Es liege somit kein forensisch geführter Beweis, sondern eine Information über anderweitig geführte Beweise in den Fällen vor, in denen sich das Gericht mithilfe eines Sachverständigen die Kenntnis von der Gültigkeit eines zweifelhaften Kausalgesetzes verschaffe. Das Kausalgesetz sei eine offenkundige

---

852 *Hegler*, AcP 104 (1909), 151, 169 ff. mit grundlegenden Ausführungen; *Mezger*, AcP 117 (1918), Beilageheft, 1, 11; *Ulrich*, Rn. 5; SK-*Rogall*, Vor § 72 Rn. 81.

853 SK-*Rogall*, Vor § 72 Rn. 81; *Meyer-Goßner/Schmitt*, Vor § 72 Rn. 6; Alsberg/Nüse/Meyer-*Dallmeyer*, Rn. 371; *Hegler*, AcP 104 (1909), 151, 168; *Stein*, S. 22 ff.

854 Z. B. SK-*Rogall*, Vor § 72 Rn. 81; *Meyer-Goßner/Schmitt*, Vor § 72 Rn. 6; LR-*Krause*, Vor § 72 Rn. 12; KMR-*Neubeck*, Vor § 72 Rn. 2; *Eisenberg*, Rn. 1501; Alsberg/Nüse/Meyer-*Dallmeyer*, Rn. 371; *Toepel*, S. 112 f., in Auseinandersetzung mit *Mezger*, AcP 117 (1918), Beilageheft, 1, 12 Fn. 20 darüber, ob eine Vermischung von Seins- und Sollenskategorien stattfindet; *Hegler*, AcP 104 (1909), S. 151, 184 ff.

855 *Hegler*, AcP 104 (1909), 151, 191; *Toepel*, S. 128; SK-*Rogall*, Vor § 72 Rn. 81; *Meyer-Goßner/Schmitt*, Vor § 72 Rn. 6; *Eisenberg*, Rn. 1501; weitergehend LR-*Krause*, Vor § 72 Rn. 12; *Peters*, S. 366.

856 *Mezger*, AcP 117 (1918), Beilageheft, 1, 12.

857 *Hegler*, AcP 104 (1909), 151, 182; *Mezger*, AcP 117 (1918), Beilageheft, 1, 13.

858 *Mezger*, AcP 117 (1918), Beilageheft, 1, 11 f.

859 *Toepel*, S. 110.

860 *Toepel*, S. 110.

Tatsache des Prozessrechts. Mit den Mitteln des Prozessrechts könnten jedoch nur singuläre Tatsachen bewiesen werden.[861]

Wie *Toepel* dagegen zutreffend ausführt, besteht zwar eine große Nähe zwischen den mitgeteilten Erfahrungssätzen und offenkundigen Tatsachen.[862] Das Gesetz sieht aber vor, dass ein Beweisantrag wegen Offenkundigkeit gemäß §§ 244 III 2, 245 II 3 StPO abgelehnt werden kann.[863] Daraus folgt, dass der Beweisantrag nicht abgelehnt werden muss und eine Beweiserhebung dazu grundsätzlich möglich ist. Demnach kann mit den von *Puppe* angeführten Argumenten nicht hinreichend begründet werden, dass offenkundige Tatsachen nicht vor Gericht bewiesen werden können.[864]

2. Die Mitteilung von Schlussfolgerungen aus konkreten Tatsachen des Prozesses mithilfe besonderer Sachkunde

Die zweite Kategorie des Sachverständigenbeweises ist die Mitteilung von Schlussfolgerungen aus konkreten Tatsachen des Prozesses mithilfe besonderer Sachkunde.[865] Es handelt sich um die wohl häufigste und wichtigste[866] Aufgabe des Sachverständigen.[867] Der Sachverständige wendet in diesem Fall seine Sachkunde auf den konkreten, als feststehend vorausgesetzten Sachverhalt an und zieht mithilfe seiner Sachkunde Schlussfolgerungen.[868] Er begutachtet den Einzelfall. Es handelt sich um das Resultat einer Denkoperation.[869] Diese Tätigkeit

---

861 *Puppe*, JZ 1996, 318, 320.

862 *Toepel*, S. 111.

863 *Toepel*, S. 111.

864 *Toepel*, S. 111 mit weiteren Ausführungen.

865 *Hegler*, AcP 104 (1909), 151, 195; *Mezger*, AcP 117 (1918), Beilageheft, 1, 13; *Eb. Schmidt* II, Vor § 72 Rn. 8; SK-*Rogall*, Vor § 72 Rn. 82; LR-*Krause*, Vor § 72 Rn. 10; KK-*Senge*, Vor § 72 Rn. 3; *Meyer-Goßner/Schmitt*, Vor § 72 Rn. 7; Alsberg/Nüse/Meyer-*Dallmeyer*, Rn. 372; *Dippel*, S. 120; *Toepel*, S. 114.

866 *Hegler*, AcP 104 (1909), 151, 195; *Mezger*, AcP 117 (1918), Beilageheft, 1, 13; *Eb. Schmidt* II, Vor § 72 Rn. 8; SK-*Rogall*, Vor § 72 Rn. 82; LR-*Krause*, Vor § 72 Rn. 10; KK-*Senge*, Vor § 72 Rn. 3; *Meyer-Goßner/Schmitt*, Vor § 72 Rn. 7; Alsberg/Nüse/Meyer-*Dallmeyer*, Rn. 372; *Dippel*, S. 120.

867 Grundlegend dazu *Hegler*, der diese Aussagekategorie als Aussage über das Resultat einer kraft besonderer Sachkunde vorgenommenen Denkoperation oder Schlussfolgerung bezeichnet – im Gegensatz zur bloßen Tradierung der Resultate besonderer Sachkunde und der reinen Übermittlung von Tatsachenwissen, AcP 104 (1909), 151, 192 ff.; *Mezger*, AcP 117 (1918), Beilageheft, 1, 13 ff.

868 *Hegler*, AcP 104 (1909), 151, 193.

869 SK-*Rogall*, Vor § 72 Rn. 82.

umfasst daher ein „*Mehr*“ gegenüber der Mitteilung von Aussagen der ersten Kategorie.[870] Beispiele für Aussagen dieser Kategorie sind Mitteilungen über die Echtheit eines Gemäldes,[871] die Beurteilung, ob ein neugeborenes Kind während oder nach der Geburt gelebt hat, die Beurteilung seiner Lebensfähigkeit außerhalb des Mutterleibs (§ 90 StPO)[872] oder die Beurteilung, wie lang der Bremsweg eines Fahrzeugs mit bestimmten Defekten ist.[873]

Der zu bewertende Sachverhalt muss dem Sachverständigen vom zuständigen Strafverfolgungsorgan in Form von Anknüpfungstatsachen[874] mitgeteilt werden.[875] Sind diese unzureichend, ist dem Sachverständigen gemäß § 80 StPO weitere Aufklärung zu verschaffen.[876] Soll der Sachverständige die Anknüpfungstatsachen selbst ermitteln, handelt es sich um eine Kombination der zweiten und der dritten Aussagekategorie.[877] Beispiele dafür sind der psychologische Sachverständige, der von einem Strafverfolgungsorgan beauftragt wurde und eine Exploration durchführt, um die Glaubwürdigkeit eines Zeugen zu bestimmen; der medizinische Sachverständige, der den Beschuldigten zur Beurteilung von dessen physischem oder psychischem Zustand untersucht, um die für die Beurteilung erforderlichen Tatsachen zu erlangen und der technische Sachverständige, der durch Untersuchung des Unfallwagens aufdecken soll, ob der Unfall auf dem Zustand des Fahrzeugs beruhte.[878]

Der zu beurteilende Sachverhalt wird bei der Mitteilung von Schlussfolgerungen als wahr vorausgesetzt. Daher sind die Schlussfolgerungen des Sachverständigen streng genommen stets hypothetischer Natur.[879] Denn stellen sich die Tatsachen als unwahr heraus, sind auch die daraus gezogenen Schlussfolgerungen

---

870 *Toepel*, S. 114; SK-*Rogall*, Vor § 72 Rn. 82.

871 *Hegler*, AcP 104 (1909), 151, 198; *Henkel*, S. 217; SK-*Rogall*, Vor § 72 Rn. 82.

872 *Hegler*, AcP 104 (1909), 151, 198; SK-*Rogall*, Vor § 72 Rn. 82.

873 *Henkel*, S. 217; SK-*Rogall*, Vor § 72 Rn. 82.

874 S. 3. Kapitel, B. II. 5. a).

875 Z. B. durch Akteneinsicht, Zuziehung zu der Augenscheinseinnahme oder Anhörung der Zeugenvernehmung, vgl. auch schon *Hegler*, AcP 104 (1909), 151, 194 m. w. N. Zu der Frage, in welchem Umfang dem Sachverständigen Akteneinsicht gewährt werden darf, s. 3. Kapitel, B. V. 1. a).

876 SK-*Rogall*, Vor § 72 Rn. 82; *Meyer-Goßner/Schmitt*, § 80 Rn. 1; LR-*Krause*, Vor § 72 Rn. 10.

877 Vgl. *Toepel*, S. 114.

878 Beispiele bei LR-*Krause*, Vor § 72 Rn. 10; Alsberg/Nüse/Meyer-*Dallmeyer*, Rn. 372; *Toepel*, S. 114.

879 *Bennecke/Beling*, S. 363; *Hegler*, AcP 104 (1909), 151, 194; *Mezger*, AcP 117 (1918), Beilageheft, 1, 14 f.; kritisch *Toepel*, der diese Ausdrucksweise als irreführend

nutzlos.[880] Allerdings dient das Sachverständigengutachten in dieser Aussagekategorie dazu, die Richtigkeit der Schlussfolgerung unter der als richtig vorausgesetzten Prämisse zu verifizieren. Die Richtigkeit der Prämisse zu beurteilen, ist dagegen nicht Aufgabe des Sachverständigen.[881]

Die Schlussfolgerungen können in dem Prozess zum einen der Feststellung prozesserheblicher Tatsachen dienen. Das soll z. B. dann der Fall sein, wenn der Sachverständige auf das Vorhandensein einer tatsächlichen psychischen Erkrankung schließt oder erklärt, dass ein bestimmtes Verhalten nach psychiatrischer Erfahrung nicht vorgetäuscht sein kann.[882] Zum anderen und in der Regel dienen die Schlussfolgerungen nach *Hegler* und *Mezger* der Subsumtion konkreter, rechtserheblicher Tatsachen unter die abstrakten Rechtssätze, beispielsweise in Form von Diagnosen im weitesten Sinne[883] z. B. derart, dass die vorliegende Handlung eine unwiderstehliche Zwangshandlung, das gelieferte Öl prima Ware, dass eine Operation indiziert gewesen sei[884] oder dass der Sachverständige die Zurechnungsfähigkeit einer Person für aufgehoben erklärt.[885] Juristische Sachkunde in Bezug auf inländisches Recht kann aber auch hier nicht Gegenstand des Sachverständigenbeweises sein, die Beurteilung von Gewohnheitsrecht und ausländischem Recht u. U. dagegen schon.[886]

Werden vom Sachverständigen bei der Schlussfolgerung aus den konkreten Tatsachen gleichzeitig abstrakte Erfahrungssätze mitgeteilt, handelt es sich um eine Kombination der ersten und der zweiten Aussagekategorie.[887]

---

bezeichnet und unter Verweis auf *Toulmins Backing* ausführt, dass sich die Schlussregeln immer nur relativ zu bestimmten Hintergrundannahmen ergeben, S. 114.

880 *Mezger*, AcP 117 (1918), Beilageheft, 1, 15.

881 *Hegler*, AcP 104 (1909), 151, 194; vgl. auch Ausführungen von *Toepel*, S. 114.

882 *Mezger*, AcP 117 (1918), Beilageheft, 1, 15.

883 *Hegler*, AcP 104 (1909), 151, 199; *Mezger*, AcP 117 (1918), Beilageheft, 1, 15 ff.

884 *Hegler*, AcP 104 (1909), 151, 199.

885 *Mezger*, AcP 117 (1918), Beilageheft, 1, 15 f.

886 *Hegler*, AcP 104 (1909), 151, 199 f.; SK-*Rogall*, Vor § 72 Rn. 81; *Meyer-Goßner/Schmitt*, Vor § 72 Rn. 6; LR-*Krause*, Vor § 72 Rn. 12; *Eisenberg*, Rn. 1501; *Toepel*, S. 112 f.; a. A. *Stein*, S. 186 f., der die Hinzuziehung eines juristischen Sachverständigen vollständig ablehnt.

887 *Hegler*, AcP 104 (1909), 151, 202 mit weiteren, vertiefenden Ausführungen zu unterschiedlichen Konstellationen.

3. *Die Mitteilung über konkrete Tatsachen, zu deren Feststellung besondere Sachkunde benötigt wird*

Die dritte Aussagekategorie des Sachverständigenbeweises besteht in der Wahrnehmung von Tatsachen mittels besonderer Sachkunde und mit Beziehung auf den Prozess (sogenannte Befundtatsachen)[888] sowie der Mitteilung darüber.[889] Eine sachverständige Würdigung dieser Wahrnehmungen unterbleibt jedoch. In dieser Hinsicht unterscheidet sich die dritte von der zweiten Aussagekategorie.[890] Beispiele für die dritte Aussagekategorie sind Mitteilungen darüber, dass die einer Leiche entnommenen Teile bestimmte Giftstoffe enthalten, Feststellungen zur Blutalkoholkonzentration[891] oder dass eine Röntgenaufnahme bestimmte Unregelmäßigkeiten zeigt.[892]

Der Richter kann diese Wahrnehmungen nicht machen, da ihm die dafür notwendige besondere Sachkunde in aller Regel fehlt.[893] Der Sachverständige untersucht infolgedessen für das Gericht und nimmt insoweit gewissermaßen für den Richter Augenschein, wozu er eine besondere Sachkunde benötigt.[894] Die besondere Sachkunde umfasst in diesen Fällen neben den überdurchschnittlichen Kenntnissen im Bereich der Wissenschaft und der Kunst[895] insbesondere die zur Wahrnehmung erforderlichen Fähigkeiten in der Form von Vorkenntnissen für eine gesteigerte Aufmerksamkeit für das Wesentliche oder dessen Bloßlegung.[896] Auch die Entwicklung besonderer Wahrnehmungsfähigkeiten durch besondere Übung und Ausbildung der Sinnesorgane gehört dazu.[897] Die besondere Sachkunde befähigt somit zur besonderen Wahrnehmung und zum Bericht über den damit erhobenen Befund.[898]

---

888 S. dazu 3. Kapitel, B. II. 5. b).

889 *Hegler*, AcP 104 (1909), 151, 207 ff.; *Mezger*, AcP 117 (1918), Beilageheft, 1, 16 ff.; SK-*Rogall*, Vor § 72 Rn. 82; LR-*Krause*, Vor § 72 Rn. 9; KMR-*Neubeck*, Vor § 72 Rn. 6; *Eb. Schmidt* II, Vor § 72 Rn. 9; Alsberg/Nüse/Meyer-*Dallmeyer*, Rn. 370; *Toepel*, S. 116.

890 *Mezger*, AcP 117 (1918), Beilageheft, 1, 14.

891 SK-*Rogall*, Vor § 72 Rn. 83.

892 *Toepel*, S. 116.

893 Vgl. *Hegler*, AcP 104 (1909), 151, 193 f., 209.

894 *Toepel*, S. 116.

895 S. dazu Ausführungen in 3. Kapitel, B. III. 3. a).

896 *Hegler*, AcP 104 (1909), 151, 193 f., 209 f.; *Mezger*, AcP 117 (1918), Beilageheft, 1, 16; *Toepel*, S. 277.

897 *Hegler*, AcP 104 (1909), 151, 193 f., 209 f.; *Mezger*, AcP 117 (1918), Beilageheft, 1, 16.

898 *Mezger*, AcP 117 (1918), Beilageheft, 1, 16.

Beispielsweise ist ein Arzt zu bestimmten Feststellungen bezüglich einer Röntgenaufnahme deutlich mehr befähigt als ein Laie.[899] *Mezger* nennt als Beispiel den Bericht von Pupillenstarre und von Reflexstörungen von Paralytikern.[900] Über die Pupillenstarre oder die Abbildungen auf einem Röntgenbild könnte aber grundsätzlich auch eine nicht sachkundige Person berichten. Nur ist die Wahrscheinlichkeit, dass ihr die relevanten Vorgänge auffallen, deutlich geringer. Auf die Wahrnehmung bestimmter Tatsachen mit besonderer Sachkunde selbst kann es daher nicht ausschließlich ankommen. Vielmehr kann damit nur die Interpretation und Fixierung[901] des Wahrgenommenen[902] gemeint sein.[903]

Auch diese Wahrnehmungen enthalten bis zu einem gewissen Grad Schlussfolgerungen.[904] Der Unterschied in der Schlussfolgerung der zweiten zu der dritten Aussagekategorie ist nach *Hegler* kein logischer sondern ein erkenntnistheoretischer.[905] In Abgrenzung zu der zweiten Aussagekategorie ist eine reine Tatsachenwahrnehmung aufgrund besonderer Sachkunde dann gegeben, wenn die denkende Verarbeitung lediglich etwas Selbstverständliches, ohne Weiteres als zutreffend zu Unterstellendes, Nebensächliches ist.[906] Teilt der Sachverständige also lediglich seine Wahrnehmungen aus einem Gespräch mit einem Patienten mit, die er aufgrund seiner Sachkunde gemacht hat, so handelt es sich um die dritte Kategorie. Bewertet er diese Tatsachen vornehmlich oder stellt er eine Diagnose, handelt es sich um eine Aussage der zweiten Kategorie.[907] Ein Angriff gegen das Gutachten kann bei Aussagen der dritten Kategorie daher allein damit begründet werden, dass nicht richtig oder vollständig beobachtet worden ist.[908]

Eine Kombination aus zweiter und dritter Aussagekategorie ist gegeben, wenn der Sachverständige sowohl den Sachverhalt feststellen als auch sachverständig

899 *Meyer-Goßner/Schmitt*, Vor § 72 Rn. 5; *Gössel*, DRiZ 1980, 363, 364.
900 *Mezger*, AcP 117 (1918), Beilageheft, 1, 16.
901 SK-*Rogall*, § 85 Rn. 7; RGSt 44, 11, 14, das von „*Wahrnehmung und Erkenntnis*" spricht.
902 S. dazu 3. Kapitel, A. III. 2.
903 Vgl. *Toepel*, S. 277.
904 Vgl. dazu auch 3. Kapitel, A. II.
905 *Hegler*, AcP 104 (1909), 151, 193 f., 207; *Toepel*, S. 116 mit grundlegenden Ausführungen zu der Problematik, ob singuläre Prämissen aufgrund von Wahrnehmungen akzeptiert werden können, S. 235 ff.
906 *Hegler*, AcP 104 (1909), 151, 193 f., 207.
907 *Mezger*, AcP 117 (1918), Beilageheft, 1, 14 f. mit Beispielen.
908 *Hegler*, AcP 104 (1909), 151, 218; SK-*Rogall*, Vor § 72 Rn. 83.

würdigen soll.[909] Diese Kombination ist wohl die Regel, eine Aussage allein in der dritten Kategorie jedoch nicht unmöglich.[910]

Da, wie bereits ausgeführt, auch der Zeuge Tatsachen unter Zuhilfenahme besonderer Sachkunde wahrnehmen und darüber vor Gericht aussagen kann,[911] führt diese Aussagekategorie zu der Schwierigkeit einer sauberen Abgrenzung des Sachverständigen vom sachverständigen Zeugen.[912]

4. *Die Vornahme bloßer Verrichtungen*

Nach Ansicht eines großen Teils der Literatur[913] soll die Tätigkeit des Sachverständigen auch in der Vornahme bloßer Verrichtungen bestehen können, wenn diese Tätigkeit eine Sachkunde voraussetzt, die dem Gericht fehlt, z. B. die Entnahme von Blutproben und Röntgenuntersuchungen.[914] Eine bloße Verrichtung ist dann gegeben, wenn der Sachverständige im Anschluss an diese Handlung keine weitere Wahrnehmung, Begutachtung oder Auswertung vornimmt.[915]

Diese Ansicht wird jedoch von einem anderen Teil der Literatur zurecht abgelehnt.[916] Auch wenn die Vornahmen mancher Verrichtungen eine gewisse fachliche Kompetenz erfordern, dienen sie lediglich der Vorbereitung eines Gutachtens.[917] Für das Verfahren sind sie fast ausnahmslos wertlos.[918] Denn dem Gericht fehlt bei der Vorbereitung nicht die Sachkunde für die Beurteilung des Beweisthemas, die durch Vernehmung des Sachverständigen kompensiert werden soll, sondern der Zugang zum Tatsachenstoff. So kommt es dem Gericht

---

909 LR-*Krause*, Vor § 72 Rn. 10; *Alsberg/Nüse/Meyer*, 5. A., S. 211.

910 *Hegler*, AcP 104 (1909), 151, 193 f., 218 f.; a. A. *Stein*, S. 67 f., der davon ausgeht, dass Aussagen der dritten Kategorie nur in Kombination mit Aussagen der zweiten Kategorie vorkommen, da die Aussageperson ansonsten als Zeuge vernommen werden müsse.

911 S. 3. Kapitel, A. II., III.

912 Vgl. auch *Toepel*, S. 116; zur Abgrenzungsproblematik s. 3. Kapitel, D.

913 Z. B. *Meyer-Goßner/Schmitt*, Vor § 72 Rn. 4; KK-*Senge*, Vor § 72 Rn. 2; LR-*Krause*, Vor § 72 Rn. 7; KMR-*Neubeck*, Vor § 72 Rn. 5; *Pfeiffer*, Vor §§ 72–93 Rn. 1; *Dippel*, S. 119; Alsberg/Nüse/Meyer-*Dallmeyer*, Rn. 369.

914 *Meyer-Goßner/Schmitt*, Vor § 72 Rn. 4; KK-*Senge*, Vor § 72 Rn. 2; LR-*Krause*, Vor § 72 Rn. 7; *Pfeiffer*, Vor §§ 72–93 Rn. 1.

915 Alsberg/Nüse/Meyer-*Dallmeyer*, Rn. 369.

916 *Toepel*, S. 274; *Zwiehoff*, S. 28; SK-*Rogall*, Vor § 72 Rn. 79, 92.

917 *Toepel*, S. 274; *Zwiehoff*, S. 28; SK-*Rogall*, Vor § 72 Rn. 79.

918 *Zwiehoff*, S. 28; vgl. *Toepel*, S. 274.

nicht auf das Blutabnehmen[919] oder die Erstellung der Röntgenbilder[920] für die Beurteilung des Beweisthemas an, sondern auf den zweiten Schritt, die Beurteilung der Blut- und Röntgenergebnisse durch den Sachverständigen. Erst die Beurteilung versetzt das Gericht in die Lage, den Sachverhalt zu bewerten.[921] Lediglich wenn das Ergebnis aus sich selbst heraus verständlich ist, bedarf es keiner Begutachtung. Dann aber muss der durch die Vornahme erzeugte Gegenstand als Augenscheinsobjekt in den Prozess eingeführt werden.[922]

Wird eine Person aufgrund ihrer besonderen Fertigkeiten mit der Wahrnehmung eines Sachverhalts beauftragt, da dem Gericht die Fertigkeit fehlt, sich den Zugang zu der Wahrnehmung zu verschaffen, z.B. weil eine Tür nur mit Spezialkenntnissen geöffnet werden kann,[923] führt das also nicht zu einer Sachverständigenposition der Beweisperson. Sie ist Augenscheinsgehilfe.[924] Für die Vornahme dieser Verrichtungen ist ferner regelmäßig eine *„einfache“*[925] Sachkunde ausreichend.[926]

Um eine Aussage der dritten Kategorie handelt es sich wiederum, wenn das Gericht die Beweisperson zu einer Wahrnehmung auffordert, für die eine besondere Sachkunde notwendig ist, weil dem Gericht diese Sachkunde fehlt.[927]

5. *Anknüpfungs-, Befund- und Zusatztatsachen*

Innerhalb der Gutachtenerstattung wird zwischen mehreren – für das Gutachten relevanten – Tatsachentypen unterschieden. Ihre genaue Bestimmung ist u.a. dafür entscheidend, auf welche Weise die Tatsachen in den Prozess eingeführt werden können.

---

919 Beispiel bei SK-*Rogall*, Vor § 72 Rn. 79.

920 Beispiel bei *Toepel*, S. 274.

921 *Zwiehoff*, S. 28; *Toepel*, S. 274; SK-*Rogall*, Vor § 72 Rn. 79, 92.

922 *Zwiehoff*, S. 28.

923 SK-*Rogall*, Vor § 72 Rn. 92.

924 SK-*Rogall*, Vor § 72 Rn. 92, 97; *Toepel*, S. 274. Zum Augenscheinsgehilfen s. auch 3. Kapitel, C.

925 Zur Unterscheidung der besonderen und einfachen Sachkunde und dem Zweck der Sachkunde in Zusammenhang mit dem Zeugen- und dem Sachverständigenbeweis, s. 3. Kapitel, B. III. 3. a) bb), D. II. 8., 9.

926 Die in der Literatur angeführten Beispielshandlungen (Blutabnahme, Erstellung von Röntgenbildern etc.) können zwar in der Regel keine Richter, aber doch ein Großteil der Vertreter des entsprechenden Berufsstands vornehmen, was für das Vorliegen einer besonderen Sachkunde nicht ausreichend ist, s. 3. Kapitel, B. III. bb).

927 *Toepel*, S. 274 f.

a) *Anknüpfungstatsachen*

Tatsachen, die dem Gutachten zugrunde gelegt werden, sind die sogenannten Anknüpfungstatsachen.[928] Sie müssen dem Sachverständigen bei der Auftragserteilung so umfassend wie möglich durch das Gericht oder die Staatsanwaltschaft mitgeteilt werden.[929] Hält der Sachverständige die Anknüpfungstatsachen nicht für ausreichend, kann er von seinem Auftraggeber (Gericht oder Staatsanwaltschaft)[930] gemäß § 80 StPO weitere Aufklärung verlangen.[931]

b) *Befundtatsachen*

Befundtatsachen sind Tatsachen, die nur aufgrund bzw. mithilfe[932] besonderer Sachkunde wahrgenommen werden können. Der Sachverständige ermittelt sie im Zuge der Ausführung seines Auftrags.[933] Mangels eigener Sachkunde könnte das Gericht diese nicht selbstständig wahrnehmen.[934] Die Befundtatsachen können im Wege der gutachtlichen Stellungnahme in die Hauptverhandlung eingeführt werden,[935] obwohl sie dem Wortlaut des § 85 StPO nach grundsätzlich dem Zeugenbeweis unterfallen.

c) *Zusatztatsachen*

Tatsachen, die zwar im Zuge der Gutachtenerstellung ermittelt werden, aber auch ohne besondere Sachkunde wahrgenommen und ausgewertet werden können, sind Zusatztatsachen.[936] Es handelt sich somit um Tatsachen, die das Gericht selbst mit den ihm zur Verfügung stehenden Kenntnismitteln feststellen kann, beispielsweise das Geständnis, das ein Beschuldigter im Zuge der Untersuchung

---

928 Z. B. *Meyer-Goßner/Schmitt*, Vor § 72 Rn. 7; KK-*Senge*, Vor § 72 Rn. 3; LR-*Krause*, Vor § 72 Rn. 11.

929 BGH NStZ 1995, 282; vgl. auch BGH StV 1986, 138; *Meyer-Goßner/Schmitt*, § 80 Rn. 1; SK-*Rogall*, Vor § 72 Rn. 61, § 78 Rn. 10; *Ulrich*, Rn. 317.

930 S. 3. Kapitel, B. III. 1.

931 S. dazu 2. Kapitel, B. V. 1.

932 Vgl. 3. Kapitel, A. III.

933 BGHSt 9, 292, 293; 18, 107, 108; 22, 268, 272 f.; LR-*Krause*, Vor § 72 Rn. 11; KK-*Senge*, Vor § 72 Rn. 4; *Toepel*, S. 238.

934 Wobei es regelmäßig auf die Interpretation der Wahrnehmung ankommt.

935 BGHSt 9, 292, 293; 18, 107, 108; 22, 268, 272 f.; LR-*Krause*, Vor § 72 Rn. 11; SK-*Rogall*, Vor § 72 Rn. 83; KK-*Senge*, Vor § 72 Rn. 4.

936 *Toepel*, S. 238; *Vyhnálek*, S. 21; *Meyer-Goßner/Schmitt*, Vor § 72 Rn. 7; *Pfeiffer*, Vor §§ 72–93 Rn. 1; SK-*Rogall*, § 85 Rn. 31.

dem medizinischen Sachverständigen gegenüber ablegt.[937] Bekundet ein Sachverständiger solche Tatsachen, können diese ausschließlich durch Vernehmung des Sachverständigen als Zeugen in die Hauptverhandlung eingeführt werden.[938] Sie sind nicht Bestandteil des Sachverständigengutachtens.

III. Die Auswahl und Bestellung des Sachverständigen

Im Folgenden soll betrachtet werden, wie eine Person zum Sachverständigen wird und wer als Sachverständiger infrage kommt. Die Untersuchung schafft die Grundlage für die Beantwortung der später zu behandelnden Fragen, wie die Beweispersonen voneinander abzugrenzen sind und ob die Ergebnisse der OFA, die durch Polizeibeamte regelmäßig im Rahmen des Ermittlungsverfahrens generiert werden,[939] im Wege des Sachverständigenbeweises in die Hauptverhandlung eingeführt werden können.

Wie bereits ausgeführt, handelt es sich sowohl bei dem Begriff des Sachverständigen als auch bei dem des Zeugen um prozessuale Begriffe.[940] Der Sachverständige muss also, um die Verfahrensstellung zu erlangen, in das Verfahren einbezogen werden. Da jedoch der Sachverständige, anders als der Zeuge, nicht deshalb in das Verfahren einbezogen wird, weil er bereits vor seiner Inanspruchnahme für das Verfahren Relevantes wahrgenommen hat, stellt sich insbesondere die Frage, wer als Sachverständiger in Betracht kommt. In diesem Zusammenhang bedarf es auch einer Untersuchung des in der Literatur und Rechtsprechung vielfach verwendeten Begriffs der *„besonderen"* Sachkunde.

1. Das zuständige Prozessorgan

Die Verfahrensstellung des Sachverständigen ergibt sich nicht *„automatisch"*. Die Person des Sachverständigen muss ausgewählt und bestellt[941] werden. Diese

---

937 BGH NJW 1959, 828; BGH NJW 1965, 827; *Pfeiffer*, Vor §§ 72–93 Rn. 1.

938 Z. B. BGHSt 13, 1, 3; 13, 250; 18, 107, 108; BGH NStZ 1993, 245; LR-*Krause*, Vor § 72 Rn. 11; KK-*Senge*, Vor § 72 Rn. 5; *Vyhnálek*, S. 21; a. A. *Peters*, S. 343; OLG Schleswig SchlHA 1972, 159; einschränkend *Ligges*, S. 17. Die Vertreter dieser Meinung sind der Ansicht, dass die ohne Sachkunde gemachten Beobachtungen und getroffenen Feststellungen so eng mit dem Gutachten verknüpft sind, dass sich der Charakter der Aussage der Beweisperson nicht ändere, vgl. auch *Peters*, S. 343.

939 S. dazu vertiefend in 2. Kapitel, A., D.

940 SK-*Rogall*, Vor § 48 Rn. 11, 21 f.; KMR-*Neubeck*, Vor § 48 Rn. 1; *Zacharias*, S. 30 f.; s. 3. Kapitel, A. I. 2., B.

941 S. dazu im Folgenden, 3. Kapitel, B. III. 3., 4.

Handlungen[942] nimmt das Prozessorgan vor, das seine Sachkunde in Anspruch nimmt.[943] Im gerichtlichen Verfahren erfolgt die Auswahl der zuzuziehenden Sachverständigen und die Bestimmung ihrer Anzahl gemäß § 73 I 1 StPO durch das erkennende Gericht.[944] Im Ermittlungsverfahren ist gemäß § 161 a I S. 1, S. 2 i.V.m. § 73 StPO die Staatsanwaltschaft[945] zuständig.[946]

Auch Behörden und Beamte des Polizeidienstes können – unter Leitung der Staatsanwaltschaft – im Vorverfahren einen Sachverständigen hinzuziehen (§§ 161 a I, 163 I 1, III 4 StPO). Eine Gutachtenerstattung kann hier jedoch nur aufgrund von Freiwilligkeit erfolgen. Eine gesetzliche Pflicht eines Sachverständigen zur Gutachtenerstattung besteht nur gegenüber dem Richter oder der Staatsanwaltschaft, nicht aber gegenüber der Polizei oder den Ermittlungspersonen der Staatsanwaltschaft.[947] Die Erstattung eines Gutachtens gegenüber der

---

942 Dabei handelt es sich um eine Prozesshandlung, SK-*Rogall*, Vor § 72 Rn. 25; s. dazu auch 3. Kapitel, A. I. und B. III. 4.

943 SK-*Rogall*, Vor § 72 Rn. 25; *Gerland*, S. 223; *Henkel*, S. 218.

944 Nach überwiegender, aber umstrittener Auffassung bezieht sich § 73 I StPO ausschließlich auf das gerichtliche Verfahren, KK-*Senge*, § 73 Rn. 1; LR-*Krause*, § 73 Rn. 2; SK-*Rogall*, Vor § 72 Rn. 26 f.; *Meyer-Goßner/Schmitt*, § 73 Rn. 1 a; *Pfeiffer*, § 73 Rn. 1; AK-*Wassermann*, § 73 Rn. 4; BeckOK/StPO-*Monka*, § 73 Rn. 1; *Eisenberg*, *Rn.* 1527; *Hellmann*, Rn. 741; *Schlüchter*, Rn. 526; *Ulrich*, *Rn.* 149 f.; *Detter*, NStZ 1998, 57, 59; *Kube/Leineweber*, S. 97; *Gössel*, DRiZ 1980, 363, 366; *Tröndle*, JZ 1969, 374, 375; *Lürken*, NJW 1968, 1161 f.; a. A. Anm. *Duttge* zu BGH NStZ 2003, 375, 376 m. w. N.; *Dippel*, S. 82 ff.; *ders.*, FS-E. Müller, S. 125, 133 ff.; *E. Müller*, FS-Lüke, S. 493, 500 f.; *Dierlamm*, FS-Müller, S. 117 ff.; *Kühne*, Rn. 862; *Sarstedt*, NJW 1968, 177; kritisch *Krauß*, ZStW 85 (1973), 320, 324.

945 § 161 a StPO wurde durch das *„Erste Gesetz zur Reform des Strafverfahrensrechts"* vom 9.12.1974 eingeführt. Damit wurde der Richtervorbehalt außer Kraft gesetzt, was zu erheblicher Kritik führte, vgl. *Tondorf/Tondorf*, Rn. 236 ff. mit vertiefenden Ausführungen dazu und m. w. N.; *Krauß*, ZStW 85 (1973), 320, 324 ff.; *E. Müller*, FS-Lüke, S. 493, 500 ff.; *Dierlamm*, FS-E. Müller. S 117 ff.; *Kühne*, Rn. 862; vgl. auch BGH NJW 1998, 2458, 2461. Nach Ansicht *Dippels* hat sich durch die Einführung des § 161 a StPO nichts an dem Bestehen des Richtervorbehalts geändert, was der neu eingefügte § 73 I 2 StPO zeige, der nur den Richter anspricht, S. 82 f.; *ders.*, FS-E. Müller, S. 125, 133 ff.

946 Wobei auch im Vorverfahren die Bestellung durch den Ermittlungsrichter erfolgen kann, allerdings nur in den Fällen der §§ 165, 166 StPO oder auf Antrag der Staatsanwaltschaft (§ 162 StPO), SK-*Rogall*, § 73 Rn. 10. Nach Nr. 69 RiStBV soll die Staatsanwaltschaft einen Sachverständigen nur hinzuziehen, wenn sein Gutachten für die vollständige Aufklärung des Sachverhalts unentbehrlich ist.

947 SK-*Rogall*, § 75 Rn. 4; LR-*Krause*, § 75 Rn. 1; KK-*Senge*, § 75 Rn. 1; *Meyer-Goßner/Schmitt*, § 75 Rn. 1; *Kühne*, Rn. 863.

Polizei kann aber gegebenenfalls durch die Pflicht zur Leistung von Rechts- und Amtshilfe aus Art. 35 I GG geboten sein, wenn der Sachverständige Amtsträger einer öffentlich-rechtlichen Körperschaft ist.[948] Eine unbedingte Pflicht zur Gutachtenerstattung kann allerdings auch aus dieser Vorschrift nicht abgeleitet werden; die Vorschrift begründet lediglich ein „*Wohlwollensgebot*".[949]

Angeklagter und Privatkläger können die Vernehmung eines Sachverständigen ausschließlich durch unmittelbare Ladung gemäß §§ 220, 245 II StPO bzw. § 386 II StPO erreichen.[950] Im Hauptsacheverfahren gilt dies gemäß § 220 I StPO auch für die Staatsanwaltschaft.

Eine unmittelbare Ladung durch die Prozessbeteiligten oder die Stellung eines Beweisantrags führen aber noch nicht zur Eigenschaft einer Person als Zeuge oder Sachverständiger. Es handelt sich dabei um sogenannte ‚*Erwirkungshandlungen*".[951] Zwar mag das Gericht zur Zulassung in weitem Umfang verpflichtet sein.[952] Der Akt der Zulassung wird aber dadurch für die Begründung der Verfahrensstellung der Beweisperson nicht entbehrlich. Es bedarf einer Prozesshandlung des Gerichts, damit die Auskunftsperson die durch die Selbstladung intendierte Verfahrensstellung eines Sachverständigen erlangt, vgl. § 73 I 1 StPO. Wird ein entsprechender Beweisantrag gestellt, darf das Gericht ihn zwar nur unter den Voraussetzungen des § 245 II 2 und 3 StPO ablehnen; es ist aber in der Entscheidung frei, welche Person es zum Sachverständigen ernennt.[953] Das Selbstladungsrecht scheitert in der Praxis zudem häufig an den fehlenden finanziellen Möglichkeiten des Angeklagten[954] und daran, dass die potenziellen Sachverständigen nicht als „*Sachverständige der Verteidigung*" auftreten wollen, weil sie ihre

---

948 LR-*Krause*, § 75 Rn. 1; *Roxin/Schünemann*, § 27 Rn. 13.

949 SK-*Rogall*, § 83 Rn. 17, § 75 Rn. 3; *Ulrich*, Rn. 178.

950 *Eisenberg*, Rn. 1527 a; SK-*Rogall*, § 73 Rn. 16; *Vyhnálek*, S. 60 ff.

951 SK-*Rogall*, Vor § 72 Rn. 31. Zu dem Begriff und der Lehre von den Prozesshandlungen s. *Eb. Schmidt* I, Rn. 213 ff. 3. Kapitel, A. I., Fn. 451.

952 Vgl. *Perron*, S. 271 ff.

953 H. M., s. nur SK-*Rogall*, Vor § 72 Rn. 31, § 73 Rn. 16, 22 m. w. N.; Alsberg/Nüse/Meyer-*Dallmeyer*, Rn. 366; *Hanack*, JZ 1970, 561, 564; LR-*Becker*, § 244 Rn. 145 m. w. N.; so auch *Hamm*, Rn 611; *Sarstedt*, NJW 1968, 177 ff.; *Schäfer*, Rn. 1171, 1176; *Toepel*, S. 345 ff., mit der Einschränkung, dass eine vorherige Anhörung der Beteiligten stattfinden müsse; vgl. auch SK-*Frister*, § 244 Rn. 52; BGHSt 34, 355, 357; BGH StV 1999, 463 m. Anm. *Grabow* und *Zieschang* = NJW 1998, 2458; a. A. *Schulz*, StV 1983, 341; *Zwiehoff*, S. 256 ff.; *Detter*, FS-Meyer-Goßner, S. 431, 35 f.; *Vyhnálek*, S. 59 ff., 61 ff.

954 *Detter*, FS-Meyer-Goßner, S. 4431, 442; *ders.*, NStZ 1998, 57, 61; *Zwiehoff*, S. 332 ff.; *Lürken*, NJW 1968, 1161, 1163; *Sarstedt*, NJW 1968, 177, 178.

Unparteilichkeit in Gefahr sehen,[955] eine Besorgnis, welche die Gerichte teilweise durch ihre Verhandlungsleitung verstärken.[956]

2. *Eigene Sachkunde des Gerichts*

Ob das Gericht die Bestellung eines Sachverständigen für notwendig hält, kann es im gerichtlichen Verfahren grundsätzlich im Rahmen eines Beurteilungsspielraums entscheiden.[957] Eine Verpflichtung besteht nicht, wenn es selbst die erforderliche Sachkunde besitzt, vgl. § 244 IV 1 StPO.[958]

Eine Ausnahme bilden einige gesetzlich geregelte Fälle, welche die Hinzuziehung eines Sachverständigen vorschreiben bzw. in eine pflichtgemäße Ermessensbetätigung des Gerichts stellen,[959] z.B. §§ 80 a, 81, 87,[960] 91, 246 a, 275 a IV, 415 II, 454 II StPO; §§ 43 II, 73 JGG. Teilweise schreiben diese Vorschriften zusätzlich die Anzahl der hinzuzuziehenden Sachverständigen vor bzw. enthalten Vorgaben über die Person des Sachverständigen und die Art der Beweiserhebung (z.B. §§ 87, 91 StPO).[961]

Besteht keine gesetzliche Pflicht zur Hinzuziehung eines Sachverständigen, muss das Gericht nach seinem eigenen Sachverstand und Ermessen entscheiden, ob es selbst die nötige besondere Sachkunde zur Würdigung des Sachverhalts aufweist. Uneinheitlich wird dabei die Frage beantwortet, ob bei einem Kollegialgericht sämtliche Mitglieder über die Sachkunde verfügen müssen.[962]

Beschränkt wird das Ermessen jedoch von der Aufklärungspflicht aus § 244 II StPO.[963] Die rechtlichen Grenzen dieses Ermessens sind revisionsrechtlich

---

955 MAH-*Deckers*, § 81 Rn. 17; *Rasch/Jungfer*, StV 1999, 513; *Detter*, NStZ 1998, 57, 61.

956 Vgl. BGH StV 1999, 463 m. Anm. *Grabow* und *Zieschang* = NJW 1998, 2458; MAH-*Deckers*, § 81 Rn. 17.

957 RGSt 70, 336, 338; seit *Stein* h.L., wie *Mayer* in FS-Mezger, 455, 461 ausführt; z.B. *Beulke*, Rn. 199; *Peters*, S. 366; SK-*Rogall*, Vor § 72 Rn. 21; a. A. *Goldschmidt*, S. 440; *Müller*, Rn. 67.

958 SK-*Rogall*, Vor § 72 Rn. 20.

959 SK-*Rogall*, Vor § 72 Rn. 16.

960 Mit Einschränkung in § 87 I 2 StPO.

961 SK-*Rogall*, Vor § 72 Rn. 16, 17, § 73 Rn. 20; *Ulrich*, Rn. 116 ff.; *Peters*, S. 366 ff.; vgl. *Eisenberg*, Rn. 1501.

962 Ablehnend die wohl h. M., z.B. BGH NStZ 1983, 325; BGH, JZ 1959, 130 mit zust. Anm. *Eb. Schmidt*; OLG Stuttgart DAR 1976, 23 f.; SK-*Rogall*, § 73 Rn. 21; a. A. *Eisenberg*, Rn. 1518; *Hanack*, JZ 1972, 116; *Rüping*, Rn. 506.

963 RGSt 70, 338; *Müller*, S. 67 ff.; SK-*Rogall*, Vor § 72 Rn. 7, 14, 19, 21 ff.

überprüfbar.[964] Zu der Frage, wann der Richter im Rahmen des Ermessens einen Sachverständigen hinzuziehen muss, haben sich im Laufe der Zeit allgemeine Grundsätze herausgebildet.

Mayer war beispielsweise der Ansicht, dass der Richter lediglich dann einen Sachverständigen hinzuziehen muss, wenn es sich ihm als *„erfahrenem Richter aufdrängt"*, dass seine eigene Sachkunde nicht ausreicht.[965]

Der Bundesgerichtshof beschränkte jedoch im Laufe der Jahre die Entscheidungsfreiheit der Richter. So war nach dessen Rechtsprechung die Hinzuziehung eines Sachverständigen zunächst dann nicht geboten, wenn nach der Sachlage die Lebenserfahrung und die Menschenkenntnis des Richters allein für die Wahrheitsfindung ausreichend waren.[966] Ende der 60er Jahre begrenzte der 4. Strafsenat des Bundesgerichtshofs die Bewertungsfreiheit hinsichtlich der Hinzuziehung eines Sachverständigen jedoch weiter dahingehend, dass sich das Gericht dann nicht mit der eigenen Sachkunde begnügen darf, wenn es

> *„(…) nicht die unbedingte Gewissheit besitzt, dass seine Sachkunde ausreicht (…)"*[967]

und wegen der Besonderheiten[968] des Sachverhalts Zweifel über die ausreichende Sachkunde des Gerichts aufkommen können.[969] Das Gericht muss somit grundsätzlich in Fällen einen Sachverständigen hinzuziehen, in denen eine Sachkunde erforderlich ist, die ein forensisch erfahrener Richter im Normalfall nicht hat.[970] Denn das Gericht muss eher ein Zuviel als ein Zuwenig zur Aufklärung des Sachverhalts tun.[971] So ist es dem Gericht z.B. nicht erlaubt, einen Beweisantrag auf Einholung eines Sachverständigengutachtens mit Hinweis auf die eigene Sachkunde abzulehnen, wenn sich das Tatgericht diese Sachkunde zuvor gezielt

---

964 SK-*Rogall*, Vor § 72 Rn. 21; vgl. auch BGHSt 3, 27, 28; BGH StV 1987 mit abl. Anm. *Peters*; *Alsberg/Nüse/Meyer*, 5. A., S. 696.

965 *Mayer* unter Verweis auf die allgemeinen Grundsätze der Rechtsprechung (RG, JW 1939, 477; OLG Kiel, SchlHA 1946, 220), dass ein Richter *„(…) ein Beweismittel dann ausnützen muss, wenn sich dasselbe zur Benützung aufdrängt (…)"*, mit Einschränkungen auf bestimmte Fälle, in denen der Richter einen Sachverständigen hinzuziehen muss, FS-Mezger, S. 455, 472 ff.

966 BGHSt 3, 52 ff.

967 BGHSt 23, 8, 12.

968 Zu derartigen Besonderheiten SK-*Rogall* Vor § 72 Rn. 22; *Jansen* Rn. 103 ff. m. w. N.

969 BGH StV 2004, 243 = BGHR StPO § 244 Abs. 4 S. 1 Glaubwürdigkeitsgutachten 7.

970 BGHSt 3, 52, 54; 8, 130, 131; 23, 8, 12; BGHR StPO § 244 Abs. 4 S. 1 Sachkunde 4, 6; BGH StraFo 2003, 97 mit Anm. *Salditt* = BGHR StPO § 244 Abs. 4 S. 1 Sachkunde 12; SK-*Rogall*, Vor § 72 Rn. 23 mit Beispielen.

971 BGHSt 23, 8, 12; KK-*Krehl*, § 244 Rn. 45.

durch Befragung eines Sachverständigen im Freibeweisverfahren verschafft hat, um einen – entsprechend erwarteten – Beweisantrag ablehnen zu können.[972]

Für einen erfahrenen Strafrichter ist dagegen beispielsweise die Anwendung des „*Modus-Operandi-Vergleichs*“[973] in der Regel keine ungewöhnliche Beweismethode. Anhand bestimmter, ungewöhnlicher Vorgehensweisen des Täters oder wenn er ungewöhnliche Tatmittel benutzt, kann es dem Richter selbst möglich sein, mehrere Taten einem bestimmten Täter zuzuordnen.[974]

Einen Sachverständigen muss ein Richter aber insbesondere dann hinzuziehen, wenn ihm Anwendungs- und Erfahrungswissen fehlen. Der Erwerb theoretischer Kenntnisse reicht für das Innehaben der Sachkunde nicht aus, wenn das Wissen allein durch Anwendung und praktische Erfahrung erworben werden kann.[975] Wenn der Richter mehr als Allgemeinwissen in Anspruch nimmt, um den Sachverhalt ohne Hinzuziehung eines Sachverständigen zu beurteilen, muss er seinen Besitz der Sachkunde im Urteil darlegen, um die Überprüfbarkeit im Revisionsverfahren zu gewährleisten.[976] Das Problem einer möglichen Diskrepanz der Selbst- und Fremdeinschätzung ist damit jedoch nicht völlig gebannt.

3. Die Auswahl des Sachverständigen

Für die Beantwortung der Frage, ob Fallanalytiker als Sachverständige in Betracht kommen, ist ferner zu untersuchen, wen ein Richter als Sachverständigen ernennen kann.

Die Auswahl der Person des Sachverständigen durch den Richter erfolgt nach freiem, pflichtgemäßem Ermessen unter Beachtung des § 73 II StPO.[977] Gemäß § 73 II StPO sollen grundsätzlich öffentlich bestellte Sachverständige ausgewählt werden. Öffentlich bestellte Sachverständige können Einzelpersonen sein, allerdings können auch Behörden Gutachten erstellen.[978] Sie sind aufgrund bundes- oder landesrechtlicher Vorschriften auf bestimmte Zeit für bestimmte Fachgebiete bestellt (z.B. Gerichtsärzte).[979] Die öffentliche Bestellung zeigt an,

---

972 BGH StV 2015, 84 f.

973 Zu dem Begriff, s. 2. Kapitel, B. II. 2.

974 Vgl. Musolff/Hoffmann-*Bruns*, S. 262.

975 KK-*Krehl*, § 244 Rn. 45 m. w. N.; Musolff/Hoffmann-*Bruns*, S. 262; s. dazu 3. Kapitel, B. III. 3. a).

976 BGHR StPO § 244 Abs. 4 S. 1 Sachkunde 7 (dem Sachverständigen unbekannte Umstände); vgl. auch BGH NJW 2015, 1311 (für den Zivilprozess).

977 KK-*Senge*, § 73 Rn. 6; *Ulrich*, Rn. 162.

978 Das ergibt sich z.B. aus § 83 III StPO; zum Behördengutachten, s. 3. Kapitel, B. VII.

979 LR-*Krause*, § 73 Rn. 22; *Eisenberg*, Rn. 1530.

dass die Person zuverlässig und fachlich qualifiziert ist.[980] Jedoch hat das Gericht die persönliche und fachliche Eignung auch bei öffentlich bestellten Sachverständigen zu prüfen, weil die öffentliche Bestellung lediglich als Indiz für die Eignung herangezogen werden kann.[981] Ob die Heranziehung anderer Personen als der öffentlich bestellten Sachverständigen erforderlich ist, hat das Gericht nach pflichtgemäßem Ermessen zu entscheiden. Diese Entscheidung ist revisionsrechtlich nicht nachprüfbar, weil es sich um eine instruktionelle Vorschrift handelt.[982]

a) *Die fachliche Eignung des Sachverständigen*

Hält das Gericht die Hinzuziehung eines Sachverständigen für erforderlich, muss es entscheiden, aus welcher Fachrichtung es den Gutachter hinzuzieht.[983] So kann es beispielsweise bei der Einholung eines Glaubwürdigkeitsgutachtens frei entscheiden, ob es einen Psychologen oder einen Psychiater ernennt.[984] Diese Entscheidungsfreiheit kann jedoch aufgrund faktischer Voraussetzungen eingeschränkt sein. So besteht beispielsweise die Wahlmöglichkeit zwischen Psychologe und Psychiater nur, solange keine medizinischen Fachkenntnisse notwendig sind, die ein Psychologe nicht besitzt.[985]

Die Heranziehung eines Sachverständigen für die Bestimmung des Fachgebiets (sogenannte „*Auswahlsachverständige*")[986] ist unzulässig.[987] Die Person des Sachverständigen muss das Gericht selbst namentlich bestimmen,[988] es darf diese Entscheidung nicht Dritten überlassen.[989]

Das Gericht muss daher entscheiden, wer fachlich als Sachverständiger geeignet ist.

---

980 Z. B. LR-*Krause*, § 73 Rn. 22; *Ulrich*, Rn. 162; *Rogall*, FS-Gössel, S. 511, 512, Fn. 7 mit Verweis auf *Schwarze*, Commentare zu der Deutschen Strafprozessordnung, 1878, § 73 Anm. 4.

981 *Eisenberg*, Rn. 1530; *Müller*, Rn. 177.

982 RGSt 5, 78, 85; LR-*Krause*, § 73 Rn. 22.

983 BGHSt 34, 355, 357; *Meyer-Goßner/Schmitt*, § 73 Rn. 5. Das gilt im Vorverfahren auch für die Staatsanwaltschaft (§ § 161 a StPO), s. 3. Kapitel, B. III. 1.

984 BGHSt 23, 12; BGH, StraFo 2003, 97 mit Anm. *Salditt* = BGHR StPO § 244 Abs. 4 S. 1 Sachkunde 12; SK-*Rogall*, Vor § 72 Rn. 23.

985 BGH StV 1993, 522; BGH StV 1995, 398; BGH StV 1997, 61 f.; BGH StV 1999, 471, 472; BGH StV 2002, 293; SK-*Rogall*, Vor § 72 Rn. 23; *Jansen* Rn. 116.

986 AwK-*Krekeler/Werner*, § 73 Rn. 3.

987 OLG Koblenz VRS 36, 17, 18; *Eisenberg*, Rn. 1531.

988 BGHSt 34, 357; *Eisenberg*, Rn. 1531, 1536.

989 *Eisenberg*, Rn. 1536; AK-*Wassermann*, § 73 Rn. 7; KK-*Senge*, § 73 Rn. 6.

aa) § 75 StPO

Hinweise dafür, wer als Sachverständiger infrage kommt, finden sich in § 75 StPO. Dort ist geregelt, wer der Ernennung zum Sachverständigen Folge zu leisten hat und definiert somit den *„Sachverständigenpool"*, aus welchem der Auftraggeber auswählen kann. Dies sind sowohl diejenigen, die sich zur Gutachtenerstattung vor Gericht bereit erklärt haben (§ 75 II StPO), als auch diejenigen, die die Wissenschaft, die Kunst oder das Gewerbe, deren Kenntnis Voraussetzung der Begutachtung ist, öffentlich zum Erwerb ausüben (§ 75 I StPO).

Im Rahmen des § 75 I StPO ist der Begriff Gewerbe weit auszulegen und erfasst dabei jede Tätigkeit in Industrie, Handel, Gewerbe oder einem freien Beruf, die gegenüber einem zahlenmäßig unbestimmten Personenkreis zum Erwerb ausgeübt wird.[990] Daraus ergibt sich, dass die besondere Sachkunde nicht nur wissenschaftlicher Art sein muss, sondern auch das besondere Wissen um die Kunst oder das Gewerbe – die *„blosse Kunstfertigkeit"*[991] – ein solches Expertenwissen sein kann.[992] Deswegen können auch kaufmännische Gepflogenheiten oder der Inhalt und die Anwendung ausländischen Rechts Gegenstand des Sachverständigenbeweises sein.[993]

Ein abgeschlossenes wissenschaftliches Studium ist für den Sachverständigen nur erforderlich, wenn es für die Anerkennung der Sachkunde vorausgesetzt wird.[994] Ebenso müssen wissenschaftlich gesicherte Erkenntnisse nur dann gefordert werden, wenn sich die Sachkunde gerade aus der Anwendung wissenschaftlicher Methoden und Erkenntnisse herleiten soll.[995] Im Übrigen bedarf es keiner besonderen Ausbildung oder Prüfung, die das Bestehen der besonderen Sachkunde bestätigt. Möglich ist auch der Erwerb durch langjährige Erfahrung.

---

990 LR-*Krause*, § 75 Rn. 3; SK-*Rogall*, § 75 Rn. 20; *Meyer-Goßner/Schmitt*, § 75 Rn. 1; *Alsberg/Nüse/Meyer*, 5. A., S. 207; *Arbab-Zadeh*, NJW 1970, 1214, 1217.

991 *Glaser*, der für den Sachverständigen zutreffend eine Überlegenheit des Könnens und des Wissens fordert, die durch regelmäßige Beschäftigung mit den gleichen Gegenständen entsteht gegenüber denjenigen Personen, die diese nicht haben, S. 671.

992 LR-*Krause*, Vor § 72 Rn. 2; *Meyer-Goßner/Schmitt*, Vor § 72 Rn. 2; SK-*Rogall*, Vor § 72 Rn. 7; *Alsberg/Nüse/Meyer*, 5. A., S. 207; vgl. auch Alsberg/Nüse/Meyer-*Dallmeyer*, Rn. 363; *Arbab-Zadeh*, NJW 1970, 1214, 1217; vgl. *Eisenberg*, Rn. 1500; so auch schon *Glaser*, S. 671; *Wetzell*, S. 528. Im 19. Jahrhundert wurde auch von *„Kunstverständigen"* gesprochen; vgl. nur *Gönner*, S. 427 ff.; *Ullmann*, S. 342 ff.

993 LR-*Krause*, Vor § 72 Rn. 2.

994 Vgl. LR-*Krause*, Vor § 72 Rn. 2.

995 Vgl. LR-*Krause*, Vor § 72 Rn. 2; AwK-*Krekeler/Werner*, Vor §§ 72 ff. Rn. 1.

Das Fachwissen kann der Sachverständige jedoch auch durch das Ablegen einer Prüfung erworben haben.[996]

Somit ist auch der Besitz spezieller Kenntnisse aufgrund besonderer wissenschaftlicher, künstlerischer, technischer oder gewerblicher Ausbildung und Tätigkeit oder Lebenserfahrung Teil der besonderen Sachkunde. Hinzu kommen besondere Geschicklichkeit sowie Fähigkeiten, die ebenfalls durch spezielle Ausbildung, Tätigkeit und Lebenserfahrung gewonnen werden können.[997] Diese Fähigkeiten müssen jedoch besonders *„trainiert"* worden sein. Ein Anlesen oder das Innehaben von rudimentären Kenntnissen kann für die besondere Sachkunde nicht ausreichen.[998]

Bestimmte Zugangsvoraussetzungen für den Sachverständigenberuf bestehen somit nicht.[999]

bb) Die Notwendigkeit der besonderen Sachkunde

Im Zusammenhang mit dem Sachverständigen ist häufig von der *besonderen* Sachkunde die Rede.[1000] Auch wenn sich in den Vorschriften, die den Sachverständigenbeweis in der StPO regeln, keine Norm findet, welche explizit von *besonderer* Sachkunde spricht,[1001] kann nach dem Sinn und Zweck des Sachverständigenbeweises eine *einfache* Sachkunde im Rahmen des Sachverständigenbeweises nicht ausreichen.[1002] Wegen der Bedeutung, die ein Gutachten und die Vermittlung von Erfahrungswissen für den Prozess haben kann,[1003] und aufgrund der Auswahlmöglichkeit des Sachverständigen (§ 73 StPO) ist das Gericht gehalten, den möglichst *„Fähigsten"* auf dem Gebiet zu bestimmen, bzw.

---

996 Vgl. Bayerlein-*Böttger*, § 1 Rn. 10 ff.

997 *Hegler*, AcP 104 (1909), 151, 153 f.

998 KK-*Krehl*, § 244 Rn. 45.

999 *Ulrich*, Rn. 1.

1000 Z. B. BGH NJW 1955, 840, 841; *Mezger* AcP 117 (1918), Beilageheft, 1, 3 f.; *Geerds*, ArchKrim 137 (1966), 61, 67; *Kerameus*, S. 1 ff.; *Boetticher/Nedopil/Bosinski/Saß*, NStZ 2005, 57; *Bleutge*, DS 2007, 65; vgl. auch *Detter*, NStZ 1998, 57, 59.

1001 Lediglich in § 85 StPO findet sich der Begriff der *„besonderen Sachkunde"*. Er regelt jedoch einen Fall des Zeugenbeweises, auch wenn die Norm in den Abschnitt der §§ 72 ff. StPO eingeordnet ist, s. auch 3. Kapitel, A. III.

1002 Vgl. z.B. auch Art. 182 f. der schweizerischen sowie § 126 I der österreichischen Strafprozessordnung, in denen von *„besonderen Kenntnissen und Fähigkeiten"* bzw. *„besonderem Fachwissen"* die Rede ist.

1003 Vgl. § 244 IV StPO.

die Person, die am besten geeignet erscheint, dem Gericht das nötige Wissen zu vermitteln.[1004]

Die besondere Sachkunde ist daher vom allgemeinen Erfahrungswissen bzw. der *„einfachen“* Sachkunde abzugrenzen. Eine klare Unterscheidung der Begriffe ist nicht immer einfach, denn die Grenzen sind oft fließend.[1005] Das Gesetz kennt jedoch den Begriff der besonderen Sachkunde (vgl. § 85 StPO). Eine Unterscheidung zum allgemeinen Erfahrungswissen setzt es somit voraus.[1006]

Der Zweck des Beweismittels besteht darin, das Gericht in die Lage zu versetzen, über Sachverhalte zu urteilen, für deren Bewertung ihm selbst die nötige Sachkunde fehlt.[1007] Denn die Gerichte haben nicht in allen Gebieten das erforderliche Wissen, um den Sachverhalt entsprechend beurteilen zu können, auch wenn sie sich bemühen, sich in den geforderten Bereichen weiterzubilden.[1008] Das gilt beispielsweise auch für die rechtlich und tatsächlich immer komplexer werdenden Wirtschaftsstrafrechtsverfahren und die durch technische Entwicklungen immer komplizierter werdenden kriminalistischen Methoden.[1009] In der juristischen Ausbildung fehlt eine dahingehend spezialisierte Ausbildung und ist wohl schon aufgrund der großen Anzahl der relevanten Fachgebiete kaum zu leisten.[1010]

Der Richter muss auf der Grundlage der ihm von der Beweisperson vermittelten Sachkunde selbstständig urteilen können.[1011] Notwendig ist daher, dass dem Gericht der *„bestmögliche Sachverstand für die Beantwortung von Beweisfragen“*[1012] vermittelt wird. An dieser Stelle muss der Richter äußerst sorgfältig arbeiten.

So können es innerhalb eines Fachgebiets und seiner Untergebiete signifikante Unterschiede im Wissensstand in Bezug auf die konkrete Beweisbehauptung[1013] bestehen. Ein Facharzt für Chirurgie besitzt in der Regel mehr Wissen

1004 LR-*Krause*, § 73 Rn. 9; *Rogall*, FS-Gössel, S. 511.

1005 *Vyhnálek*, S. 53.

1006 *Vyhnálek*, S. 53.

1007 LR-*Krause*, Vor § 72 Rn. 2; Alsberg/Nüse/Meyer-*Dallmeyer*, Rn. 363.

1008 Das ist den immer rasanteren Fortschritte auf allen Wissensgebieten geschuldet, vgl. *Erb* ZStW 121 (2009), 882; *Kerameus*, S. 2.

1009 *Detter*, NStZ 1998, 57; *Lürken*, NJW 1968, 1161 ff.; *Plewig*, S. 2 f.; *Kaufmann*, JZ 1985, 1065 f.; *Geerds*, ArchKrim 187/188 (1991), 28 ff.

1010 Vgl. *Erb* ZStW 121 (2009), 882 ff.

1011 *Detter*, NStZ 1998, 57, 58.

1012 *Rogall*, FS-Gössel, S. 511.

1013 Nur um diese geht es, SK-*Rogall*, Vor § 72 Rn. 20; vgl. AwK-*Sommer*, § 244 Rn. 120.

zu bestimmten Operationstechniken als ein Allgemeinmediziner. Wiederum hat aber ein forschender Chirurg, der eine bestimmte Operationsmethode entwickelt hat, mehr Wissen darüber als ein anderer Chirurg, der sich mit der Methode nicht beschäftigt hat. Dem Facharzt der Chirurgie ist in der Regel also eine besondere Sachkunde gegenüber dem Allgemeinmediziner zuzusprechen, dem Spezialisten in der bestimmten Operationsmethode eine besondere Sachkunde gegenüber dem anderen Chirurgen. Auch die forensische Psychiatrie, die einen großen Bereich im Rahmen des gerichtlichen Sachverständigenbeweises einnimmt, ist ein Spezialgebiet der Psychiatrie, das zusätzliche Spezialisierung und den Erwerb besonderer Kenntnisse erfordert.[1014]

Für das Merkmal der besonderen Sachkunde kann es aber gerade nicht ausreichen, dass eine Person mehr Wissen hat als eine andere beliebige Person, wenn dieses z.B. dem allgemeinen Wissen ihres Berufsstands entspricht.[1015] Die Person, die zum Sachverständigen ernannt werden soll, muss sich auch gegenüber anderen ihres Berufsstands oder Wissens- und Erfahrungsstands besonders hervorgetan und einen überdurchschnittlichen Kenntnis- und Erfahrungsstand haben[1016] und zwar auch innerhalb eines sehr speziellen Expertengebiets.[1017] Denn sonst handelt es sich innerhalb der Expertengruppe wohl nur um *einfache* Sachkunde, auch wenn es sich für jeden anderen um Expertenwissen handelt. Kommt es dem Gericht in dem o. g. Beispiel auf die bestimmte Operationsmethode an, so muss es daher von den beiden Chirurgen denjenigen auswählen, der die Methode entwickelt hat.[1018] Auch ist es nicht ausreichend, nicht speziell ausgebildete und entsprechend erfahrene Psychiater – und erst recht nicht Psychologen – im

1014 *Detter*, NStZ 1998, 57, 58 ff. mit Verweis auf *Mauz*, Spiegel, 1996, Nr. 40, 34 und m. w. N.

1015 Bayerlein-*Böttger*, § 1 Rn. 7 f.

1016 Vgl. SK-*Rogall*, Vor § 72 Rn. 7; *Ulrich*, Rn. 1; *Bremer*, S. 21; *Bleutge*, NJW 1985, 1185, 1187; *Zimmermann*, DS 2006, 304, 307.

1017 Bayerlein-*Böttger*, § 1 Rn. 7 f. Wie die Ausführungen zu § 75 StPO zeigen, muss die besondere Sachkunde aber nicht wissenschaftlicher Art sein, sondern auch das besondere Wissen um die Kunst oder das Gewerbe können ein solches Expertenwissen darstellen, 3. Kapitel, B. III. a) aa). Entscheidend ist das Expertenwissen.

1018 Vgl. auch *Mayer*, FS-Mezger, S. 455, 474, der ausführt, dass psychiatrische Untersuchungen Psychiatern vorbehalten sind, da Amtsärzte in der Regel nicht die ausreichende Sachkunde haben. Die Ausführungen sind aber insofern nicht ausreichend, als nicht jeder Psychiater innerhalb der Expertengruppe die besondere Sachkunde für die Beantwortung der konkreten Beweisfrage haben muss.

Bereich der forensischen Psychiatrie als Sachverständige heranzuziehen, was aber in der Praxis durchaus üblich zu sein scheint.[1019]

Auch wenn der Richter grundsätzlich entscheiden darf, wen er für am besten geeignet hält, ihm den Tatsachenstoff zugänglich zu machen, darf er sich somit nicht der *„Bequemlichkeit"* hingeben, einen ihm bekannten Sachverständigen auszuwählen, der auf dem Fachgebiet der konkreten Beweisbehauptung auch kundig ist.[1020] Dies ist für das Innehaben einer *besonderen* Sachkunde nicht ausreichend. Ferner darf das erhoffte Ergebnis des Gutachtens bei der Sachverständigenauswahl nicht entscheidend sein.[1021]

Gibt es nur eine einzige Person, welche fähig ist, die konkrete Beweisfrage zu beurteilen, wird das Ermessen des Gerichts hinsichtlich der Auswahl der Person auf Null reduziert. Es kann allein diese Person als Sachverständigen beauftragen.[1022]

Das Vorliegen dieser Sachkunde hat das Gericht vor der Auswahl genauestens zu prüfen,[1023] wobei es sich um eine Prognoseentscheidung handelt.[1024] Denn der Richter macht die Auskunftsperson, wie *Mezger* zutreffend ausführte,[1025] lediglich in der Annahme zum Sachverständigen, dass sie die benötigte Sachkunde besitzt.[1026] Ob die Person in Bezug auf das konkrete Beweisthema diese Sachkunde tatsächlich aufweist, kann sich erst bei der Gutachtenerstattung zeigen oder

---

1019 Vgl. *Detter*, NStZ 1998, 57, 60 f. mit Verweis auf *Mauz*, Spiegel, 1996, Nr. 40, 34.

1020 Im Jahr 1986 ergab aber eine Studie, dass 76 % der Richter und Staatsanwälte ortsansässige Sachverständige bevorzugten, während es bei der Verteidigung nur ca. 37 % waren, *Detter*, NStZ 1998, 57, 59 mit Verweis auf *Dittmann/Reimer/Heinrichs* Forensia 9, S. 219 ff., 221.

1021 Zum Problem der *„bewährten Gutachter"* *Toepel*, S. 333 f.; *Tondorf/Tondorf*, Rn. 248; *Detter*, NStZ 1998, 57, 59.

1022 Wenn diese Person nicht gemäß § 75 StPO zur Gutachtenerstattung verpflichtet ist, kann das dazu führen, dass die besondere Sachkunde für den Prozess nicht eingeholt werden kann.

1023 LR-*Krause*, § 73 Rn. 37.

1024 *Mezger*, AcP 117 (1918), Beilageheft, 1, 3, 5; *Hegler*, AcP 104 (1909), 151, 153 f.; SK-*Rogall*, Vor § 72 Rn. 7.

1025 *Mezger*, AcP 117 (1918), Beilageheft, 1, 3, 5.

1026 Schon *Hegler* spricht von *„vermuteter, hypothetischer"* Fähigkeit, AcP 104 (1909), 151, 249; *Mezger*, AcP 117 (1918), Beilageheft, 1, 3, 5; vgl. auch SK-*Rogall*, Vor § 72 Rn. 7.

wenn der Sachverständige im Rahmen der Ernennung selbst darauf hinweist,[1027] dass ihm die Sachkunde fehlt.[1028]

Die gewissenhafte Prüfung durch den Richter ist insbesondere deshalb von entscheidender Wichtigkeit, weil die übrigen Verfahrensbeteiligten gegen die Auswahl des Gerichts unmittelbar keine Handhabe haben. Beschwerde gegen die Auswahl des Sachverständigen durch die Staatsanwaltschaft ist nicht zulässig.[1029] Das ergibt sich schon aus § 305 S. 1 StPO. Aber auch in sonstigen Fällen ist sie ausgeschlossen.[1030]

Jedoch ist gemäß § 244 IV 2 StPO einem Beweisantrag auf Vernehmung eines weiteren Sachverständigen stattzugeben, wenn im Verfahren Zweifel an der besonderen Sachkunde des Sachverständigen bestehen. Für diesen Fall schreibt auch Nr. 72 IV RiStBV vor, dass zu prüfen ist, ob ein anderer Sachverständiger beauftragt werden muss.

Stellt sich nach der Beauftragung[1031] heraus, dass dem Sachverständigen die besondere Sachkunde fehlt, ist die mangelnde Sachkunde im Rahmen des § 261 StPO zu berücksichtigen.[1032] Die Ernennung stellt einen Verfahrensfehler dar, der eine Revision gemäß § 337 StPO im Rahmen der Aufklärungsrüge (§ 244 II StPO) begründen kann. Dies ist beispielsweise dann der Fall, wenn das Gutachten aufgrund der fehlenden Sachkunde Feststellungen enthält, die gegen die allgemeinen Denk- und Erfahrungssätze verstoßen[1033] und die Möglichkeit besteht, dass das Urteil darauf beruht.

b) *Die persönliche Eignung des Sachverständigen*

Die besondere Sachkunde allein führt noch nicht zu einer Eignung[1034] des Sachverständigen.

1027 Vgl. § 407 a I ZPO, dessen Grundsätze auch im Strafprozess Anwendung finden, *Ulrich*, Rn. 334; *Toepel*, S. 364; SK-*Rogall*, Vor § 72 Rn. 50 ff.

1028 In Anlehnung an § 407 a ZPO liegt eine Pflichtverletzung des Sachverständigen vor, wenn er seine mangelnde Sachkunde erkennt und diesen Umstand dem Gericht nicht unverzüglich anzeigt, *Toepel*, S. 275.

1029 *Meyer-Goßner/Schmitt*, § 73 Rn. 18; OLG Schleswig StV 2000, 543 mit abl. Anm. *Wagner*.

1030 OLG Celle NJW 1966, 1881; *Meyer-Goßner/Schmitt*, § 73 Rn. 18; LR-*Krause*, § 73 Rn. 36.

1031 Zu dem Begriff s. 3. Kapitel, B. III. 4.

1032 *Toepel*, S. 275; vgl. auch BVerwG, NJW 2011, 1983.

1033 *Meyer-Goßner/Schmitt*, § 73 Rn. 19.

1034 LR-*Krause*, § 73 Rn. 24; *Eisenberg*, Rn. 1529, 1537.

Bei der Auswahl des Sachverständigen muss sich das Gericht neben dem Fachgebiet auch an der persönlichen Eignung des Sachverständigen orientieren,[1035] die persönliche Eigenschaften wie Gewissenhaftigkeit, einen gefestigten Charakter, Unbeeinflussbarkeit, eine klare und einfache Ausdrucksweise sowie Klarheit der Wahrnehmung umfasst.[1036]

Nach Nr. 72 I RiStBV ist vor Beauftragung des Sachverständigen gegebenenfalls zu klären, ob dieser in der Lage ist, das Gutachten in angemessener Zeit zu erstatten. Die persönliche Eignung erfasst insofern auch die Bereitschaft des Sachverständigen, das Gutachten zeitnah zu erstatten.[1037] Kann das Gericht eine andere Person ermitteln, welche fachlich und charakterlich ebenso geeignet und bereit ist, das Gutachten zeitnah zu erstatten, sollte das Gericht aufgrund seiner Auswahlmöglichkeit diese Person einer anderen vorziehen, die dazu nicht bereit ist. Die Wahl darf jedoch nicht zugunsten einer schlechter geeigneten Person ausfallen. Denn es besteht die Pflicht zu Erstattung eines Gutachtens, wenn die Voraussetzungen des § 75 StPO vorliegen,[1038] weswegen auch die Absprache einer Frist und deren Einhaltung mit Ordnungsmitteln gemäß § 77 II StPO erzwungen werden können.

c) Die Pflicht zur Objektivität

Bei der Auswahl des Sachverständigen ist ferner soweit wie möglich darauf zu achten, dass kein Ablehnungsgrund nach § 74 i. V. m. §§ 22 ff. StPO gegen den Sachverständigen besteht.[1039] Der Sachverständige hat die Pflicht zur Objektivität (vgl. § 79 II StPO),[1040] was das Wesen des Sachverständigenbeweises ausmacht.[1041] Unparteilichkeit ist daher die *„vornehmste Pflicht“*[1042] des Sachverständigen. Er muss von jeder am Strafverfahren beteiligten Person unabhängig sein, seine äußere sowie innere Unabhängigkeit bewahren[1043] und weisungsfrei arbeiten. Die Möglichkeit der Ablehnung soll diese Unabhängigkeit sicherstellen. Daraus folgt

---

1035 *Meyer-Goßner/Schmitt*, § 73 Rn. 4; *Tondorf/Tondorf*, Rn. 248; *Ulrich*, Rn. 165.

1036 AK-*Wassermann*, § 73 Rn. 8, 1 mit Hinweis auf die allgemeinen Hinweise der österreichischen *„Geschäftsordnung für die Gerichte I. und II. Instanz“*.

1037 *Eisenberg*, Rn. 1537; *Ulrich*, Rn. 165; vgl. auch Nr. 72 I RiStBV.

1038 3. Kapitel, B. III. 3. a) aa).

1039 LR-*Krause*, § 73 Rn. 24; *Meyer-Goßner/Schmitt*, § 73 Rn. 9; AK-*Wassermann*, § 73 Rn. 8; *Eisenberg*, Rn. 1537; *Ulrich*, Rn. 165; s. 3. Kapitel, B. IV.

1040 S. dazu auch 3. Kapitel, B. IV.

1041 Vgl. *Detter*, NStZ 1998, 57, 59; *Zimmermann*, DS 2006, 304, 310 f.

1042 *Ulrich*, Rn. 353.

1043 *Detter*, NStZ 1998, 57, 59.

auch die Pflicht des Sachverständigen, bei Entgegennahme des Auftrags auf einen möglichen, in seiner Person liegenden Ablehnungsgrund hinzuweisen.[1044]

In dieser Hinsicht unterscheidet sich der Sachverständige eklatant vom Zeugen. Für diesen sieht das Gesetz kein Ablehnungsrecht vor, da es auf dessen Unparteilichkeit nicht ankommt. Eine gegebenenfalls bestehende Parteilichkeit muss allerdings bei der Beurteilung seiner Glaubwürdigkeit im Rahmen der Beweiswürdigung gemäß § 261 StPO beachtet werden.[1045]

4. Die Ernennung des Sachverständigen

Ist eine geeignete Person ausgewählt, bedarf es für die Erlangung dieses Status auch hier einer Prozesshandlung[1046] der zuständigen Strafverfolgungsbehörde.[1047] Diese Handlung, vornehmlich auch als Auftrag[1048] oder Bestellung[1049] bezeichnet, liegt in der Ernennung des Sachverständigen (§ 75 I StPO).[1050] Im Zusammenhang mit der Beauftragung des Sachverständigen ergeben sich Probleme, die für die Frage der Abgrenzung von Zeugen und Sachverständigen voneinander von Bedeutung sind, weswegen hier eine vertiefte Betrachtung der Auftragserteilung erfolgt.

Der Begriff des Auftrags[1051] findet sich in der StPO nicht. Nr. 72 II 1 RiStBV führt allerdings aus, dass dem Sachverständigen ein genau umgrenzter Auftrag zu erteilen ist und ihm nach Möglichkeit bestimmte Fragen zu stellen sind. In der Praxis wird diese Vorgabe jedoch häufig nicht hinreichend beachtet. So wird ein Arzt beispielsweise häufig pauschal nach einem „*Kunstfehler*“ oder einem „*Verschulden*“ befragt.[1052]

1044 OLG Koblenz MDR 2002, 1152 f.; SK-*Rogall*, Vor § 72 Rn. 52; Zöller-*Greger*, § 413 Rn. 4.

1045 BGHSt 20, 222, 224.

1046 Dazu und zum Begriff der Prozesshandlung s. 3. Kapitel, A. I., Fn. 451.

1047 *Mezger*, AcP 117 (1918), Beilageheft, 1, 6; SK-*Rogall*, Vor § 72 Rn. 32, § 73 Rn. 9; LR-*Krause*, § 73 Rn. 2; 3. Kapitel, B. III. 1.

1048 Z. B. *Mezger*, AcP 117 (1918), Beilageheft, 1, 6; SK-*Rogall*, Vor § 72 Rn. 32.

1049 Z. B. *Mezger*, AcP 117 (1918), Beilageheft, 1, 6; *Meyer-Goßner/Schmitt*, Vor § 72 Rn. 2.

1050 Bzw. „*Zuziehung*“ (Nr. 69 RiStBV) und „*Beauftragung*“ (§ 78 c I 1 Nr. 3 StGB), wobei die Auswahl und die Bestimmung der Anzahl lediglich formlose, in der Regel interne Vorgänge sind, die der Prozesshandlung vorausgehen, SK-*Rogall*, Vor § 72 Rn. 32, § 73 Rn. 42; a. A. *Gössel*, DRiZ 1980, 363, 367, der von einer Teilbarkeit der Prozesshandlung in Auswahl und Mitteilung des Beweisthemas ausgeht.

1051 Der Begriff des Auftrags wird insbesondere bei der Abgrenzung der Beweispersonen voneinander verwendet, weswegen er in dieser Arbeit vornehmlich gebraucht wird.

1052 *E. Müller*, FS-Lüke, 493, 498; Frank/Harrer-*Ulsenheimer*, S. 8.

Die richterliche Handlung ist entweder eine sachleitende Anordnung im Sinne des § 238 I StPO oder ein förmlicher Beweisbeschluss. Ein Beschluss ist dann zwingend erforderlich, wenn die richterliche Anordnung gemäß § 238 II StPO angefochten wird.[1053] Ergeht ein Beweisbeschluss soll er nicht nur den Namen der Beweisperson, sondern auch ihre prozessuale Stellung eindeutig bezeichnen.[1054]

Eine bestimmte Form ist für den Auftrag im Übrigen[1055] nicht vorgeschrieben.[1056] Der Auftrag kann somit auch mündlich oder durch schlüssige Handlung erfolgen.[1057] Diese Handlung des Strafverfolgungsorgans muss aber für die Verfahrensbeteiligten erkennbar[1058] sein.[1059] Der Auftraggeber soll als Subjekt der Entscheidung den Sachverständigen als Beweisträger und das Beweisthema mitteilen.[1060]

Ist ein Auftrag ergangen, muss der Sachverständige das Gutachten zunächst erstatten.[1061] Ob die Auftragserteilung rechtlich zutreffend erfolgt ist, ist eine Frage, die unabhängig vom bestehenden Verfahrensstatus beantwortet werden muss. Richtigerweise ist der Auftrag ergangen, wenn der Sachverständige zu einer der drei Aussagekategorien befragt werden soll und besondere Sachkunde hinsichtlich der konkreten Beweisaufgabe hat. Soll er zu Tatsachen vernommen werden,

---

1053 *Meyer-Goßner/Schmitt*, § 238 Rn. 19; LR-*Becker*, § 238 Rn. 32; *Gössel*, DRiZ 1980, 363, 367; a. A. KMR-*Paulus*, § 238 Rn. 50.

1054 So schon *Mezger*, AcP 117 (1918), Beilageheft, 1, 7 f.

1055 Die Ausnahme ist der Beschluss des Gerichts nach Anfechtung gemäß § 238 II StPO, der gemäß § 273 I StPO in das Hauptverhandlungsprotokoll aufgenommen werden muss. Schlüssiges Verhalten kann den Beschluss nicht ersetzen, *Meyer-Goßner/Schmitt*, § 238 Rn. 19; LR-*Becker*, § 238 Rn. 32; a. A. KMR-*Paulus*, § 238 Rn. 50.

1056 Anders ist dies beispielsweise in der Schweiz, wo eine schriftliche Auftragserteilung vorgesehen ist (Art. 184 II der schweizerischen StPO).

1057 BGHSt 28, 381, 382; BGH NStZ 1984, 215; OVG Lüneburg NJW 2012, 1307; SK-*Rogall*, Vor § 72 Rn. 32, § 73 Rn. 42; *Gössel*, DRiZ 1980, 363, 367. Zur Problematik des konkludenten Auftrags in Zusammenhang mit der Kumulation und Sukzession von Verfahrensrollen s. auch 3. Kapitel, D. II. 9. g).

1058 Zur Frage der Erkennbarkeit des Auftrags als dessen Voraussetzungen s. 3. Kapitel, D. II. 9. e).

1059 Zutreffend BGH JR 1954, 271, 272; *Mezger*, der von dem nach außen hervorgetretenen richterlichen Willen spricht, AcP 117 (1918), Beilageheft, 1, 8; *Gössel*, DRiZ 1980, 363, 367; vgl. aber BGH GA 1976, 78, 79. Zur Problematik bei der Kumulation und Sukzession von Verfahrensrollen s. 3. Kapitel, D. II. 9. g).

1060 *Gössel*, DRiZ 1980, 363, 367; BGHSt 27, 76 für den Gutachtenauftrag im Sinne des § 33 OWiG; *Tröndle*, JZ 1969, 374, 376 f.; *Ulrich*, Rn. 150.

1061 SK-*Rogall*, Vor § 72 Rn. 32.

die er vor Auftragserteilung wahrgenommen hat, ist die Beauftragung rechtlich unzutreffend ergangen.[1062] Wie auch bei der Frage des tatsächlichen Vorliegens der besonderen Sachkunde ist die „*Richtigkeit*" der Beauftragung hinsichtlich des Zwecks der Vernehmung für das Entstehen des Sachverständigenbeweises aber unerheblich.[1063]

Ist der Auftrag unrichtig ergangen bzw. nicht ergangen, kann ein Revisionsgrund im Sinne des § 337 StPO vorliegen. Gegebenenfalls ist auch hier einem Beweisantrag nach § 244 IV 2 StPO stattzugeben.[1064]

5. *Die Entpflichtung des Sachverständigen*

Der Sachverständige wird durch Entpflichtung – dem *actus contrarius*[1065] zur Bestellung – aus seiner Verfahrensstellung entlassen.[1066] Die Entpflichtung ist, wie die Beauftragung, eine Prozesshandlung, die konkludent ergehen kann. Im Gesetz ist die Entpflichtung systematisch unrichtig[1067] in § 76 I 2 StPO geregelt. Darin wird ausgeführt, dass das Gericht den Sachverständigen auch aus anderen Gründen als denen, die den Sachverständigen zur Verweigerung der Gutachtenerstattung berechtigen, von der Verpflichtung der Gutachtenerstattung entbinden kann.[1068]

IV. Das Ablehnungsrecht, § 74 StPO

Um die Objektivität des Gutachtens als neutrales Beweismittel zu gewährleisten,[1069] besteht gemäß § 74 i. V. m. §§ 22 ff. StPO die Möglichkeit, einen Sachverständigen abzulehnen.[1070] Das Gericht soll einen Sachverständigen auswählen, der das

---

1062 In „*Streit- und Zweifelsfällen*" kann der sachliche Inhalt des Auftrags weiterhelfen, *Mezger*, AcP 117 (1918), Beilageheft, 1, 6; SK-*Rogall*, Vor § 72 Rn. 32, § 85 Rn. 11; *Toepel*, S. 275.

1063 *Mezger*, AcP 117 (1918), Beilageheft, 1, 8; *Toepel*, S. 275; vgl. SK-*Rogall*, Vor § 72 Rn. 32.

1064 S. auch 3. Kapitel, B. III. 3. a) bb).

1065 Die erfolgreiche Ablehnung führt *ipso iure* zum Verlust der Gutachtereigenschaft, SK-*Rogall*, § 74 Rn. 64; s. 3. Kapitel, B. IV. 3.

1066 SK-*Rogall*, Vor § 72 Rn. 33; § 76 Rn. 12; vgl. auch LR-*Krause*, § 76 Rn. 4 ff.; vgl. auch die Ausführungen zum Ende des Beschuldigtenstatus im 3. Kapitel, A. I. 1. e).

1067 SK-*Rogall*, Vor § 72 Rn. 33.

1068 Zu den Gründen SK-*Rogall*, § 76 Rn. 17; KK-*Senge*, § 76 Rn. 4; LR-*Krause*, § 76 Rn. 4; *Meyer-Goßner/Schmitt*, § 76 Rn. 3; *Bleutge*, DRiZ 1977, 170, 172.

1069 Vgl. *Lürken*, NJW 1968, 1161; SK-*Rogall*, § 74 Rn. 1, 4.

1070 Als Grund für die Möglichkeit der Ablehnung wird in Literatur häufig auch auf die grundsätzliche Austauschbarkeit und freie Wählbarkeit des Sachverständigen

Gutachten unparteiisch und unbefangen erstatten kann. Denn durch die überlegene Sachkunde des Sachverständigen gegenüber dem Gericht besteht die Gefahr einer Beeinflussung desselben zugunsten einer Partei.[1071]

Gemäß § 74 I StPO ist die Ablehnung eines Sachverständigen aus denselben Gründen möglich, die zur Ablehnung eines Richters berechtigen mit Ausnahme des § 22 Nr. 5 StPO, vgl. § 74 I 2 StPO.[1072] Die für den Richter geltenden Ausschließungsgründe begründen für den Sachverständigen zwar lediglich einen Ablehnungsgrund[1073] in Form einer Beweiseinrede;[1074] denn § 83 II 3 StPO ist der einzige gesetzliche Ausschlussgrund für den Sachverständigen. Die Ablehnungsgründe sind aber zwingend.[1075]

Gegen die Bestellung von Fallanalytikern als Sachverständige könnte § 74 I 1 i. V. m. § 22 Nr. 4, 1. und 2. Var. StPO sprechen. Danach kann als Sachverständiger abgelehnt werden, wer

> *„(…) als Beamter der Staatsanwaltschaft [oder] als Polizeibeamter (…) tätig gewesen ist".*

Da die OFA von Polizeibeamten durchgeführt wird,[1076] stellt sich die Frage, ob dieser Umstand bei einer Verwertung ihrer Ergebnisse in der Hauptverhandlung im Wege des Sachverständigenbeweises grundsätzlich ein Ablehnungsrecht begründen würde und ihre Tätigkeit als Sachverständige somit faktisch ausschließt. Für die später zu beantwortende Frage der beweisrechtlichen Einordnung der

---

verwiesen, LR-*Krause*, § 74 Rn. 1; *Meyer-Goßner/Schmitt*, § 74 Rn. 1; *Hegler*, AcP 104 (1909), 151, 277. Die Auswechselbarkeit ist nicht Voraussetzung für die Ablehnung. So kann ein Sachverständiger auch abgelehnt werden, wenn er nicht ersetzbar ist, beispielsweise wenn nur er Befundtatsachen wahrgenommen hat, die aus tatsächlichen Gründen nicht mehr wahrnehmbar sind oder wenn er der einzige ist, der über die erforderliche Sachkunde verfügt, LR-*Krause*, § 74 Rn. 1; *Meyer-Goßner/Schmitt*, § 74 Rn. 1; *Hegler* sieht die Regelung als Indiz für die Ersetzbarkeit, AcP 104 (1909), 151, 277; *Toepel*, S. 361, 247; SK-*Rogall*, Vor § 72 Rn. 72; *Lürken*, NJW 1968, 1161.

1071 *Toepel*, S. 361, 247; SK-*Rogall*, Vor § 72 Rn. 72; *Lürken*, NJW 1968, 1161.

1072 Beispiele für Ablehnungsgründe z. B. KMR-*Neubeck*, § 74 Rn. 10 ff.; KK-*Senge*, § 74 Rn. 5 f.

1073 Die Analogie zur Richterablehnung beruht auf der historischen Entwicklung des Sachverständigenbeweises in Zusammenhang mit dem richterlichen Augenschein, SK-*Rogall*, § 74 Rn. 1 ff., 3; s. auch 3. Kapitel, B. I. 3. ff.

1074 SK-*Rogall*, § 74 Rn. 1; *John*, S. 669.

1075 BGHSt 18, 214, 216; *Meyer-Goßner/Schmitt*, § 74 Rn. 3; LR-*Krause*, § 74 Rn. 4; KK-*Senge*, § 74 Rn. 2; AK-*Wassermann*, § 74 Rn. 3; *Gössel*, DRiZ 1980, 363, 370.

1076 S. 2. Kapitel, A., D. I., E.

Ergebnisse bedarf es an dieser Stelle daher einer Untersuchung, unter welchen Voraussetzungen ein solcher Ablehnungsgrund besteht.

1. Das Ablehnungsrecht gemäß § 74 I 1 i. V. m. § 22 Nr. 4, 1. und 2. Var. StPO

Es stellt sich folglich die Frage, wann ein Ablehnungsrecht gegenüber Mitgliedern einer Strafverfolgungsbehörde begründet ist.

Nach der Rechtsprechung des Bundesgerichtshofs und der h. M. kann die reine Zugehörigkeit zu einer Strafverfolgungsbehörde die Ablehnung einer Person als Sachverständigen gemäß § 74 I 1 i. V. m. § 22 Nr. 4, 1. und 2. Var. StPO nicht begründen. Das gilt insbesondere bei organisatorisch von den Strafverfolgungsbehörden getrennten Dienststellen der Polizei.[1077] Für eine Ablehnung bedarf es vielmehr der eigenen Teilnahme an den konkreten Ermittlungen[1078] in Form von strafverfolgender „*Parteitätigkeit*".[1079] Diese ist entsprechend der Rechtsprechung gegeben, wenn der Sachverständige

> *„(…) bei der Ermittlung nicht bloß beratend tätig gewesen ist, sondern vor allem sicherheitspolizeiliche Aufgaben wahrgenommen hat (…)"*[1080]

Der Sachverständige kann somit abgelehnt werden, wenn er gemäß § 161 S. 2 StPO entweder im Auftrag oder auf Ersuchen der Staatsanwaltschaft Ermittlungen vorgenommen und dabei Art, Umfang und/oder Richtung der Ermittlungen bestimmt hat,[1081] gemäß § 163 I StPO Straftaten erforscht oder Maßnahmen getroffen hat, die keinen Aufschub gestatten, um die Verdunkelung der Sache zu verhüten oder als Ermittlungsperson der Staatsanwaltschaft im Sinne des § 152 I GVG tätig geworden ist und den Anordnungen der Staatsanwaltschaft Folge geleistet hat.[1082] Die Erstellung kriminaltechnischer oder wissenschaftlicher

---

1077 RGSt 35, 319, 320; KK-*Senge*, § 74 Rn. 2; LR-*Krause*, § 74 Rn. 8 m. w. N.; BeckOK/StPO-*Monka*, § 74 Rn. 1 a; SK-*Rogall*, § 74 Rn. 21 mit Fn. 81, 23, 25; *Schlüchter*, Rn. 528; *Ahlf*, MDR 1978, 981, 982; *Gössel*, DRiZ 1980, 371; *Kube/Leineweber*, S. 101 f.; *Wiegmann*, StV 1996, 570, 573.

1078 KK-*Scheuten*, § 22 Rn. 12.

1079 SK-*Rogall*, § 74 Rn. 18.

1080 BGHSt 18, 214, 217; vgl. auch BGH NStZ 2008, 50.

1081 *Wiegmann*, StV 1996, 570, 572 f.; *Lemme*, wistra 2002, 281, 286.

1082 *Wiegmann*, StV 1996, 570, 572; *Eb. Schmidt* II, § 74 Rn. 9; SK-*Rogall*, § 74 Rn. 20; LR-*Krause*, § 74 Rn. 7; KK-*Senge*, § 74 Rn. 2; *Meyer-Goßner/Schmitt*, § 74 Rn. 3; *Nix*, Kriminalistik 1994, 83, 85; vgl. auch *Kube/Leineweber*, S. 109.

Gutachten stellt dagegen keinen Ausschlussgrund dar, wenn sie unabhängig und weisungsfrei erstellt wurden.[1083]

2. *Das Ablehnungsrecht gemäß § 74 I 1 i. V. m. § 24 StPO*

Daneben ist im Zusammenhang mit der Vernehmung von polizeilichen Fallanalytikern als Sachverständige der Ablehnungsgrund wegen der Besorgnis der Befangenheit aus § 74 I 1 i. V. m. § 24 StPO relevant. Die Besorgnis der Befangenheit liegt vor, wenn vom subjektiven Standpunkt des Ablehnenden aus verständlichen Gesichtspunkten Misstrauen in die Unparteilichkeit des Sachverständigen gerechtfertigt erscheint.[1084] Die fehlende Sachkunde eines Sachverständigen begründet eine solche Besorgnis allerdings nicht. Der Mangel führt allenfalls dazu, dass ein weiteres Sachverständigengutachten eingeholt werden muss.[1085]

Bei Mitarbeitern der Strafverfolgungsbehörden mit besonderer Sachkunde stellt sich die Frage der Ablehnungsmöglichkeit aufgrund der Nähe zu den Ermittlungen regelmäßig. Denn es kann auf Seiten des Angeklagten der Eindruck entstehen, dass ein gewisses Verfolgungsinteresse des Sachverständigen besteht.[1086] Soweit allerdings eine Ablehnung wegen § 74 I 1 i. V. m. § 22 Nr. 4, 1. und 2. Var. StPO nach den soeben gemachten Ausführungen nicht in Betracht kommt, kann ohne das Hinzutreten weiterer Umstände eine Ablehnung nicht begründet werden. So ist grundsätzlich von einem Überführungseifer jedenfalls dann nicht ohne weitere Anhaltspunkte[1087] auszugehen, wenn der Mitarbeiter der Strafverfolgungsbehörde organisatorisch getrennt von der ermittelnden Dienststelle untergebracht ist.[1088] Bei Ermittlungspersonen der Staatsanwaltschaft ist nach Auffassung des Bundesgerichtshofs dagegen regelmäßig eine Befangenheit anzunehmen, unabhängig davon, ob sie selbst an den Ermittlungen teilgenommen haben oder lediglich mit der Sammlung und Auswertung von

---

1083 OLG Zweibrücken NJW 1979, 1995; *Gössel*, DRiZ 1980, 363, 371; LR-*Krause*, § 74 Rn. 7, 14; SK-*Rogall*, § 74 Rn. 23; *Meyer-Goßner/Schmitt*, § 22 Rn. 14; *Rüping*, Rn. 191; *Lemme*, wistra 2002, 281, 284 ff.; a. A. *Dose*, NJW 1978, 349, 354.

1084 BGH JZ 1996, 315, 316; *Lemme*, wistra 2002, 281, 283; *Meyer-Goßner/Schmitt*, § 24 Rn. 8; KK-*Scheuten*, § 24 Rn. 3 a; SK-*Rogall*, § 74 Rn. 30; *Arzt*, JZ 1969, 438, 440; *Ahlf*, MDR 1978, 981, 982; krit. *Toepel*, S 251 mit weiteren Ausführungen.

1085 *Meyer-Goßner/Schmitt*, § 74 StPO Rn. 1; KK-*Senge*, § 74 Rn. 5; s. 3. Kapitel, B. III. a) bb).

1086 *Ahlf*, MDR 1978, 981, 982; *Kube/Leineweber*, S. 104 f.

1087 Aus seinem Verhalten kann aber im Einzelfall ein *„Jagdeifer"* abgelesen werden, der zu einer Ablehnung wegen Befangenheit führen kann, *Kube/Leineweber*, S. 111; LR-*Krause*, § 74 Rn. 12.

1088 BGHSt 18, 214, 215 f.; *Ahlf*, MDR 1978, 981, 982; *Kube/Leineweber*, S. 105.

Spuren beschäftigt waren.[1089] Dies begründet, wie ausgeführt, auch eine Ablehnung nach § 74 I 1 i. V. m. § 22 Nr. 4, 1. und 2. Var. StPO.

Im Falle eines Misstrauens in die Unparteilichkeit kann das Gericht den Sachverständigen auch gemäß § 76 I 2 StPO entpflichten.[1090] Denn fehlendes Vertrauen in die Unparteilichkeit und Unbefangenheit ist von den in der Norm genannten „*anderen Gründen*" erfasst.[1091]

3. Die Folgen der Ablehnung

Wird der Sachverständige erfolgreich abgelehnt, kann seine Beauftragung lediglich *ex nunc* entfallen.[1092] Die Prozesshandlung des Gerichts wird durch die Ablehnung nicht von Anfang an unwirksam.

Ist ein Sachverständiger mit Erfolg abgelehnt worden,[1093] darf er als solcher nicht weiter vernommen und ein schon eingereichtes Gutachten nicht mehr verlesen und verwertet werden (Beweisverbot).[1094] Auch ist die Erstattung des Gutachtens im Wege der Vernehmung des Sachverständigen als sachverständiger Zeuge unzulässig.[1095] Ebenso wenig darf das Gericht seine Sachkunde aus einem bereits erstatteten Gutachten herleiten (Beweisverwertungsverbot).[1096]

a) Vernehmung des abgelehnten Sachverständigen zu Zusatztatsachen

Allgemein anerkannt ist, dass ein in einer Strafsache mit Erfolg abgelehnter Sachverständiger in demselben Verfahren zu seinen Wahrnehmungen als Zeuge

---

1089 BGHSt 18, 214, 216 f.; *Kube/Leineweber*, S. 106; *Peters*, S. 370; *Schlüchter*, Rn. 528; a. A. SK-*Rogall*, § 74 Rn. 38; *Bittmann*, wistra 2011, 47, 48, 51 f.; *Schäfer*, GA 1964, 48 ff.; *Brüning*, StV 2008, 100, 101, die auf die Weisungsfreiheit der konkreten Gutachtertätigkeit abstellen; abw. AK-*Wassermann*, § 74 Rn. 5.

1090 Zum Begriff s. 3. Kapitel, B. III. 5.

1091 *Meyer-Goßner/Schmitt*, § 76 Rn. 3; KMR-*Neubeck*, § 76 Rn. 4; SK-*Rogall*, Vor § 72 Rn. 72.

1092 *Toepel*, S. 275.

1093 Es handelt sich dabei um einen *actus contrarius* zur Bestellung, SK-*Rogall*, § 74 Rn. 64; s. auch 3. Kapitel, B. III. 5.

1094 Ganz h. M. z. B. BGH NJW 2005, 445, 447; BGH StV 1999, 576; SK-*Rogall*, Vor § 72 Rn. 77, § 74 Rn. 65; *Meyer-Goßner/Schmitt*, § 74 Rn. 19; LR-*Krause*, § 74 Rn. 34; KK-*Senge*, § 74 Rn. 14; *Toepel*, S. 250, 276; *Mayer*, FS-Mezger, S. 455, 466; *Henkel*, S. 219; *Rüping*, Rn. 193; *Fezer*, Rn. 12/28.

1095 BGHSt 20, 222, 224; *Hanack*, JR 1966, 425; *Meyer-Goßner/Schmitt*, § 74 Rn. 19; SK-*Rogall*, Vor § 72 Rn. 77, § 74 Rn. 65; KK-*Senge*, § 74 Rn. 14.

1096 SK-*Rogall*, § 74 Rn. 65; KK-*Senge*, § 74 Rn. 14.

gehört werden kann, soweit er nur über Zusatztatsachen und Zufallsbeobachtungen aussagt.[1097]

b) Vernehmung des abgelehnten Sachverständigen zu Befundtatsachen

Umstritten ist jedoch, ob der abgelehnte Sachverständige als sachverständiger Zeuge zu Befundtatsachen befragt werden darf.[1098]

Die Mindermeinung[1099] lehnt dies u.a. mit dem Argument ab, dass die Ansicht der h. M. im Widerspruch zum Auftrag als Abgrenzungskriterium[1100] stehe.[1101] Denn ginge man von dem Auftrag als Abgrenzungskriterium aus, sei er als Grund für die Tatsachenwahrnehmung für die Einordnung der Beweisperson von entscheidender Bedeutung.[1102] Ohne die Beauftragung hätte die Beweisperson die Tatsachen nicht wahrnehmen können. Eine Abgrenzung des Sachverständigen vom sachverständigen Zeugen wäre danach immer überflüssig, wenn die Beweisperson nur über reine Tatsachenwahrnehmungen aufgrund besonderer Sachkunde aussagen sollte.[1103]

1097 Z. B. *Meyer-Goßner/Schmitt*, § 74 Rn. 20; *Geppert*, DAR 1980, 315, 321.

1098 Zust. RG JW 1931, 2027, 2028 mit Anm. *Mannheim*; BGHSt 20, 222, 223 mit abl. Anm. *Hanack*; BGH NStZ 2002, 44; BGH NJW 2005, 445, 447; BGH NStZ-RR 2010, 210; SK-*Rogall*, § 74 Rn. 65; KK-*Senge*, § 74 Rn. 15; LR-*Dahs*, 24. A., § 74 Rn. 34; *Meyer-Goßner/Schmitt*, § 74 Rn. 19; Alsberg/Nüse/Meyer-*Dallmeyer*, Rn. 333; *Ulrich*, *Rn.* 184; *Toepel*, S. 274 ff.; *Fezer*, JR 1990, 397 m. w. N., 400; *Gössel* I, S. 230; *ders.*, DRiZ, 1980, 363, 372; *Roxin/Schünemann*, § 27 Rn. 15; *Henkel*, S. 219; *Schlüchter*, Rn. 529; *Stein*, S. 76 f.; *Rüping*, Rn. 193; *Mezger*, AcP 117 (1918), Beilageheft, 1, 20; *Hegler*, AcP 104 (1909), 151, 219 Fn. 159, 268 f.; abl. *Eisenberg*, *Rn.* 1561; *Peters*, S. 370; *Vyhnálek*, S. 89 f.; *Geppert*, DAR 1980, 315, 321; *Hanack*, JR 1966, 425; *Schmidhäuser*, ZZP 72 (1959), 365, 373 f.; tendenziell auch LR-*Krause*, § 74 Rn. 36.

1099 *Eisenberg*, *Rn.* 1561; *Peters*, S. 370; *Vyhnálek*, S. 89 f.; *Geppert*, DAR 1980, 315, 321; *Hanack*, JR 1966, 425; *Schmidhäuser*, ZZP 72 (1959), 365, 373 f.; tendenziell auch LR-*Krause*, § 74 Rn. 36.

1100 Zur Abgrenzung der Beweispersonen s. 3. Kapitel, D.

1101 *Vyhnálek*, S. 89 f.; *Hanack*, JR 1966, 425, 426.

1102 Ob der Auftrag tatsächlich ein geeignetes Abgrenzungskriterium ist, wird an anderer Stelle bei der Auseinandersetzung mit den Abgrenzungsversuchen besprochen, s. 3. Kapitel, D. II., 7., 8. und 9.

1103 *Schmidhäuser*, ZZP 72 (1959), 365, 373 f.; *Geppert*, DAR 1980, 315, 321; *Vyhnálek*, S. 89 f.

Die h. M. geht jedoch zutreffend von der Verwertbarkeit der Befundtatsachen aus,[1104] solange die Beweisperson keine Schlussfolgerungen zieht.[1105]

Das Problem stellt sich allein hinsichtlich einer Aussage der Beweisperson im Rahmen der dritten Kategorie, da sich hier Zeugen- und Sachverständigenaussagen inhaltlich überschneiden. Diese Tatsache liefert aber schon die Antwort für die Verwertbarkeit der Befundtatsachen des abgelehnten Sachverständigen im Rahmen des Zeugenbeweises.[1106] So führt *Toepel* zutreffend aus, dass der Auftrag keine ausschließliche Abgrenzung liefert, sondern eine

> *„(…) Begründung dafür, warum die Wahrnehmungen nicht nur als solche eines sachverständigen Zeugen, sondern darüber hinaus als Sachverständigentätigkeit betrachtet werden.“*[1107]

Wenn sich die Ablehnungsmöglichkeit nicht nur auf die erste und zweite Aussagekategorie beschränkte, wäre die fehlende Ablehnungsmöglichkeit gegen den sachverständigen Zeugen in § 85 StPO nicht nachvollziehbar.[1108] Eine nachträgliche Aufteilung in Sachverständigen- und Zeugenaussage, wie sie nach Auffassung *Lents*[1109] vorgenommen werden müsse, sei gerade nicht notwendig, da die Zeugenposition von der Sachverständigenposition bereits vor der Ablehnung lediglich überlagert war.[1110] Gegen einen Zeugen besteht jedoch kein Ablehnungsrecht, da es beim Zeugenbeweis auf eine Befangenheit nicht ankommt.[1111] Sie ist

---

1104 Zum Begriff s. 3. Kapitel, B. II. 5. b).

1105 RG JW 1931, 2027, 2028 mit Anm. *Mannheim*; BGHSt 20, 222, 223 mit abl. Anm. *Hanack*; BGH NStZ 2002, 44; BGH NJW 2005, 445, 447; BGH NStZ-RR 2010, 210; KK-*Senge*, § 74 Rn. 15; SK-*Rogall*, § 74 Rn. 65; LR-*Dahs*, 24. A., § 74 Rn. 34; *Meyer-Goßner/Schmitt*, § 74 Rn. 19; *Ulrich, Rn.* 184; *Toepel*, S. 274 ff.; *Fezer*, JR 1990, 397 m. w. N., 400; *Gössel* I, S. 230; *ders.*, DRiZ, 1980, 363, 372; *Roxin/Schünemann*, § 27 Rn. 15; Alsberg/Nüse/Meyer-*Dallmeyer*, Rn. 333; *Henkel*, S. 219; *Schlüchter*, Rn. 529; *Stein*, S. 76 f.; *Rüping*, Rn. 193; *Mezger*, AcP 117 (1918), Beilageheft, 1, 20; *Hegler*, AcP 104 (1909), 151, 219 Fn. 159, 268 f.

1106 *Toepel*, S. 250 mit Verweis auf *Hegler*, AcP 104 (1909), 151, 268 f.

1107 *Toepel*, S. 276; so schon *Hegler*, AcP 104 (1909), 151, 219, Fn. 159.

1108 *Toepel*, S. 251.

1109 *Lent*, ZZP 60 (1936/1937), 9, 28 ff., 30 ff. für den Zivilprozess; sich anschließend *Schmidhäuser*, ZZP 72 (1959), 365, 374.

1110 *Toepel*, S. 276 f.; so schon *Hegler*, AcP 104 (1909), 151, 219, Fn. 159; *Mezger*, AcP 117 (1918), Beilageheft, 1, 20; *Fezer* spricht von einer *„‚latenten' Zeugeneigenschaft“*, JZ 1990, 397, 398; s. auch SK-*Rogall*, Vor § 72 Rn. 77.

1111 BGHSt 20, 222; s. auch die folgenden Ausführungen.

im Rahmen der Würdigung der Zeugenaussage gemäß § 261 StPO zu berücksichtigen.[1112]

Soweit befürchtet wird, dass die Sachkunde über die Mitteilung der sachkundigen Bewertung der Wahrnehmung in das Urteil einfließt,[1113] verkennt diese Auffassung, dass Tatsachenwahrnehmungen stets eine gewisse Beurteilung und Verarbeitung zugrunde liegen.[1114] Wie bereits ausgeführt, ist aber die Unterscheidung von der zweiten zu der dritten Aussagekategorie kein logischer, sondern ein erkenntnistheoretischer.[1115] Die Aussage des abgelehnten Sachverständigen als sachverständiger Zeuge geht somit dann nicht über die Beweisaufgabe des Zeugen hinaus, wenn sich die denkende Verarbeitung im Rahmen des Selbstverständlichen bewegt.[1116] Richtig ist sicherlich, dass die Grenze zu Schlussfolgerungen im Sinne der zweiten Aussagekategorie nicht immer hinreichend gewahrt wird.[1117] Aus § 85 StPO ist aber abzulesen, dass der Gesetzgeber von der Möglichkeit der Trennung ausgeht.

Die Gerichte sind jedoch gehalten, die Aussage des abgelehnten Sachverständigen aufgrund der Befangenheit entsprechend zu würdigen. Insbesondere müssen sie der Gefahr der Erstattung eines *„verkappten Gutachtens"*[1118] durch die Zeugenaussage entgegenwirken, indem sie dafür Sorge tragen, dass der Zeuge tatsächlich nur über Tatsachenwahrnehmungen aussagt[1119] und die Grenze zwischen den Schlussfolgerungen der zweiten und der dritten Aussagekategorie genau eingehalten werden, was von der Praxis nicht immer hinreichend beachtet wird.[1120]

V. Die Leitung des Sachverständigen gemäß § 78 StPO

In engem Zusammenhang mit der Bestellung des Sachverständigen steht seine Leitung durch den Richter. Gemäß § 78 StPO hat der Richter die Tätigkeit des Sachverständigen zu leiten, soweit ihm dies erforderlich erscheint. Wie ebendies

1112 BGHSt 20, 222, 224.
1113 LR-*Sarstedt*, 22. A., § 85 Rn. 4.
1114 S. auch *Toepel*, S. 277.
1115 *Hegler*, AcP 104 (1909), 151, 193 f., 207; *Toepel*, S. 116; s. auch 3. Kapitel, B. II. 3.
1116 *Hegler*, AcP 104 (1909), 151, 193 f., 207; s. auch 3. Kapitel, A. III. 2.
1117 LR-*Dahs*, 24. A., § 74 Rn 34; *Toepel*, S. 277 f. mit Beispielen; SK-*Rogall*, Vor § 72 Rn. 77.
1118 LR-*Dahs*, 24. A., § 74 Rn 34.
1119 *Dahs*, Rn. 231; LR-*Krause*, § 74 Rn. 36.
1120 *Toepel*, S. 251; LR-*Dahs*, 24. A., § 74 Rn 34.

geschehen soll, lässt die StPO allerdings offen.[1121] Eine Konkretisierung findet sich in Nr. 72 II RiStBV.

§ 78 StPO ist eine der wichtigsten Vorschriften des Sachverständigenbeweises.[1122] Dennoch wird sie in der Praxis häufig vernachlässigt.[1123] Die Vorschrift macht das rechtliche Verhältnis des Richters als Auftraggeber zum Sachverständigen als Beauftragtem deutlich.[1124] Der Richter soll die Arbeit des Sachverständigen überwachen.[1125] Gleichzeitig gewährt sie dem Sachverständigen das Recht, von seinem Auftraggeber so genau über seinen Gutachtenauftrag und seine Rechte und Pflichten bei der Gutachtenerstattung informiert zu werden, dass er ein der Beweisfrage entsprechendes und verwertbares Gutachten erstatten kann.[1126]

Die Bedeutung der Einhaltung der Leitungsaufgabe ergibt sich ferner daraus, dass sie den Prozessbeteiligten eine gegebenenfalls konkludent erfolgte Auftragserteilung deutlich macht. Wird die Leitungspflicht eingehalten, ist kaum ein Fall denkbar, in dem den Prozessbeteiligten die Prozesshandlung nicht erkennbar wird.[1127] Für die an späterer Stelle erfolgende Abgrenzung der Beweispersonen voneinander ist dies ein entscheidender Aspekt.

1. *Die Leitungsaufgaben*

Die Leitung des Sachverständigen im Sinne des § 78 StPO erfordert daher unter Berücksichtigung von Nr. 72 II RiStBV zunächst eine klare und eindeutige Auftragserteilung,[1128] die von möglichst bestimmt formulierten Beweisfragen umschrieben und begrenzt wird, für deren Beantwortung die besondere

1121 Vgl. dagegen § 404 a ZPO.

1122 BGHSt 45, 168, 182; BGH NStZ 1995, 282; LR-*Krause*, § 78 Rn. 1 f.

1123 So schon *Sarstedt*, der in diesem Zusammenhang unter Bezugnahme auf den Wortlaut des § 78 StPO ausführt: *„Ihm sollte dies* [die Tätigkeit des Sachverständigen zu leiten] *öfter erforderlich erscheinen, als es bisweilen geschieht.“*, NJW 1968, 177, 180.

1124 Die sich historisch herausgebildete Bezeichnung des Sachverständigen als *„Richtergehilfen“* birgt die Gefahr, dass der Sachverständige zu Unrecht mit dem Richter auf eine Stufe gestellt wird, s. dazu 3. Kapitel, D. II. 2.

1125 LR-*Krause*, § 78 Rn. 1.

1126 SK-*Rogall*, Vor § 72 Rn. 59, 61.

1127 Zu der Problematik der Erkennbarkeit des Auftrags s. 3. Kapitel, D. II. 9. e).

1128 Die Unterrichtung des Sachverständigen wird mit Recht als eine der wichtigsten Leitungsaufgaben des Richters bezeichnet, z. B. LR-*Krause*, § 78 Rn. 1.

Sachkunde des Sachverständigen benötigt wird.[1129] Das richterliche Begehren ist als Grundlage des Gutachtens genau zu beschreiben.[1130] Dies setzt eine Auseinandersetzung des Gerichts mit dem Beweisthema und dem Beweisziel voraus.

Weil die Begutachtung objektiv und unparteiisch erfolgen muss und Gutachter nicht immer frei davon sind, was ihr Auftraggeber für ein Ziel verfolgt,[1131] hat das Gericht ferner darauf zu achten, den Auftrag objektiv und unter Vermeidung von Tendenzen zu erteilen. Denn es ist Aufgabe des Gerichts, subjektiv beeinflussten Bewertungen von vornherein entgegen zu wirken. Auch dafür ist eine explizite Auseinandersetzung des Gerichts mit dem Sachverständigenauftrag Voraussetzung.

Als Teil der Leitungsaufgabe[1132] hat das Gericht dem Sachverständigen ferner die benötigten Anknüpfungstatsachen möglichst bei der Auftragserteilung vollständig mitzuteilen.[1133] Voraussetzung dafür ist, dass das Gericht die Fragen und den Inhalt seines Begehrens selbstständig formuliert.[1134] Dass die Auswahl der Anknüpfungstatsachen aufgrund der Schwierigkeit bestimmter Fachgebiete und Themen für den Richter u. U. kompliziert werden kann, ist nicht von der Hand zu weisen, kann ihn aber nicht von seiner Pflicht entbinden.[1135]

a) Fehlerhafte Aufklärung des Sachverständigen durch Überlassung des gesamten Aktenmaterials

Erst wenn nach Mitteilung der Anknüpfungstatsachen durch das Gericht weitere Aufklärung notwendig ist, kann der Sachverständige gemäß § 80 StPO weitere Aufklärung verlangen.[1136]

1129 SK-*Rogall*, Vor § 72 Rn. 61; *Meyer-Goßner/Schmitt*, § 78 Rn. 3; LR-*Krause*, § 78 Rn. 4; *Dippel*, S. 110 ff.; *Krauß*, ZStW 85 (1973), 320, 322; *Eb. Schmidt*, Nachtrag I, § 78 Rn. 8.

1130 *Krauß*, ZStW 85 (1973), 320, 322.

1131 Problematik beispielsweise angesprochen bei *Eisenberg*, NStZ 2006, 368, 369; *Detter*, NStZ 1998, 52, 59.

1132 *Ulrich*, Rn. 320.

1133 BGHSt 18, 107, 108; BGH StV 1995, 113; LR-*Krause*, § 78 Rn. 2; KK-*Senge*, § 78 Rn. 2; *Meyer-Goßner/Schmitt*, § 78 Rn. 4; SK-*Rogall*, Vor § 72 Rn. 61, § 78 Rn. 10; *Barton*, S. 28.

1134 *Krauß*, ZStW 85 (1973), 320, 322; *Kühne*, Rn. 866.

1135 Vgl. *Erb*, ZStW 121 (2009), 883, 884; *Krauß*, ZStW 85 (1973), 320, 325 f.

1136 *Meyer-Goßner/Schmitt*, § 80 Rn. 1. Aus § 80 I und II StPO ergibt sich eine Unterscheidung zwischen richterlicher Aufklärung und der weiteren Aufklärung durch den Sachverständigen, *Krauß*, ZStW 1985 (1975), 320, 322.

Zutreffend wird vertreten, dass die Überlassung des gesamten Aktenmaterials nicht durch § 80 II StPO gedeckt sei,[1137] da die Bestimmung darauf abziele, eine unnötige Belastung und Tendenz des Sachverständigen mit und aus Ermittlungsfakten zu vermeiden.[1138] Dem ist schon deshalb zuzustimmen, weil das Ermittlungsmaterial häufig belastende Indizien enthält, insbesondere, wenn schon ein Beschuldigter ermittelt wurde. Dies kann die Objektivität des Sachverständigen beeinflussen.[1139] Die Pflicht zur ordnungsgemäßen Aufklärung wird somit ausschließlich dadurch erfüllt, dass dem Sachverständigen nur der Teil der Akten zur Verfügung gestellt wird, der für das Gutachten zwingend notwendig ist.[1140] Dieser Grundsatz muss aber auch schon auf die erste Mitteilung der Anknüpfungstatsachen Anwendung finden, da er sonst überflüssig wäre und auch eine weitere Aufklärung im Sinne des § 80 II StPO durch weitere Akteneinsicht nicht notwendig wäre. In der Praxis wird die Aufklärung des Sachverständigen jedoch oftmals anders gehandhabt.[1141]

b) Weisungsfreiheit des Sachverständigen

Das Gericht hat die Untersuchungen des Sachverständigen zu unterstützen, z. B. indem es für das Erscheinen der zu untersuchenden Person sorgt.[1142] Der Richter hat darüber hinaus dafür Sorge zu tragen, dass der Sachverständige den Sachverhalt nicht rechtlich bewertet.[1143] Denn die juristische Bewertung ist allein Aufgabe des Gerichts.

Der Richter darf dem Sachverständigen jedoch keinerlei Weisungen darüber erteilen, welche Untersuchungsmethoden er anwenden soll.[1144] Die fachliche

---

1137 Im Einzelfall kann dies aber geboten sein, vgl. *Lürken*, NJW 1968, 1161, 1164 f.

1138 *Kühne*, Rn. 866; *Tondorf/Tondorf*, Rn. 242; *Eisenberg*, Rn. 1591; *Peters*, S. 342; *Dippel*, FS-E. *Müller*, S. 125, 138 f.; SK-*Rogall*, Vor § 72 Rn. 64 Fn. 256, § 78 Rn. 10; *Lürken*, NJW 1968, 1161, 1164 f.; *Sarstedt*, NJW 1968, 177, 180; zu dieser Praxis s. *Barton*, S. 28; *Zwiehoff*, S. 308 f.; *Wellmann* Rn. 214; a. A. *Ligges*, S. 144; *Kube/Leineweber*, S. 69; *Rauch*, NJW 1968, 1173, 1175; RG JW 1895, 517, 519 f.

1139 Vgl. *Kühne*, Rn. 866, *Tondorf/Tondorf*, Rn. 242 in Bezug auf die Staatsanwaltschaft.

1140 *Krauß*, ZStW 85 (1973), 320, 322; etwas anders *Meyer-Goßner/Schmitt*, der von einer regelmäßigen Überlassung des gesamten Akteninhalts ausgeht, wobei aber auch er eine routinemäßige Überlassung des gesamten Aktenmaterials ablehnt, § 78 Rn. 4, § 80 Rn. 3.

1141 *Dippel*, FS-E. Müller, 125, 138 m. w. N.; *Rauch*, NJW 1968, 1173, 1175.

1142 LR-*Krause*, § 78 Rn. 2.

1143 LR-*Krause*, § 78 Rn. 6.

1144 BGH StV 1992, 27 Nr. 3 [K]; BGH StV 1997, 610; SK-*Rogall*, § 78 Rn. 1; *Boetticher/Nedopil/Bosinski/Saß*, NStZ 2005, 57.

Durchführung der Untersuchungen unterliegt allein dem Sachverständigen,[1145] weil er weisungsfrei und unabhängig handelt.

2. Das Recht und die Pflicht der Leitung durch die Staatsanwaltschaft

Für diese Arbeit ist von Bedeutung, dass die Ausführungen über die Pflicht zur Leitung auch für Staatsanwaltschaft (§§ 161 a I 2, 78 StPO) und Polizei gelten,[1146] sollten sie einen Sachverständigen im Ermittlungsverfahren beauftragen.[1147] Wie bereits ausgeführt, ist die OFA ein Instrument der Ermittlungsunterstützung, das nahezu ausschließlich im Ermittlungsverfahren angewendet wird.[1148] Sollten Fallanalytiker als Sachverständige zu qualifizieren sein, muss die Leitung in den überwiegenden Fällen durch die Staatsanwaltschaft bzw. Polizei erfolgen.

Das Gericht hat bei der späteren Hinzuziehung des Sachverständigen in der Hauptverhandlung darauf zu achten, dass die Leitung durch die Staatsanwaltschaft entsprechend eingehalten wurde, und zu prüfen, ob das Gutachten unparteiisch und unabhängig erstellt worden ist.[1149]

Die Einhaltung des Grundsatzes, dass dem Sachverständigen nur die Informationen übermittelt werden, die er zwingend für das Gutachten braucht, muss umso strenger überprüft werden, wenn der von der Staatsanwaltschaft oder Polizei beauftragte Sachverständige Mitarbeiter einer Strafverfolgungsbehörde ist. Denn ist der Sachverständige bei der ihn beauftragenden Strafverfolgungsbehörde örtlich und/oder sachlich eingegliedert, besteht die Gefahr einer *„faktischen Teilnahme"* an den Ermittlungen durch Informationen, welche zum Beispiel durch *„Flurgespräche"* übermittelt werden könnten. Dadurch wird die Objektivität des Gutachtens gefährdet und gegebenenfalls ein Ablehnungsrecht begründet.[1150] Problematisch ist in diesem Zusammenhang, dass derartige informelle Informationsübermittlungen von außen kaum nachvollziehbar und nachzuweisen sind. Dies kann die Begründung der Ablehnung faktisch unmöglich machen.

Je genauer die Ausgestaltung der Auftragserteilung und der Leitung sowie deren Dokumentation in den Akten sind, desto besser ist aber die Überprüfbarkeit der Objektivität des Gutachtens gewährleistet. Finden sich beispielsweise

1145 BGH NJW 1970, 1242, 1243 m. w. N.; *Meyer-Goßner/Schmitt*, § 78 Rn. 6; KMR-*Neubeck*, § 78 Rn. 4.

1146 SK-*Rogall*, § 78 Rn. 3.

1147 *Meyer-Goßner/Schmitt*, § 78 Rn. 2; LR-*Krause*, § 78 Rn. 3; KK-*Senge*, § 78 Rn. 1; SK-*Rogall*, Vor § 72 Rn. 59.

1148 S. 2. Kapitel, A., D. II., III.

1149 S. 3. Kapitel, B. III. 3. c), IV. 2.

1150 S. 3. Kapitel, B. IV. 1., 2.

Informationen in dem Gutachten, die in den dem Sachverständigen überlassenen Aktenteilen nicht vorhanden waren, spricht dies dafür, dass der Sachverständige die Informationen auf *„informellem"* Weg erlangt hat. Folgte man dagegen der Auffassung, dass die Leitungsaufgabe durch Überlassung des gesamten Aktenmaterials zulässig wahrgenommen wird, wäre eine solche Überprüfung nicht möglich.[1151] Die ordnungsgemäße Leitung des Sachverständigen dient dementsprechend auch dazu, die Objektivität des Gutachtens zu gewährleisten.

Bei der Beauftragung von Sachverständigen, die bei Strafverfolgungsbehörden tätig sind, ist daher von dem beauftragenden Organ besonderes Augenmerk auf die Auswahl des zu übermittelnden Aktenmaterials und der Anknüpfungstatsachen zu legen. Insbesondere sind diese Informationen genau zu dokumentieren.[1152] Ein Zwang zur schriftlichen Fixierung wäre in solchen Fällen wünschenswert, damit die Überprüfbarkeit gewährleistet ist.

Sinnvolle Vorgaben für die Staatsanwaltschaft bei der Auftragserteilung finden sich in der *„Rostocker Checkliste für den Auftraggeber zum Gutachtenauftrag und zu Fehlerquellen in schriftlichen Gutachten"*.[1153] Die Staatsanwaltschaft soll danach den Gutachter in einem Auftragsschreiben u.a. darauf hinweisen, in dem Gutachten darzustellen, auf welche Tat oder Taten sich die Begutachtung beziehen soll und auf welchen Anknüpfungstatsachen das Gutachten erstellt wurde. Der Gutachter sollte ferner dazu angehalten werden, vor der Auftragsannahme zu prüfen, ob er zur Beantwortung der Beweisfrage ausreichend sachkundig ist. Darüber hinaus sollte er darauf hingewiesen werden, dass er sich einer juristischen Wertung zu enthalten hat.[1154]

1151 Zu der Problematik s. 3. Kapitel, B. V. 1. a).

1152 *Lürken* NJW 1968, 1161, 1164 fordert in Zusammenhang mit dem Selbstladungsrecht, dass das dem Sachverständigen mitgeteilte Tatsachenmaterial selbstverständlich auch den übrigen Verfahrensbeteiligten zur Prüfung und Kenntnis mitgeteilt wird. Das müsse auch im Vorverfahren gelten, wenn die Staatsanwaltschaft den Sachverständigen beauftragt hat.

1153 *Schläfke/Häßler/Schnoor/König/Rebernig/Auer/Feger*. Die Checkliste wurde mit Förderung des Sozialministeriums und in Abstimmung mit dem Justizministerium Mecklenburg-Vorpommern zum Auftragsschreiben der Staatsanwaltschaften anlässlich eines wissenschaftlichen Symposiums in Rostock-Warnemünde entwickelt und bezieht sich in erster Linie auf Schuldfähigkeitsgutachten.

1154 Für eine vollständige Darstellung s. auch *Tondorf/Tondorf*, Rn. 246.

VI. Die Pflicht zur persönlichen Erstattung des Gutachtens

Jede Person, welche die Voraussetzungen des § 75 StPO[1155] erfüllt, ist grundsätzlich[1156] zur persönlichen und mündlichen Erstattung des in Auftrag gegebenen Gutachtens verpflichtet (§ 250 StPO).[1157] Dabei hat sie die Anknüpfungstatsachen, die von ihr gefundenen Ergebnisse und auch die Methode, wie sie zu ihnen gelangt ist, nachvollziehbar und lückenlos dazulegen,[1158] so dass es dem Gericht möglich ist, das Gutachten selbstständig zu würdigen. Das gilt insbesondere deshalb, weil das Gericht in rechtlich nachprüfbarer Weise darlegen muss, warum es dem Gutachten folgt oder es ablehnt.[1159] Das ist notwendig, um Transparenz zu wahren und die Nachvollziehbarkeit des Gutachtens zu gewährleisten.[1160]

Das Gesetz geht im Grundsatz von einer Einzelperson als Sachverständigem aus. Fraglich ist aber, wie ein durch mehrere Personen generiertes Gutachten vor Gericht verwertet werden kann. Die Beantwortung dieser Frage ist für diese Arbeit von besonderem Interesse, weil die polizeilichen Fallanalytiker, wie einleitend erwähnt, ausschließlich im Team arbeiten.[1161]

1. Die Hinzuziehung von Hilfspersonen

Eine Übertragung des Auftrags auf eine andere Person ist dem Sachverständigen nicht gestattet (vgl. § 407 a II ZPO).[1162] Ihm ist jedoch die Hinzuziehung von Hilfspersonen erlaubt (vgl. § 407 II 2 ZPO, § 12 I 2 Nr. 1, II JVEG). Unproblematisch

---

1155 S. dazu auch 3. Kapitel, B. III. 3. a) aa).

1156 Der Sachverständige kann gemäß § 76 I 1 StPO das Gutachten aus denselben Gründen verweigern, die einen Zeugen berechtigen, das Zeugnis zu verweigern. Auch aus anderen Gründen kann der Sachverständige von der Verpflichtung einer Gutachtenerstattung entbunden werden (§ 76 I 2 StPO), zu den Gründen SK-*Rogall*, § 76 Rn. 17; KK-*Senge*, § 76 Rn. 4; LR-*Krause*, § 76 Rn. 4; *Meyer-Goßner/Schmitt*, § 76 Rn. 3; *Bleutge*, DRiZ 1977, 170, 172. Gemäß § 76 II StPO gelten für die Vernehmung von Richtern, Beamten und anderen Personen des öffentlichen Diensts als Sachverständige die besonderen beamtenrechtlichen Vorschriften, s. dazu ausführlich *Kube/Leineweber*, S. 84 ff.

1157 SK-*Rogall*, Vor § 72 Rn. 105.

1158 *Zimmermann*, DS 2006, 304, 313 f.; *Tondorf/Tondorf*, S 67 ff. zu den Gutachtenstandards; SK-*Rogall*, Vor § 72 Rn. 111 ff. mit ausführlichen Ausführungen zum Inhalt und Aufbau des Gutachtens.

1159 BGHSt 12, 311 f.; BGH StV 1982, 210; *Eisenberg*, Rn. 1508.

1160 *Meyer-Goßner/Schmitt*, Vor § 72 Rn. 7; *Ulrich*, Rn. 8.

1161 *Dern* et al., Qualitätsstandards, 2.4.1.2, s. Fn. 32; s. dazu ausführlich 2. Kapitel, C. II.

1162 BGH StV 2011, 709; LR-*Krause*, § 75 Rn. 1; *Meyer-Goßner/Schmitt*, § 73 Rn. 1 b; SK-*Rogall*, Vor § 72 Rn. 54, § 73 Rn. 39 f., § 75 Rn. 11; *Dippel*, S. 91; *Zimmermann*,

ist dies, soweit die Hilfsperson lediglich Aufgaben von untergeordneter Bedeutung übernehmen.[1163] Hilfsdienste in diesem Sinne sind solche Dienste, die keine fachliche Ausfüllung von Lehr- und Erfahrungssätzen oder keine besonderen Fähigkeiten in der Befunderhebung voraussetzen.[1164]

Einigkeit besteht ebenfalls darüber, dass dem Sachverständigen die eigenständige Ernennung weiterer Sachverständiger nicht erlaubt ist.[1165] Hält er dies für notwendig, weil der Gutachtenauftrag über sein Sachgebiet hinausgeht oder sich Fachgebiete überschneiden,[1166] hat er dies seinem Auftraggeber unverzüglich anzuzeigen, damit dieser gegebenenfalls weitere Sachverständige ernennt (vgl. § 407 a II ZPO).[1167]

2. *Der Sachverständige als „Leiter einer Sachverständigengruppe"*

Nach der wohl h. M. soll es dem Sachverständigen jedoch in bestimmten Fällen erlaubt sein, Befunde anderer Sachverständiger[1168] nach eigener verantwortlicher Prüfung für das eigene Gutachten zu verwenden.[1169] Er könne dann als *„Leiter"*

DS 2006, 304, 309; zu den Gründen *Bleutge*, NJW 1985, 1185, 1186 f.; vgl. auch *Toepel*, S. 364 f.; *Müller*, Rn. 538 f.; *Ulrich*, Rn. 337.

1163 SK-*Rogall*, Vor § 72 Rn. 55.

1164 *Schikora*, MDR 2002, 1033 mit erhellenden Ausführungen; SK-*Rogall*, Vor § 72 Rn. 55, 67; *Zimmermann*, DS 2006, 304, 310; für auch darüber hinausgehende Tätigkeiten von Hilfskräften *Meyer-Goßner/Schmitt*, § 73 Rn. 2; *Kube/Leineweber*, S. 68 f.; *Hanack*, NJW 1961, 2041, 2044.

1165 Dies kann nur das zuständige Strafverfolgungsorgan, BVerfGE 69, 70, 76; LR-*Krause*, § 73 Rn. 7; *Meyer-Goßner/Schmitt*, § 73 Rn. 1 b; SK-*Rogall*, Vor § 72 Rn. 110, § 73 Rn. 40; KMR-*Neubeck*, § 73 Rn. 4; AK-*Wassermann*, § 73 Rn. 6; BeckOK/StPO-*Monka*, § 73 Rn. 2; *Toepel*, S. 364; *Dippel*, S. 89 ff., 90 f.; *Zimmermann*, DS 2006, 304, 310; *Friederichs*, JZ 1974, 257 f.; a. A. OLG Hamm NJW 1973, 1427; KK-*Senge*, § 73 Rn. 4.

1166 *Zimmermann*, DS 2006, 304, 307.

1167 *Meyer-Goßner/Schmitt*, § 73 Rn. 3; *Zimmermann*, DS 2006, 304, 307; vgl. auch *Dippel*, S. 91; SK-*Rogall*, Vor § 72 Rn. 110, konsequent auch für den Fall, dass der Auftrag die Expertise des Sachverständigen nicht übersteigt.

1168 Häufig als sogenannte *„Hilfssachverständige"* bezeichnet, z. B. BGHSt 22, 268, 273; *Müller*, Rn. 194 a, 538 a; vgl. auch *Ulrich*, Rn. 114; abl. SK-*Rogall*, Vor § 72 Rn. 55, 67, 110, § 73 Rn. 40; LR-*Krause*, § 73 Rn. 7; *Meyer-Goßner/Schmitt*, § 73 Rn. 3; *Seyler*, GA 1989, 547, 552; *Friederichs*, JZ 1974, 257 f.

1169 BGHSt 22, 268, 272 f. = JR 1969 mit Anm. *Peters*; BGH NStZ 1997, 610; OLG Hamm NJW 1973, 1427 f. mit Anm. *Friederichs*, NJW 1973, 2259; AK-*Wassermann*, § 73 Rn. 6; KK-*Senge*, § 73 Rn. 4; LR-*Krause*, § 73 Rn. 8; KMR-*Neubeck*, § 73 Rn. 5; BeckOK/StPO-*Monka*, § 73 Rn. 2; *Eisenberg*, Rn. 1502; *Ulrich*, Rn. 113; *Müller*,

der *„Sachverständigengruppe"* die Ergebnisse zusammenfassen, überprüfen, die Verantwortung für das Gutachten übernehmen und dieses vor Gericht vertreten. Rechtliche Bedenken wegen einer Verletzung des Unmittelbarkeitsgrundsatzes ergeben sich nach der h. M. daraus nicht zwangsläufig. Insbesondere sei es praktisch nicht durchführbar und wirtschaftlich nicht vertretbar zu verlangen, stets die gesamte Sachverständigengruppe, also beispielsweise alle Mitarbeiter eines Instituts, die den Institutsleiter bei der Erstellung des Gutachtens unterstützt haben, vor Gericht zu vernehmen.[1170]

Diese Auffassung wird rechtlich zutreffend von Teilen der Literatur abgelehnt.[1171] So kennt das Gesetz weder die vom Bundesgerichtshof verwendeten Begriffe des *„Haupt- und Hilfssachverständigen"*, des *„Leiters"* oder der *„Sachverständigengruppe"*. Auch ist nicht geregelt, wie eine Person zum *„Leiter"* einer *„Sachverständigengruppe"* wird.[1172] Der Bundesgerichtshof konstruiert den Leiter einer Sachverständigengruppe als die Person, die zum Sachverständigen ernannt wurde und im Zuge der Gutachtenerstattung die Befunde anderer Personen sachkundig und kritisch auswertet sowie die Gesamtverantwortung für das Gutachten übernimmt.[1173]

Wie *Eb. Schmidt* und *Friederichs* aber überzeugend ausführen, spricht die Hinzuziehung eines weiteren Sachkundigen[1174] durch den Sachverständigen in der Regel dafür, dass das Thema des Gutachtenauftrags die spezielle Sachkunde des Sachverständigen übersteigt, weswegen es ihm als *„Leiter"* gar nicht möglich sein kann, das Gutachten in seiner Gesamtheit verantwortlich zu vertreten.[1175] In einem solchen Fall hat der beauftragte Sachverständige dem Gericht den Mangel seiner Sachkunde für den bestimmten Bereich anzuzeigen. Das Gericht muss

---

Rn. 193 a, 194 a; *Kube/Leineweber*, S. 69; *Bleutge*, NJW 1985, 1185; *Meyer-Goßner/Schmitt*, § 73 Rn. 2; vgl. auch *Seyler*, GA 1989, 546, 551; *Becker*, S. 63 f.; a. A. mit überzeugenden Argumenten *Eb. Schmidt*, JZ 1970, 337, 343; *Friederichs*, JZ 1974, 257, 258; SK-*Rogall*, Vor § 72 Rn. 55, 110; § 73 Rn. 39 f. m. w. N.

1170 BGHSt 22, 268, 273.

1171 *Eb. Schmidt*, JZ 1970, 337, 343; *Friederichs*, JZ 1974, 257, 258; *Dippel*, S. 91; SK-*Rogall*, Vor § 72 Rn. 55, 110; § 73 Rn. 39 f. m. w. N.

1172 *Friederichs*, JZ 1974, 257, 258.

1173 BGHSt 22, 268, 273; vgl. dazu *Friederichs*, JZ 1974, 257, 258.

1174 Sachverständiger ist die Person nicht, da sie nicht vom zuständigen Strafverfolgungsorgan beauftragt wurde.

1175 *Friederichs*, JZ 1974, 257, 258; *Eb. Schmidt*, JZ 1970, 337, 343; wohl a. A. *Dippel*, S. 93 f., der es nicht für problematisch hält, wenn ein Psychiater das Gutachten eines Psychologen übernimmt.

dann einen weiteren Sachverständigen beauftragen, der auf diesem Gebiet besonders sachkundig ist, wenn es dem Gericht gerade auf diese Sachkunde ankommt.[1176]

3. *Das „Gruppengutachten"*

Um einen anderen Fall handelt es sich, wenn mehrere vom zuständigen Strafverfolgungsorgan beauftragte Sachverständige schwierige Gutachten gemeinsam erstellen. Der Fall eines *„Gruppengutachtens"* ist insofern nicht ausgeschlossen.[1177] Die einzelnen Teile des Gutachtens müssen aber den jeweils dafür zuständigen Sachverständigen zugeordnet werden können.[1178] Jeder einzelne Sachverständige der Gutachtergruppe muss seinen Gutachtenteil eigenverantwortlich erstatten und kann vereidigt werden.[1179] Auch kann jedes einzelne Mitglied der Gruppe abgelehnt werden.[1180]

4. *Das „Teamgutachten"*

Einen weiteren Spezialfall bilden in diesem Zusammenhang sogenannte Teamgutachten,[1181] bei denen die einzelnen Abschnitte nicht einer bestimmten Person zugeordnet werden können, weil sie auf einer Gemeinschaftsleistung mehrerer, vom zuständigen Strafverfolgungsorgan beauftragter Sachverständiger beruhen.[1182] Das Teamgutachten unterscheidet sich von dem zuvor behandelten Gruppengutachten dadurch, dass jedes einzelne Teammitglied das gesamte Gutachten zu verantworten hat.[1183] Der Inhalt und das Ergebnis des Teamgutachtens können zwar von einem Mitglied vor Gericht vorgetragen werden.[1184] Das Teammitglied kann es aber nicht, auch nicht in Teilen, eigenverantwortlich vertreten. Im Rahmen der Aufklärungspflicht kann es daher geboten sein, jedes

---

1176 *Friederichs*, JZ 1974, 257, 258.

1177 *Friederichs*, JZ 1974, 257, 258; *Ulrich*, Rn. 113; *Dippel*, S. 91; SK-*Rogall*, Vor § 72 Rn. 110.

1178 Der Auftraggeber hat dafür zu sorgen, dass diese, soweit möglich, sichtbar gemacht werden, SK-*Rogall*, Vor § 72 Rn. 110; vgl. auch *Ulrich*, Rn. 113; *Bleutge*, NJW 1985, 1185, 1190.

1179 *Ulrich*, Rn. 113; SK-*Rogall*, Vor § 72 Rn. 110.

1180 *Dippel*, S. 134; a. A. *Dästner*, MDR 1979, 546, der nur den *„Leiter"* für ablehnbar hält.

1181 *Müller*, Rn. 193 ff., 194, 194 a.; *Dippel*, S. 91.

1182 *Sarstedt*, NJW 1968, 177, 180; *Ulrich*, Rn. 113; SK-*Rogall*, Vor § 72 Rn. 110.

1183 *Müller*, Rn. 194 a; *Friederichs*, DRiZ 1971, 312, 313; SK-*Rogall*, Vor § 72 Rn. 110 Fn. 517.

1184 *Ulrich*, Rn. 113; SK-*Rogall*, Vor § 72 Rn. 110.

Teammitglied anzuhören.[1185] *Sarstedt* hält es in Fällen, in denen *„Teamwork"* notwendig ist, für sinnvoll, zu prüfen, ob eine öffentliche Behörde das Gutachten erstellen kann, da das Gutachten dann gemäß § 256 StPO verlesen werden kann.[1186]

VII. Das Behördengutachten

Das Gesetz kennt Erklärungen von Behörden, die ein Zeugnis oder ein Gutachten enthalten – sogenannte Behördenzeugnisse und Behördengutachten.

In §§ 83 III, 91 I, 92 I 2, 256 I Nr. 1 a, II StPO ist von Gutachten von (Fach-) Behörden[1187] die Rede.[1188] Auch § 1 II 1 JVEG und § 2 BKAG sehen *„Sachverständigenleistungen"* der Behörden vor. Daraus ergibt sich, dass der Gesetzgeber neben natürlichen Personen auch Behörden die Fähigkeit zuspricht, Sachverständigenleistungen zu erbringen und Gutachten zu erstellen.[1189] Festzustellen ist jedoch, dass zwischen persönlichen Gutachten und Behördengutachten[1190] unterschieden werden muss.[1191]

Da die OFA-Einheiten bei den Landeskriminalämtern und dem Bundeskriminalamt eingegliedert sind,[1192] ist eine Einordnung der von ihnen erstellten Fallanalysegutachten als Behördengutachten denkbar.[1193] Das Behördengutachten kann auch von mehreren Personen erstellt werden,[1194] weswegen es für diese Arbeit von besonderem Interesse ist.

1. Das Gutachten der öffentlichen Behörde, § 256 I Nr. 1 a StPO

Behördengutachten können von *„öffentlichen Behörden"* erstattet werden, vgl. § 256 I Nr. 1 a StPO. Bei dem schriftlichen Gutachten der Behörde handelt es sich um eine Urkunde im Sinne von § 267 StGB und § 249 I 1 StPO.[1195] Behörde ist nach der Legaldefinition des § 1 IV VwVfG jede Stelle, die Aufgaben der

---

1185 SK-*Rogall*, Vor § 72 Rn. 110; *Ulrich*, Rn. 113.

1186 *Sarstedt*, NJW 1968, 177, 180. Zur Problematik des Behördengutachtens s. 3. Kapitel, B. VII.

1187 Überblick über die Behörden bei *Ulrich*, Rn. 71 ff.

1188 Zum Begriff des Behördengutachtens SK-*Rogall*, § 256 Rn. 20, 22 ff.; *Meyer-Goßner/Schmitt*, § 256 Rn. 6; *Alsberg/Nüse/Meyer*, 5. A., S. 302.

1189 *Gössel*, DRiZ 1980, 363, 369; *Rogall*, FS-Gössel, S. 511, 513; *Seyler*, GA 1989, 547.

1190 Zum Begriff vertiefend *Rogall*, FS-Gössel, S. 511, 514.

1191 *Gössel*, DRiZ 1980, 363, 369.

1192 S. 2. Kapitel, D. I.

1193 *Wippler*, S. 191.

1194 S. dazu die folgenden Ausführungen und 3. Kapitel, B. VII. 1.

1195 *Rogall*, FS-Gössel, S. 511, 514 Fn. 30.

öffentlichen Verwaltung wahrnimmt. Die Landeskriminalämter und das Bundeskriminalamt sind, wie z.B. auch öffentliche Kliniken, Universitätsinstitute für Rechtsmedizin und chemische Untersuchungsanstalten, öffentliche Behörden.[1196]

Einigkeit herrscht darüber, dass bei einem Behördengutachten die Behörde Auftragnehmerin ist und nicht einer ihrer Mitarbeiter.[1197] Das Gutachten muss daher der Behörde als solcher und nicht einem einzelnen Mitarbeiter zurechenbar sein.[1198] Es darf von ihr nicht völlig außerhalb ihres Zuständigkeitsbereichs abgegeben werden.[1199] Die Behörde trägt die volle Verantwortung für das Gutachten. Sie bestimmt folglich, welcher Mitarbeiter das Gutachten erstellt und gegebenenfalls vor Gericht vertritt.[1200] Das Gericht kann in diesem Fall somit, anders als bei einem „*natürlichen*" Sachverständigen, nicht den speziellen Gutachtenersteller bestimmen,[1201] sondern nur das gesamte Fachwissen der Behörde in Anspruch nehmen.[1202]

Die Behörde kann mehrere Mitarbeiter mit der Gutachtenerstellung betrauen. Auch in diesem Fall gilt, dass das Gericht keinerlei Einfluss darauf hat, ob eine solche Gruppe mit der Erstellung des Gutachtens betraut wird und wer Teil

---

1196 BGH NJW, 1968, 206; *Meyer-Goßner/Schmitt*, § 256 Rn. 13 m. w. N.

1197 Z. B. LR-*Krause*, § 73 Rn. 25; *Seyler*, GA 1989, 546, 551; vgl. auch *Gollwitzer*, FS-Weißauer, S. 23, 24; SK-*Rogall*, Vor § 72 Rn. 12; *ders.*, FS-Gössel, S. 511, 514; *Kube/Leineweber*, S. 77; *Ahlf*, MDR 1978, 981 f.

1198 BayObLG NJW 1964, 1426; *Gössel*, DRiZ 1980, 363, 369; *Rogall*, FS-Gössel, S. 511, 514; vgl. auch *Ahlf*, MDR 1978, 981, 982.

1199 BGH VRS 48, 209, 210; OLG Karlsruhe NJW 1973, 1426; LR-*Stuckenberg*, § 256 Rn. 28 m. w. N.; *Rogall*, FS-Gössel, S. 511, 519; SK-*Velten*, § 256 Rn. 22; *Meyer-Goßner/Schmitt*, § 256 Rn. 15; *Kube/Leineweber*, S. 76; *Alsberg/Nüse/Meyer*, 5. A., S. 299; *Gollwitzer*, FS-Weißauer, S. 23, 27; *Gössel*, DRiZ 1980, 363, 369 mit Verweis auf § 2 II des Gesetzes über die Einrichtung eines Bundeskriminalpolizeiamts (Bundeskriminalamt) vom 29.6.1973, BGBl III S. 2190-1, und die Ländergesetze über die Landeskriminalämter.

1200 SK-*Rogall*, Vor § 72 Rn. 11; *ders.*, FS-Gössel, S. 511, 519; SK-*Velten*, § 256 Rn. 19; vgl. *Toepel*, S. 364 f.; *Kube/Leineweber*, S. 82 f. *Leineweber* führt aus, dass die Gerichte analog § 256 II StPO die Behörde ersuchen könnten, einen ganz bestimmten Behördenbediensteten mit der Erstellung des Gutachtens und der Erstattung vor Gericht zu beauftragen. Auch er gesteht aber zu, dass ein Anspruch des Gerichts darauf nicht besteht, MDR 1980, 7, 8. Am Ergebnis, dass die Behörde den Gutachtenerstatter bestimmt, ändert sich daher nichts.

1201 *Seyler*, GA 1989, 546, 551; vgl. *Rogall*, FS-Gössel, S. 511, 524.

1202 *Seyler*, GA 1989, 546, 551.

dieser Gruppe ist.[1203] Nach außen bleibt es bei dem Gutachten der Behörde, weswegen allein die Behörde und nicht jeder einzelne Behördenmitarbeiter die einzelnen Teile des Gutachtens zu vertreten hat.[1204]

2. *Ausnahme vom Mündlichkeitsgrundsatz*

Während das Gutachten eines *„natürlichen"* Sachverständigen in der Hauptverhandlung grundsätzlich nur mündlich durch Vernehmung des Sachverständigen erstattet werden darf (vgl. §§ 250, 249 StPO), kann[1205] das Gutachten einer öffentlichen Behörde gemäß § 256 I Nr. 1 a StPO in Abweichung zu § 250 StPO verlesen werden.[1206] Diese Ausnahme vom Mündlichkeitsgrundsatz (§ 250 StPO) gründet auf einem besonderen Vertrauen des Gesetzgebers gegenüber öffentlichen Behörden in ihre Objektivität, Sachkunde und Zuverlässigkeit,[1207] was insbesondere aus § 83 III StPO herauszulesen ist, der die Beauftragung einer Fachbehörde in *„wichtigeren Fällen"* ermöglicht. Gleichzeitig sollen die Behördenmitarbeiter nicht zusätzlich durch die persönliche Vertretung vor Gericht belastet[1208] und das Verfahren soll beschleunigt werden.[1209]

3. *Zur Anwendbarkeit der Vorschriften über den Sachverständigenbeweis auf die Behörde*

Die Pflicht zur Gutachtenerstattung umfasst aber auch die Pflicht der Vertretung des Gutachtens nach Verlesung vor Gericht durch einen instruierten und

---

1203 Zum Spezialfall der kollegialen Fachbehörde gemäß § 256 II StPO s. 3. Kapitel, B. VII. 4.

1204 LR-*Stuckenberg*, § 256 Rn. 37.

1205 Es besteht kein Zwang, *Gollwitzer*, FS-Weißauer, S. 23, 29; *Gössel*, DRiZ 1980, 363, 374; *Rogall*, FS-Gössel, S. 511, 516; *Ahlf*, MDR 1978, 981, 982; LR-*Stuckenberg*, § 256 Rn. 3; *Krüger*, FS-Roxin I., S. 601, 604 f.

1206 Die Möglichkeit der mündlichen Vertretung des Gutachtens war in den Entwürfen der RStPO nicht vorgesehen. Danach sollten Behördengutachten ausschließlich schriftlich erstattet werden, Motive bei *Hahn*, S. 196; abl. *v. Kries*, Strafprozessrecht, S. 378; SK-*Velten*, § 256 Rn. 19. Diese Begründung konnte sich i. E. jedoch nicht durchsetzen, *Rogall*, FS-Gössel, S. 511, 513 mit vertiefenden Ausführungen.

1207 *Rogall*, FS-Gössel, S. 511, 512; *Meyer-Goßner/Schmitt*, § 256 Rn. 1; *Alsberg/Nüse/Meyer*, 5. A., S. 295 f.; *Ahlf*, MDR 1978, 981, 982; *Dästner*, MDR 1979, 545, 546; kritisch *Eisenberg*, Rn. 1504; a. A. *Seyler*, GA 1989, 547, 559 f.

1208 RGSt 14, 6; *Krüger*, FS-Roxin I., S. 601, 604; *Seyler*, GA 1989, 547, 549; Motive bei *Hahn*, S. 196.

1209 KK-*Diemer*, § 256 Rn. 1; KMR-*Paulus*, § 256 Rn. 2.

bevollmächtigten Bediensteten[1210] der Behörde.[1211] Eine persönliche Vernehmung in der Hauptverhandlung ist also nicht notwendig, aber zusätzlich möglich, wenn sie nach Ansicht des Gerichts der Sachverhaltsaufklärung dient.[1212] Welche verfahrensrechtliche Stellung die Behörde hat, ist allerdings umstritten.

Die h. M. geht zwar davon aus, dass das Gutachten einer Behörde im Wege des Urkundsbeweises vor Gericht verlesen wird.[1213] Weil nach überwiegender Auffassung das Behördengutachten aber auch mündlich vorgetragen werden kann, wird vielfach davon ausgegangen, dass die Behörde Sachverständiger bzw. wie ein solcher zu behandeln sei, weswegen auch die Vorschriften des Sachverständigenbeweises (analog)[1214] Anwendung fänden.[1215]

Dem ist entsprechend den zutreffenden Ausführungen von *Rogall* nicht zuzustimmen.[1216] So ist

> *„der Beweis durch Sachverständige (...) ein Personalbeweis, der durch Vernehmung des Beweismittels ‚Sachverständiger' erhoben wird. Sachverständiger kann aber nur eine natürliche Person sein."*[1217]

Dies ergibt sich bereits aus den Vorschriften der §§ 72 ff. StPO.[1218]

Dagegen scheint zwar zu sprechen, dass die Regelungen in §§ 83 III, 91 92 und 256 StPO die Behördengutachten dem Sachverständigen- und Augenscheinsbeweis

---

1210 Bei einer kollegialen Fachbehörde im Sinne des § 256 II StPO durch eines ihrer Mitglieder, s. dazu 3. Kapitel, B VII. 4.

1211 SK-*Rogall*, § 83 Rn. 10.

1212 *Rogall*, FS-Gössel, S. 511, 516; *Jessnitzer/Ulrich*, Rn. 87.

1213 BGHSt 1, 94, 95 f.; *Ahlf*, MDR 1978, 981, 982; *Gössel*, DRiZ 1980, 363, 373; *Hanack*, NJW 1961, 2041; *Dästner*, MDR 1979, 545, 546; *Gollwitzer*, FS-Weißauer, S. 23, 31; SK-*Rogall*, Vor § 72 Rn. 11; *ders.*, FS-Gössel, 511, 521; LR-*Stuckenberg*, § 256 Rn. 2; KMR-*Paulus*, § 256 Rn. 2; *Meyer-Goßner/Schmitt*, § 256 Rn. 1; *Krüger*, FS-Roxin I., S. 601 ff.; *Alsberg/Nüse/Meyer*, 5. A., S. 300; a. A. *Hegler*, AcP 104 (1909), 151, 283 f. Fn. 285; *Schnellbach*, S. 68; SK-*Velten*, § 256 Rn. 19.

1214 SK-*Velten*, § 256 Rn. 19, hält eine zwingende Anwendbarkeit der Vorschriften über den Urkundsbeweis nicht für erkennbar. Ihrer Ansicht nach besteht eine Regelungslücke, die wegen der Bedeutung der persönlichen Vernehmung durch eine analoge Anwendung des Sachverständigenbeweises als Personalbeweis zu schließen sei.

1215 Z. B. *Glaser*, S. 690; *Gerland*, S 223 Fn. 280; *Gössel*, DRiZ 1980, 363, 364, 368, 374; *Gollwitzer*, FS-Weißauer, S. 26, 33; in der zivilrechtlichen Rechtsprechung und Literatur z.B. BGH NJW, 1966, 502, 503; BGH NJW 1974, 701; 1993, 3355, 3356; *Ulrich*, Rn. 91; *Schnellbach*, S. 68.

1216 Vgl. auch *Friederichs*, DRiZ 1971, 312, 313; *Müller*, Rn. 146 ff.

1217 *Rogall*, FS-Gössel, S. 511, 521.

1218 *Rogall*, FS-Gössel, S. 511, 521.

zuordnen.[1219] Aber schon der Gesetzgeber der RStPO ging davon aus, dass Behörden nicht mündlich vernommen werden können, sofern sie nicht aus einem einzigen Beamten bestehen.[1220] Konsequent ist im Gesetz daher nicht von der Behörde als Sachverständigem die Rede, sondern von Behördengutachten und Sachverständigenleistungen. Soweit das Gesetz von Behördengutachten spricht, sei dies nach *Rogall* insoweit richtig, als eine Behörde ein Gutachten erstellen und entsprechend dem Wortlaut des § 1 II ZSEG[1221] Sachverständigen*leistungen* erbringen könne. Das mache sie aber nicht zum Sachverständigen im Sinne des Beweisrechts.[1222]

Nur § 81 f II 4 StPO, der 2005 eingefügt wurde, regelt den Fall, dass eine *„nichtöffentliche Stelle"*[1223] Sachverständiger ist. Eine beweisrechtliche Bedeutung kommt dieser Norm jedoch nicht zu.[1224] Gesetzeszweck ist lediglich die Ausweitung der datenschutzrechtlichen Kontrolle gegenüber § 38 BDSG dahingehend, dass diese auch anlassunabhängig durchgeführt werden kann und die Datenschutzbehörden auch tätig werden dürfen, wenn die Daten in Akten und nicht in Dateien automatisiert verarbeitet werden.[1225]

Das Behördengutachten kann somit allein im Wege des Urkundsbeweises durch Verlesung in die Hauptverhandlung eingeführt werden. Um ein Gutachten im Wege des Sachverständigenbeweises in die Hauptverhandlung einzuführen, muss eine natürliche Person beauftragt werden.[1226] Entscheidet sich das Gericht gegen eine Verlesung des Gutachtens, muss es eine natürliche Person als Sachverständigen bestellen und vernehmen.[1227]

1219 Vgl. SK-*Velten*, § 256 Rn. 19.

1220 Motive bei *Hahn*, S. 196; so auch *Rogall*, FS-Gössel, S. 511, 513; abl. *v. Kries*, Strafprozessrecht, S. 378; SK-*Velten*, § 256 Rn. 19.

1221 Heute § 1 II JVEG.

1222 *Rogall*, FS-Gössel, S. 511, 521.

1223 Dabei handelt es sich um juristische Personen, Gesellschaften oder andere Personenvereinigungen des privaten Rechts, soweit sie nicht unter die Absätze 1 bis 3 des § 2 BDSG fallen, s. § 2 IV 1 BDSG.

1224 SK-*Rogall*, Vor § 72 Rn. 11, § 81 f. Rn. 26.

1225 *Meyer-Goßner/Schmitt*, § 81 f Rn. 4; SK-*Rogall*, Vor § 72 Rn. 11; § 81 f. Rn. 26; *Senge*, NJW 1997, 2409; 2412.

1226 *Rogall*, FS-Gössel, S. 511, 521.

1227 *Rogall*, FS-Gössel, S. 511, 516. S. auch die folgenden Ausführungen.

4. *Die Pflicht der Vertretung des Gutachtens nach Verlesung vor Gericht durch einen instruierten und bevollmächtigten Bediensteten der Behörde*

Uneinigkeit[1228] besteht ferner über die Frage, in welcher verfahrensrechtlichen Funktion der Behördenbedienstete vernommen wird, der das Gutachten der Behörde nach der Verlesung vor Gericht vertritt. Die Diskussion wird insbesondere im Zusammenhang mit dem Spezialfall der kollegialen Fachbehörde geführt (§ 256 II StPO).[1229] Gemäß § 256 II StPO kann das Gericht die Behörde ersuchen, eines ihrer Mitglieder mit der Vertretung des Gutachtens in der Hauptverhandlung zu beauftragen und dem Gericht zu bezeichnen.

a) Mischform zwischen Urkunds- und Personalbeweis

Nach *Gollwitzer* ist eine *„Mischform"* zwischen Urkunds- und Personalbeweis gegeben.[1230] Er ist der Ansicht, dass zwar das schriftliche Gutachten im Wege des Urkundsbeweises in die Hauptverhandlung eingeführt werde, mit der mündlichen Vernehmung aber die Beweisform trotz ihrer Akzessorietät zur Verlesung der Urkunde zum Personalbeweis wechsele, auch wenn der Wechsel keine Auswirkung auf die Zurechnung des Gutachtens habe.[1231]

Dieser Ansicht, wonach der Behördenvertreter als Sachverständiger handele oder zumindest als solcher zu behandeln sei,[1232] ist schon deshalb nicht zuzustimmen,[1233] weil nicht derjenige das Behördengutachten vor Gericht vertreten

---

1228 Dazu vertiefend *Rogall*, FS-Gössel, S. 511, 517 ff.; *Seyler*, GA 1989, 546, 560 f.

1229 Die Kollegialbehörde muss Entscheidungen einstimmig oder durch Mehrheitsbeschluss treffen und wird – anders als monokratisch organisierte Behörden – nicht durch den Behördenleiter bzw. den zeichnungsberechtigten Amtsträger vertreten, SK-*Velten*, § 256 Rn. 36; LR-*Stuckenberg*, § 256 Rn. 10; AwK-*Mertis*, § 256 Rn. 11; *Gollwitzer*, FS-Weißauer, S. 23, 29.

1230 *Gollwitzer*, FS-Weißauer, S. 23, 31; a. A. *Dästner*, MDR 1979, 454, 547.

1231 *Gollwitzer*, FS-Weißauer, S. 23, 31 ff., 33.

1232 Vgl. auch *Seyler*, GA 1989, 546, 568; *Meyer-Goßner/Schmitt*, spricht von den *„Rechten und Pflichten [des Vertreters] eines Sachverständigen"*, § 83 Rn. 5; LR-*Gollwitzer*, 25. A., § 256 Rn. 60 und im Anschluss LR-*Stuckenberg*, § 256 Rn. 69, von der *„Funktion"* und *Eb. Schmidt* II, § 256 Rn. 13, von der *„Stellung"* des Vertreters.

1233 Anders ist dies zu bewerten, wenn der Behördenbedienstete über die Vertretung des Gutachtens hinaus im Anschluss neue Bewertungen und Schlussfolgerungen vornehmen soll. Dann wird er ggf. zu einem *„natürlichen"* Sachverständigen bestellt mit eigenen Rechten und Pflichten im Sinne der §§ 72 ff. StPO, *Gössel*, DRiZ 1980,

muss, der es auch erstellt hat,[1234] wie *Gollwitzer* selbst zutreffend ausführt.[1235] Nach der gesetzlichen Konzeption des Sachverständigenbeweises muss aber der Gutachtenersteller dieses persönlich und in eigener Verantwortung erstatten (vgl. § 79 StPO).[1236]

Würde der Behördenvertreter in die Rechte und Pflichten eines Sachverständigen eintreten, wenn er im Anschluss an die Verlesung des Gutachtens[1237] dieses gemäß § 256 II StPO vor Gericht mündlich vertritt, müsste er ferner vereidigt und gemäß § 74 StPO abgelehnt werden können, was jedoch mit Recht abgelehnt wird.[1238] Denn auch entsprechend dem Wortlaut des § 256 II StPO, wonach

> *„(...) das Gericht die Behörde ersuchen [kann], eines ihrer Mitglieder mit der Vertretung des Gutachtens in der Hauptverhandlung zu beauftragen (...)"*,

kann die Auskunftsperson der Behörde nur als deren Vertreter und nicht in eigenem Namen handeln, weswegen alle Äußerungen der Behörde zuzurechnen sind.[1239] Diese kann aber nicht abgelehnt werden.[1240] Ihr Vertreter wäre dagegen ablehnbar, obwohl er selbst nicht mit der Gutachtenerstellung beauftragt wurde.[1241] Dies widerspricht dem Sinn und Zweck des Ablehnungsrechts, weil das Behördengutachten selbst von der Ablehnung nicht betroffen ist.

363, 375. Zur allgemeinen Dienstpflicht und zur Genehmigungspflichtigkeit der Nebentätigkeit, z.B. *Kube/Leineweber*, S. 79 ff.

1234 Vgl. *Gössel*, DRiZ 1980, 363, 365, 367, 375; *Kube/Leineweber*, S. 82 f.; *Seyler*, GA 1989, 546, 551.

1235 *Gollwitzer*, FS-Weißauer, S. 23, 28. So auch *Rogall*, FS-Gössel, 511, 519; insofern gehen die Ausführungen *Dästners*, MDR 1979, 545, 546 fehl, eine mündliche Vernehmung des Sachverständigen sei zu Rückfragen wegen des im Gutachten vorausgesetzten Sachverstands und zur Einschätzung des Werts des Gutachtens aufgrund des persönlichen Eindrucks häufig notwendig.

1236 S. 3. Kapitel, B. VI.

1237 Voraussetzung für die Vernehmung nach § 256 II StPO, RGSt 39, 140, 141; *Gössel*, DRiZ 1980, 363, 374.

1238 *Leineweber*, MDR 1980, 7, 8 ff.; *Gollwitzer*, FS-Weißauer, S. 23, 33; *Rogall*, FS-Gössel, S. 511, 523 f.; *Kube/Leineweber*, S. 87; *Ahlf*, MDR 1978, 981, 983; a. A. *Gössel*, DRiZ 1980, 363, 376; LR-*Stuckenberg*, § 256 Rn. 69; SK-*Velten*, § 256 Rn. 36; KK-*Senge*, § 74 Rn. 1; *Meyer-Goßner/Schmitt*, § 83 Rn. 5, allerdings ohne nähere Begründung.

1239 Vgl. *Rogall*, FS-Gössel, S. 511, 525.

1240 Ganz h. M., z.B. OLG Hamm NJW-RR 1990, 1471; SK-*Rogall*, § 74 Rn. 5; *ders.*, FS-Gössel, S. 511, 524; *Ulrich*, Rn. 200; LR-*Stuckenberg*, § 256 Rn. 69; *Dästner*, MDR 1979, 545, 546; *Ahlf*, MDR 1978, 981, 983; a. A. *Schnellbach*, S. 81 ff., 85 f.; *Seyler*, GA 1989, 566; SK-*Velten*, § 256 Rn. 23.

1241 *Kube/Leineweber* bezeichnen dies zutreffend als *„inkonsequent"*, S. 89.

Ein Behördenbediensteter kann auch nicht einerseits für die Behörde im Rahmen seiner Dienstpflicht tätig werden und andererseits als persönlicher Sachverständiger vor Gericht auftreten.[1242] Die Behördenmitarbeiter handeln weisungsgebunden, was gegen eine Anwendung der §§ 72 ff. StPO auf den Behördenvertreter spricht, die unabhängige und weisungsfreie Sachverständige voraussetzen.[1243]

Entscheidend ist jedoch insbesondere, dass die Voraussetzungen für eine Sachverständigenstellung des Behördenmitarbeiters deshalb nicht vorliegen, da dieser nicht von dem zuständigen Strafverfolgungsorgan beauftragt (vgl. § 73, 161 a StPO),[1244] sondern von der Behörde entsandt wurde.[1245]

b) Vertreter der Behörde

Konsequent in Bezug auf den Wortlaut des § 256 II StPO sowie die Notwendigkeit der Beauftragung einer Person durch ein Strafverfolgungsorgan[1246] vertritt *Gössel* die Ansicht, dass der von der Behörde Beauftragte lediglich als deren Vertreter in ihrem Namen auftrete.[1247] Sachverständiger bleibe die Behörde. Die das Gutachten ergänzenden Ausführungen seien allein der Behörde zuzurechnen.[1248]

Wie auch *Gollwizer* geht *Gössel* von der Akzessorietät der Gutachtenvertretung nach § 256 II StPO zum Urkundsbeweis des § 256 I StPO aus.[1249] *Gössel* führt aus:

> *„Die Vernehmung als Beauftragter nach § 256 Abs. 2 StPO erweist sich damit als ein Spezialfall (= kombiniert mit dem Urkundsbeweis) eines mündlichen Gutachtens einer Behörde. Aus diesem Grund sind insoweit die Regeln des (personalen) Sachbeweises anzuwenden, wobei allerdings beachtet werden muss, daß die Behörde selbst Sachverständiger ist.“*[1250]

1242 *Leineweber*, MDR 1980, 7, 8 ff.; *Kube/Leineweber*, S. 84.

1243 *Kube/Leineweber*, S. 84.

1244 S. auch 3. Kapitel, B. III. 1., D. 7., 8. und 9.

1245 Vgl. *Gössel*, DRiZ 1980, 363, 365, 367, 375; *Kube/Leineweber*, S. 82 f.; *Seyler*, GA 1989, 546, 551.

1246 *Gössel*, DRiZ 1980, 363, 365, 367, 375; *Rogall*, FS-Gössel, S. 511, 519.

1247 So auch *Ahlf*, MDR 1978, 981, 982; *Kube/Leineweber*, S. 84; *Becker*, S. 63.

1248 *Gössel*, DRiZ 1980, 363, 374.

1249 *Gössel*, DRiZ 1980, 363, 374 mit Verweis auf RGSt 39, 140, 141; a. A. *Dästner*, MDR 1979, 545, 547.

1250 *Gössel*, DRiZ 1980, 363, 374; vgl. auch *Alsberg/Nüse/Meyer*, 3. A., S. 360 f.; a. A. aber Alsberg/Nüse/Meyer-*Dallmeyer*, Rn. 365, wonach der Behördenvertreter Sachverständiger sein soll.

Gegen diese Ansicht spricht jedoch, dass die Behörde nicht Sachverständiger sein kann, da insbesondere die Vorschriften der §§ 72, 74 und 79 StPO nur auf natürliche Personen Anwendung finden.[1251] Dies sieht auch *Gössel* und führt einschränkend aus:

> *„Wie in diesem Fall, so sind auch im übrigen alle Vorschriften über den Sachverständigenbeweis gemäß §§ 72 ff. StPO anwendbar, soweit sie ihrer Natur nach nicht eine natürliche Person als Sachverständigen voraussetzen.“*[1252]

c) Trennung zwischen Urkunds- und Personalbeweis

Rogall nimmt in seinen Ausführungen eine konsequente Trennung zwischen Urkunds- und Personalbeweis vor.[1253] Seiner zutreffenden Ansicht nach kann die von der Behörde zur Vertretung des Gutachtens entsandte Person schon wegen des fehlenden Auftrags einer Strafverfolgungsbehörde nicht Sachverständiger sein.[1254]

Soweit eine Vertretung des Gutachtens notwendig erscheint, ließen sich diese mündlichen Erörterungen des Gutachtens daher nicht strengbeweislich einordnen.[1255] Die aussagende Person sei weder Zeuge noch Sachverständiger.[1256]

In Anlehnung an § 251 III StPO dienten diese Äußerungen lediglich im Rahmen des Freibeweises

> *„(...) allein dem besseren Verständnis des Gutachtens, seinen Hintergründen und Entstehungsbedingungen etc.“*[1257]

Zur Grundlage von Feststellungen, die unmittelbar der Urteilsfindung dienen, dürften die Äußerungen des Behördenvertreters aber nicht gemacht werden.[1258]

Benötigt das Gericht bestimmte Angaben für die Urteilsfindung, müsse es auf eine Änderung und/oder Ergänzung des Gutachtens durch die Behörde hinwirken bzw. eine natürliche Person als Sachverständigen beauftragen, wobei es sich

---

1251 *Müller*, Rn. 148 (§ 406 ZPO); *Rogall*, FS-Gössel, S. 511; *ders.*, DRiZ 1980, 363, 375; *Meyer-Goßner/Schmitt*, § 74 Rn. 1; *Leineweber*, MDR 1980, 7, 8 ff.; vgl. auch SK-*Velten*, § 256 Rn. 19; *Gollwitzer*, FS-Weißauer, S. 23, 30; a. A. *Seyler*, GA 1989, 546, 566.

1252 *Gössel*, DRiZ 1980, 363, 375.

1253 *Rogall*, FS-Gössel, S. 511, 520 ff.; so auch schon *Ahlf*, MDR 1978, 981, 983; a. A. SK-*Velten*, § 256 Rn. 19.

1254 *Rogall*, FS-Gössel, S. 511, 519.

1255 *Rogall*, FS-Gössel, S. 511, 521 f.

1256 *Rogall*, FS-Gössel, S. 511, 523.

1257 *Rogall*, FS-Gössel, S. 511, 522; vgl. auch *Bennecke/Beling*, S. 366 ff.; *Eisenberg*, Rn. 1544; *Ahlf*, MDR 1978, 981, 983.

1258 *Rogall*, FS-Gössel, S. 511, 522; vgl. auch *Ahlf*, MDR 1978, 981, 983.

bei diesen Personen auch um den Behördenvertreter selbst oder andere Behördenangehörige handeln könne.[1259]

Die Verantwortung für das Gutachten verbleibt somit bei der Behörde. Dieses Ergebnis entspricht auch der gesetzlichen Wertung, die für Fachbehörden Unparteilichkeit und besondere Sachkunde annimmt. Das ergibt sich insbesondere aus § 83 III StPO, der gerade *„in wichtigen Fällen"* die Einholung eines Gutachtens einer Fachbehörde zulässt.[1260]

d) Behördenvertreter als Sachverständiger mit eingeschränkter Kompetenz

Velten,[1261] die hinsichtlich § 256 II StPO ebenfalls von einer strengen Akzessorietät des Personal- zum Urkundsbeweis ausgeht, ist dagegen der Ansicht, dass eine Vernehmung des Behördenvertreters im Wege des Freibeweises deshalb nicht möglich sei, weil das Gericht wegen § 261 StPO gezwungen sei, seine Überzeugung aus dem Inbegriff der in der Hauptverhandlung präsentierten Beweise zu schöpfen. Es sei nach der Konzeption der Strafprozessordnung nicht denkbar, dass eine Person, die einen Beitrag zur materiellen Entscheidungsfindung leisten soll, kein Beweismittel sei. Der Behördenvertreter sei daher Sachverständiger *„mit eingeschränkter Kompetenz"* insoweit, als sein Gutachtenauftrag – und damit das Beweisthema – auf die Erläuterung bzw. Interpretation des Gutachtens beschränkt sei. Das entspreche auch dem Wortlaut des § 256 II StPO, wonach er das Gutachten und nicht die Behörde vertrete. Mache der Vertreter über diese Erläuterungen hinaus sachkundige Aussagen, vertrete er nicht mehr das Behördengutachten, sondern sei persönlicher Sachverständiger. Er könne dann bei eigener Befangenheit abgelehnt werden.

Der letzten Ausführung kann mit der Einschränkung zugestimmt werden, dass das Gericht den Vertreter zum Sachverständigen bestellen muss, wenn es diese Ausführungen in seinem Urteil verwerten will. *„Von selbst"* wird die Aussageperson nicht zum Sachverständigen.[1262]

Bezüglich der Einordnung des Vertreters als Sachverständiger *„mit eingeschränkter Kompetenz"* stellt sich im Übrigen aber wieder das Problem, dass nicht die Person vom Gericht beauftragt wurde, sondern die Behörde. Wenn die Aussageperson also das Gutachten vertritt, vertritt sie gleichzeitig die Behörde. Dem steht der Wortlaut des § 256 II StPO nicht entgegen. Der Vertreter hat das

1259 *Rogall*, FS-Gössel, S. 511, 522; SK-*ders.*, Vor § 72 Rn. 12.
1260 *Kube/Leineweber*, S. 85.
1261 SK-*Velten*, § 256 Rn. 36.
1262 S. dazu 3. Kapitel, B. III. 1., D. II. 7., 8. und 9.

Gutachten auch nicht zwangsläufig selbst erstellt. Ferner kommt man auch nach dieser Ansicht zu dem Ergebnis, dass die mit dem Gutachten beauftragte Behörde nicht,[1263] ihr Vertreter aber ablehnbar ist. Damit ist jedoch der von dem Gutachten und der möglichen Befangenheit betroffenen Partei im Verfahren nicht geholfen.

Beweismittel sind auch nicht die dem Verständnis des Gutachtens dienenden Äußerungen des Vertreters vor Gericht, sondern das Gutachten selbst, das im Wege des Urkundsbeweises verlesen wurde.[1264]

5. *Stellungnahme*

Der Auffassung *Rogalls* ist somit zu folgen, auch wenn *Velten* sicherlich grundsätzlich in der Annahme Recht gegeben werden kann, dass die Regelungen über das Behördengutachten nur rudimentär sind.[1265]

In verfahrensrechtlicher Konsequenz ergibt sich, wie von *Rogall* ausgeführt, dass die Vereidigung einer Behörde nicht möglich ist, da sie nicht Sachverständiger ist und ausschließlich natürliche Personen vereidigt werden können.[1266] Ferner kann die Behörde nicht nach § 74 I 1 StPO abgelehnt werden.[1267] Es ist daher an der Behörde, bei der internen Auswahl des Gutachtenerstellers darauf zu achten und dafür Sorge zu tragen, dass eine Besorgnis der Befangenheit hinsichtlich des Gutachtenerstellers nicht gegeben ist (vgl. §§ 20, 21 VwVfG).[1268] Konsequenzen für den Strafprozess ergeben sich allerdings nicht, sollte die Behörde dieser Obliegenheit nicht nachkommen.[1269]

1263 Eine Behörde kann nicht abgelehnt werden, ganz h. M., z. B. OLG Hamm NJW-RR 1990, 1471; SK-*Rogall*, § 74 Rn. 5; *ders.*, FS-Gössel, S. 511, 524; *Ulrich*, Rn. 200; LR-*Stuckenberg*, § 256 Rn. 69; *Dästner*, MDR 1979, 545, 546; *Ahlf*, MDR 1978, 981, 983; a. A. *Schnellbach*, S. 81 ff., 85 f.; *Seyler*, GA 1989, 566; SK-*Velten*, § 256 Rn. 23.

1264 *Rogall*, FS-Gössel, S. 511, 522.

1265 SK-*Velten*, § 256 Rn. 19.

1266 *Rogall*, FS-Gössel, S. 511, 523; etwas anderes gilt, wenn der Behördenangehörige als persönlicher Sachverständiger beauftragt wurde.

1267 Ganz h. M., z. B. OLG Hamm NJW-RR 1990, 1471; SK-*Rogall*, § 74 Rn. 5; *ders.*, FS-Gössel, S. 511, 524; *Gössel*, DRiZ 1980, 363, 375; *Ulrich*, Rn. 200; LR-*Stuckenberg*, § 256 Rn. 69; *Ahlf*, MDR 1978, 981, 983; a. A. *Schnellbach*, S. 81 ff., 85 f.; wohl auch *Dästner*, MDR 1979, 545, 546, der hinsichtlich des Ablehnungsrechts auf den Gruppenleiter abstellt.

1268 *Rogall*, FS- Gössel, S. 511, 524; *Leineweber*, MDR 1980, 7, 9; a. A. *Dästner*, MDR 1979, 454, 456.

1269 *Rogall*, FS-Gössel, S. 511, 525; vgl. SK-*Velten*, § 256 Rn. 23.

Aber auch der Vertreter der Behörde kann weder vereidigt noch abgelehnt werden.[1270] Denn er ist nicht Gutachter oder Sachverständiger. Er kann die höchstpersönliche Handlung des Eids auch nicht für die Behörde vornehmen, weil die Behörde selbst keinen Eid leisten kann, er aber in ihrem Namen auftritt.[1271]

Dasselbe gilt hinsichtlich einer möglichen Ablehnung. Weil eine Behörde nicht befangen sein und deshalb auch nicht abgelehnt werden kann, kann auch ihr Vertreter nicht abgelehnt werden. Denn er handelt nicht als *„Individuum"* oder persönlicher Gutachter.[1272] Seine Äußerungen vor der Strafverfolgungsbehörde sind der Behörde zuzurechnen, es sei denn, der Vertreter der Behörde wird vom Gericht persönlich beauftragt.[1273]

Es soll ferner möglich sein, gemäß § 77 StPO Ordnungsmittel gegen die Behörde zu verhängen, wenn sie ihrer Pflicht zur Erstattung eines Gutachtens trotz Vorliegens der Voraussetzungen des § 75 StPO nicht nachkommt,[1274] da diese Norm keine natürliche Person als Empfänger voraussetzt.

Das Behördengutachten kann somit allein im Wege des Urkundsbeweises durch Verlesung in die Hauptverhandlung eingeführt werden. Um ein Gutachten im Wege des Sachverständigenbeweises in die Hauptverhandlung einzuführen, muss eine natürliche Person beauftragt werden.[1275] Entscheidet sich das Gericht gegen eine Verlesung des Gutachtens, muss es daher eine natürliche Person als Sachverständigen bestellen und vernehmen.[1276]

Ob fehlerhaftes Handeln des Behördenmitarbeiters, beispielsweise die Befangenheit des Gutachtenerstellers,[1277] die Umgehung der Aussagefreiheit des

---

1270 *Kube/Leineweber*, S. 87 ff.; a. A. *Becker*, S. 70.

1271 *Rogall*, FS- Gössel, S. 511, 523; *Gössel*, DRiZ 1980, 363, 376.

1272 *Rogall*, FS-Gössel, S. 511, 523 ff. mit vertiefenden Ausführungen; *Ahlf*, MDR 1978, 981, 982 f.; *Leineweber*, MDR 1980, 7, 9; a. A. RG GA 1927, 116, 117; *Gollwitzer*, FS-Weißauer, S. 23, 34; *Dästner*, MDR 1979, 545; *Gössel*, DRiZ 1980, 363, 376; *Dippel*, S. 133 f.; KK-*Senge*, § 74 Rn. 1; *Meyer-Goßner/Schmitt*, § 74 Rn. 1; LR-*Krause*, § 74 Rn. 3.

1273 *Rogall*, FS-Gössel, S. 511, 525; vgl. auch *Ahlf*, MDR 1978, 981, 983.

1274 Dazu vertiefend *Schnellbach*, S. 44 ff.; *Gössel*, DRiZ 1980, 363, 375; *Rogall*, FS-Gössel, S. 511, 525 f.; a. A. *Glaser*, S. 702.

1275 *Rogall*, FS-Gössel, S. 511, 521.

1276 *Rogall*, FS-Gössel, S. 511, 516. S. auch die folgenden Ausführungen.

1277 Auf den Vertreter vor Gericht kann es hier nicht ankommen, wenn er nicht der Ersteller des Gutachtens ist.

Angeklagten oder Mängel in der Sachkunde zu einem Verlesungs- bzw. Verwertungsverbot führen können, ist ebenfalls umstritten.[1278]

Zumindest sollen Mängel bei der Gutachtenerstellung im Rahmen des § 261 StPO berücksichtigt werden. Auch kann gemäß § 244 II StPO die Pflicht bestehen, ein weiteres Gutachten einzuholen.[1279]

6. *Das Behördenzeugnis*

In diesem Zusammenhang sei an dieser Stelle[1280] das Behördenzeugnis erwähnt. Es wird in § 256 I a Nr. 1 StPO genannt. Für dieses Zeugnis gilt somit ebenfalls die Durchbrechung des Unmittelbarkeitsgrundsatzes.[1281] Das Behördenzeugnis gibt Auskunft über amtlich festgestellte Tatsachen, wie z. B der Führerschein oder die Meldebescheinigung.[1282] Ob im Prozess ein behördliches Dokument auch zur Auskunft über andere Wahrnehmungen von Behördenangehörigen verlesen werden kann, die diese in Ausführung ihrer Tätigkeit gemacht haben und die ohne § 256 StPO als Zeugen zu vernehmen wären, ist umstritten.[1283] Für Äußerungen der mit der Sache befassten Strafverfolgungsorgane, insbesondere für innerdienstliche Aktenvermerke der Polizei und der Staatsanwaltschaft, gilt diese Vorschrift nach der h. M. jedenfalls nicht.[1284]

Jedoch können gemäß § 256 I Nr. 5 StPO Protokolle sowie in einer Urkunde enthaltene Erklärungen von Strafverfolgungsbehörden über Ermittlungshandlungen verlesen werden, soweit diese nicht eine Vernehmung zum Gegenstand haben. Von dieser Vorschrift sind grundsätzlich alle Protokolle und Vermerke über – aber nicht hierauf beschränkte[1285] – Routinehandlungen wie

---

1278 Zust. *Dästner*, MDR 1979, 545, 547; *Seyler*, GA 1989, 546, 566; *Dippel*, S. 191; SK-*Velten*, § 256 Rn. 23; a. A. *Rogall*, der darauf abstellt, dass es sich bei der ordnungsgemäßen Erstellung des Gutachtens um eine außerprozessuale, verwaltungsverfahrensrechtliche Pflicht handelt, FS-*Gössel*, S. 511, 524 f.; SK-*ders.*, § 74 Rn. 5.

1279 *Leineweber*, MDR 1980, 7, 9; *Gössel*, DRiZ 1980, 363, 372; SK-*Velten*, § 256 Rn. 23; *Rogall*, FS-Gössel, S. 511, 525; SK-*ders.*, § 74 Rn. 5

1280 Systematisch ist es den Ausführungen im 3. Kapitel, A. zuzuordnen.

1281 S. dazu 3. Kapitel, B., VII.

1282 SK-*Velten*, § 256 Rn. 20; *Meyer-Goßner/Schmitt*, § 256 Rn. 5; KK-*Diemer*, § 256 Rn. 2.

1283 So wohl die h. M., z.B. *Meyer-Goßner/Schmitt*, § 256 Rn. 5; Alsberg/Nüse/Meyer-*Dallmeyer*, § 256 Rn. 532; a. A. SK-*Velten*, § 256 Rn. 20.

1284 BGH NStZ 1982, 79 m. w. N.; BGH NStZ 1995, 143; statt vieler *Meyer-Goßner/Schmitt*, § 256 Rn. 4.

1285 OLG Celle NStZ 2014, 175 f.; die Gesetzesbegründung spricht von „*meist routinemäßig erstellten Protokollen*", BT-Drucks. 15/1508, S. 26; a. A. SK-*Velten*, §256 Rn. 33,

Beschlagnahme, Spurensicherung etc. erfasst.[1286] Ermittlungshandlungen sind nach dem Wortlaut alle Aktivitäten der Ermittlungsbehörden, die der Tataufklärung dienen sollen.[1287] Die Frage, ob die Ermittlungshandlung eine Routinehandlung ist, soll nach der Rechtsprechung auch nicht deshalb verneint werden, weil diese nur durch speziell geschulte Polizeibeamte ausgeführt werden kann.[1288] Protokolle und Vermerke über solche Handlungen können mithin grundsätzlich durch Verlesung in den Prozess eingeführt werden. Eine Beschränkung besteht lediglich im Rahmen der Aufklärungspflicht aus § 244 II StPO.[1289]

VIII. Der Sachverständigeneid

Gemäß § 79 I StPO kann der Sachverständige nach Ermessen[1290] des Gerichts vereidigt werden. Die Eidesformel geht entsprechend § 79 II StPO dahin, dass der Sachverständige das Gutachten unparteiisch und nach bestem Wissen und Gewissen erstattet hat. Von dem Eid erfasst sind die Befundtatsachen.[1291] Zusatztatsachen[1292] sowie Zufallsbeobachtungen können dagegen nur über den Zeugenbeweis Eingang in den Prozess finden.[1293]

Rechtlich umstritten ist die Frage, ob der Zeugeneid den Sachverständigeneid erfasst, wenn der Sachverständige sowohl Befund- als auch Zusatztatsachen bekunden soll.[1294] Insbesondere im Zusammenhang mit der Abgrenzung der Beweispersonen voneinander kam dieser Frage lange Zeit große Bedeutung zu, weil bis zum 1. JuMoG vom 24.8.2004 Zeugen, anders als Sachverständige, generell vereidigt wurden. Mit dem 1. JuMoG wurde die generelle Zeugenvereidigung jedoch aufgehoben. Weil nun beide Auskunftspersonen regelmäßig unvereidigt

die für eine restrikitve Auslegung und eine teleologische Reduktion ausschließlich auf Protokolle und Vermerke über solche Routinehandlungen plädiert.

1286 BGH NStZ 2008, 529; *Meyer-Goßner/Schmitt*, § 256 Rn. 26; SK-*Velten*, § 256 Rn. 33.

1287 SK-*Velten*, § 256 Rn. 33; *Meyer-Goßner/Schmitt*, § 256 Rn. 26.

1288 OLG Celle NStZ 2014, 175 f.

1289 OLG Celle NStZ 2014, 175 f.

1290 Auch bei ausschlaggebender Bedeutung des Gutachtens, SK-*Rogall*, Vor § 72 Rn. 44, § 79 Rn. 2; *Meyer-Goßner/Schmitt*, § 79 Rn. 1; LR-*Krause*, § 79 Rn. 1; KK-*Senge*, § 79 Rn. 1; KMR-*Neubeck*, § 79 Rn 1; *Eisenberg*, Rn. 1595.

1291 S. 3. Kapitel, B. II. 5. b).

1292 S. 3. Kapitel, B. II. 5. c).

1293 BGHSt 9, 294 f.; BGHSt 13, 1, 3; 18, 107, 108 f.; 20, 164, 165; 22, 268, 271; SK-*Rogall*, Vor § 72 Rn. 45; LR-*Krause*, § 79 Rn. 21; *Meyer-Goßner/Schmitt*, § 79 Rn. 11; *Eisenberg*, Rn. 1600; *Ranft*, Rn. 1794.

1294 Bedeutung hat diese Frage insbesondere in Zusammenhang mit der Kumulation und Sukzession von Verfahrensrollen, s. dazu auch 3. Kapitel, D. II. 9. g).

bleiben, hat der Meinungsstreit an praktischer Bedeutung verloren. Da im Falle einer Vereidigung aber weiterhin über die Frage zu entscheiden ist, welcher Eid geleistet werden muss, wird der Meinungsstreit kurz dargestellt.

Nach der wohl h. M. erfasst der Zeugeneid auch den Sachverständigeneid, weswegen es ausreichen soll, wenn der Sachverständige nur den Zeugeneid leistet. Denn die Pflicht zur wahrheitsgemäßen Aussage solle über die Pflicht zur Erstattung eines unparteiischen Gutachtens hinausgehen, welches nach bestem Wissen und Gewissen zu erstatten ist. Eine Doppelvereidigung sei demnach nicht notwendig.[1295]

Dagegen spricht aber der Inhalt der Eidesformeln. Würde der Zeugeneid auch gleichzeitig den Sachverständigeneid erfassen, bestünde kein überzeugender Grund für die unterschiedlichen Inhalte. Der Inhalt der Eidesformeln trägt ferner den unterschiedlichen Beweisaufgaben der persönlichen Beweismittel Rechnung.[1296] Eine Beweisperson, welche sowohl als (sachverständiger) Zeuge als auch als Sachverständiger in einem Verfahren aussagt, muss daher nach zutreffender Ansicht beide Eide leisten.[1297]

IX. Definition des Begriffs des Sachverständigen

Zusammenfassend lässt sich feststellen, dass es sich beim Sachverständigen um eine natürliche Person handelt, die von dem zuständigen Strafverfolgungsorgan zum Sachverständigen ernannt wird. Richtigerweise geschieht dies, wenn die Beweisperson die vorausgesetzte besondere Sachkunde besitzt und zu einer der drei Aussagekategorien befragt werden soll. Ob die Beweisperson die besondere Sachkunde tatsächlich besitzt, kann zum Zeitpunkt der Ernennung aber lediglich vermutet werden.

Unter Berücksichtigung der vorangegangenen Ausführungen, insbesondere zu der Auswahl und Bestellung des Sachverständigen sowie seiner Beweisaufgaben, ist der Begriff des Sachverständigen für den Strafprozess nach *Mezger*[1298] und *Rogall*[1299] daher wie folgt zu definieren:

1295 RGSt 3, 100, 102; 55, 183, 184; BGH JR 1954, 271, 272; BGH GA 1976, 78; LR-*Krause*, § 79 Rn. 23, § 85 Rn. 13; KK-*Senge*, § 85 Rn. 3; *Meyer-Goßner/Schmitt*, § 79 Rn. 13; vgl. *Eisenberg*, Rn. 1515.

1296 SK-*Rogall*, Vor § 72 Rn. 45, § 79 Rn. 14, § 85 Rn. 19 ff., 25; *Toepel*, S. 281 ff. mit vertiefenden Ausführungen.

1297 So noch RGSt 53, 269, 270; *Eb. Schmidt* II, § 85 Rn. 3; *John*, S. 690 f., 695 ff.; SK-*Rogall*, Vor § 72 Rn. 45, § 79 Rn. 14; *Ulrich*, Rn. 30.

1298 *Mezger*, AcP 117 (1918), Beilageheft, 1, 3, 5.

1299 SK-*Rogall*, Vor § 72 Rn. 7.

Sachverständiger ist eine Person, die wegen der bei ihr als vorhanden vorausgesetzten besonderen Sachkunde von dem zuständigen Strafverfolgungsorgan beauftragt wird, ihre Sachkunde in Form von Mitteilung abstrakter Erfahrungssätze und/oder Begutachtung konkreter Tatsachen anzuwenden und/oder Befundtatsachen wahrzunehmen und dem Strafverfolgungsorgan darüber Auskunft zu erteilen.

X. Die Auswertung des Sachverständigengutachtens und das Spannungsverhältnis des Sachverständigenbeweises zu § 261 StPO

Die Auswertung eines Sachverständigengutachtens erfolgt im Rahmen der freien richterlichen Beweiswürdigung gemäß § 261 StPO.

Es wird kritisiert, dass sich aus der Wissensvermittlung und Begutachtung durch den Sachverständigen ein Spannungsverhältnis zu der freien richterlichen Beweiswürdigung ergeben kann. So wird vielfach ausgeführt, der Richter werde durch den immer weiter steigenden Einfluss des Sachverständigenbeweises entmachtet.[1300]

Gemäß § 261 StPO hat der Richter nach seiner freien, aus dem Inbegriff der Verhandlung geschöpften Überzeugung über das Ergebnis der Beweisaufnahme zu entscheiden. Als forensische Wahrheit bezeichnet *Meyer-Goßner* die

> *„(...) Grundlage für die Sachentscheidung des Strafgerichts, (...), wovon der Richter aufgrund der Hauptverhandlung, durchgeführt nach den Grundsätzen der Unmittelbarkeit und Mündlichkeit, voll überzeugt ist."*[1301]

Unter der persönlichen Gewissheit des Richters wird seine subjektive Überzeugung von der objektiven Wahrheit der entscheidungserheblichen Tatsachen verstanden.[1302] Das Gericht ist in seiner Überzeugungsbildung zwar frei und

---

1300 *Krauß*, ZStW 85 (1973), 321 f., 334; *Dippel*, S. 29, 47; *Geerds*, ArchKrim 137 (1966), 61; ausführlich *Plewig*, S. 27 ff; LR-*Krause* spricht von der *„Problematik"* des Sachverständigenbeweises, Vor § 72 Rn. 18; so auch *Sass*, DS 2010, 132, 137; *Crefeld* bezeichnet den Sachverständigen als *„eigentlichen Herr der Szene"*, R & P 1994, 102, 108; auch ist vom *„Richter in Weiß"* die Rede, vgl. *Detter*, NStZ 1998, 57 mit kritischen Äußerungen zur *„Krise"* des Sachverständigenbeweises; *Eisenberg*, NStZ 2006, 268, 369.

1301 *Meyer-Goßner/Schmitt*, § 261 Rn. 1; so auch *Meurer*, FS-Tröndle, S. 533 ff.; *Rieß*, GA 1978, 257 ff.

1302 BGH NStZ 1983, 277; LR-*Gollwitzer*, § 261 Rn. 7; KK-*Ott*, § 261 Rn. 2; *Lampe*, FS-Pfeiffer, 353, 367 ff.

an gesetzliche Beweisregeln nicht gebunden (vgl. Art. 92 GG).[1303] Eine objektive Wahrscheinlichkeit des Geschehensablaufs muss aber gegeben sein.[1304] Die Entscheidung des Gerichts muss sich somit an den allgemeinen Denk- und Erfahrungssätzen sowie der Logik und an gesicherten wissenschaftlichen Erkenntnissen messen lassen.[1305] Eine Entscheidung dagegen ist nicht zulässig.

Beruht das Urteil nicht auf zwingenden wissenschaftlichen Erfahrungssätzen wie einer BAK-Bestimmung, sondern auf Wahrscheinlichkeitsaussagen, hat das Gericht kenntlich zu machen, dass es den Beweiswert richtig eingeschätzt und geklärt hat, ob und inwieweit die Wahrscheinlichkeitsaussage durch andere Beweismittel bestätigt wird.[1306] Dies gilt beispielsweise für DNA-Gutachten[1307] oder mikromorphologische Untersuchungen von Faserspuren.[1308]

Will das Gericht vom Sachverständigengutachten abweichen, hat es die Ausführungen des Sachverständigen in nachprüfbarer Weise darzulegen, sich mit ihnen auseinandersetzen und die abweichende Auffassung zu begründen.[1309] Es muss dabei deutlich machen, ob es zurecht besseres Sachwissen in dem zu erörternden Teilbereich in Anspruch nimmt.[1310]

Problematisch sind die Fälle, in denen dem Richter mangels fehlenden Fachwissens die Überprüfbarkeit der Richtigkeit des Gutachtens unmöglich ist.[1311] Die Praxis zeigt aber, dass das Problem der Gefahr der Einschränkung der Freiheit in der Entscheidungsfindung durch den Sachverständigenbeweis in der Regel nicht einem Spannungsverhältnis zu § 261 StPO geschuldet ist, sondern sich die Gerichte nicht hinreichend der Auseinandersetzung mit dem Gutachten

---

1303 BGHSt 12, 311, 314 ff.; 8, 113, 118; 7, 238; 2, 14, 16.

1304 BVerfG NJW 2003, 2444, 2445; BGH NStZ-RR 1996, 202 f.; 1997, 42, 43; BGH bei *Kusch*, NStZ 1997, 367, 377; *Herdegen*, FS-Hanack, S. 311, 323 ff.; *Fezer*, StV 1995, 95, 99; *ders.*, FS-Hanack, S. 331, 340; *Schäfer*, StV 1995, 147, 149 ff.; *Jähnke*, FS-Hanack, S. 355, 360 ff.

1305 Z. B. BGHSt 17, 392, 385; 29, 18; *Meyer-Goßner/Schmitt*, § 261 Rn. 2.

1306 LR-*Gollwitzer*, § 261 Rn. 90; SK-*Schlüchter*, 3. A., § 261, Rn. 61.

1307 BGH JR 1993, 123 m. Anm. *Hippel*.

1308 BGH NStZ 1993, 395, 396.

1309 BGH NStZ 1983, 377; OLG Hamm StraFo 2002, 262, 358.

1310 BGHSt 54, 15, 22 f.; OLG Hamm StraFo 2002, 262, 358.

1311 Zu diesem Problem s. BGHSt 7, 238, 239; BGH StV 1989, 331, 332 mit Anm. *Wasserburg*; SK-*Rogall*, Vor § 72 Rn. 119; *Müller*, Rn. 691 f.; *Mayer*, FS-Mezger, S. 455, 476; *Detter*, NStZ 1998, 60; *Alsberg/Nüse/Meyer*, 5. A., S. 727; *Plewig*, S. 76; krit. *Erb*, ZStW 121 (2009), 882 ff., 884, 887 ff.

stellen.[1312] Ein Mangel an Zeit ist als Grund für eine fehlende Auseinandersetzung nicht hinnehmbar. Dem Mangel an Wissen kann dagegen durch explizites Nachfragen und Nachvollziehen des Gutachtens entgegengewirkt werden. Denn es ist lediglich die Aufgabe des Sachverständigen, das Gericht auf ein so gesichertes *„Wissensfundament“* zu stellen, dass es ein eigenständiges Urteil bilden kann. Die Beurteilung des Beweisthemas ist jedoch ureigenste Aufgabe des Gerichts.[1313] Zeit und Mühen dürfen daher trotz des großen Arbeitsumfangs der Gerichte nicht gescheut werden. Überdies kann das Gericht bei noch offenen Fragen einen weiteren Sachverständigen bestellen und sollte dies auch tun.[1314]

C. Der Augenscheinsgehilfe

Eine weitere Beweisperson, die vor Gericht über die Wahrnehmung von Tatsachen aussagt, ist der Augenscheinsgehilfe. Eine Einordnung der polizeilichen Fallanalytiker als Augenscheinsgehilfen ist grundsätzlich denkbar, weswegen ein kurzer Überblick über den rechtlichen Hintergrund erfolgt.

Der Augenscheinsgehilfe ist zwar gesetzlich nicht geregelt, die ganz h. M. erkennt das Rechtsinstitut jedoch an.[1315] Denn gesetzliche Vorschriften, wie z.B. § 81 d oder § 87 II 1 StPO, weisen darauf hin, dass eine andere Möglichkeit als die richterliche Augenscheinnahme (§ 86 StPO) existieren muss.[1316]

Augenscheinsgehilfe ist, wer vom Gericht mit der sinnlichen Wahrnehmung eines Beweisobjekts beauftragt wird und im Anschluss in der Hauptverhandlung über diese Wahrnehmung berichtet, ohne besondere Sachkunde zu haben.[1317] Die Beauftragung geschieht aufgrund tatsächlicher Notwendigkeiten (z.B. Besichtigung

1312 Vgl. *Dippel*, S. 32 f.; *Plewig*, der von *„Kompetenzunterschreitung“* spricht, S. 29 ff., 30, mit Verweis auf *Schewe*. Der in diesem Zusammenhang derzeit wohl aktuellste bekannte Fall ist der Fall Mollath. Das Bundesverfassungsgericht hob die Vorinstanzen auf und verwies den Fall zur erneuten Entscheidung u.a. deshalb zurück, weil sich die Gerichte mit den Gutachten nicht hinreichend auseinandergesetzt hatten, BVerfG, Beschl. v. 26.8.2013, Az. 2 BvR 371/12.

1313 *Erb*, ZStW 121 (2009), 882, 884.

1314 *Detter*, NStZ 1998, 57, 61.

1315 Z. B. BGHSt 27, 135, 136; LR-*Krause*, § 86 Rn. 7; KK-*Senge*, § 86 Rn. 3; *Meyer-Goßner/Schmitt*, § 86 Rn. 4; Alsberg/Nüse/Meyer-*Dallmeyer*, Rn. 400 ff; *Rogall*, GS-Meyer S. 391 ff.

1316 So auch *Vyhnálek*, S 18.

1317 KK-*Senge*, § 86 Rn. 3; *Eisenberg, Rn.* 2262; *Vyhnálek*, S. 18; vgl. *Girnth*, S. 10 f.; *Kindhäuser*, § 21 Rn. 109.

eines Dachfirsts oder eines Gegenstands unter Wasser),[1318] oder weil sie gesetzlich vorgeschrieben ist, z.B. in § 81 d StPO. Auch aus Zweckmäßigkeitserwägungen darf ein Richter einen Augenscheinsgehilfen bestimmen.[1319] Auf eine besondere Sachkunde kommt es beim Augenscheinsgehilfen gerade nicht an.[1320]

Die verfahrensrechtliche Einordnung des Augenscheinsgehilfen ist umstritten.[1321] So bestehen unterschiedliche Auffassungen darüber, ob der Augenscheinsgehilfe während des Stadiums der Wahrnehmung Zeuge,[1322] Sachverständiger[1323], ein Beweismittel eigener Art[1324] oder ein freiwillig handelndes bzw. nach Amtshilfegrundsätzen herangezogenes bloßes Hilfsmittel des mittelbaren Augenscheins[1325] ist.[1326]

Gegen die Anwendung der Vorschriften über den Zeugenbeweis spricht, dass der Augenscheinsgehilfe die Tatsachen aufgrund eines gerichtlichen Auftrags wahrnimmt.[1327] Die Sachverständigenvorschriften können aber deshalb keine Anwendung finden, weil eine besondere Sachkunde für die Wahrnehmungen gerade nicht erforderlich ist.[1328] Eine analoge Anwendung der Vorschriften scheitert an der fehlenden Regelungslücke.[1329] Eine Einordnung als Beweismittel *sui generis* scheidet aus, da der *numerus clausus* der Beweismittel dieses nicht vorsieht.[1330]

1318 *Meyer-Goßner/Schmitt*, § 86 Rn. 4; Alsberg/Nüse/Meyer-*Dallmeyer*, Rn. 402.

1319 RGSt 47, 100, 106; BGHSt 27, 135, 136; BGH NStZ 1994, 227; LR-*Krause*, § 86 Rn. 5; Alsberg/Nüse/Meyer-*Dallmeyer*, Rn. 402; krit. *Eisenberg*, Rn. 2264; a. A. *Wenskat*, S. 228 ff., 231 ff.

1320 Statt vieler *Eb. Schmidt* II, Vor § 72 Rn. 18; *Girnth*, S. 71 f.

1321 Zur Vertiefung *Rogall*, GS-Meyer, S. 391 ff.; *Girnth*, S. 10 ff.; *Harms*, S. 17 ff., 81 ff.; Alsberg/Nüse/Meyer-*Dallmeyer*, Rn. 403; vgl. auch *Eb. Schmidt* II, Vor § 72 Rn. 20.

1322 AK-*Schreiber*, vor § 73 Rn. 36, wenn der Augenscheinsgehilfe keine besondere Sachkunde hat; KMR-*Neubeck*, Vor § 72 Rn. 14; *Henkel*, S. 226; *Gössel*, S. 244; *Wenskat*, S. 223 ff.; *Vyhnálek*, S. 67.

1323 *Eb. Schmidt* II, Vor § 72 Rn. 21; § 86 Rn. 8 f.; *Schlüchter*, Rn. 526 Fn. 424 a; LR-*Krause*, § 86 Rn. 7; *Meyer-Goßner/Schmitt*, § 86 Rn. 4; *Volk/Engländer*, § 21 Rn. 36; Alsberg/Nüse/Meyer-*Dallmeyer*, Rn. 403; *Ranft*, Rn. 565; *Kindhäuser*, § 21 Rn. 109.

1324 *Goldschmidt*, S. 434 ff. Fn. 2288; vgl. auch *Lent*, ZZP 60 (1936/1937), 9, 44.

1325 SK-*Rogall*, Vor § 72 Rn. 179; *ders.*, GS-Meyer, S. 412; *Eisenberg*, Rn. 2277 ff.; *Toepel*, S. 285 ff.; ausführlich *Girnth*, S. 91 ff., 101 ff.

1326 SK-*Rogall*, Vor § 72 Rn. 178 f. mit weiteren Ausführungen; zu den Problemen des Augenscheinsgehilfen im Strafprozess ferner ausführlich *ders.*, GS-Meyer, S. 391 ff.

1327 S. 3. Kapitel, B. III. 1.

1328 Ausführlich *Girnth*, S. 71 ff.; s. 3. Kapitel, B. III. 3. a) bb).

1329 *Girnth*, S. 77 f.

1330 *Girnth*, S. 70 f.; *Harms*, S. 98 f.

Der Augenscheinsgehilfe kann daher lediglich ein freiwillig handelndes bzw. nach Amtshilfegrundsätzen herangezogenes bloßes Hilfsmittel des mittelbaren Augenscheins sein.[1331]

Darüber, dass der Augenscheinsgehilfe während seiner Aussage über die Tatsachenwahrnehmung wie ein Zeuge behandelt wird, besteht jedoch überwiegend Einigkeit.[1332]

D. Die Abgrenzung der Beweispersonen voneinander

Da eine Einordnung der Fallanalytiker als Beweisperson in Betracht kommt, muss zunächst die Frage beantwortet werden, wann eine Person Zeuge, Sachverständiger oder Augenscheinsgehilfe ist, bevor die Frage untersucht werden kann, wie die Fallanalytiker eingeordnet werden können.

Seit Bestehen der StPO wurden viele Versuche unternommen, ein taugliches Kriterium zur Abgrenzung von Zeugen und Sachverständigen zu entwickeln. Schon *Hegler* bezeichnete die Unterscheidung des Sachverständigen vom Zeugen im Prozess als *„eine ebenso schwierige, als praktisch wichtige."*[1333] Die Schwierigkeit ist vor allem der historischen Entwicklung des Sachverständigenbeweises geschuldet. Sie erfolgte in starker Anlehnung an den Augenscheinsbeweis, was sich heute noch in der systematischen Einordnung der Beweismittel in der StPO zeigt.[1334] Wie bereits dargestellt, wurde der Sachverständige im Laufe der Jahrhunderte als (*„gelehrter"*, *„rationaler"*) Zeuge,[1335] als *„Gehilfe des Richters"*[1336] oder als Beweismittel eigener Art bezeichnet.[1337]

1331 SK-*Rogall*, Vor § 72 Rn. 179; *ders.*, GS-Meyer, S. 412; *Eisenberg*, Rn. 2277 ff.; *Toepel*, S. 285 ff.; ausführlich *Girnth*, S. 91 ff., 101 ff.

1332 RGSt 47, 100, 106; BGHSt 27, 135, 136; OLG Frankfurt VRS 58, 368, 369 f.; LR-*Krause*, § 86 Rn. 7; Alsberg/Nüse/Meyer-*Dallmeyer*, Rn. 403; *Eisenberg*, Rn. 2281; KK-*Senge*, § 86 Rn. 3; KMR-*Neubeck*, Vor § 72 Rn. 14; AwK-*Krekeler/Werner*, Vor §§ 72 ff. Rn. 11; *Volk/Engländer*, § 21 Rn. 36; *Ranft*, Rn. 565; *Kindhäuser*, § 21 Rn. 109; *Hellmann*, Rn. 758; *Harms*, S. 177 ff., 184; *Krey* II, Rn. 949; *Girnth*, S. 109, 120; so auch schon in den Motiven zur RStPO bei *Hahn*, S. 122 f.; a. A. *Eb. Schmidt* II, Vor § 72 Rn. 21; *Schlüchter*, Rn. 526, Fn. 424 a.

1333 *Hegler*, AcP 104 (1909), 151.

1334 *Ullmann*, S. 343; s. 3. Kapitel, B. I. 3. ff.

1335 *Glaser*, Beiträge, S. 383 ff.; *Stübel*, IV § 2478 f.

1336 Z. B. RGSt 52, 161; 57, 158; 69, 98; *v. Hippel*, S. 411; *Wetzell*, S. 528. Dieser Begriff wurde jedoch uneinheitlich verwendet und kann somit kein eigenständiges dogmatisches Verständnis des Sachverständigenbeweises vermitteln, *Poppen*, S. 228 m. w. N.

1337 *Zachariae* II, S. 425 f.; *Birkmeyer*, S. 445; *Mittermaier*, GA 1853, 7.

I. Die Bedeutung der Abgrenzung

Die Abgrenzungsversuche sind deshalb so elementar, weil die Grundsätze des Strengbeweisverfahrens eine eindeutige Bestimmung der Auskunftsperson erfordern. Eine klare Unterscheidung der Beweispersonen ist unerlässlich, weil das Gesetz die persönlichen Beweismittel unterschiedlich behandelt und die Bestimmung einer Beweisperson unterschiedliche Rechtspflichten auslöst.[1338]

Wie bereits ausgeführt, bestehen Unterschiede dahingehend, dass der Sachverständige gemäß § 74 I 1 i. V. m. § 22 Nr. 1–4, 24 StPO abgelehnt werden kann.[1339] Gegen einen Zeugen besteht ein Ablehnungsrecht dagegen nicht.

Des Weiteren kann ein Beweisantrag auf Vernehmung eines Sachverständigen zusätzlich zu den Kriterien des § 244 III StPO dann abgelehnt werden, wenn das Gericht selbst die nötige Sachkunde besitzt oder das Gegenteil der behaupteten Tatsache durch ein früheres Gutachten schon bewiesen ist, vgl. § 244 IV StPO. Wird dagegen eine Beweisperson als Zeuge vernommen, muss bei fehlender Sachkunde des Gerichts einem Antrag auf Einholung eines Gutachtens stattgegeben werden, vgl. § 244 IV StPO. Das Gericht darf die Einholung des Gutachtens nicht mit der Begründung ablehnen, es habe aufgrund der Zeugenaussage selbst ausreichende Sachkunde. Spricht sich das Gericht die Sachkunde zu, ist es verpflichtet, im ablehnenden Beschluss oder dem Urteil genau darzulegen, woher es diese nimmt.[1340]

Dem Sachverständigen steht darüber hinaus gemäß § 80 II StPO ein (eingeschränktes)[1341] Akteneinsichtsrecht zu. Das Akteneinsichtsrecht dient der (Nach-)Ermittlung weiterer Anknüpfungstatsachen. Weil der Zeuge nur über die von ihm wahrgenommenen, für den Prozess relevanten Tatsachen aussagt,[1342] besteht für ihn ein solches Recht nicht.

Auch sind die Ungehorsamsfolgen bei Zeugen und Sachverständigen verschieden. Gegen einen Sachverständigen kann als Zwangsmittel lediglich ein Ordnungsgeld festgesetzt werden (§ 77 I StPO). Gegen Zeugen aber können zusätzlich zum Ordnungsgeld Zwangsvorführung und Ordnungshaft angeordnet werden (§ 51 StPO). Grund dieser Unterscheidung ist, dass ein gegen den Willen eines Sachverständigen erzwungenes Gutachten bezüglich seiner Sorgfalt

---

1338 Vgl. auch *Ulrich*, Rn. 19; *Eb. Schmidt* II, Vor § 72 Rn. 4 ff.; Alsberg/Nüse/Meyer-*Dallmeyer*, Rn. 377.

1339 Vgl. 3. Kapitel, Kap. B. IV. 2.

1340 Vgl. SK-*Rogall*, Vor § 72 Rn. 21; *Zwiehoff*, S. 136.

1341 S. 3. Kapitel, B. V. 1. a).

1342 S. 3. Kapitel, A. II.

und Objektivität mit großer Vorsicht zu genießen ist.[1343] Die Erzwingung eines Gutachtens ist in der Regel[1344] auch nicht nötig, weil ein Sachverständiger frei gewählt und ersetzt werden kann. Bei einem Zeugen dagegen kann die Aussageerzwingung notwendig sein, weil er im Gegensatz zum Sachverständigen gerade nicht austauschbar ist. Denn es besteht die Gefahr, dass die zu bekundende Tatsachenwahrnehmung für den Strafprozess sonst verloren ginge.

Ferner wird der Sachverständige, anders als der Zeuge, nicht nur entschädigt, sondern auch vergütet, vgl. §§ 1 I 1 Nr. 1 und 3, 5 ff, 8 ff. JVEG.

Des Weiteren unterscheiden sich die Eidesformeln der jeweiligen Beweispersonen. Für die Bestimmung der Eidesformel ist daher die Verfahrensstellung entscheidend.[1345]

Darüber hinaus sind die Vorschriften der §§ 243 II 1 StPO und 58 I 1 StPO, wonach der Zeuge der Hauptverhandlung nicht beiwohnen darf, für den Sachverständigen nicht entsprechend anwendbar.[1346] Ihm ist somit grundsätzlich gestattet, während der gesamten Hauptverhandlung anwesend zu sein.

Materiellrechtlich ergibt sich ein Unterschied dahingehend, dass die Beauftragung eines Sachverständigen die Verfolgungsverjährung gemäß § 78 c I Nr. 3 StGB unterbrechen kann. Die Vernehmung eines Zeugens hat dagegen keine verjährungsunterbrechende Wirkung.

II. Die Abgrenzungsversuche

Aufgrund der Wichtigkeit einer eindeutigen Unterscheidung wurden im Laufe der Zeit verschiedene Versuche unternommen, geeignete Abgrenzungskriterien für Zeugen und Sachverständige zu entwickeln.[1347] Einige sollen im Folgenden dargestellt werden.[1348]

1343 *Schmidhäuser*, ZZP 72 (1959), 365, 384; vgl. auch Motive bei *Hahn*, S. 122, worin ausgeführt wird, dass einem erzwungenen Gutachten nur in den seltensten Fällen der volle Wert beigemessen werden könne.

1344 Eine Ausnahme besteht, wenn nur eine einzige Person die besondere Sachkunde hat und gemäß § 75 StPO zur Gutachtenerstattung verpflichtet ist, s. 3. Kapitel, B. III. 3. a).

1345 Str., s. dazu 3. Kapitel, B. VIII.

1346 RGSt 22, 434; *Eisenberg*, Rn. 1590.

1347 *Hegler* betonte, dass die Schwierigkeit sich schon in der großen Zahl der versuchten Lösungen zeigt, AcP 104 (1909), 151.

1348 Ausführlich dazu s. *Vyhnálek*, S. 22 ff.

1. Zeitpunkt der Wahrnehmung

Eine Ansicht unterscheidet Zeugen und Sachverständige nach dem Zeitpunkt der Wahrnehmung.[1349] Schon *Mezger* bezeichnete dieses Abgrenzungskriterium als überwunden.[1350] Da aber der Wortlaut des § 85 StPO ausdrücklich von *„vergangenen Tatsachen"* spricht, soll dieses Kriterium zum Verständnis im Folgenden erörtert werden.

Nach dieser Theorie sagt der Zeuge über vergangene, der Sachverständige über gegenwärtige Tatsachen aus. Daraus sei zu folgern, dass die Wahrnehmung eines Zeugen aufgrund der Vergangenheit der Tatsachen nicht mehr wiederholbar sei.[1351] Die Wahrnehmung des Sachverständigen sei dagegen wiederholbar, weil die Tatsachen gegenwärtig und somit weiterhin wahrnehmbar seien.

Gegen diese Meinung spricht jedoch, dass § 85 StPO keinerlei Aussage über gegenwärtige Tatsachen trifft, also diese auch nicht dem Sachverständigenbeweis zuordnet. Eine Feststellung, der Sachverständige bekunde gegenwärtige Tatsachen, dem Zeugenbeweis seien die gegenwärtigen Tatsachen dagegen entzogen, lässt sich nach dem Wortlaut des § 85 StPO daher nicht treffen.[1352]

Glaser bemerkte, dass es, würde der Wortlaut des § 85 StPO wörtlich genommen, in der Hauptverhandlung überhaupt keine Sachverständigen mehr gebe, sondern nur Zeugen, weil dort bereits alle Tatsachen und Zustände vergangen sind.[1353] Das ist zwar nicht ganz richtig, da es auch Fallkonstellationen gibt, in denen eine Beweisperson z. B. über gegenwärtige Schmerzen aussagt, welche aus einer früheren Verletzung stammen.[1354] Aber auch diese Fallkonstellation spricht gegen die Theorie über den Zeitpunkt der Wahrnehmung. Denn es ist nicht einzusehen, warum es sich bei der Aussage über gegenwärtige Schmerzen nicht

---

1349 RGSt 47, 100, 104 ff.; BGH VRS 25, 426, 427; 39, 95, 96; OLG Schleswig SchlHA 1949, 87, 88; *Heusler*, AcP 62 (1879), 207, 245; vgl. *Hegler*, AcP 104 (1909), 151, 232 ff.; *Mezger*, AcP 117 (1918), Beilageheft, 1, 18; LR-*Krause*, Vor § 72 Rn. 9.

1350 *Mezger*, AcP 117 (1918), Beilageheft, 1, 18.

1351 Vgl. *Glaser*, S. 687; *v. Hippel*, S. 416; *Kindhäuser*, § 21 Rn. 84; *Krey* II bezeichnet es als weiteres, materielles Abgrenzungskriterium neben dem Auftrag als formalem Kriterium, Rn. 947.

1352 SK-*Rogall*, § 85 Rn. 5; *Vyhnálek*, S. 29 Fn. 53; *Hegler*, AcP 104 (1909), 151, 235; *Stein*, S. 57 f.

1353 *Glaser*, S. 685 f.

1354 U. a. bei *Beling*, S. 298; *Eb. Schmidt* II, allerdings mit dem Vorbehalt, dass die gegenwärtige Wahrnehmung zu dem in der Vergangenheit liegenden Ereignis in Zusammenhang steht, Vor § 72 Rn. 13.

um eine Zeugenaussage handeln soll.[1355] Die Wahrnehmung von Schmerzen ist jedermann auch ohne besondere Sachkunde möglich. Wenn die Beweisperson aber keine besondere Sachkunde hat und sie für ihre Wahrnehmung auch nicht benötigt, kann sie auch nicht Sachverständiger sein.[1356]

Auch gibt es Konstellationen, in denen eine Sachverständigenaussage nicht mehr wiederholbar ist. Das ist z.B. der Fall, wenn die Beweisperson über Wahrnehmungen einer Obduktion berichtet, die sie aufgrund ihrer besonderen Sachkunde gemacht hat, die Leiche inzwischen aber bestattet wurde[1357] und so verwest ist, dass die notwendige Begutachtung nicht nachgeholt werden kann. In diesem Fall sagt die Beweisperson auch über vergangene Wahrnehmungen aus. Ob sie Zeuge oder Sachverständiger ist, ist dadurch jedoch nicht entschieden. Vielmehr unterliegt es dem Zufall, ob ein Zustand beendet ist oder noch andauert.[1358] Eine juristische Einordnung der Aussage oder die Natur der Wahrnehmung ändert sich durch eine solche Zufälligkeit nicht.[1359] Darüber hinaus ist es durchaus möglich, dass dem Gericht die Veränderung des Zustands nicht bekannt ist.[1360] Eine eindeutige Abgrenzung ist deshalb durch das Kriterium des Zeitpunkts der Wahrnehmung nicht getroffen.[1361]

Hinzu kommt, dass nach diesem Kriterium auch die Abgrenzung des Augenscheinsgehilfen von den anderen Beweispersonen problematisch ist. Der Augenscheinsgehilfe müsste als konsequente Schlussfolgerung als Sachverständiger gehört werden, weil er ebenfalls über gegenwärtige und wiederholbare Wahrnehmungen aussagt.[1362] Ihm fehlt es jedoch an der besonderen Sachkunde, welche beim Sachverständigen aber vorausgesetzt wird.[1363]

Das Kriterium des Zeitpunkts der Wahrnehmung kommt mithin zu keinem klaren und befriedigenden Abgrenzungsergebnis. Darüber hinaus kann es den Augenscheinsgehilfen nicht sachgemäß von den anderen Beweispersonen abgrenzen.

1355 LR-*Krause*, § 85 Rn. 9; *Vyhnálek*, S. 29; *Beling*, S. 298.
1356 S. 3. Kapitel, B. III. 3. a).
1357 Beispiel z.B. bei LR-*Krause*, § 85 Rn. 9; *Vyhnálek*, S. 29; vgl. auch *Eb. Schmidt* II, Vor § 72 Rn. 13.
1358 *Mezger*, AcP 117 (1918), Beilageheft, 1, 18; *Vyhnálek*, S. 30.
1359 *Hegler*, AcP 104 (1909), 151, 233 f.
1360 *Hegler*, AcP 104 (1909), 151, 268; *Vyhnálek*, S. 30.
1361 So auch schon *v. Kries*, Strafprozessrecht, S. 381 f.
1362 *Vyhnálek*, S. 31.
1363 Näheres dazu s. 3. Kapitel, B. III. 3. a), D. II. 9. b).

2. Sachverständiger als Richtergehilfe

Eine andere Ansicht stellt zur Abgrenzung der Beweispersonen voneinander auf die historisch entwickelte Bezeichnung des Sachverständigen als *„Gehilfe des Richters"*[1364] ab.[1365] Der Zeuge soll dagegen bloßes Beweismittel sein. Diese Meinung stützt sich insbesondere auf die Motive zum Entwurf der StPO,[1366] in denen Sachverständige als *„Gehülfen des Richters"* bezeichnet werden.

Der Sachverständige sei *„Gehilfe des Richters"*, weil er ihm bei fehlender Sachkunde den Tatsachenstoff unterbreite, der nur aufgrund besonders sachkundiger Beobachtungen gewonnen werden kann. Damit vermittele der Sachverständige dem Gericht das wissenschaftliche Rüstzeug, das die sachgemäße Auswertung erfordert.[1367]

Aus dieser Einordnung kann jedoch kein Abgrenzungskriterium abgeleitet werden.[1368] Schon die Tatsache, dass auch der Zeuge dem Richter hilft, z. B. bei der Rekonstruktion des Sachverhalts,[1369] spricht dagegen. Somit sind sowohl Zeugen als auch Sachverständige *„Gehilfen des Richters"*.[1370] Die Behauptung, allein der Sachverständige sei *„Gehilfe des Richters"*, ist daher unrichtig.

Auch ist der Sachverständige, ebenso wie der Zeuge, ein persönliches Beweismittel.[1371] Zeuge und Sachverständiger befinden sich auf derselben Prozessebene.[1372] Dies ergibt sich auch aus dem Wortlaut der §§ 219, 245 StPO. Darin werden

> *„Zeugen, Sachverständige (...) und andere Beweismittel (...)"*

genannt. Die Bezeichnung des Sachverständigen als *„Richtergehilfe"* kann aber den Eindruck erwecken, der Sachverständige befinde sich auf derselben Prozessebene wie der Richter oder sei dieser zumindest stark angenähert.[1373]

1364 RGSt 52, 161; 57, 158; 69, 98; BGHSt 3, 27, 28; 7, 238, 239; 9, 292, 293; 11, 211, 212; 13, 1, 4; *Henkel*, S. 217; *v. Hippel*, S. 411; *Wetzell*, S. 528; *Mayer*, FS-Mezger S. 455, 463.

1365 S. auch Ausführungen zur Historie des Sachverständigenbeweises, 3. Kapitel, B. I. 5.

1366 Motive bei *Hahn*, S. 120, 121; *Glaser*, S. 681.

1367 BGHSt 7, 238, 239.

1368 RGSt 57, 158, 159.

1369 *Meyer-Goßner/Schmitt*, Vor § 72 Rn. 8; LR-*Krause*, § 85 Rn. 5; *Gössel*, DRiZ 1980, 365; *Peters*, S. 342.

1370 *Peters*, S. 342; vgl. auch *Ullmann*, S. 343; *Glaser*, S. 676.

1371 RGSt 75, 158, 159; LR-*Krause*, § 85 Rn. 5; *Peters*, S. 364; *Schmidhäuser*, ZZP 72 (1959), 378.

1372 KMR-*Neubeck*, Vor § 72 Rn. 3; *Peters*, S. 342.

1373 *Peters*, Anm. zu BGH JR 1969, 232.

So wird gegen diesen Abgrenzungsversuch zutreffend vorgebracht, dass der Sachverständige durch die Bezeichnung zu einer Art Prozesssubjekt gemacht werde und in die Reihe der Strafverfolgungsorgane aufrücke.[1374] Denn wenn man den Sachverständigen als *„Richtergehilfen"* bezeichnet, ist er gleichermaßen auch Gehilfe der Staatsanwaltschaft und der Polizei.[1375] Dieses Kriterium beinhaltet daher die Gefahr einer Verlagerung der Verantwortlichkeit der Strafverfolgungsorgane auf den Sachverständigen. Eine derartige Verlagerung würde aber dem Grundsatz des unabhängigen Richters (Art. 20 III, Art. 97 I GG) entgegenstehen. Denn auch die Aussage eines Sachverständigen hat der Richter im Urteil im Rahmen des § 261 StPO frei und eigenverantwortlich zu würdigen bzw. sich mit dem Sachverständigengutachten besonders auseinanderzusetzen.[1376]

Die Bezeichnung des Sachverständigen als *„Gehilfe des Richters"* ist somit je nach Interpretation falsch[1377] oder zumindest nichtssagend.[1378] Eine juristische Einordnung der Beweisperson kann der Begriff *„Richtergehilfe"* nicht leisten, da ihm beide Beweispersonen unterfallen.

3. *Austauschbarkeit*

Wieder andere ziehen als Kriterium die Austauschbarkeit des Sachverständigen heran. Der Sachverständige sei immer auswechselbar, der Zeuge dagegen nicht.[1379] Der Unterschied ergibt sich nach dieser Ansicht daraus, dass der Zeuge eine konkrete, individuelle[1380] und historische Beziehung[1381] zum Geschehen hat. Er habe demnach regelmäßig Wahrnehmungen persönlicher Art gemacht.[1382] Der Sachverständige dagegen habe sein Wissen durch Einsicht in allgemeingültige Erfahrungssätze und Regeln in fachwissenschaftlicher und fachkundiger Art

---

1374 *Peters*, S. 342; *Ligges*, S. 10.

1375 *Peters*, S. 342.

1376 S. 3. Kapitel, B. X.

1377 Vgl. *Peters*, S. 342; *Tondorf/Waider*, StV 1997, 493 ff.; *Kaufmann*, der ausführt, dass die Bezeichnung dem wahren Rollenverhältnis nicht gerecht wird, JZ 1985, 1065.

1378 Vgl. LR-*Krause*, Vor § 72 Rn. 3; *Schmidhäuser*, ZZP 72 (1959), 365, 378; *Eb. Schmidt* II, Vor § 72 Rn. 16; KMR-*Neubeck*, Vor § 72 Rn. 3.

1379 RGSt 47, 100, 105; 57, 158; BGH MDR 1974, 382; OLG Hamm NJW 1969, 567; KK-*Senge*, Vor § 72 Rn. 7; *Peters*, S. 343; *Hauser*, S. 53; *Gerland*, S. 220; *Rosenberg/Schwab/Gottwald*, § 119 Rn. 1 ff., 3, § 120 Rn. 10, 12; *Heusler*, AcP 62 (1879), 207, 243; *Schmidhäuser*, ZZP 72 (1959), 365, 387, 401 f.; vgl. auch BVerwG NJW 2011, 1983.

1380 *Gerland*, S. 220.

1381 *Schmidhäuser*, ZZP 72 (1959), 365, 387 ff.; *Hegler*, AcP 104 (1909), 151, 247 f.

1382 RGSt 47, 100, 105.

erworben.[1383] Er vermittele dem Richter auf dessen Aufforderung hin die ihm fehlende Kenntnis von Erfahrungssätzen und ziehe Schlussfolgerungen aus einem feststehenden Sachverhalt.[1384] Daher sei er austauschbar.[1385] Die Ersetzbarkeit des Sachverständigen wird regelmäßig angenommen, auch wenn sich die Befürworter anderen Abgrenzungskriterien angeschlossen haben.[1386]

Dem Kriterium der Austauschbarkeit wird entgegengehalten, dass eine Auswechselbarkeit des Sachverständigen dann nicht möglich sei, wenn der Sachverständige z.B. auf dem benötigten Fachgebiet als einziger über das relevante Wissen verfügt.[1387] Auch könne ein Zeuge auswechselbar sein. Das sei z.B. dann der Fall, wenn bei einem Massenereignis eine Vielzahl von Personen eine Straftat beobachtet.[1388]

Dagegen spricht, dass es für eine Abgrenzung keineswegs hinderlich ist, dass die Ersetzbarkeit des Sachverständigen u. U. nur theoretisch möglich ist.[1389] Denn auch für das Ablehnungsrecht ist anerkannt, dass der Sachverständige erfolgreich abgelehnt werden kann, wenn er aus tatsächlichen Gründen nicht ersetzbar ist.[1390] Dieser Fall soll eintreten, wenn die Wahrnehmung für einen später beauftragten zweiten Sachverständigen unwiederholbar ist, beispielsweise weil ein inzwischen verstorbener Zeuge vernommen oder ein begutachtetes Kraftfahrzeug verschrottet wurde.[1391] Die Austauschbarkeit des Sachverständigen ist zwar Grund, nicht aber Voraussetzung für die Möglichkeit der Ablehnung.[1392] Dasselbe muss auch für die Ersetzbarkeit des Sachverständigen bei seiner Bestellung gelten, da ansonsten eine Diskrepanz zwischen Bestellung und Ablehnung bestünde. Die Möglichkeit des „*Untergangs*" des zu begutachtenden Objekts

---

1383 *Peters*, S. 343.

1384 *Rosenberg/Schwab/Gottwald*, § 119 Rn. 2.

1385 *Peters*, S. 343.

1386 Z. B. *Hegler*, AcP 104 (1909), 151, 254 f.; *Eb. Schmidt* II, § 73 Rn. 3; HK-*Brauer*, Vor §§ 72 ff. Rn. 8.

1387 Z. B. LR-*Krause*, § 85 Rn. 6.

1388 So z.B. LR-*Krause*, § 85 Rn. 6.

1389 Vgl. *Hegler*, der darauf hinweist, dass es für die Austauschbarkeit auf den Zeitpunkt der Wahrnehmung und nicht den Zeitpunkt der Aussage ankommt, AcP 104 (1909), 151, 268; a. A. *Lent*, ZZP 60 (1936/1937), 9, 14 ff.

1390 LR-*Krause*, § 74 Rn. 1; *Meyer-Goßner/Schmitt*, § 74 Rn. 1; KK-*Senge*, § 74 Rn. 1; *Hanack*, JR 1966, 425, 427.

1391 Z. B. LR-*Krause*, § 85 Rn. 6.

1392 *Lent* unterscheidet in diesem Zusammenhang zwischen Unersetzbarkeit als Frage des praktischen Einzelfalls und der Unvertretbarkeit, die abstrakt festgestellt werden muss, ZZP 60 (1936/1937), 9, 14 ff.

unterliegt auch dem Zufall und muss dem Gericht nicht bekannt sein.[1393] Wie schon beim Abgrenzungskriterium des Zeitpunkts der Wahrnehmung erörtert, kann eine solche Zufälligkeit die juristische Einordnung der Aussage nicht ändern.[1394]

Auch ist ein Zeuge nicht austauschbar. Bei einem Massenereignis können zwar mehrere Personen dasselbe Geschehen beobachtet haben. Die individuellen Wahrnehmungen können aber dennoch unterschiedlich sein und sind es in der Regel wohl auch. Denn sie sind sowohl von der Wahrnehmungs- und Wiedergabefähigkeit des konkret Aussagenden abhängig als auch zwischenzeitlich wirksamen Einflüssen unterworfen, wie z.B. Unterhaltungen, Vernehmungen, Zeitungsberichten oder sonstigen Informationen zwischen Wahrnehmung und Hauptverhandlung.[1395]

Für das Kriterium der Austauschbarkeit spricht weiterhin, dass die StPO keine Zeugenauswahl vorsieht, selbst wenn auf die Vernehmung des einen oder anderen Zeugen verzichtet werden kann. Eine Sachverständigenauswahl besteht dagegen gemäß § 73 I StPO. Denn der Sachverständige kann vom Richter durch einen anderen Sachverständigen ersetzt werden.[1396] Die Austauschbarkeit dient auch der Einhaltung der Unparteilichkeit und Objektivität des Beweisinhalts und somit dem Sinn und Zweck § 74 StPO, nämlich objektiv Sachkunde zu vermitteln.[1397]

Das Kriterium der Austauschbarkeit kann aber bezüglich der Abgrenzung des Sachverständigen zum Augenscheinsgehilfen nicht weiterhelfen, da auch der Augenscheinsgehilfe ersetzbar ist.

Die Austauschbarkeit des Sachverständigen kann somit nicht als allgemeingültiges und geeignetes Kriterium herangezogen werden.

4. *Inhalt der Bekundung*

Weiterhin wurde versucht, eine Abgrenzung aus dem Inhalt der Bekundung abzuleiten. Dabei sind zwei unterschiedliche Ansätze erkennbar, die Anforderungen an die Denkleistung und die Bildung von Ober- und Untersätzen. Beiden ist

1393 *Hegler*, AcP 104 (1909), 151, 267 f.
1394 Vgl. *Mezger*, AcP 117 (1918), Beilageheft, 1, 18.
1395 Zur Vertiefung *Eisenberg*, Rn. 1363 ff.; *Schünemann*, FS-Meyer-Goßner, S. 385, 386 ff. m. w. N.
1396 *Peters*, S. 343; *Hegler*, AcP 104 (1909), 151, 276 f.
1397 S. 3. Kapitel, B. III. 3. c).

gemein, dass sie dem Grunde nach davon ausgehen, dass der Sachverständige beurteile, der Zeuge dagegen über Tatsachen berichte.[1398]

a) *Anforderung an die Denkleistung*

So versucht eine Ansicht, die Beweispersonen über die Einfachheit bzw. Schwierigkeit der Denkoperation und somit über die Anforderung an die Denkleistung abzugrenzen.[1399] Nach dieser Ansicht liegt ein Sachverständigenbeweis vor, wenn die Denkleistung *„höherer Art"* ist.[1400] Um einen Zeugenbeweis handelt es sich dagegen, wenn die Denkleistung einfacher Natur ist. Diese Auffassung stützt sich darauf, dass der Zeuge bloße Tatsachenwahrnehmungen wiedergibt, der Sachverständige aber die Wahrnehmungen erst aus Regelzusammenhängen schlussfolgere. Die Denkleistung des Sachverständigen sei daher qualitativ höherwertig.[1401]

Dagegen spricht jedoch, dass es Schlussfolgerungen gibt, die keine schwierige Denkleistung erfordern und Tatsachen, deren richtige Wahrnehmung und Wiedergabe hohe intellektuelle Anforderungen stellen.[1402] Zudem lässt sich nicht objektiv bestimmen, wann eine Denkoperation schwierig oder einfach ist.[1403] Das gilt umso mehr, wenn eine Person reine Tatsachenwahrnehmungen aufgrund von besonderer Sachkunde bekundet. In diesem Moment ist die Denkleistung sowohl bei Sachverständigen als auch bei Zeugen dieselbe.[1404] Für die Abgrenzung des Sachverständigen vom sachverständigen Zeugen liefert dieses Kriterium keine Lösung. Die Anforderung an die Denkleistung ist daher kein geeignetes Abgrenzungskriterium.

b) *Ober- und Untersätze*

Eine weitere Ansicht trennt danach, ob die Beweisperson Obersätze bildet oder bloße Untersätze liefert. Obersätze bilde die Beweisperson, indem sie abstrakte Erfahrungssätze aus einem bestimmten Fachgebiet mitteilt, mit diesen Erfahrungssätzen Tatsachen beurteilt und Schlüsse zieht. In solchen Fällen soll es sich bei der Beweisperson um einen Sachverständigen handeln. Liefert die

---

1398 *Benecke/Beling*, S. 362 f.; *Stein*, S. 52 ff.; *ders.*, JW 1923, 15 f.; *Goldschmidt*, S. 439 f.; vgl. dazu *Hegler*, AcP 104 (1909), 151, 162 ff., 225 ff.

1399 RGSt 27, 96 f.; 37, 371; *Beling*, S. 297.

1400 *Beling*, S. 297.

1401 *Beling*, S. 297.

1402 *Vyhnálek*, S. 36 f.; vgl. *Mayer*, FS-Mezger, S. 455, 464.

1403 Vgl. *Vyhnálek*, S. 36 f.

1404 *Vyhnálek*, S. 36.

Beweisperson dem Gericht dagegen bloße Untersätze, indem sie nur wahrgenommene Tatsachen mitteilt, soll die Beweisperson Zeuge sein.[1405]

Diese Ansicht verkennt, dass auch Zeugenaussagen unter den oben genannten Voraussetzungen Schlussfolgerungen und Werturteile enthalten können.[1406] Genauso können Sachverständige auch reine Tatsachenfeststellungen und -bekundungen[1407] treffen und somit Untersätze liefern.[1408] Im Rahmen der dritten Aussagekategorie sagt auch der Sachverständige nur über Tatsachenwahrnehmungen aus.[1409] Auch wenn diese Wahrnehmungen unter Anwendung der besonderen Sachkunde erfolgt sind, dient die Sachkunde lediglich als Hilfsmittel zur Aussage im Prozess; sie wird dem Gericht in diesem Zusammenhang aber nicht übermittelt.[1410]

So haben Vertreter dieser Ansicht auch zugegeben, dass die Möglichkeit besteht, dass Sachverständige nicht nur Ober-, sondern auch Untersätze liefern.[1411] Denn Befundtatsachen, die durch Wahrnehmungen gewonnen wurden, werden typischerweise als Teil des Sachverständigengutachtens in den Prozess eingeführt.[1412] Indem diese Ansicht zu dem Ergebnis kommt, dass ein Sachverständiger eigentlich keine Tatsachenbekundungen vornimmt, umgeht auch sie den wichtigen Fall der Abgrenzung von Sachverständigem und sachverständigem Zeugen bei reinen Tatsachenbekundungen aufgrund besonderer Sachkunde.[1413]

Das Abgrenzungskriterium danach, ob eine Beweisperson Ober- oder Untersätze liefert, kann aufgrund dieser Einwände nicht in allen Fällen zu einem befriedigenden Ergebnis führen und ist daher als Abgrenzungskriterium nicht geeignet.

1405 RGSt 61, 114 f.; RG HRR 1940, 53 (allerdings geht das RG in diesem Fall davon aus, dass das Werturteil nicht *„automatisch"* zu machen, also besonders leicht, war); RG JW 1887, 111, 112 f.; RG GA 40 (1892), 169; *Lent*, ZZP 60 (1936), 9, 10 ff.; *Stein*, S. 52 ff.; *ders.*, JW 1923, 15 f.; *Goldschmidt*, S. 439 f.

1406 S. 3. Kapitel, Kap. A. II.

1407 S. 3. Kapitel, Kap. B. II. 3.

1408 So auch schon *Hegler*, AcP 104 (1909), 151, 163 f., 229.

1409 S. 3. Kapitel, B. II. 3.

1410 *Mezger*, AcP 117 (1918), Beilageheft, 1, 18 f.

1411 *Stein*, S. 66 f.

1412 *Vyhnálek*, S. 33; KK-*Senge*, Vor § 72 Rn. 4; *Hegler*, AcP 104 (1909), 151, 221 f.

1413 Zur dritten Aussagekategorie des Sachverständigenbeweises s. 3. Kapitel, B. II. 3.

5. Zweck der Beauftragung

Hegler war der Auffassung, dass es nicht auf den Besitz oder Nichtbesitz besonderer Fähigkeiten ankommen könne, sondern der Grund entscheidend sei, warum die betreffende Person im Prozess aussagen soll, also die Verschiedenheit der Beziehung der Aussagepersonen zum Inhalt ihrer künftigen Aussage.[1414] Diese sogenannte *Hegler'sche Formel* stellt auf den Zweck[1415] der Einführung der Aussageperson in den Prozess ab.[1416]

Der Zeuge werde in diese Verfahrensposition gebracht, weil er aufgrund seiner historischen, individuellen Beziehung zum Sachverhalt mit oder ohne besondere Sachkunde über für den Prozess erhebliche, wahrgenommene Tatsachen aussagen soll.[1417]

Voraussetzung für das Vorliegen eines Sachverständigenauftrags sei hingegen, dass die Beweisperson zu Zwecken des Prozesses ihre – vermutete[1418] – besondere Sachkunde verwerten und damit die dem Gericht fehlende Sachkunde kompensieren soll.[1419] Beim Sachverständigen sei der Grund also in seiner generell-rationalen[1420] Beziehung seines besonderen Sachverständnisses zu sehen, das ihn dazu befähigt, im Rahmen der drei Aussagekategorien auszusagen.[1421] Hinsichtlich der dritten Aussagekategorie wird der Sachverständige nicht in den Prozess eingeführt, weil er über schon konkret wahrgenommene Tatsachen aussagen kann, sondern weil in der Lage ist, diese noch wahrzunehmen.[1422]

Gegen diese Auffassung spricht, dass es an einem unmittelbaren Vergleichsmoment fehlt,[1423] da das Motiv der Bestellung objektiv nicht immer eindeutig bestimmbar nach außen tritt. Es handelt sich bei dem Motiv um einen rein subjektiven, innerpsychischen Vorgang. Ein Abstellen darauf würde daher zu einer großen Rechtsunsicherheit im Rahmen der Abgrenzung führen.[1424] So betonte

1414 *Hegler*, AcP 104 (1909), 151, 246 ff.

1415 *Hegler*, AcP 104 (1909), 151, 247, 249.

1416 *Hegler*, AcP 104 (1909), 151, 247, 249; *Mayer*, FS-Mezger, S. 455, 464 f.; vgl. auch *Lent*, ZZP, 60 (1936), 9, 10 ff.; dazu auch *Toepel*, S. 275.

1417 *Hegler*, AcP 104 (1909), 151, 247 f.

1418 *Mezger*, AcP 117 (1918), Beilageheft, 1, 5; *Hegler*, AcP 104 (1909), 151, 153 f.; SK-*Rogall*, Vor § 72 Rn. 7, s. auch 3. Kapitel, B. III. 3. a) bb), D. 9. b).

1419 *Toepel*, S. 275.

1420 Also nicht individuell historisch in Bezug auf konkrete Tatsachen.

1421 *Hegler*, AcP 104 (1909), 151, 248 f.

1422 *Hegler*, AcP 104 (1909), 151, 249 f.

1423 *Vyhnálek*, S. 41; vgl. auch *Eb. Schmidt* II, Vor § 72 Rn. 15.

1424 Vgl. auch 3. Kapitel, A. I. 1. a), c).

Hegler selbst unter Bezugnahme auf *v. Kries* die Notwendigkeit, dass sich die Beweismittel ohne Rücksicht auf die Ergebnisse der Beweisaufnahme erkennen lassen.[1425] Auch dieses Kriterium ist daher abzulehnen.

6. *Natur der Beweismittel*

John grenzte die Auskunftspersonen unter Betrachtung der Natur der Beweismittel voneinander ab.[1426] Seiner Ansicht nach besteht die charakteristische Eigenschaft des Zeugen darin, dass er durch die Bekundung seiner Wahrnehmungen das Beweismaterial vermehrt. Der Sachverständige dagegen mache vorhandenes Beweismaterial verwertbar. *John* unterscheidet somit folgendermaßen:

Wer durch Bekunden des von ihm Wahrgenommenen das Beweismaterial vermehrt, sei Zeuge. Wer durch seine Sachkenntnis das Beweismaterial verwertbar/benutzbar macht, sei Sachverständiger. Eine Person, die sowohl durch ihre Bekundung des von ihr Wahrgenommenen das vorhandene Beweismaterial vermehrt als auch durch ihre Sachkunde das vorhandene Beweismaterial benutzbar macht, sei sowohl Sachverständiger als auch Zeuge. Eine Person, die durch Bekundung des mittels ihrer Sachkunde Wahrgenommenen das Beweismaterial vermehrt, sei sachverständiger Zeuge. Eine Person, die sowohl durch Bekundung des mittels ihrer Sachkunde Wahrgenommenen das Beweismaterial vermehrt als auch das vorhandene Beweismaterial benutzbar macht, sei sowohl sachverständiger Zeuge als auch Sachverständiger.[1427]

Daraus schlussfolgert *John*, dass ein Zeuge einen Zeugeneid, ein Sachverständiger einen Sachverständigeneid und jemand, der sowohl Zeuge als auch Sachverständiger ist, beide Eide leisten muss.[1428]

Beispielhaft für die Abgrenzung führt *John* aus, dass jemand, der Tatsachen an einer zu obduzierenden Kindesleiche wahrnimmt, das Beweismaterial nicht vermehrt. Denn das Beweismaterial sei die Kindesleiche. Die Tätigkeit der Beweisperson ist darauf beschränkt, festzustellen, welchen Beweisinhalt das Augenscheinsobjekt (die Leiche) darbietet, also was man an ihr wahrgenommen und welche Schlüsse man aus ihr gezogen hat. Es handele sich bei der Aussage also nicht um die Aussage eines sachverständigen Zeugen, sondern lediglich um eine Sachverständigenaussage.[1429]

1425 *Hegler*, AcP 104 (1909), 151, 262; *v. Kries*, ZStW 6 (1886), 88, 154.
1426 *John*, S. 693 ff.
1427 *John*, S. 695 f.
1428 *John*, S. 690 f., 696.
1429 *John*, S. 697.

Dabei setzt *John* die besondere Sachkunde sowohl für den sachverständigen Zeugen als auch den Sachverständigen voraus, unterscheidet jedoch zutreffend dahingehend, dass die Sachkunde des sachverständigen Zeugen anderen Zwecken diene als die des Sachverständigen. Die Sachkunde des sachverständigen Zeugen führe dazu, dass dieser mehr auszusagen vermag als andere Zeugen. Dem Sachverständigen diene sie, den Prozessstoff für das Gericht benutzbar und verwertbar zu machen.[1430]

Darüber hinaus entscheidet in dem Beispielsfall aber die Einbeziehung in den Prozess darüber, ob die Beweisperson im Rahmen der dritten Aussagekategorie den Tatsachenstoff vermehrt oder benutzbar macht. Wird die Beweisperson beauftragt, die Kindesleiche zu obduzieren, macht sie den Tatsachenstoff benutzbar und ist Sachverständiger. Hat die Beweisperson schon vor der Beauftragung die Tatsachen an der Kindesleiche wahrgenommen und sagt sie darüber aus, vermehrt die Beweisperson den Tatsachenstoff und ist demnach Zeuge.

Auch dieses Kriterium kann daher hinsichtlich der Bekundung von Befundtatsachen nicht weiterhelfen.

7. Der Auftrag

Eine weitere Ansicht geht davon aus, dass für die Abgrenzung der Auftrag in Form einer Prozesshandlung[1431] entscheidend sei.[1432] Ausschlaggebend sei demnach, dass die Beweisperson eine Wahrnehmung gemacht hat oder gutachtlich tätig geworden ist, weil sie von dem zuständigen Strafverfolgungsorgan dazu beauftragt wurde. Besteht ein solcher Auftrag, sei die sachkundige Beweisperson nach den Vertretern dieser Ansicht Sachverständiger. Zeuge sei sie dagegen, wenn sie unabhängig von einem Auftrag die zu bekundende Wahrnehmung gemacht hat.[1433]

1430 *John*, S. 695.

1431 S. dazu 3. Kapitel A. I. Fn. 451.

1432 RG JW 1928, 2254 f. mit Anm. *Mezger*; RG JW 1928, 2721 f. mit Anm. *Alsberg*; BGH GA 1956, 294 f.; OLG Hamm NJW 1954, 1820 f.; KK-*Senge*, § 85 Rn. 1; *Eisenberg*, Rn. 1510; *Ulrich*, Rn. 20; *Eb. Schmidt* II, Vor § 72 Rn. 15; *Geppert*, DAR 1980, 315, 320; *Jessnitzer*, Blutalkohol 1968, 184, 187; *Ditzen*, ZStW 10 (1890), 111, 163 f. Zu beachten ist, dass ein Großteil der Vertreter dieser Ansicht stillschweigend von sachkundigen Personen ausgeht, die Sachkunde somit voraussetzt. Eine konsequente Trennung von den Vertretern der Kriterienkombination ist daher nicht möglich. Zur Kriterienkombination, s. 3. Kapitel, D. II. 8.

1433 Z. B. KK-*Senge*, § 85 Rn. 1; *Ulrich*, Rn. 20; *Eb. Schmidt* II, Vor § 72 Rn. 15; *Jessnitzer*, Blutalkohol 1968, 184, 187; *Ditzen*, ZStW 10 (1890), 111, 163.

Schon *Glaser* sieht die Unterscheidung des Sachverständigen gegenüber dem (sachverständigen) Zeugen bei der reinen Tatsachenwahrnehmung darin, dass der Sachverständige bei der Wahrnehmung ein Bewusstsein darüber hat, dass er darüber aussagen muss, weil das Strafverfahren schon eingeleitet ist und er vom Gericht mit dem Auftrag zur Wahrnehmung entsendet worden sei.[1434] Der Zeuge dagegen wisse bei der Wahrnehmung selbst in der Regel noch gar nicht, dass er über das Wahrgenommene Zeugnis werde ablegen müssen.[1435]

Auch *Ullmann* spricht bereits davon, dass der Zeuge verpflichtet sei, seine Wahrnehmung vor dem Strafverfolgungsorgan zu *„reproduzieren"*. Der Sachverständige werde dagegen verpflichtet, Wahrnehmungen zu machen, wenn er an der Feststellung von Tatsachen mitwirken muss. Das Ergebnis komme dann in dem Befund zum Ausdruck.[1436] Auch werde erst durch Berufung seitens des Richters oder der Parteien[1437] eine Beziehung des Sachverständigen zu den Tatsachen hergestellt, während der Zeuge zu diesen in einer bestimmten geschichtlichen Beziehung stehe.[1438]

Der Verwendung des Auftrags als Abgrenzungskriterium ist grundsätzlich zuzustimmen, da das Vorliegen inhaltlicher oder zeitlicher Kriterien nicht per se dazu führt, dass eine Person zu einer Beweisperson wird. Damit sie zu der Beweisperson wird, bedarf es einer Prozesshandlung der zuständigen Strafverfolgungsbehörde.[1439] Der Sachverständige wird durch ihren Auftrag[1440] in die Verfahrensposition gebracht.[1441] Ein solcher Auftrag liegt in der Anordnung, im Rahmen der drei Aussagekategorien tätig zu werden.[1442]

Für den Auftrag als Abgrenzungskriterium spricht darüber hinaus der Wortlaut des § 85 StPO, wenn man ihn dahingehend interpretiert, dass eine Tatsache

---

1434 *Glaser*, S. 687.

1435 *Glaser*, S. 674, 687. Bezüglich der Erstattung eines Gutachtens besteht nach *Glaser* I überhaupt keine Analogie des Sachverständigen mit Zeugen oder Richtern, S. 676.

1436 *Ullmann*, S. 345.

1437 Wie im 3. Kapitel, A. I., B. III. 1. bereits ausgeführt wurde, führt eine Ladung der Staatsanwaltschaft oder des Angeklagten (§§ 214 III StPO, 220 I StPO) oder ein Beweisantrag im gerichtlichen Verfahren noch nicht zum Verfahrensstatus einer Person als Zeuge oder Sachverständiger. Dazu grundlegend *Mezger*, AcP 117 (1918), Beilageheft, 1, 6 f.; SK-*Rogall*, Vor § 72 Rn. 31.

1438 *Ullmann*, S. 344, 345.

1439 S. dazu 3. Kapitel, A. I., B. III. 1.

1440 Auch *„Ernennung"* oder *„Bestellung"*, vgl. 3. Kapitel, B. III. 4.

1441 Vgl. *Mezger*, AcP 117 (1918), Beilageheft, 1, 3, 5; SK-*Rogall*, Vor § 72 Rn. 7; 3. Kapitel, B. III. 1., 4.

1442 S. 3. Kapitel, B. II. 1., 2., 3.

„*vergangen*" ist, wenn sie vor der Bestellung durch das Gericht bzw. Staatsanwaltschaft oder Polizei wahrgenommen worden ist. Dagegen ist eine Tatsachenwahrnehmung nach Bestellung gegenwärtig.[1443]

Der von *Mezger* zum ersten Mal als maßgeblich herausgestellte[1444] Auftrag als Abgrenzungskriterium wird jedoch häufig mit dem Argument abgelehnt, er sei die zwingende Folge, nicht die Voraussetzung für die Ernennung einer Beweisperson zum Sachverständigen im Prozess.[1445] So würden Folge und Voraussetzungen verwechselt, wende man den richterlichen Auftrag als entscheidendes Abgrenzungskriterium an.[1446] Es könne nicht darauf ankommen, ob der Richter den Auftrag erteilt hat, sondern es müsse darauf ankommen, ob er ihn erteilen muss.[1447] Ob jemand Sachverständiger oder Zeuge ist, dürfe nicht nach Billigkeitsgründen entschieden werden oder vom Wohlwollen des Richters abhängen,[1448] weswegen eine rein rechtliche Einordnung nach streng juristischen Kriterien notwendig sei,[1449] beispielsweise nach dem Inhalt der Bekundung.[1450]

Mayer führt in diesem Zusammenhang aus, dass die Auftragserteilung nur die Folgerung aus dem beabsichtigten Zweck[1451] und die Vernehmung als Sachverständiger abzubrechen sei, wenn sich dieser Zweck als unerreichbar erweise.[1452] Diese Ausführungen *Mayers* sind aber in sich nicht konsistent. Denn auch das Abbrechen einer Sachverständigenvernehmung ist eine Prozesshandlung in

1443 Vgl. ausführlich SK-*Rogall*, Vor § 72 Rn. 95, § 85 Rn. 8; *Toepel*, S. 268 f.; *Ditzen*, ZStW 10 (1890), 111, 163 f., Fn. 101; *Hegler*, AcP 104 (1909), 151, 270 f.

1444 *Mezger*, AcP 117 (1918), Beilageheft, 1, 4 f.; vgl. auch SK-*Rogall*, Vor § 72 Rn. 89.

1445 Z. B. *Pawlak*, S. 42; *Geerds*, ArchKrim 137 (1966), 61, 69.

1446 *Pawlak*, S. 42.

1447 OLG Düsseldorf DS 2011, 292; *Mayer*, FS-Mezger, S. 455, 464; LR-*Krause*, § 85 Rn. 1; *Alsberg/Nüse/Meyer*, 5. A., S. 213; vgl. auch Alsberg/Nüse/Meyer-*Dallmeyer*, Rn. 377; *Geerds*, ArchKrim 137 (1966), 61, 69; *Hanack*, JR 1966, 425, 426; *Pawlak*, S. 42; nicht eindeutig *Eisenberg*, Rn. 1513.

1448 LR-*Krause*, § 85 Rn. 1; s. auch 3. Kapitel, D. II. 7., 8. und 9. zum Auftrag als Abgrenzungskriterium zwischen Zeugen und Sachverständigen.

1449 *Ulrich*, Rn. 19; LR-*Krause*, § 85 Rn. 1; vgl. auch Alsberg/Nüse/Meyer-*Dallmeyer*, Rn. 377.

1450 BGH NStZ 1985, 182; LR-*Krause*, § 85 Rn. 1; *Pfeiffer*, Vor § 72 Rn. 2; *Ulrich*, Rn. 19; nicht eindeutig *Eisenberg*, Rn. 1513.

1451 Im Anschluss an die von *Hegler* entwickelte Zweckfunktion, AcP 104 (1909), 151, 247, 249.

1452 *Mayer*, FS-Mezger, S. 455, 465.

Form einer Entpflichtung.[1453] Dafür ist ebenfalls ein Akt des zuständigen Strafverfolgungsorgans notwendig. Die Vernehmung endet nicht automatisch.

Zuzugeben ist der Kritik, die auf rein rechtliche Kriterien abstellen will, dass die Beauftragung nicht immer inhaltlich richtig erfolgt. Bei der Bekundung von Tatsachenwahrnehmungen kann aber, wie bereits dargelegt, ein materielles Abgrenzungskriterium nicht weiterhelfen. Auch ist es im Zusammenhang mit der Beschuldigteneigenschaft eines Verdächtigen mittlerweile allgemein anerkannt,[1454] dass es zunächst auf den subjektiven Akt der Strafverfolgungsbehörde ankommt, der sich objektiv in einer Maßnahme manifestiert. Das objektive Moment ist somit lediglich ein Regulativ.[1455]

Etwas anderes kann in Bezug auf die Verfahrensstellung von Sachverständigen und Zeugen nicht gelten. Die Begriffe des Sachverständigen und Zeugen sind, ebenso wie der des Beschuldigten, prozessualer Natur.[1456] Für die Begründung der Sachverständigen- bzw. Zeugeneigenschaft muss es somit ebenfalls auf den subjektiven Akt des zuständigen Strafverfolgungsorgans ankommen. Allein dieser ist konstitutiv.[1457] Schon *Eb. Schmidt* führte zutreffend aus, dass

> *„(…) nicht was den Richter zu seinem Auftrag motiviert, sondern der richterliche Auftrag selbst als richterliche, die Sachverständigenfunktion auslösende Prozesshandlung (…) das maßgebende Kriterium bei der Unterscheidung von Sachverständigengutachten und Zeugenaussagen im Sinne von § 85 StPO [ist].“*[1458]

Der Zweck der Vernehmung und der Inhalt der Aussage entscheiden dagegen über die Richtigkeit der Einordnung.[1459] Eine falsche Einordnung führt jedoch nicht zu einer automatischen Änderung der Verfahrensposition.[1460] Jedoch kann der von dem Strafverfolgungsorgan fehlerhaft als Zeuge vernommene Betroffene geltend machen, die Aufgabe, welche ihm zugeteilt sei, sei in Wirklichkeit keine Aufgabe zur Zeugenaussage.[1461]

1453 S. 3. Kapitel, B. III. 5.

1454 3. Kapitel, A. I. 1. c), a. A. aber *Roxin*, FS-Schöch, S. 823 ff.; *Schumann*, GA 2010, 699 ff.

1455 S. 3. Kapitel, A. I. 1. c).

1456 SK-*Rogall*, Vor § 48 Rn. 11, 21 f.; KMR-*Neubeck*, Vor § 48 Rn. 1; *Zacharias*, S. 30 f.; s. auch 3. Kapitel, A. I., B. III.

1457 S. 3. Kapitel, A. I., B. III.

1458 *Eb. Schmidt* II, Vor § 72 Rn. 15.

1459 *Mezger*, AcP 117 (1918), Beilageheft, 1, 6, 8 f.; SK-*Rogall*, § 85 Rn. 11; a. A. *Hegler*, AcP 104 (1909), 151, 246 ff., 249, der im Zweck der Vernehmung das Abgrenzungskriterium sieht; s. auch 3. Kapitel, D. II. 9. f).

1460 *Mezger*, AcP 117 (1918), Beilageheft, 1, 8 f.; SK-*Rogall*, § 85 Rn. 11.

1461 *Mezger*, AcP 117 (1918), Beilageheft, 1, 6, 8 f.

Gegen das Einzelkriterium des Anlasses der Wahrnehmung wird ferner vorgebracht, auch der nichtsachkundige Augenscheinsgehilfe werde vom Gericht beauftragt und mache daraufhin seine Wahrnehmung. Weil ihm aber die besondere Sachkunde fehle, könne der Augenscheinsgehilfe kein Sachverständiger sein.[1462] Eine Abgrenzung zum Sachverständigen finde somit nicht statt.[1463]

Dem kann so nicht gefolgt werden. Denn die Aufträge des Sachverständigen und des Augenscheinsgehilfen unterscheiden sich ihrem Inhalt nach. Der Sachverständigenauftrag geht dahin, im Rahmen der drei Aussagekategorien sachkundig tätig zu werden. Soll die Beweisperson nach dem Auftrag lediglich beobachtend tätig werden, ohne dass dazu eine besondere Sachkunde erforderlich ist, ist sie Augenscheinsgehilfe.[1464] Zuzugeben ist jedoch, dass der Sachkunde eine entscheidende Bedeutung zukommt.

8. Die Kombination von Sachkunde und Auftrag

Die wohl h. M.[1465] zieht daher zur Abgrenzung der Beweispersonen zwei Kriterien heran, die besondere Sachkunde und den Auftrag.[1466] Danach ist Sachverständiger, wer über Tatsachen aussagt, die er unter Zuhilfenahme besonderer Sachkunde und aufgrund eines Auftrags wahrgenommen habe. Zeuge sei dagegen, wer auftragslos mit oder ohne besonderen Sachverstand Wahrnehmungen gemacht habe.[1467]

1462 Wegen des Auftrags wird der Augenscheinsgehilfe im Zeitpunkt der Beauftragung und Befundermittlung von einigen dem Sachverständigenbeweis zugeordnet. Während der Vernehmung wird er von der h. M. als Zeuge behandelt, s. 3. Kapitel, C.

1463 *Vyhnálek*, S. 40.

1464 S. dazu ausführlich auch 3. Kapitel, C.

1465 LR-*Krause*, § 85 Rn. 11; *Meyer-Goßner/Schmitt*, § 85 Rn. 2 f.; AwK-*Krekeler/Werner*, § 85 Rn. 4; KMR-*Neubeck*, Vor § 48 Rn. 40, § 85 Rn. 2; *Pfeiffer*, § 85 Rn. 1; *Roxin/Schünemann*, § 27 Rn. 3; *Gössel*, DRiZ 1980, 363, 365; *Krekeler*, wistra 1989, 52; *Toepel*, S. 275; vgl. auch KK-*Senge*, § 85 Rn. 1; *Ulrich*, Rn. 20; *Eb. Schmidt* II, Vor § 72 Rn. 15, 17; *Jessnitzer*, Blutalkohol 1968, 184, 187; *Ditzen*, ZStW 10 (1890), 111, 163; dem folgend auch *Becker*, S. 53 f.

1466 Schon früh wurde betont, dass es nicht möglich sei, die Beweispersonen mit nur einem Merkmal voneinander abzugrenzen, *Mezger*, AcP 117 (1918), Beilageheft, 1, 3 f.; *Hanack*, JR 1966, 425, 427; LR-*Krause*, § 85 Rn. 11; vgl. auch *Schmidhäuser*, ZZP 72 (1959), 365, 379 f.; HK-*Brauer*, § 85 Rn. 4.

1467 LR-*Krause*, § 85 Rn. 11; *Meyer-Goßner/Schmitt*, § 85 Rn. 2 f.; AK-*Lemke*, § 85 Rn. 2; AwK-*Krekeler/Werner*, § 85 Rn. 4; *Pfeiffer*, § 85 Rn. 1; *Roxin/Schünemann*, § 27 Rn. 3; *Gössel*, DRiZ 1980, 363, 365; *Krekeler*, wistra 1989, 52; *Toepel*, S. 275.

a) Die besondere Sachkunde

Das erste Kriterium ist nach dieser Ansicht also die besondere Sachkunde. Dem *„sachverständigen"* Zeugen und dem Sachverständigen sei gemein, dass sie eine besondere Sachkunde haben, unter deren Zuhilfenahme sie Tatsachen wahrnehmen und darüber aussagen können. Dem *„einfachen"* Zeugen und dem Augenscheinsgehilfen fehle dagegen diese Sachkunde, weswegen sie keine Sachverständigen sein können.[1468]

b) Der Auftrag

Da die Abgrenzung mit der besonderen Sachkunde als Merkmal nicht vollständig möglich ist, wird der Auftrag als weiteres Merkmal herangezogen, um den *„einfachen"* Zeugen und den Augenscheinsgehilfen vom *„sachverständigen"* Zeugen und Sachverständigen abgrenzen zu können.[1469]

c) Überprüfung der Kriterienkombination

Nach der Kriterienkombination werden die Beweispersonen also wie folgt voneinander abgegrenzt:[1470]

Auf der ersten Stufe soll das Vorliegen von besonderer Sachkunde entscheiden. So lässt sich der Sachverständige vom *„einfachen"* Zeugen und Augenscheinsgehilfen problemlos unterscheiden. Denn im Gegensatz zum Sachverständigen verfügt der *„einfache"* Zeuge über keinerlei Sachkunde. Sagt also eine Beweisperson zu Tatsachenwahrnehmungen aus, ohne dass die Zuhilfenahme besonderer Sachkunde dafür notwendig ist, handelt es sich nach dieser Auffassung nicht um einen Sachverständigen, sondern nur um einen *„einfachen"* Zeugen oder Augenscheinsgehilfen.

Eine Abgrenzung zwischen dem *„einfachen"* Zeugen und dem Augenscheinsgehilfen ist nach dieser Ansicht auf der ersten Stufe dagegen nicht möglich. Denn beiden Aussagepersonen fehlt Sachkunde. Dementsprechend muss nach der Kriterienkombination hier die zweite Stufe, der Auftrag als Anlass der Wahrnehmung, herangezogen werden. Dieser führt zu einer befriedigenden Lösung:

1468 KK-*Senge*, § 85 Rn. 1; vgl. *Ulrich*, Rn. 31.

1469 LR-*Krause*, § 85 Rn. 11; *Meyer-Goßner/Schmitt*, § 85 Rn. 2 f.; AK-*Lemke*, § 85 Rn. 2; AwK-*Krekeler/Werner*, § 85 Rn. 4; *Pfeiffer*, § 85 Rn. 1; *Roxin/Schünemann*, § 27 Rn. 3; *Gössel*, DRiZ 1980, 363, 365; *Krekeler*, wistra 1989, 52; *Toepel*, S. 275; vgl. auch KK-*Senge*, § 85 Rn. 1; *Ulrich*, Rn. 20; *Eb. Schmidt* II, Vor § 72 Rn. 15, 17; *Jessnitzer*, Blutalkohol 1968, 184, 187; *Ditzen*, ZStW 10 (1890), 111, 163.

1470 Vgl. dazu *Vyhnálek*, S. 43 ff.

Während der Zeuge ohne behördlichen Auftrag seine Wahrnehmung gemacht hat, wird der Augenscheinsgehilfe vom Gericht beauftragt, bestimmte Wahrnehmungen zu machen und darüber in der Hauptverhandlung auszusagen.

„*Einfacher*" Zeuge ist nach dieser Auffassung demnach derjenige, welcher, ohne Sachkunde zu haben und ohne von einer Strafverfolgungsbehörde beauftragt zu sein, Wahrnehmungen macht und darüber vor Gericht aussagt. Augenscheinsgehilfe ist dagegen, wer, ohne besondere Sachkunde zu haben, vom Gericht beauftragt wird, bestimmte Wahrnehmungen zu machen und darüber vor Gericht auszusagen.

Auch bei sachverständigen Zeugen und Sachverständigen ist eine Abgrenzung mit dem Kriterium des Innehabens von Sachkunde allein nicht möglich. Denn beide Beweispersonen zeichnen sich dadurch aus, dass sie Sachkunde haben. Auch hier muss daher auf der zweiten Stufe mit dem Auftrag als formellem Kriterium abgegrenzt werden. Werden die sachkundigen Wahrnehmungen aufgrund einer Auftragserteilung gemacht, handelt es sich bei der Auskunftsperson um einen Sachverständigen. Nimmt eine Beweisperson dagegen Tatsachen mit oder ohne Sachkunde auftragslos wahr und sagt darüber aus, handelt es sich um einen Zeugen.

Die Abgrenzung zwischen dem sachverständigen Zeugen und dem nichtsachkundigen Augenscheinsgehilfen lässt sich ferner wieder auf der ersten Stufe der Kriterienkombination treffen. Denn der sachverständige Zeuge besitzt im Gegensatz zum nichtsachkundigen Augenscheinsgehilfe Sachkunde.

d) Modifizierung der Kriterienkombination

Vyhnálek kritisiert an der Kriterienkombination, dass damit der Zeuge lediglich negativ abgegrenzt und nicht berücksichtigt werde, dass sich die Beweisaufgaben von Zeugen und Sachverständigen unterscheiden.[1471]

Seiner Ansicht nach unterscheiden sich der sachverständige Zeuge und der Sachverständige im Bereich der dritten Aussagekategorie nach der Auftragsabhängigkeit der Beobachtung. Zeuge sei, wer unter Zuhilfenahme besonderer Sachkunde, aber ohne Auftrag oder ausschließlich mit Allgemeinwissen unabhängig von der Auftragserteilung wahrgenommen habe. Darüber hinaus könne der Zeuge unter Anwendung von Allgemeinwissen beurteilen und schlussfolgern.[1472]

1471 *Vyhnálek*, S. 43 f.

1472 *Vyhnálek*, S. 49 ff., 67, 93.

Augenscheinsgehilfe sei, wer mit Allgemeinwissen auftragsabhängig wahrnehme. Er sei dem Zeugenbeweis zuzuordnen.[1473]

9. *Stellungnahme*

Der Kriterienkombination aus Sachkunde und Auftrag ist zuzugeben, dass sie in der Lage ist, die Beweisperson ausnahmslos und konsequent voneinander abzugrenzen. Wie sich gezeigt hat, scheitern Abgrenzungsversuche, die sich am Inhalt der Aussage oder an der Natur der Beweismittel orientieren, daran, dass sich die Beweisaufgaben des Zeugen und des Sachverständigen in Bezug auf die Bekundung von Tatsachenwahrnehmungen unter Zuhilfenahme besonderer Sachkunde überschneiden.[1474] Auch der Zeitpunkt der Wahrnehmung kann für sich genommen keine Abgrenzung liefern.[1475]

a) *Der Auftrag als Abgrenzungskriterium*

Dem Auftrag als Abgrenzungsmerkmal ist zuzustimmen. Entscheidend für die prozessuale Stellung der Beweisperson ist die Bestimmung durch das Gericht. Abgrenzungskriterium kann deshalb allein das Vorliegen eines Auftrags sein.[1476]

Vyhnálek ist daher zu widersprechen, soweit er im Rahmen der dritten Aussagekategorie bei Nichtvorliegen der besonderen Sachkunde die Zeugenstellung bei der Bekundung von Allgemeinwissen unabhängig von einer Beauftragung annimmt. Richtig ist, dass Zusatztatsachen im Wege des Zeugenbeweises in das Verfahren eingeführt werden müssen. Aber auch im Rahmen der dritten Aussagekategorie entscheidet der Auftrag über die Verfahrensstellung. Ob der Auftrag richtig ergangen ist, ist eine andere Frage.

Nach hiesiger Auffassung finden ferner auf den Augenscheinsgehilfen die Vorschriften über den Zeugenbeweis nur im Rahmen seiner Vernehmung Anwendung, im Übrigen ist er aber kein Zeuge.[1477]

1473 *Vyhnálek*, S. 67.

1474 *Mezger*, AcP 117 (1918), Beilageheft, 1, 21; SK-*Rogall*, Vor § 72 Rn. 92; Alsberg/Nüse/Meyer-*Dallmeyer*, Rn. 383; *Toepel*, S. 267; *Meyer-Goßner/Schmitt* § 85 Rn. 2; *Gössel*, S. 227; *Eb. Schmidt* II, Vor § 72 Rn. 10; *Fezer*, Rn. 12/14; vgl. *Vyhnálek*, S. 50, 56 ff.; s. auch 3. Kapitel, A. II., B. II. 3.

1475 S. 3. Kapitel, D. II. 1.

1476 SK-*Rogall*, Vor § 72 Rn. 32, § 85 Rn. 11; vgl. *Mezger*, AcP 117 (1918), Beilageheft, 1, 6 ff.; wohl auch *Eb. Schmidt* II, Vor § 72 Rn. 15; s. auch 3. Kapitel, B. III. 1., 4 , D. II. 7.

1477 S. 3. Kapitel, C.

b) *Die besondere Sachkunde als Abgrenzungskriterium*

Die h. M. geht jedoch auf der ersten Stufe in Zusammenhang mit dem Sachverständigen vom tatsächlichen Vorliegen der Sachkunde im Rahmen der Abgrenzung aus[1478] und übersieht dabei, dass das tatsächliche Bestehen oder Nichtbestehen der Sachkunde nicht zu einer Veränderung der Verfahrensposition führt. Das Strafverfolgungsorgan vermutet zum Zeitpunkt des Auftrags lediglich, ob die ausgewählte Person besondere Sachkunde hat oder nicht.[1479] Ob die Beweisperson die Sachkunde tatsächlich besitzt, kann sich erst bei der Gutachtenerstattung zeigen. Die Verfahrensposition kann aber nicht vom Zufall des tatsächlichen Bestehens der Sachkunde abhängig gemacht werden.[1480] Selbst wenn sich also später ein Mangel an Sachkunde herausstellt, verliert der beauftragte Sachverständige seine Verfahrensstellung nicht automatisch.[1481]

c) *Modifikation der Abgrenzung*

Die Kriterienkombination ist daher zu modifizieren. Allein der Auftrag ist für die Verfahrensposition entscheidend. Auf die vermutete Sachkunde kommt es aber insoweit an, als der Sachverständigenauftrag seinem Inhalt nach eine solche voraussetzt.[1482] Die Abgrenzung erfolgt daher wie folgt:

aa) Abgrenzung des Zeugen vom Sachverständigen und Augenscheinsgehilfen durch den Auftrag

Mit dem Auftrag lassen sich im ersten Schritt Zeugen von Sachverständigen und Augenscheinsgehilfen abgrenzen. Ist ein Sachverständigenauftrag ergangen, kann es sich bei der Beweisperson nicht um einen Zeugen handeln.[1483]

1478 Vgl. BGH GA 1956, 294 f.; OLG Hamm NJW 1954, 1820 f.; KK-*Senge*, § 85 Rn. 1; *Ulrich*, Rn. 20; *Eb. Schmidt* II, Vor § 72 Rn. 15; *Ranft*, Rn. 565; *Krey* II, Rn. 946; *Geppert*, DAR 1980, 315, 320; *Jessnitzer*, Blutalkohol 1968, 184, 187; *Ditzen*, ZStW 10 (1890), 111, 163 f.

1479 *Hegler*, AcP 104 (1909), 151, 153 f., 249; *Mezger*, AcP 117 (1918), Beilageheft, 1, 3, 5; SK-*Rogall*, Vor § 72 Rn. 7, § 85 Rn. 11 ff.; 3. Kapitel, B. III. a) bb).

1480 Vgl. *Hegler*, AcP 104 (1909), 151, 233 f.

1481 S. 3. Kapitel, B. III. 3. a) bb).

1482 Vgl. SK-*Rogall*, Vor § 72 Rn. 7; *Mezger*, AcP 117 (1918), Beilageheft, 1, 3, 5.

1483 S. 3. Kapitel, D. II. 7., 8. und 9. a).

bb) Abgrenzung des Sachverständigen vom Augenscheinsgehilfen durch den Inhalt des Auftrags

Wurde eine Person beauftragt, entscheidet der Inhalt des Auftrags über die Abgrenzung zwischen Sachverständigen und Augenscheinsgehilfen.[1484] Denn sowohl der Sachverständige als auch der Augenscheinsgehilfe handeln im Auftrag des Gerichts.[1485]

An dieser Stelle hilft das Merkmal der – vermuteten – besonderen Sachkunde weiter. Ergeht ein Auftrag des zuständigen Strafverfolgungsorgans an die Beweisperson, sachkundig tätig zu werden, handelt es sich um einen Sachverständigenauftrag.[1486] Denn er setzt eine entsprechende Sachkunde voraus. Von dem Auftrag erfasst sind die drei Aussagekategorien des Sachverständigenbeweises.[1487] Damit sind auch Befundtatsachen, die nach Auftragserteilung wahrgenommen werden sollen, Teil des Gutachtens. Besondere Fähigkeiten, die lediglich den Zugang zu einer Tatsachenwahrnehmung ermöglichen, führen dagegen nicht zu einer Sachverständigenposition. Die Vornahme bloßer Verrichtungen ist nicht Aufgabe des Sachverständigenbeweises.[1488]

Geht der Auftrag dahin, lediglich beobachtend tätig zu werden, ohne dass dazu eine besondere Sachkunde erforderlich ist, ist die Beweisperson Augenscheinsgehilfe. Das Gericht setzt gerade keine Sachkunde voraus[1489] und es handelt sich infolgedessen nicht um einen Gutachtenauftrag.[1490]

cc) Vernehmung ohne Auftrag

Ist kein Auftrag ergangen, kann es sich bei der Beweisperson nur um einen Zeugen handeln.[1491]

Ist die Aussageperson Zeuge, darf eine Vernehmung ausschließlich zu Tatsachenwahrnehmungen erfolgen.[1492] Ob die Tatsachen unter Zuhilfenahme besonderer Sachkunde wahrgenommen worden sind oder nicht, ist irrelevant, weil auch ein sachverständiger Zeuge ein Zeuge ist.[1493]

1484 Vgl. SK-*Rogall*, Vor § 72 Rn. 92.

1485 S. 3. Kapitel, B. III. 1., 4., C.

1486 Vgl. SK-*Rogall*, Vor § 72 Rn. 90, 178.

1487 S. 3. Kapitel, B. II.

1488 S. 3. Kapitel, B. II. 4.

1489 Das Gericht könnte die Beobachtungen also theoretisch auch selbst machen.

1490 SK-*Rogall*, Vor § 72 Rn. 93; AnwK-*Krekeler/Werner*, Vor §§ 72 ff. Rn. 11.

1491 Der *numerus clausus* der Beweismittel sieht keine weitere Beweisperson vor.

1492 S. 3. Kapitel, A. II.

1493 S. 3. Kapitel, A. III.

dd) Überprüfung der Modifikation

Diese Einordnung entspricht sowohl dem Wortlaut als auch dem Sinn und Zweck des § 85 StPO. Denn für den (sachverständigen) Zeugen hat das (Nicht-) Vorliegen der (besonderen) Sachkunde letztlich keinerlei rechtliche Konsequenzen. Die Beweisperson bleibt Zeuge, egal ob sie die Wahrnehmungen ohne, mit einfacher oder mit besonderer Sachkunde gemacht hat. Insofern kommt es nicht darauf an, ob die Sachkunde des Zeugen eine besondere ist.[1494]

Bereits *John* führte zutreffend aus, dass die Sachkunde des sachverständigen Zeugen anderen Zwecken diene als die des Sachverständigen. Die Sachkunde des sachverständigen Zeugen führe dazu, dass dieser mehr auszusagen vermag als andere Zeugen. Dem Sachverständigen diene sie hingegen, den Prozessstoff für das Gericht benutzbar und verwertbar zu machen.[1495]

Aus dieser Unterscheidung folgen letztlich auch die unterschiedlichen rechtlichen Konsequenzen bei fehlender Sachkunde von Zeugen und Sachverständigen. Denn das Gericht vernimmt den Zeugen, weil er über exklusives Tatsachenwissen verfügt,[1496] das er gegebenenfalls mithilfe besonderer Sachkunde erlangt hat. Er ist nicht austauschbar.[1497] Der Zeuge hat nicht die Aufgabe, dem Gericht Sachkunde zu vermitteln. Das Gericht darf daher keine Sachkunde aus seiner Aussage schöpfen, weswegen fehlende Sachkunde, anders als beim Sachverständigen, kein Rechtsmittel begründen kann und auch ein Ablehnungsrecht nicht notwendig ist. Auf Objektivität kommt es beim Zeugenbeweis nicht an. Eine mögliche Befangenheit ist im Rahmen des § 261 StPO zu würdigen.[1498] Durch § 85 StPO wird somit ein Beweisverlust vermieden, der im Rahmen des Sachverständigenbeweises wegen des Gutachtenverweigerungsrechts oder der Möglichkeit der Ablehnung eintreten kann.[1499]

Die Bekundung sachkundiger Tatsachenwahrnehmungen unterfällt auch grundsätzlich dem Zeugenbeweis. Eine Sachverständigenbeauftragung ist für Bekundungen der dritten Aussagekategorie lediglich dann notwendig, wenn kein potenzieller Zeuge bekannt ist und es dem Gericht auf Tatsachen ankommt, für deren Wahrnehmung ihm selbst die Sachkunde fehlt. Der Sachverständige wird dann entweder ausschließlich im Rahmen der dritten Aussagekategorie tätig

---

1494 S. 3. Kapitel, A. III.
1495 *John*, S. 695.
1496 S. 3. Kapitel, A. II.
1497 S. 3. Kapitel, D. II. 3.
1498 *Toepel*, S. 275; vgl. auch BVerwG NJW 2011, 1983.
1499 Vgl. Löwe-*Rosenberg*, § 85, 2. a); SK-*Rogall*, § 85 Rn. 1; 3. Kapitel, A. III., B. IV. 3.

oder in Kombination der zweiten und der dritten Kategorie, wenn er zugleich die festgestellten Tatsachen bewerten soll. Voraussetzung ist, dass die Tatsachen noch wahrnehmbar sind.

Gerade weil das Gericht sich die Person des Sachverständigen *„aussuchen"* kann, muss es für diese Wahrnehmungen die fähigste Person zum Sachverständigen bestimmen.[1500] Für die Bestimmung des am besten geeigneten Sachverständigen hat sich das Gericht deshalb auch ausführlich mit der eigenen Fragestellung und dem Beweisziel auseinanderzusetzen.

d) Konsequenz für den Begriff des sachverständigen Zeugen

Im Ergebnis ist somit festzuhalten, dass eine Beweisperson, die auftragslos über Tatsachenwahrnehmungen mit oder ohne besondere Sachkunde aussagt, grundsätzlich Zeuge ist. Ihre Beweisaufgabe ändert sich nicht durch das Innehaben von Sachkunde. Der Begriff sachverständiger Zeuge ist daher nichtssagend und irreführend.[1501] Denn in der Praxis scheint der Begriff dazu zu verleiten, dem sachverständigen Zeugen eine Stellung zwischen dem Zeugen- und dem Sachverständigenbeweis zuzuordnen. Eine solche Einordnung lässt sich aber aus § 85 StPO nicht ablesen und es gilt, sie strengstens zu vermeiden. Schon *Obermeyer* nannte den Begriff *„überflüssig, verwirrend und verwerflich"*[1502] und führte richtig aus, dass der Begriff entweder über den Begriff des wirklichen Sachverständigen greife oder vollkommen entbehrlich sei.[1503]

Die Abgrenzung muss also dahingehend vereinfacht werden, dass nur noch zwischen Zeugen, Sachverständigen und Augenscheinsgehilfen abgegrenzt wird. Eines Abgrenzungsmerkmals, das den *„einfachen"* vom *„sachverständigen"* Zeugen trennt, bedarf es somit nicht.

e) Erkennbarkeit des Auftrags

Entscheidend für die Abgrenzung ist somit der Auftrag des zuständigen Strafverfolgungsorgans als Prozesshandlung.[1504] Aber nicht jede Inanspruchnahme einer sachverständigen Person für die Zwecke der Strafverfolgung durch das Gericht

1500 S. 3. Kapitel, B. III. 3.

1501 In diesem Sinne auch LR-*Krause*, § 85 Rn. 12.

1502 *Obermeyer*, S. 62.

1503 *Obermeyer*, S. 61.

1504 Anders als ein Beweisantrag, eine sogenannte *„Erwirkungshandlung"*, die eine Prozesshandlung anstrebt, ist der Auftrag eine sogenannte *„Bewirkungshandlung"*, da er eine abschließende Lösung einer Prozesslage bewirkt, die Sachverständigenposition, vgl. z.B. *Peters*, S. 252; *Eb. Schmidt* I, Rn. 191, 192, 194 ff.

oder die Staatsanwaltschaft ist eine Sachverständigenbeauftragung.[1505] Der Sachverständigenauftrag besteht darin, sachkundig im Sinne der drei Beweisaufgaben tätig zu werden.

Der Auftrag muss den Verfahrensbeteiligten daher entsprechend der h. M. zur Inkulpation des Beschuldigten[1506] erkennbar sein,[1507] wobei es sich, anders als bei der Inkulpation, bei dem Auftrag schon nach der Begrifflichkeit nicht um einen rein innerpsychischen Vorgang handeln kann. Denn er soll eine Handlung der Beweisperson bewirken,[1508] die somit Kenntnis davon erlangen muss.

Die Erkennbarkeit der Prozesshandlung wird auch zutreffend vorausgesetzt.[1509] *Eb. Schmidt* führt im Zusammenhang mit der Auslegung von Prozesshandlungen aus:

> *„Für das Verfahren muss aber maßgebend sein, dass alle von den Prozessbeteiligten vorgenommenen Handlungen so zu nehmen sind, wie sie sich in ihrer offensichtlichen und allen Beteiligten erkennbaren Gestalt geben. Soweit Prozesshandlungen in Erklärungen bestehen, ist also das nach außen in die Erscheinung tretende Erklärte, nicht der dahinter stehende Wille maßgebend.“*[1510]

1505 BGHSt 38, 381, 382.

1506 S. dazu 3. Kapitel, A. I. 1. c).

1507 Zutreffend BGH JR 1954, 271, 272; *Mezger*, AcP 117 (1918), Beilageheft, 1, 8, der von dem nach außen hervorgetretenen richterlichen Willen spricht; *Gössel*, DRiZ 1980, 363, 367; a. A. aber BGH GA 1976, 78, 79, wonach zumindest keine Aufklärungspflicht des Gerichts hinsichtlich einer unklaren Prozesshandlung besteht. Zur Problematik bei der Kumulation und Sukzession von Verfahrensrollen s. 3. Kapitel, D. II. 9. g).

1508 Auf die Frage, ob Prozesshandlungen als Willenserklärung im Sinne der §§ 116 ff. BGB mit den entsprechenden rechtlichen Folgen einzuordnen sind, was eine Empfangsbedürftigkeit zur Folge haben könnte (vgl. § 130 I BGB), kommt es deshalb schon nicht an, da der Auftrag einen Empfang voraussetzt. Die h. M. lehnt eine solche Einordnung auch ab, da es sich bei den Prozesshandlungen nicht um ein Rechtsgeschäft handelt, *Goldschmidt*, S. 134 ff., 137 ff.; *Eb. Schmidt* I, Rn. 183; *Volk/Engländer*, § 9 Rn. 3; *Henkel*, S. 236 Fn. 8; vgl. auch BGHSt 5, 338, 341; a. A. wohl KK-*Fischer*, Einl. Rn. 404; *Roxin/Schünemann*, § 22 Rn. 6 ff., die aber auch eine Ungültigkeit der Prozesshandlung wegen eines Irrtums ablehnen, Rn. 7.

1509 Vgl. nur *Gössel*, DRiZ 1980, 363, 367; BGHSt 27, 76 für den Gutachtenauftrag im Sinne des § 33 OWiG; *Tröndle*, JZ 1969, 374, 376 f.; *Ulrich*, Rn. 150.

1510 *Eb. Schmidt* I, Rn. 184; zur Auslegung von Prozesshandlungen vgl. auch *Henkel*, S. 243 f.

Auch Nr. 72 II RiStBV und die Leitungsaufgabe aus § 78 StPO[1511] setzen die Erkennbarkeit voraus. Danach ist dem Sachverständigen ein genau umgrenzter Auftrag zu erteilen und das Gericht muss im Rahmen seiner sachleitenden Anordnung das Beweisthema genau definieren. § 74 II StPO verlangt sogar eine Namhaftmachung des Sachverständigen, wenn nicht besondere Umstände entgegenstehen. Die Erkennbarkeit ist in solchen Fällen unproblematisch. Die Verfahrensposition kann sich ferner aus der Bezeichnung in der Ladung[1512] oder der Belehrung vor der Vernehmung ergeben.[1513]

aa) Die Erkennbarkeit im Rahmen der konkludenten Auftragserteilung

Schwierigkeiten hinsichtlich der Erkennbarkeit der Prozesshandlung können entstehen, wenn der Auftrag durch schlüssige Handlung ergeht, insbesondere wenn sich während der Vernehmung ein Statuswechsel[1514] vollzieht.[1515] Dabei werden die o. g. Anforderungen an den Auftrag in der Praxis nicht immer eingehalten.[1516]

In solchen Fällen könnte die Betrachtung des Zwecks der Vernehmung,[1517] also der erwartete oder gewünschte Inhalt der Aussage anhand der unterschiedlichen Beweisaufgaben von Zeugen und Sachverständigen, weiterhelfen. Denn die Beweisaufgaben eines Sachverständigen gehen erheblich weiter als die eines

---

1511 S. dazu 3. Kapitel, B. V.

1512 Vgl. SK-*Rogall*, Vor § 72 Rn. 32; *Gössel* mit der Einschränkung, dass wegen der von ihm vertretenen Teilbarkeit der Prozesshandlung die Ladung dann keine solche darstellt, wenn darin lediglich die Auswahl der Person des Sachverständigen zum Ausdruck kommt, nicht aber das Beweisthema bekannt gegeben wird, DRiZ 1980, 363, 367; a. A. BGH NStZ 1985, 182; LR-*Krause*, § 85 Rn. 1; AK-*Schreiber*, Vor § 72 Rn. 30; AwK-*Krekeler/Werner*, Vor §§ 72 ff. Rn. 3; KK-*Senge*, Vor § 72 Rn. 7; *Pfeiffer*, Vor § 72 Rn. 2; *Ulrich*, *Rn.* 19; Alsberg/Nüse/Meyer-*Dallmeyer*, Rn 377; *Toepel*, S. 279; *Vyhnálek*, S. 93 ff. wonach es auf den Inhalt der Aussage ankommen soll; nicht ganz eindeutig *Eisenberg*, Rn. 1513.

1513 SK-*Rogall*, Vor § 72 Rn. 61; *Meyer-Goßner/Schmitt*, § 78 Rn. 3; LR-*Krause*, § 78 Rn. 4; *Dippel*, S. 110 ff.; *Eb. Schmidt*, Nachtrag I, § 78 Rn. 8.

1514 SK-*Rogall*, Vor § 72 Rn. 32.

1515 Kumulation und Sukzession von Verfahrensrollen sind durchaus möglich, dazu schon *Alsberg*, JW 1928, 2721; *Fezer*, Rn. 12 /16; s. auch 3. Kapitel, D. II. 9. g).

1516 Diese Problematik beruht insbesondere auf dem Urteil des BGH GA 1976, 78 ff., s. dazu auch 3. Kapitel, D. II. 9. g) aa).

1517 Vgl. *Hegler*, AcP 104 (1909), 151, 246 ff.; 260; *Mezger*, AcP 117 (1918), Beilageheft, 1, 4 f.; *Mayer*, FS-Mezger, S. 455, 464 f.

Zeugen.[1518] Da aber die subjektive Motivation des Gerichts nicht eindeutig bestimmbar ist, ist objektiv auf die Art der Befragung, wie sie nach außen in Erscheinung tritt, abzustellen.[1519]

Wie auch bei der Inkulpation kann die Handlung in der Art der Befragung liegen.[1520] Deswegen ist im Zweifel von einem Sachverständigenauftrag auszugehen,[1521] wenn das Gericht die Beweisperson zu Erfahrungssätzen und Schlussfolgerungen, also den ersten beiden Aussagekategorien, befragt.[1522] Dasselbe gilt, wenn das Gericht von der Beweisperson die Wahrnehmung von Befundtatsachen sowie eine Aussage darüber verlangt und die Wahrnehmung somit erst aufgrund des gerichtlichen Begehrens erfolgt. Entsprechend der h. M. zur Begründung des Beschuldigtenstatus manifestiert sich also in der Befragung, die auf eine oder mehrere der drei Aussagekategorien des Sachverständigenbeweises gerichtet ist, ein äußerlich erkennbarer Akt des Strafverfolgungsorgans.[1523] Auf dessen subjektiven Willen – also die Motivation der Befragung – kommt es dann nicht an.

Wie bei der Maßnahme des Strafverfolgungsorgans als Handlung zur Begründung des Beschuldigtenstatus handelt es sich bei der Art der Befragung um ein objektives Element.[1524] Gegenüber einer objektiven Einordnung nach rein rechtlichen Kriterien besteht auch hier der Vorteil, dass sich die Erkennbarkeit weder auf den Inhalt der Aussage noch auf die Motivation des Strafverfolgungsorgans bezieht, sondern darauf, ob es eine konkrete Befragung zu den Aussagekategorien des Sachverständigenbeweises gab, was deutlich leichter festzustellen ist.[1525]

Eines solchen objektiv bestimmbaren Regulativs bedarf es auch deshalb, weil der Sachverständige durch sein überlegenes Wissen großen Einfluss auf das Verfahren hat[1526] und die Rechte der Verfahrensbeteiligten gewahrt bleiben müssen.

1518 S. 3. Kapitel, Kap. A. II., B. II.

1519 Vgl. OVG Lüneburg NJW 2012, 1307, das zwar auf den Inhalt der Vernehmung abstellt, aber *„insbesondere die gerichtliche Nachfrage"* betont; SK-*Rogall*, Vor § 72 Rn. 32.

1520 S. 3. Kapitel, A. I. 1. c) bb).

1521 Schon *Mezger*, AcP 117 (1918), Beilageheft, 1, 6, der vom *„sachlichen Inhalt des Auftrags"* spricht.

1522 Vgl. auch SK-*Rogall*, Vor § 72 Rn. 32; OVG Lüneburg NJW 2012, 1307.

1523 Vgl. für die Begründung des Beschuldigtenstatus BGH NJW 2007, 2706, 2707; SK-*Rogall*, Vor § 133 ff. Rn. 32; *ders.*, FS-Frisch, 1199, 1219; *ders.*, NStZ 1997, 399; *Moos*, FS-Jescheck I, S. 725, 753 f.; 3. Kapitel, A. I. 1.

1524 S. 3. Kapitel, A. I. 1. c) bb).

1525 Vgl. für die Beschuldigteneigenschaft *Rogall*, S. 28 f.

1526 S. 3. Kapitel, B. III. 3.

Durch die objektive Erkennbarkeit werden die Verfahrensbeteiligten in die Lage versetzt, diese Rechte wahrzunehmen, z.B. durch einen Ablehnungsantrag. Damit ist auch der Kritik entsprochen, dass die Verfahrensposition einer Beweisperson nicht von der „*Willkür*" oder dem „*Wohlwollen*" des Richters abhängen darf.

bb) Kein Auftrag bei fehlender Erkennbarkeit

Ist der Auftrag nicht erkennbar, muss seine Existenz abgelehnt werden.[1527] Das führt dazu, dass die Beweisperson „*nur*" als Zeuge gehört wird. Entsprechend darf das Gericht aus der Aussage keine Sachkunde schöpfen und weder Erfahrungssätze noch Schlussfolgerungen aus der Aussage verwerten. Auch kann ein Beweisantrag auf Vernehmung eines Sachverständigen nicht mit der Begründung abgelehnt werden, das Gericht habe selbst hinreichend Sachkunde, wenn es diese nicht auf eine eigene, bereits bestehende zurückführen kann. Auch kann ein Beweisantrag nicht mit der Begründung abgelehnt werden, das Gegenteil der behaupteten Tatsache sei bereits durch ein früheres Gutachten bewiesen (vgl. § 244 IV 1 2 StPO).

f) Überprüfbarkeit der Prozesshandlung anhand objektiver Merkmale

Ist ein Auftrag erteilt worden, kann und muss die Richtigkeit der Beauftragung bzw. ihrer Unterlassung überprüft werden. Dafür entscheidend kann im Zweifel der Zweck sein, zu dem der Richter oder Staatsanwalt die Beweisperson vernimmt, also die Motivation der Willenshandlung,[1528] wie sie sich in der Art der Befragung äußerlich manifestiert. Ein Sachverständiger ist, wie bereits ausgeführt, allein dann materiell richtig in diese Position gebracht worden, wenn er seine – vermutete – besondere Sachkunde zu Zwecken des Prozesses in Form der beschriebenen drei Beweisaufgaben[1529] verwerten soll.[1530] Ein Zeuge hingegen kann nur über Wahrnehmungen von Tatsachen vor Auftragserteilung aussagen.

Auch andere Merkmale, die beim Versuch der Abgrenzung der Beweispersonen voneinander herangezogen wurden, können bei der Überprüfung der

1527 Vgl. auch *Peters*, S. 262; *Rogall*, FS-Frisch, S. 1199, 1121 ff.; a. A. BGH GA 1976, 78 f.

1528 Vgl. *Mezger*, AcP 117 (1918), Beilageheft, 1, 4 f.; *Hegler*, AcP 104 (1909), 151, 246 ff., 260, der allerdings den Zweck der Vernehmung als Abgrenzungskriterium neben der besonderen Sachkunde angenommen hat.

1529 S. 3. Kapitel, B. II. 1., 2., 3.

1530 Vgl. *Mezger*, AcP 117 (1918), Beilageheft, 1, 4 f.

Verortung der Beweisperson helfen, wie z.B. die Austauschbarkeit[1531] oder die Natur des Beweismittels.[1532]

Stellt sich nach Beauftragung des Sachverständigen heraus, dass ihm die Sachkunde fehlt, ist der Auftrag zu Unrecht ergangen. In einem solchen Fall sind verschiedene Handlungen der Prozessbeteiligten möglich. Das Gericht kann und sollte den Sachverständigen entpflichten (vgl. § 76 I 2 StPO),[1533] einem Beweisantrag auf Vernehmung eines weiteren Sachverständigen ist stattzugeben und die fehlenden Sachkunde – sollte das Gericht den Sachverständigen nicht entpflichten – ist im Rahmen des § 261 StPO zu berücksichtigen.[1534] In der fehlenden Sachkunde kann ferner ein Revisionsgrund liegen, sollte das Urteil darauf beruhen.[1535]

g) *Exkurs: Die Kumulation und Sukzession von Verfahrensrollen*

Gegen die Erkennbarkeit des Auftrags als dessen Voraussetzungen spricht ein Urteil des Bundesgerichtshofs aus dem Jahr 1975, das dem Gericht in Zusammenhang mit der Kumulation und Sukzession von Verfahrensrollen die Freiheit zuspricht, die Prozessparteien nicht darüber aufklären zu müssen, wie es die aussagende Beweisperson einzuordnen gedenkt.[1536]

Eine Kumulation von Verfahrensrollen liegt vor, wenn eine Beweisperson während eines Prozesses sowohl als (sachverständiger) Zeuge als auch als Sachverständiger vernommen wird.[1537] Das Bedürfnis für eine Kumulation ergibt sich z.B. daraus, dass der Sachverständige in einigen Fällen auch über Zusatztatsachen berichten soll, welche er im Zuge seiner Gutachtenerstellung wahrgenommen hat.[1538] Wie schon dargelegt, können diese allein durch Zeugenbeweis in das Verfahren eingeführt werden.

1531 S. 3. Kapitel, D. II. 3.

1532 S. 3. Kapitel, D. II. 6.

1533 S. 3. Kapitel, B. III. 5.

1534 *Toepel*, S. 275; vgl. auch BVerwG NJW 2011, 1983.

1535 S. 3. Kapitel, B. III. 3. a) bb).

1536 BGH GA 1976, 78 ff.

1537 Vgl. Alsberg/Nüse/Meyer-*Dallmeyer*, Rn. 330; SK-*Rogall*, § 85 Rn. 17; *Müller*, Rn. 513.

1538 Schon im Jahr 1880 führte *Obermeyer* aus, dass die Verbindung von Zeugnis und Gutachten in der Praxis ungemein häufig sei im Gegensatz zum rein sachverständigen Zeugnis. In einem solchen Fall der Verbindung müsse die Auskunftsperson sowohl den Zeugen- als auch den Sachverständigeneid leisten, S. 62; *Fezer*, Rn. 12/16.

Eine Sukzession von Verfahrensrollen besteht beispielsweise dann, wenn sich in der Hauptverhandlung das Bedürfnis einer Begutachtung eines Sachverhalts durch eine als (sachverständigen) Zeugen vernommene Person ergibt.

Kumulation und Sukzession von Verfahrensrollen sind gesetzlich nicht verboten (vgl. § 74 I 2 StPO).[1539] Sie werfen aber rechtliche Probleme auf, beispielsweise hinsichtlich der Vereidigung,[1540] der Entschädigung[1541] und insbesondere der Wahrung der Rechte der Prozessbeteiligten, wie des Ablehnungsrechts, des Fragerechts und des Beweisantragsrechts.[1542] Es bedarf einer genauen Abgrenzung der Beweispersonen bei einer möglichen Kumulation bzw. Sukzession von Verfahrensrollen auch deshalb, weil ein Verfahrensfehler und somit ein Revisionsgrund im Sinne des § 337 StPO vorliegen kann, wenn eine Auskunftsperson, die als Zeuge hätte vernommen werden müssen, als Sachverständiger behandelt wurde bzw. umgekehrt.[1543]

aa) Die Urteile des Bundesgerichtshofs vom 24.9.1975 – Az. 3 StR 267/75 – sowie vom 11.2.1954 – Az. 4 StR 677/53

Im Jahr 1975 entschied der 3. Strafsenat des Bundesgerichtshofs,[1544] dass Sachverständigenäußerungen, die im Rahmen einer Zeugenaussage gemacht werden, vom Gericht als solche verwertet werden dürfen, ohne dass die Beweisperson insoweit als Sachverständiger behandelt wird. Ferner bestehe keine Aufklärungspflicht von Seiten des Gerichts darüber, dass es die gutachtlichen Äußerungen eines sachverständigen Zeugen mitzuverwerten beabsichtige. Auch sei dies in Bezug auf die Vereidigung nicht problematisch, weil ein von einer als Zeuge vernommenen Person bei Gelegenheit ihrer Aussage abgegebenes Gutachten vom Zeugeneid miterfasst werde.[1545]

Die betroffene Beweisperson hatte im Auftrag der Polizei im Rahmen der Ermittlungen ein fachgynäkologisches Gutachten erstattet. Sie wurde als Sachverständige

---

1539 Alsberg/Nüse/Meyer-*Dallmeyer*, Rn. 330; SK-*Rogall*, § 85 Rn. 17.

1540 Die viel diskutierte Problematik der Vereidigung in Zusammenhang mit der Kumulation und Sukzession von Verfahrensrollen (s. dazu vertiefend SK-*Rogall*, § 85 Rn. 19 ff. m. w. N.) hat mit dem 1. JuMoG im Jahr 2004 ihre Bedeutung weitestgehend verloren, s. 3. Kapitel, B. VIII.

1541 SK-*Rogall*, § 85 Rn. 17, 18 ff.

1542 SK-*Rogall*, § 85 Rn. 23.

1543 Vgl. BGH NStZ 1984, 465; BGH DAR 1997, 181; *Wellmann*, S. 93; SK-*Rogall*, § 85 Rn. 12; LR-*Dahs*, 22. A., Vor § 72 Rn. 3.

1544 BGH GA 1976, 78, 79.

1545 So auch schon RGSt 55, 183 f.; h. M., vgl. 3. Kapitel, B. VIII.

zur Hauptverhandlung geladen. Die Beweisperson wurde in der Hauptverhandlung jedoch ausdrücklich als sachverständiger Zeuge vernommen. Als sie sich gegen die zu geringe Entschädigung wehrte, wurde ihr im Hinblick auf das in die Hauptverhandlung eingeführte Gutachten eine Sachverständigenentschädigung gewährt. Der Beweisperson sei im Ermittlungsverfahren ein behördlicher Auftrag erteilt worden, welcher als Abgrenzungskriterium zu einer Stellung als Sachverständiger geführt habe. Die sachverständigen Bekundungen wurden im Urteil auch zum Nachteil des Angeklagten verwertet. Die Revision wendete sich gegen die Verwertung der Sachverständigenäußerung. Diese seien im Rahmen der Zeugenaussage getätigt worden, ohne dass die Beweisperson als Sachverständiger behandelt wurde.

Nach Ansicht des Bundesgerichtshofs greife diese Rüge aber nicht durch. Eine Beschränkung der Verteidigung habe nicht vorgelegen, weil sie die Erstattung eines anderen Sachverständigengutachtens hätte beantragen können. Darauf, dass die gutachtlichen Äußerungen eines Zeugen als solche nicht in das Urteil einfließen, dürfe sie sich nicht verlassen. Die Aussagen gehörten, ebenso wie die Zeugenaussagen, zur Beweisaufnahme. Diese habe das Gericht ohne vorherige Ankündigung in ihrer Gesamtheit zu würdigen. Daher sei das Gericht auch nicht aufklärungspflichtig darüber, dass es die Aussagen als solche zu verwerten gedenke.[1546]

Das Urteil, dem sich ein Teil der Literatur ohne weitere Kritik angeschlossen hat,[1547] ist rechtlich höchst problematisch.[1548] Neben der vom Bundesgerichtshof angesprochenen Frage der Vereidigung, die nach der h. M. tatsächlich unproblematisch zu beantworten ist,[1549] ignoriert der Senat das Recht, einen Sachverständigen abzulehnen.[1550] Das Urteil ermöglicht es dem Gericht, sich gutachtliche Aussagen der als sachverständigen Zeugen gehörten Person zu eigen zu machen, ohne den übrigen Prozessbeteiligten die Möglichkeit der Wahrnehmung der ihnen zustehenden Rechte, wie des Ablehnungs- oder Fragerechts, zu geben.

Weiß z. B. die Verteidigung nicht, ob die Aussage des sachverständigen Zeugen auch als Sachverständigenaussage gewertet wird, könnte sie bei Vorliegen der Voraussetzungen für die Ablehnung des Sachverständigen lediglich einen *„vorbeugenden"* Ablehnungsantrag stellen, um die Rechte des Angeklagten zu wahren.[1551]

1546 BGH GA 1976, 78, 79.

1547 *Meyer-Goßner/Schmitt*, § 85 Rn. 4; AK-*Lemke*, § 85 Rn. 2; *Eisenberg*, Rn. 1515; vgl. dazu auch SK-*Rogall*, § 85 Rn. 21.

1548 So auch schon SK-*Rogall*, § 85 Rn. 21.

1549 S. 3. Kapitel, B. VIII.

1550 Vgl. dazu auch BGH JR 1954, 271, 272.

1551 Zur Zulässigkeit bedingter Beweisanträge, z. B. SK-*Frister*, § 244 Rn. 83 ff.

Denn ein Ablehnungsantrag kann nur bis zum Schluss der Beweisaufnahme gestellt werden. Nach Beginn der Urteilsverkündung braucht das Gericht die Anträge nicht mehr entgegenzunehmen.[1552] Das bedeutet, dass die Verteidigung nicht die Urteilsgründe abwarten kann, um zu erfahren, ob die Beweisperson als Sachverständiger gehört wurde. Auch ist ein Ablehnungsantrag erst nach Ernennung des Sachverständigen zulässig.[1553] Entscheidet das Gericht erst nach der Beweisaufnahme, dass es die Aussage als Sachverständigenaussage zu verwerten beabsichtigt, was nach dem Urteil des Bundesgerichtshofs praktisch durchaus möglich ist, kann ein zulässiger Ablehnungsantrag nicht gestellt werden.

Diese Umgehung der rechtlichen Unterschiede der Beweispersonen widerspricht dem Grundsatz des fairen Verfahrens[1554] und der Notwendigkeit der eindeutigen Abgrenzung der Beweispersonen.[1555]

Auch muss sich das Gericht spätestens im Moment eines *„vorbeugenden"* Antrags auf Ablehnung oder Vernehmung eines weiteren Sachverständigen mit der Verfahrensstellung der Beweisperson auseinandersetzen. Es kann nicht erst im Urteil darüber befinden, da gegebenenfalls tatsächlich ein weiterer Sachverständiger gehört werden muss (§ 244 II StPO). Wird die sachleitende Verfahrenshandlung gemäß § 238 StPO gerügt, muss das Gericht durch Beschluss entscheiden. Gründe, warum das Gericht nicht spätestens vor Ende der Vernehmung die Einordnung der Aussage mit den Verfahrensbeteiligten erörtern muss, sind nicht ersichtlich.

Das Urteil steht darüber hinaus im Widerspruch zu einer vorangegangenen Entscheidung des 4. Strafsenats aus dem Jahr 1954.[1556] Darin hat der Senat ausgeführt:

> *„(…) Die Prozessbeteiligten dürfen nicht dadurch benachteiligt werden, dass das Gericht den Angaben eines vernommenen Zeugen den Wert eines Sachverständigengutachtens in überraschender Weise beilegt. Sie müssen darauf vertrauen können, dass das Gericht, will es einen sachverständigen Zeugen auch als Sachverständigen hören, allen Beteiligten*

1552 KK-*Senge*, § 74 Rn. 7; SK-*Rogall*, § 74 Rn. 55; *Meyer-Goßner/Schmitt*, § 74 Rn. 12.

1553 BGH VRS 29, 26; KK-*Senge*, § 74 Rn. 7; *Meyer-Goßner/Schmitt*, § 74 Rn. 12.

1554 S. auch SK-*Rogall*, § 85 Rn. 22.

1555 Vgl. *Ulrich*, Rn. 19; *Eb. Schmidt*, Nachtragsband I, Vor § 72 Rn. 4 ff. Nach *Alsberg/Nüse/Meyer* darf niemals dahingestellt bleiben, ob eine Person Zeuge oder Sachverständiger ist, 5. A., S. 213. Dieser Grundsatz muss für alle Verfahrensbeteiligten gelten.

1556 BGH JR 1954, 271, 272.

Klarheit darüber gibt, so dass ihnen auch das Recht der Ablehnung (§ 74 StPO) nicht genommen wird (...)"[1557]

Im Rahmen einer Zeugenvernehmung gemachte wertende, also gutachtliche, Aussagen eines sachverständigen Zeugen stellten somit kein Gutachten im Sinne des § 244 IV StPO dar.[1558] Hier werde vielmehr vorausgesetzt, dass der begutachtende Sachverständige nach Maßgabe der Prozessordnung in das laufende Verfahren eingeführt und als Sachverständiger vom Gericht für alle Beteiligten erkennbar in der Hauptverhandlung behandelt worden ist. Auf der Verletzung des § 244 IV StPO könne das Urteil auch beruhen. Dem ist zuzustimmen.

bb) Die Abgrenzung bei der Kumulation und Sukzession von Verfahrensrollen

Verstärkt wird das Problem der Erkennbarkeit der Prozesshandlung ohne Aufklärungspflicht des Gerichts durch die von der h. M. vorgenommene Abgrenzung der Beweispersonen im Fall der Kumulation oder Sukzession von Verfahrensrollen, welche nach dem Schwerpunkt des Inhalts der Aussage erfolgen soll.[1559] Nach der Rechtsprechung des Bundesgerichtshofs und einem Großteil der Literatur soll in diesen Fällen ein Zeuge nicht deshalb automatisch zum Sachverständigen werden, weil er sich im Rahmen seiner Zeugenaussage auch gutachtlich äußert. Der sachverständige Zeuge werde erst dann zum Sachverständigen, wenn die sachverständige Beurteilung gegenüber der unmittelbaren Wahrnehmung überwiege.[1560]

cc) Stellungnahme

Zwar sind die Bedenken der h. M. richtig, dass ein Zeuge nicht deshalb sofort zum Sachverständigen gemacht werden muss, weil er im Rahmen seiner Aussage auch schlussfolgert.[1561] Die Einordnung nach dem Schwerpunkt des Inhalts der

---

1557 BGH JR 1954, 271, 272.

1558 Dies gelte nach Ansicht des Senats, obwohl der Sachverständigeneid vom Zeugeneid gedeckt sei, BGH JR 1954, 271, 272.

1559 S. nur RGSt 61, 114 f.; BGH NStZ 1984, 465; BayObLGSt 1951, 304, 305; OLG Frankfurt NJW 1952, 717; LR-*Krause*, § 85 Rn. 13; KK-*Senge*, § 85 Rn. 3; *Meyer-Goßner/Schmitt*, § 85 Rn. 4; KMR-*Neubeck*, § 85 Rn. 3; *Eisenberg*, Rn. 1515; a. A. BGH NStZ 1985, 182 m. w. N.; SK-*Rogall*, § 85 Rn. 12, 23, die auf den (objektiven) sachlichen Inhalt der Aussage abstellen.

1560 RGSt 61, 114 f.; BGH NStZ 1984, 465; BayObLGSt 1951, 304, 305; OLG Frankfurt NJW 1952, 717; LR-*Krause*, § 85 Rn. 13; KK-*Senge*, § 85 Rn. 3.

1561 So schon *Glaser*, S. 706; s. auch SK-*Rogall*, § 85 Rn. 23.

Aussage ist aber vor allem deshalb problematisch, weil der Schwerpunkt praktisch kaum zu definieren ist[1562] und somit tatsächlich eine gewisse „*Willkür*" des Gerichts zulässt, das die Einordnung letztlich vornimmt. Nach der Rechtsprechung des Bundesgerichtshofs muss das Gericht dies aber nicht erkennbar machen.[1563] Dies führt zu einer nicht hinnehmbaren Rechtsunsicherheit.

Es ist nicht ersichtlich, warum die Abgrenzung der Beweispersonen im Rahmen der Kumulation von Verfahrensrollen nicht nach den oben angeführten Abgrenzungskriterien erfolgen soll.[1564] Die Abgrenzung nach dem Schwerpunkt des Inhalts der Aussage steht der dargelegten h. M. zur Abgrenzung von Zeugen und Sachverständigen entgegen, wonach diese anhand der Kriterien der Prozesshandlung des Gerichts in Kombination mit dem Merkmal der besonderen Sachkunde vorgenommen wird.

Wie die unterschiedlichen Abgrenzungsversuche gezeigt haben, ist eine Abgrenzung nach rein inhaltlichen Kriterien zwischen Zeugen und Sachverständigen gerade nicht möglich, da sich die Beweisaufgabe im Rahmen der dritten Aussagekategorie überschneidet. Inhaltlich kann die Aussage bzw. die Verwertungsabsicht des Gerichts lediglich darüber entscheiden, ob eine Auftragserteilung notwendig ist und somit die Entscheidung rechtlich überprüfbar machen.

Wendet man die hier vertretene Auffassung zur Abgrenzung an, stellt sich das Problem nicht. Eine Sachverständigenbeauftragung liegt danach auch bei der Kumulation von Verfahrensrollen vor, wenn das Gericht einen Gutachtenauftrag erteilt. Dieser muss nach zutreffender Darlegung des 4. Strafsenats den Verfahrensbeteiligten erkennbar sein.[1565] Er ergeht im Zweifel konkludent in dem Moment, in dem das Gericht die Aussageperson zu den ersten beiden Aussagekategorien befragt.[1566] Soll die Beweisperson im Auftrag des Gerichts Befundtatsachen wahrnehmen, ist sie ebenfalls Sachverständiger. Hat die zuvor als Zeuge vernommene Aussageperson schon vor Erteilung des Auftrags über sachkundig wahrgenommene Tatsachen berichtet, kann sie diese ihrem Gutachten zugrunde legen. Denn sie sind durch die Zeugenvernehmung ordnungsgemäß in das Verfahren eingeführt worden.[1567]

1562 Vgl. SK-*Rogall*, § 85 Rn. 19.

1563 BGH GA 1976, 78, 79.

1564 Die folgenden Ausführungen gelten sowohl für die Kriterienkombination als auch den in dieser Arbeit vorgenommenen Abgrenzungsversuch.

1565 BGH JR 1954, 271, 272; s. auch 3. Kapitel, D. 9. g) aa).

1566 S. 3. Kapitel, B. II. 1., 2.

1567 SK-*Rogall*, § 85 Rn. 18.

Wird der Auskunftsgebende als (sachverständiger) Zeuge gehört, weil eine Bestellung zum Sachverständigen nicht stattgefunden hat, kann dagegen eine vom Aussagenden auf eigene Initiative vorgenommene gutachtliche Stellungnahme nicht zur Prozessstellung als Sachverständiger führen.[1568] Will das Gericht die gutachtliche Äußerung verwerten, muss es einen erkennbaren Sachverständigenauftrag erteilen. Denn auch hier muss gelten, dass das Gericht den Zeugen durch Bestellung zum Sachverständigen machen muss, will es die sachverständige Schlussfolgerung oder Bewertung in seinem Urteil verwerten oder sich die Sachkunde zu eigen machen mit der Konsequenz, dass Befragungen durch die übrigen Prozessbeteiligten sowohl zur Tatsachenwahrnehmung als auch zu Schlussfolgerungen möglich sind und das Ablehnungsrecht besteht.

Kommt es dem Gericht hingegen auf die gutachtlichen Äußerungen, welche die Beweisperson im Rahmen ihrer Zeugenvernehmung von sich aus macht, gerade nicht an, bedarf es keines Auftrags. Dann darf aber auch das im Rahmen der Zeugenaussage gegebenenfalls erstattete Gutachten nicht verwertet werden.[1569]

E. Zusammenfassung des zweiten Teils

Zum Ende des zweiten Teils ist festzuhalten, dass die Verfahrensposition einer Beweisperson ausschließlich von der Prozesshandlung des jeweils zuständigen Strafverfolgungsorgans abhängig ist.[1570] Für die Bestellung einer Beweisperson zum Sachverständigen oder Augenscheinsgehilfen bedarf es eines objektiv erkennbaren Auftrags. Liegt ein Auftrag vor, entscheidet dessen Inhalt darüber, ob die Aussageperson Sachverständiger oder Augenscheinsgehilfe ist. Für den Sachverständigenauftrag ist entscheidend, ob das zuständige Strafverfolgungsorgan an eine bestimmte Person einen Auftrag, sachkundig tätig zu werden, in der Annahme richtet, sie habe besondere Sachkunde. Wird kein ausdrücklicher Auftrag erteilt, ist in Zweifelsfällen von einem konkludenten Sachverständigenauftrag dann auszugehen, wenn eine Befragung durch das zuständige Strafverfolgungsorgan zu einer der drei Aussagekategorien des Sachverständigenbeweises erfolgt.

1568 Den schon von *Glaser* vorgebrachten Bedenken, ein Zeuge könne nicht immer schon dann Sachverständiger sein, wenn seine Äußerungen die Beweisaufgaben des Sachverständigen streiften, ist damit Rechnung getragen, S. 706. Denn der Zeuge wird nur dann Sachverständiger, wenn er vom Gericht einen entsprechenden, erkennbaren Auftrag erhält, den es erteilen muss, wenn es ihm auf die Sachverständigenleistung ankommt.

1569 Vgl. RGSt 61, 114 f.; SK-*Rogall*, § 85 Rn. 12.

1570 Vgl. *Toepel*, S. 275; SK-*Rogall*, Vor § 72 Rn. 7, § 85 Rn. 15.

Ein Auftrag, als Augenscheinsgehilfe tätig zu werden, liegt hingegen vor, wenn er keine Sachkunde der Beweisperson voraussetzt.

Liegt weder ein ausdrücklicher noch ein konkludenter Auftrag vor, ist die Beweisperson Zeuge. Die Prozesshandlung mag inhaltlich fehlerhaft sein. Sie ist aber wirksam, bis sie durch eine weitere Prozesshandlung als *actus contrarius* wieder aufgehoben wird.

Einer gesonderten Abgrenzung zwischen *„sachverständigem"* Zeugen und Sachverständigem bedarf es ferner nicht, da der sachverständige Zeuge Zeuge und der Begriff nicht weiterführend ist. Auf seine Verwendung sollte verzichtet werden.

Diese Abgrenzung entspricht sowohl dem Wortlaut des § 85 StPO als auch dem Gesetzeszweck. Das gilt insbesondere hinsichtlich des Ablehnungsrechts, der Unterschiede der Eidesformeln, der unterschiedlichen Vergütung und des speziellen Ablehnungsgrunds im Beweisantragsrecht (§ 244 IV StPO).[1571]

Die Kritik an dem Auftrag als Abgrenzungskriterium wegen der ihm vermeintlich zugrunde liegenden Gefahr der *„Willkür"* geht fehl. Auch wenn der Auftrag als subjektiver Akt der zuständigen Strafverfolgungsbehörde und nicht der Zweck der Vernehmung oder Inhalt des Auftrags für dessen Vorliegen entscheidend ist, kann unter Betrachtung des Vernehmungszwecks die Richtigkeit der (Nicht-)Vornahme des Auftrags objektiv überprüft werden. Probleme entstehen nicht wegen der Untauglichkeit des Abgrenzungskriteriums, sondern wegen einer intransparenten Handhabung in der Praxis,[1572] insbesondere im Bereich der Kumulation und Sukzession von Verfahrensrollen.

Soweit Behörden mit einer Gutachtenerstattung beauftragt werden, ist festzustellen, dass sie keine Sachverständigen sind, da der Sachverständigenbeweis nach der Konzeption des Gesetzes ein reiner Personalbeweis ist, der eine natürliche Person als Sachverständigen voraussetzt. Behördengutachten werden im Wege des Urkundsbeweises in das Verfahren eingeführt. Die Urkunde ist das Beweismittel. Das Gutachten erläuternde Ausführungen des Vertreters können dagegen ausschließlich im Wege des Freibeweises zum Verständnis des Gutachtens verwertet werden. Eine Sachverständigenposition kommt dem Vertreter nicht zu. Benötigt das Gericht über die dem Verständnis des Gutachtens dienenden Erläuterungen hinaus Sachverstand, muss es einen weiteren Gutachter benennen oder das Gutachten von der Behörde ergänzen oder korrigieren lassen. Eine Ablehnung der Behörde oder ihres Vertreters kommt nicht in Betracht.

1571 Zur Vertiefung s. *Vyhnálek*, S. 74 ff.

1572 Vgl. BGH GA 1976, 78 ff.

4. Kapitel: Die Einführung der Ergebnisse der operativen Fallanalyse als Beweismittel in den Strafprozess

Die theoretischen Ausführungen des zweiten Teils werden im Folgenden auf die operative Fallanalyse angewendet, und es erfolgt eine Untersuchung, auf welche Weise die Ergebnisse der Fallanalyse in den Strafprozess eingeführt werden können. Wie bereits einleitend festgestellt, zeigen Urteile der Instanz- und Revisionsgerichte der letzten Jahre, dass ein wachsendes Bedürfnis für die Verwertung der Fallanalyseergebnisse vor den Gerichten zu bestehen scheint. Die rechtlich zutreffende Einordnung bereitet jedoch Schwierigkeiten und es stellen sich strafprozessuale Fragen, die der Klärung bedürfen.[1573] So hat sich auch die Literatur in den letzten Jahren vermehrt mit der OFA und der forensischen Verwertung ihrer Ergebnisse auseinandergesetzt.[1574]

Zur Verdeutlichung der Notwendigkeit einer solchen Einordnung sowie der Probleme dabei werden im Folgenden zunächst die wesentlichen Urteile, die in den letzten Jahren zu diesem Problemfeld ergangen sind, dargestellt. Nachfolgend wird anhand der zuvor dargestellten Betrachtung der Arbeitsweise und Methodik der operativen Fallanalyse und den dogmatischen Kriterien versucht, die Ergebnisse der OFA im Strafprozess zu verorten und dabei die bisherige Rechtsprechung und Ansichten in der Literatur zu überprüfen

A. Darstellung der Rechtsprechung

Mit der operativen Fallanalyse musste sich die höchstrichterliche Rechtsprechung bislang kaum befassen. In wenigen Urteilen wird die Fallanalyse erwähnt. Die Entscheidungen haben sich jedoch größtenteils weder mit der Verwertbarkeit der Fallanalyseergebnisse auseinandergesetzt noch die Frage der rechtlichen Einordnung in den Strafprozess problematisiert. Nach den hier vorliegenden Erkenntnissen hat der Bundesgerichtshof lediglich in einem Fall explizit über die

1573 SK-*Rogall*, Vor § 72 Rn. 186.

1574 Z. B. *Becker*, 1 ff.; *Wippler*, S. 1 ff.; *Boetticher*, FPPK 2010, 117 ff.; Musolff/Hoffmann-*Bruns*, S. 257 ff.; BKA-Kolloquium im Dezember 2006, Beiträge veröffentlicht in „*Die Operative Fallanalyse in der Hauptverhandlung – Ergebnisse eines BKA-Kolloquiums*", BKA-Polizei+Forschung, Bd. 38; MAH-*Dern*, § 84 Rn. 1 ff.; *Schiemann*, NStZ 2007, 684; *Wegener*, Rechtsmedizin 2003, 315, 325 ff.; SK-*Rogall*, Vor § 72 Rn. 186 ff.

Einführung der Ergebnisse der operativen Fallanalyse in die Hauptverhandlung entschieden.[1575] Ferner hat er in einem weiteren Fall in einem *obiter dictum* zu dieser Frage Stellung genommen.[1576] Es scheint aber das vermehrte Bedürfnis der Verwertung der Ergebnisse der OFA als relativ neues kriminalistisches Mittel zu bestehen.

Im Folgenden werden die Entscheidungen, in denen die Ergebnisse der Fallanalyse als Beweismittel herangezogen wurden bzw. werden sollten, zusammengefasst dargestellt.

I. BGH, Urteil vom 1.6.2006 – Az. 3 StR 77/06[1577] – Tathergangsanalyse

Der 3. Strafsenat des Bundesgerichtshofs hat sich nach den hier vorliegenden Erkenntnissen bis heute als einziger Senat mit der Problematik der Einordnung der Ergebnisse der operativen Fallanalyse in die Hauptverhandlung befasst.

Die Revisionen der Staatsanwaltschaft und der Nebenkläger hatten sich gegen ein Urteil des LG Lübeck gerichtet. Das LG Lübeck hatte den Angeklagten Vitali O. wegen Mordes, den Angeklagten Alex O. wegen gefährlicher Körperverletzung verurteilt. Dem lag folgender Sachverhalt zugrunde:

> „*Der Angekl.* Alex O *besuchte die Realschule. Dort kam es auf Grund verschiedener Verstöße zu disziplinarischen Beanstandungen durch die als gerecht, aber streng geltende Klassenlehrerin* Isolde F, *das spätere Tatopfer. Der Angekl.* Alex O *fühlte sich (…) ungerecht behandelt (…). Er besprach die aus seiner Sicht ‚schikanöse' Behandlung mit seinem älteren Bruder, dem Angekl.* Vitali O. *Beide entschlossen sich, die Klassenlehrerin zu Hause aufzusuchen und durch ‚Bedrohung mit Gewaltanwendung' dazu zu bewegen,* Alex O *besser zu behandeln und zu bewerten.* Vitali O *hatte sich mit einem Messer mit 20 cm Klingenlänge bewaffnet und sich vorgenommen, ihr ein paar Schläge zu versetzen und sie mit dem Messer zu bedrohen; er hatte jedoch seinen jüngeren Bruder von dem Messer nichts berichtet. Dieser hatte lediglich Kenntnis davon, dass* Vitali O *stets einen Schlagring mit sich führte. Als* Alex O *die Klassenlehrerin durch die Bitte, er benötige ihre Hilfe, zum Öffnen der Türe veranlasst hatte, stürzte sich* Vitali O *auf sie und versetzte ihr mehrere heftige Faustschläge mit aufgezogenem Schlagring ins Gesicht.* Alex O *hatte dieses Geschehen mitverfolgt, die Korridortüre verschlossen, damit andere Mitbewohner des Hauses nichts sehen und hören konnten, und die Schläge gebilligt. Nachdem* Isolde F *zu Boden gegangen war, entschloss sich* Vitali O, *sie aus Rache für die schlechte Behandlung seines jüngeren Bruders zu töten. Er zog sein Messer und setzte insgesamt zehn Stiche und Schnitte gegen ihren Oberkörper und Hals, wobei einer der Schnitte in den Hals zu einer Durchtrennung*

1575 BGH NStZ 2006, 712 f.
1576 BGH NStZ 2009, 284 f.
1577 BGH NStZ 2006, 712 f.

der großen Halsgefäße mit schwallartiger Blutung führte. Diese Stiche und Schnitte hatten den Tod durch Verbluten zur Folge."[1578]

Die Jugendkammer kam nicht zu der notwendigen Überzeugung, dass die Tötung auf einem zuvor gefassten gemeinsamen Tatplan beruhte und dass der Angeklagte Alex O. sich aktiv am Tötungsgeschehen beteiligt hatte.[1579]

Mit der Revision beanstandeten Staatsanwaltschaft und die Nebenkläger diese Feststellung der Jugendkammer. Die Staatsanwaltschaft hatte in der Hauptverhandlung vor dem LG Lübeck einen Beweisantrag auf Einführung der Ergebnisse der im Ermittlungsverfahren durch die OFA-Einheit des LKA Schleswig-Holstein durchgeführten Fallanalyse durch Vernehmung der Mitglieder dieser Arbeitsgruppe als sachverständige Zeugen, die Inaugenscheinnahme des Tatorts und die erneute Durchführung einer Rekonstruktion durch diese Zeugen sowie schließlich die Verlesung des Gutachtens vom 12. April 2005 gestellt. Dadurch sollte bewiesen werden, dass zwei Personen am Tatort agiert hatten und dass eine von ihnen die Lehrerin am Boden festgehalten hatte, während die andere ihr Stichverletzungen beibrachte. Das LG Lübeck hatte den Beweisantrag abgelehnt.

Die dagegen gerichtete Revision hatte keinen Erfolg. Der Bundesgerichtshof führte aus:

„Diese Anträge stellen keine Beweisanträge im Sinne des § 244 Abs. 3 StPO dar. Wie ihrer Begründung zu entnehmen ist, haben die Mitglieder der Arbeitsgruppe (…) nicht selbst Wahrnehmungen zum Tatgeschehen getroffen, auch nicht selbst Tatspuren oder sonstige Beweise gesichert, sondern für Zwecke des Ermittlungsverfahrens eine Bewertung der – anderweitig gewonnenen – Beweistatsachen im Zusammenhang mit einer Tatrekonstruktion vorgenommen, um zu einer Hypothese eines möglichen Tathergangs zu gelangen. Dementsprechend wird in der ‚Fallanalyse' (…) das Ergebnis einer Rekonstruktion des Tathergangs in der Weise zusammengefasst, dass – auch sprachlich deutlich – Wahrscheinlichkeitsbetrachtungen angestellt und vermutliche Abläufe geschildert werden (…).

Derartige <u>Bewertungen</u> vorzunehmen, die sich darauf beschränken, aus festgestellten Beweistatsachen Schlüsse auf Tatabläufe zu ziehen, obliegt jedoch im Hauptverfahren dem Tatgericht. Sie können grundsätzlich nicht Gegenstand eines Beweisantrags sein (BGHSt 39, 251, 253). Dem Zeugenbeweis, dessen Erhebung die Staatsanwaltschaft hier unter anderem beantragt hat, sind sie ohnehin nicht zugänglich. Nur zum Zwecke der Feststellung einzelner für die Beweiserhebung erheblicher <u>Tatsachen</u> (…) hätte die Staatsanwaltschaft (…) die Erhebung von Beweisen (…) mit Beweisanträgen im Sinne des § 244 III StPO verlangen können (…)"[1580]

1578 BGH NStZ 2006, 712.
1579 BGH NStZ 2006, 712.
1580 BGH NStZ 2006, 712 f.

Ebenso wenig habe das Gericht seine Aufklärungspflicht aus § 244 II StPO verletzt, denn es habe weder zu Unrecht eigene Sachkunde angenommen noch sich aufdrängende Beweise wie die rechtsmedizinischen Befunde außer Acht gelassen.[1581]

In diesem Fall hat der Bundesgerichtshof also die Verwertung einer im Ermittlungsverfahren erstellten Tathergangsanalyse durch Zeugen-, Sachverständigen- oder Urkundsbeweis abgelehnt.

II. BGH, Beschluss vom 16.12.2008 – Az. 3 StR 453/08[1582] – Täterprofilerstellung

Im Jahr 2008 äußerte sich wiederum der 3. Strafsenat des Bundesgerichtshofs in einem *obiter dictum* zu der Verwertung der Ergebnisse einer Fallanalyse in Form einer *„Täteranalyse"*.[1583] Diese wurde in der Vorinstanz im Wege des Sachverständigenbeweises in die Hauptverhandlung eingeführt. Entsprechend seinem soeben erörterten Urteil vom 1.6.2006 lässt der Strafsenat erkennen, dass die Bewertung, die lediglich das Ergebnis der eingeständigen Beurteilung des Ermittlungsergebnisses durch Mitarbeiter einer Polizeibehörde vermittelt, Aufgabe des Gerichts im Sinne des § 261 StPO sei. Diese Aufgabe dürfe sich das Gericht nicht von einem Sachverständigen abnehmen lassen.[1584] Allerdings könne sich das Gericht sachverständiger Hilfe für die Feststellung von Tatsachen bedienen, wenn ihm die nötige Sachkunde fehlt. Dasselbe gelte hinsichtlich solcher Erfahrungssätze, aufgrund derer die festgestellten Tatsachen zu bewerten sind oder die den Schluss von diesem auf andere Sachverhalte ermöglichen.[1585]

III. BGH, Beschluss vom 9.5.2006 – Az. 1 StR 149/05 – *„Rosenmord"* (nicht veröffentlicht)[1586]

In einem weiteren Verfahren, das in den Medien als der sogenannte *„Rosenmord"*[1587] bezeichnet wurde, hatte das Landgericht Regensburg[1588] ein Fallanalysegutachten in Auftrag gegeben.

1581 BGH NStZ 2006, 712 f.

1582 BGH NStZ 2009, 284 f.

1583 Gemeint ist wohl die Täterprofilerstellung.

1584 BGH NStZ 2009, 284 f.

1585 BGH NStZ 2009, 284.

1586 Dargestellt bei BKA-Forschung+Polizei-*Boetticher*, S. 44 ff. und *Wippler*, S. 126 ff.

1587 S. http://www.mittelbayerische.de/index.cfm?pid=10063&pk=25728; http://www.donaukurier.de/lokales/riedenburg/3ROSENMORD27-Rosenmord-Gericht-sucht-weiter-nach-der-Wahrheit;art602,1230446, zuletzt am 4.6.2015.

1588 LG Regensburg, Urteil v. 30.11.2005 – Az. Ks 102 Js 23370/04, nicht veröffentlicht.

Der Angeklagte war vom Landgericht verurteilt worden, eine befreundete Prostituierte heimtückisch ermordet zu haben. Das Gericht kam zu der Überzeugung, dass der Angeklagte sein schlafendes Opfer von hinten mit einem Antennenkabel erwürgt hatte.

Als Indiz für seine Täterschaft wertete das Landgericht zum einen, dass der Angeklagte sich nach der Tat von seiner Ehefrau sowie seinen Eltern verabschiedet, schwarze Jeans und einen schwarzen Pullover angezogen und in mehreren Apotheken Schlaftabletten gekauft hatte, um dann in die Wohnung des Opfers zurückzukehren. Dort bekleidete er die Leiche mit einem Slip und einem hellblauen Nachthemd mit rosafarbenen Blüten. An ihren Handgelenken fügte er der Leiche oberflächliche Schnittverletzungen zu und bedeckte sie dann mit einem Oberbett bis zum Hals. Im Fußbereich des Betts arrangierte er 18 Rosen zu einem Trapez.

Eine vom Gericht in Auftrag gegebene Fallanalyse der OFA-Einheit Bayern zu der Frage, ob das Nachtatverhalten Handlungen der emotionalen Wiedergutmachung zeige, kam zu dem Ergebnis, dass sich am Tatort auffallend viele Hinweise auf Verhaltensweisen fanden, die auf die Inszenierung des Tatorts in der Art eines sogenannten erweiterten Suizids hindeuteten. Dies konnte nach Ansicht der OFA als Wiedergutmachungshandlung gewertet und daraus wiederum auf eine sehr enge Beziehung des Täters zum Opfer geschlossen werden.[1589] Zuvor war bereits ein rechtsmedizinisches Gutachten zu dem Ergebnis gekommen, dass es sich bei dem Nachtatverhalten um Wiedergutmachungshandlungen handelte.[1590]

Die Erkenntnisse der Fallanalyse wurden im Wege der Vernehmung des Leiters des OFA-Teams als Sachverständiger in die Hauptverhandlung eingeführt.[1591] Aufgrund der Ausführungen des Fallanalytikers stellte das Schwurgericht die Anklage gemäß § 265 I StPO von Totschlag auf Heimtückemord um.[1592] Ihr Urteil begründete die Kammer jedoch ausschließlich mit dem rechtsmedizinischen Gutachten, das zu demselben Ergebnis gelangt war.[1593] Die Schlussfolgerung, dass die Person, welche die emotionale Wiedergutmachungshandlung vorgenommen habe, sehr wahrscheinlich auch für die Tötung verantwortlich sei,

---

1589 *Becker*, S. 109 f.

1590 *Wippler*, S. 127; *Becker*, S. 113.

1591 BKA-Forschung+Polizei-*Boetticher*, S. 44 f.; *Wippler*, S. 126 f.; *Boetticher*, FPPK 2010, 117, 119.

1592 *Wippler*, S. 127.

1593 *Wippler*, S. 127.

begründete es allein mit der praktischen Erfahrung,[1594] auch wenn es betonte, dass das Nachtatverhalten kein zwingendes Indiz für die Täterschaft des Angeklagten sei, sich das Ergebnis aber nahtlos in die weitere Indizienkette einfüge und dem erzielten Beweisergebnis nicht widerspreche.[1595]

Die Revision, die sich gegen die Beweiswürdigung des Landgerichts als teilweise unschlüssig und nur auf Vermutungen basierend richtete, hatte keinen Erfolg.[1596] Sie wurde gemäß § 349 II StPO als offensichtlich unbegründet verworfen.[1597]

Zu bemerken sei an dieser Stelle, dass durch die OFA, wie *Wippler* zutreffend ausführt,

> *„(…) die Grenzen des von Seiten des Gerichts klar umzeichneten Auftrags, eine Fallanalyse mit besonderem Augenmerk auf die Tathergangsanalyse sowie auf die Bewertungen des Nachtatverhaltens zu erstellen, (…) mit der Mutmaßung über einen Tat-Täterzusammenhang allemal überschritten“*[1598]

waren.

Auch lassen Aussagen in dem Fallanalysegutachten darauf schließen, dass in diesem Fall Angaben des Angeklagten an das Fallanalyseteam weitergegeben wurden. So heißt in dem Gutachten[1599] u.a.:

> *„Nach den Angaben des Angeklagten kam es dort im Bett (…) zu einvernehmlichem Sex (…)“*

sowie weiter:

> *„(…) so besteht durchaus die Möglichkeit, dass die vom Angeklagten geschilderten sexuellen Handlungen zwar tatsächlich so stattgefunden haben (…)“*

Dies entspricht nicht den Standards der Fallanalyse, wonach keine Informationen des Angeklagten oder Verdächtigen an das Fallanalyseteam weitergegeben werden sollen.[1600]

1594 *Wippler*, S. 127 f.
1595 *Wippler*, S. 127; BKA-Forschung+Polizei-*Boetticher*, S. 46.
1596 BKA-Forschung+Polizei-*Boetticher*, S. 46; *Wippler*, S. 127.
1597 *Wippler*, S. 127.
1598 *Wippler*, S. 128.
1599 Wiedergegeben nach *Becker*, S. 105.
1600 MAH-*Dern/Baurmann*, 1. A., 84 Rn. 39; *Becker*, S. 105.

IV. BGH, Urteil vom 27.6.2006 – Az. 1 StR 129/06[1601] – Vergleichende Fallanalyse

Eine weitere Revision, über die der Bundesgerichtshof zu entscheiden hatte, betraf einen Fall, der vor dem LG Traunstein verhandelt wurde. In dem Verfahren spielten Ergebnisse einer vergleichenden Fallanalyse eine Rolle. Das LG Traunstein sprach den Angeklagten vom Vorwurf des Mords an einer Prostituierten frei, weil es von der Schuld des Angeklagten nicht ausreichend überzeugt war. Das Opfer wurde zwischen dem 13. und 17.5.2001 erstickt.

Eine vergleichende Fallanalyse der OFA-Einheit des LKA Bayern, in der zwei unabhängige Teams die Fälle bewertet hatten, gelangte aber zum Ergebnis, dass die verhandelte Tat aus fallanalytischer Sicht signifikante Übereinstimmungen mit den bereits abgeurteilten Tötungsdelikten zum Nachteil von A. K. und C. W. aufweise.

Das eine Team hatte eine Fallanalyse zu den beiden bereits abgeurteilten Taten durchgeführt. Dabei hatte es festgestellt, dass die Taten eine hohe Ähnlichkeit aufwiesen. Nach Abgleich mit dem ViCLAS-System hatte es darüber hinaus festgestellt, dass insgesamt 36 aufgeklärte Fälle in Betracht kämen, die eine ähnliche Verhaltenskonstellation zeigten. Laut Fallanalyse handelte es sich somit um vergleichbare Fälle. Bei der Überprüfung ergab sich jedoch auch, dass von den 36 anderen Tätern keiner die gleichen Verhaltenskombinationen zeigte wie der Täter der beurteilten Taten. Daraus folgerte das Fallanalyseteam, dass sein Tatmuster individuell gewesen sei.

Das andere Team hatte die in der Hauptverhandlung behandelte Tat analysiert. Im Anschluss hatten die Teams zusammen die Parameter herausgearbeitet, die übereinstimmten und auch die abweichenden Parameter dargestellt. Die vergleichende Fallanalyse kam zu dem Ergebnis, dass es sehr wahrscheinlich sei, dass die dritte – zur Verhandlung stehende – Tat demselben Täter zugeordnet werden konnte wie die vorangegangenen Taten. Sie konnte weiterhin die Abweichungen der dritten Tat gegenüber den anderen beiden Taten plausibel erklären. Aus fallanalytischer Sicht stimmten vier von fünf charakteristischen „*Elementen*" überein, die der „*Handschrift*" des Täters zuzuordnen waren.

Den Beweisantrag der Staatsanwaltschaft,

> *„(…) die Anhörung des Leiters der OFA Bayern, KHK H. als Sachverständigen zum Beweis dafür zu beschließen, dass die bereits abgeurteilten Tötungsdelikte zum Nachteil A. K. und C. W. sowie das verfahrensgegenständliche Tötungsdelikt zum Nachteil C. A. aus*

1601 Abrufbar unter www.bundesgerichtshof.de, zuletzt am 4.6.2015; dargestellt von BKA-Polizei+Forschung-*Boetticher*, S. 47 f.

fallanalytischer Sicht signifikante Übereinstimmungen aufweisen, die dafür sprechen, dass alle drei Taten von ein und demselben Täter begangen wurden (…)"[1602]

lehnte die Strafkammer des LG Traunstein gemäß § 244 IV 1 StPO ab. Sie begründete ihre Entscheidung damit, dass es sich bei der Aussage des Fallanalytikers um eine Beweiswürdigung handele, nämlich die Gewinnung einer Überzeugung aus Beweisumständen. Diese Aufgabe sei im gerichtlichen Strafverfahren jedoch ureigene Aufgabe des Gerichts. Im Rahmen der freien Beweiswürdigung sei das Gericht auch nicht an die Grundsätze bestimmter kriminalistischer Methoden oder an Richtlinien amerikanischer Behörden dahingehend gebunden, welche Bestandteile eines sogenannten Täterprofils maßgeblich seien und unter welchen Voraussetzungen mehrere Straftaten als sogenannte Serienstraftaten eingestuft werden könnten. Die Strafkammer sei aufgrund eigener Sachkunde in der Lage, zu bewerten, ob der Angeklagte als Täter der verfahrensgegenständlichen Tat überführt sei. Das folge auch daraus, dass sämtliche drei Berufsrichter der Strafkammer über alle drei Tatvorwürfe verhandelt und hierzu umfangreich Beweise erhoben hatten. Durch Verlesung der diesbezüglichen Urteilsfeststellungen seien die Feststellungen zum Sachverhalt der Taten zum Nachteil von A. K. und C. W. in das gegenständliche Verfahren eingeführt worden. Dadurch sei es auch den Schöffen möglich gewesen, zu bewerten, ob und inwieweit Übereinstimmungen der gegenständlichen Tat vorliegen und inwieweit Rückschlüsse auf die Frage der Täterschaft des Angeklagten gezogen werden könnte. KHK H. sei dagegen bei keiner der Beweisaufnahmen zugegen gewesen.[1603]

Das Gericht war ferner der Auffassung, dass bestimmte, der Fallanalyse zugrunde gelegte Parameter nicht bewiesen seien, z.B. die sexuelle Komponente des Delikts sowie die Feststellungen, dass im Zusammenhang mit der Tötung von A. C. Gewalt gegen ihren Hals ausgeübt wurde.

Die Revision der Staatsanwaltschaft, die sich gegen die Beweiswürdigung und die Nichteinführung der Fallanalyseergebnisse richtete, wurde vom Bundesgerichtshof verworfen, da die Beweiswürdigung des Landgerichts nicht zu beanstanden gewesen sei.[1604]

1602 BKA-Forschung+Polizei-*Boetticher*, S. 47.

1603 Vgl. BKA-Forschung+Polizei-*Boetticher*, S. 47 f.

1604 BGH, Urteil vom 27.6.2006 – Az. 1 StR 129/06, abrufbar unter www.bundesgerichtshof.de, Rz. 6 ff.

V. BGH, Urteil vom 16.10.2006 – Az. 1 StR 180/06[1605] – Tathergangsanalyse, Täterprofil

In einem weiteren Fall, der schon aufgrund seiner spektakulären Prozessgeschichte von den Medien mit höchster Aufmerksamkeit beachtet wurde,[1606] spielte die Fallanalyse ebenfalls eine große Rolle.

Nach den Feststellungen des Landgerichts Mannheim hatte sich Folgendes zugetragen:

Die Geschädigte und Nebenklägerin lebte von ihrem Ehemann und späteren Angeklagten, H. W., getrennt.

> *„Die Nebenklägerin wohnte mit dem gemeinsamen zweijährigen Sohn in der Erdgeschosswohnung des ehemals elterlichen Reihenhauses. In der Nacht vom 28. auf den 29. April 1997 betrat eine der Nebenklägerin bekannte männliche Person die Wohnung mit Hilfe eines Schlüssels oder nach Einlass durch die Nebenklägerin. In der Wohnung kam es alsbald zu einem lautstarken Streit, in dessen Verlauf der Mann den Entschluss fasste, die Nebenklägerin zu töten. Er zog sich Vinyleinweghandschuhe über, schlang einen Wollschal um den Hals der Nebenklägerin und zog dessen Enden mindestens zwei Minuten lang kräftig zusammen, bis sein sich wehrendes Opfer das Bewusstsein verlor. Durch das Kampfgeschehen wurde der in der Souterrainwohnung des Hauses übernachtende Vater der Nebenklägerin geweckt. Nachdem dieser über eine Treppe zur Erdgeschosswohnung emporgestiegen war, gelang es dem Täter, die Verbindungstür zum Flur der Wohnung zuzuschlagen und unerkannt zu entkommen. Der Vater der Nebenklägerin befreite diese aus der Strangulation; die Nebenklägerin hatte jedoch aufgrund der Unterbrechung der Sauerstoffversorgung bereits derart schwere Gehirnschädigungen erlitten, dass sich ihre heutige Hirntätigkeit im Wesentlichen auf vegetative Funktionen beschränkt.“*[1607]

Das LG Karlsruhe verurteilte den Angeklagten am 16.1.1998 wegen versuchten Totschlags.[1608] Eine vom Angeklagten gegen das Urteil gerichtete Revision verwarf der 1. Strafsenat des Bundesgerichtshofs mit Beschluss vom 11.8.1998.[1609] In einem Wiederaufnahmeverfahren vor dem LG Mannheim[1610] wurde der

---

1605 BGH NJW 2007, 92 ff.

1606 Berichte und Artikel abrufbar unter http://de.wikipedia.org/wiki/Harry_Wörz, Einzelnachweise; z.B. http://www.spiegel.de/panorama/justiz/0,1518,620612,00.html; http://www.spiegel.de/panorama/justiz/0,1518,734828,00.html, alle Seiten zuletzt aufgerufen am 4.6.2015.

1607 Mitteilung der Pressestelle des BGH Nr. 138/2006 vom 16.10.2006, abrufbar unter www.bundesgerichtshof.de, zuletzt am 4.6.2015.

1608 LG Karlsruhe v. 16.01.1998 – Az. 93 Ks 5/97, nicht veröffentlicht.

1609 BGH v. 11.8.1998 – Az. 1 StR 394/98.

1610 Die Prozessgeschichte wird hier mangels Relevanz für die Arbeit nicht näher dargelegt. Zur Vertiefung *Wippler*, S. 131 Fn. 93.

Angeklagte H. W. freigesprochen. Der 1. Strafsenat des Bundesgerichtshofs gab den daraufhin eingelegten Revisionen der Staatsanwaltschaft und der Nebenklägerin statt. Die Richter waren der Auffassung, dass die Beweiswürdigung des Landgerichts nicht frei von Rechtsfehlern sei.

Der Entscheidung lag unter anderem die Verwertung eines Fallanalysegutachtens der OFA-Einheit des Bundeskriminalamts zugrunde, welches das LG Mannheim auf Antrag des Verteidigers durch Beschluss vom 17.3.2005 in Auftrag gegeben hatte und dessen Ergebnisse nicht vollständig in den vom Landgericht festgestellten Tathergang eingepasst werden konnten.[1611] Die Fallanalyse erschien deswegen notwendig, da zu Beginn der Ermittlungen viele Fehler gemacht worden waren, wohl aufgrund der Annahme, die Geschädigte würde den Täter identifizieren können.[1612] Die Identifizierung des Täters durch das Opfer ist jedoch bis heute nicht erfolgt.

Aufgabe der Fallanalytiker war es, das Fallmaterial mit der fallanalytischen Methode hinsichtlich des Tathergangs und fallspezifischer Parameter zu bewerten und nach Möglichkeit ein Täterprofil zu erstellen. Das Täterprofil sollte erstellt werden, obwohl es bereits einen Tatverdächtigen – den Angeklagten – gab, was den Qualitätsstandards widerspricht.[1613]

Laut Fallanalysebericht des Bundeskriminalamts wurde die Fallanalyse unabhängig von der bestehenden Verdachtslage entsprechend den Qualitätsstandards durchgeführt, um Überstrahlungseffekte zu vermeiden.[1614] Grundlage der Fallanalyse waren die Gerichtsakten, insbesondere der Tatortbefund, die KTU-Berichte, medizinische Berichte, Vernehmungsprotokolle der Auffindezeugen, der am Tatort anwesenden Polizeibeamten und Rettungskräfte sowie Ermittlungsberichte zum Täterprofil. Die Mitarbeiter der OFA-Einheit führten ferner eine Tatortbesichtigung durch.[1615]

1611 BKA-Polizei+Forschung-*Boetticher*, S. 49.

1612 BKA-Polizei+Forschung-*Boetticher*, S. 51.

1613 S. 2. Kapitel, B. V.

1614 Fallanalysebericht des Bundeskriminalamts, 3.2, s. zu finden unter http://www.harrywoerz.de/?pg=41, zuletzt am 25.09.2014; BKA-Polizei+Forschung-*Dern*, S. 106. Ob diese Abstraktion im Einzelfall ohne Weiteres möglich ist, ist fraglich. Insbesondere stellt sich aber die Frage nach dem Beweisziel. Denn das Täterprofil kann nicht einen bestimmten Täter identifizieren oder die Täterschaft widerlegen, s. auch 2. Kapitel, B. V.

1615 Fallanalysebericht des Bundeskriminalamts, 2.1, s. Fn. 1614; BKA-Polizei+Forschung-*Boetticher*, S. 49.

Die Ergebnisse der durchgeführten Fallanalyse wurden im Wege des Sachverständigenbeweises durch Vernehmung des verantwortlichen Fallanalytikers in die Hauptverhandlung eingeführt.[1616] Dabei kam die Fallanalyse in wesentlichen Punkten zu einem anderen Ergebnis als die Kammer des LG Mannheims, welche den Tathergang als Spontantat beurteilte.[1617] Nach Ansicht des Bundesgerichtshofs wandte sich die Kammer gegen das Sachverständigengutachten, ohne sich ausreichend mit dessen Feststellungen auseinanderzusetzen, insbesondere der Möglichkeit einer geplanten Tat.[1618]

In diesem Fall wurde also die Aussage des Fallanalytikers im Wege des Sachverständigenbeweises in die Hauptverhandlung eingeführt. Ob es sich dabei um eine richtige Einordnung handelte, ließ der 1. Strafsenat des Bundesgerichtshofs unerörtert, was hinsichtlich des nur wenige Monate zuvor ergangenen Urteils des 3. Strafsenats verwundert, aber eine positive Tendenz bezüglich der Verwertbarkeit von Fallanalyseergebnissen vermuten lässt.[1619]

Im Jahr 2010 hat der 1. Strafsenat des Bundesgerichtshofs den Freispruch nach nochmaliger Hauptverhandlung bestätigt.[1620] Auf die Fallanalyse und ihre Einführung in die Hauptverhandlung ist er jedoch nicht eingegangen.

VI. BGH, Urteil vom 17.7.2007 – Az. 5 StR 186/07[1621] – ViCLAS-Analyse

Der 5. Strafsenat des Bundesgerichtshofs hatte im Jahr 2007 über eine Revision zu entscheiden, der ein Urteil des LG Berlin zugrunde lag. Das LG Berlin hatte den Angeklagten wegen Vergewaltigung in Tateinheit mit vorsätzlicher Körperverletzung in drei Fällen, versuchter Vergewaltigung und wegen sexueller Nötigung verurteilt. Dem Urteil des LG Berlins lag folgender Sachverhalt zugrunde:

In der Zeit vom 18.7.2005 und dem 30.8.2005 wurden in einem Umkreis von 1500 m in der Berliner Innenstadt sechs Sexualdelikte verübt. In allen sechs Fällen griff der Täter die Geschädigten mit einer sehr ähnlichen Vorgehensweise und Wortwahl an. Auch das Fluchtverhalten bei größerer Gegenwehr war ähnlich.

1616 BGH NJW 2007, 92, 95.

1617 BGH NJW 2007, 92, 93 f.; BKA-Polizei+Forschung-*Boetticher*, S. 50.

1618 BGH NJW 2007, 92, 93, 95.

1619 Vgl. *Wippler*, S. 135 f.; SK-*Rogall*, Vor § 72 Rn. 193.

1620 BGH v. 15.12.2010 – Az. 1 StR 254/10.

1621 BGH BeckRS 2007, 12286.

Der als sachverständige Zeuge gehörte Fallanalytiker hatte, wie das Landgericht selbst wörtlich darlegt,

> *„(...) die Tatumstände aller sechs Fälle in dem Analysesystem ViCLAS (...) bearbeitet und sei zu dem Ergebnis gelangt, dass mit hoher Wahrscheinlichkeit alle sechs Taten zu einer Tatserie gehören und von demselben Täter begangen worden sind (...)“*[1622]

Dies ergebe sich aus den übereinstimmenden Tatzeiten, der Nähe der Tatorte, der Art der Ansprache, des tatsächlichen Vorgehens des Täters sowie seiner Reaktion auf Gegenwehr der Opfer und seines Verbalverhaltens.[1623]

Die allein auf die Sachrüge gestützte Revision des Angeklagten hatte keinen Erfolg. Die Richter des Bundesgerichtshofs wiesen diese mit folgender Begründung zurück:

> *„Das Landgericht durfte sich ohne Rechtsfehler von der Täterschaft des Angeklagten in allen Einzelfällen der festgestellten Tatserie (...) überzeugen. Die dafür von dem sachverständigen Zeugen Sch. gelieferte Grundlage ist – trotz der eher ermittlungstechnisch eingesetzten operativen Fallanalyse – nicht als Verwertung eines methodisch näher zu erläuternden Gutachtens zu verstehen, sondern als Verwendung zulässig über sachkundige Angaben eingeführter mehrerer aussagekräftiger Belastungsindizien (....)“*[1624]

Das Urteil des Bundesgerichtshofs macht wörtlich deutlich, dass der Fallanalytiker von der Kammer des LG Berlin als sachverständiger Zeuge gehört wurde, als er über seine Auswertung der ViCLAS-Datenbank und die sich daraus ergebenden Ergebnisse und Schlussfolgerungen aussagte.[1625] Die Vornahme von Bewertungen und Schlussfolgerungen sind jedoch Aufgaben eines Sachverständigen.

VII. BGH, Beschluss vom 18.2.1998 – Az. 1 StR 795/97 – der Fall „*Müller*“ (nicht veröffentlicht)

Der Vollständigkeit halber sei auf ein Strafverfahren aus dem Jahr 1997 hingewiesen.[1626] Der Angeklagte hatte die Vergewaltigung dreier Prostituierter schon im Ermittlungsverfahren gestanden. Angeklagt war er wegen eines Mords an einer Prostituierten. Dieser hatte zeitlich zwischen der zweiten und der dritten Vergewaltigung stattgefunden und wurde auf eine mit einer der Vergewaltigungstaten auffallend ähnliche Weise durchgeführt. Der Angeklagte bestritt den Mord.

1622 BGH BeckRS 2007, 12286.
1623 BGH BeckRS 2007, 12286.
1624 BGH BeckRS 2007, 12286.
1625 BGH BeckRS 2007, 12286.
1626 Sachverhalt und Verfahrensverlauf dargestellt von Musolff/Hoffmann-*Bruns*, S. 262 ff., 267.

In der Hauptverhandlung wurde der österreichische Kriminalpsychologe *Müller* vom Gericht als Sachverständiger zu der Frage der Wahrscheinlichkeit der Täteridentität beim Mord und den Vergewaltigungstaten herangezogen. Gleichzeitig beauftragte ihn die Verteidigung mit der Erstellung eines fallanalytischen Vergleichs des angeklagten Mords mit einem anderen Mord, dessen Täter schon verurteilt war. Damit wollte die Verteidigung beweisen, dass der Angeklagte als Täter auszuschließen sei.

Das Gericht hielt *Müller* für ausreichend qualifiziert und hörte ihn als Sachverständigen. Es begründete die Kompetenz u.a. damit, dass *Müller* allein aufgrund der Zeugenaussagen auf das Tatmotiv für den Mord geschlossen habe, welches der Angeklagte selbst für die Vergewaltigungstaten angegeben habe.[1627] Tatsächlich soll er das Motiv nicht selbst erkannt haben. Vielmehr sollen ihm die vollständigen Ermittlungsakten der Vergewaltigungsfälle vorgelegen haben, in denen auch das Motiv des Angeklagten enthalten war.[1628] Die Revision richtete sich u.a. gegen die Feststellung der besonderen Sachkunde *Müllers*, wurde aber als *„offensichtlich unbegründet"* vom Bundesgerichtshof gemäß § 349 II StPO verworfen.[1629]

Unabhängig davon, dass die Seriosität der Vorgehensweise *Müllers* anzuzweifeln ist,[1630] handelt es sich um die Fallanalyse einer Einzelperson, wie sie von den OFA-Einheiten nicht vorgenommen wird. Dieser Fall zeigt die Vorteile der Vorgehensweise nach den Qualitätsstandards auf. Insbesondere wird die Problematik deutlich, die sich ergibt, wenn Fallanalytiker aufgrund von vollständigem und unbereinigtem Aktenmaterial ihre Fallanalyse erstellen.

VIII. LG Mannheim, Beschluss vom 30.03.2004 – Az. 1 Qs 1/04[1631]

Das LG Mannheim hat sich im Zuge eines Ermittlungsverfahrens mit der operativen Fallanalyse beschäftigt. Auch diese Entscheidung wird der Vollständigkeit halber mitgeteilt. Denn weil im Ermittlungsverfahren der Freibeweis gilt, musste sich das Gericht nicht mit der Frage der Einordnung der Ergebnisse der operativen Fallanalyse in den *numerus clausus* der Beweismittel beschäftigen.

1627 *Wippler*, S. 123 mit Verweis auf die Verfahrensakten.

1628 *Rückert*, Die ZEIT, 16/2006.

1629 BGH (unveröffentlichter) Beschluss v. 18.2.1998 – Az. 1 StR 795/97; zur Vertiefung *Wippler*, S. 121 ff.

1630 *Rückert*, Die ZEIT, 16/2006.

1631 LG Mannheim, NStZ-RR 2004, 301 f.

In dem Beschluss begründete die Kammer die Zulässigkeit einer Blutprobenentnahme vom Betroffenen zur Durchführung einer molekulargenetischen Untersuchung gemäß § 81 c II 1 StPO u.a. mit dem Ergebnis einer Täterprofilerstellung. Es handelte sich um ein Ermittlungsverfahren wegen eines Tötungsdelikts, bei dem sich der Täter an dem Opfer überdies sexuell verging. Als Täter kam nur eine männliche Person infrage.

Am Tatort wurde eine Unterhose des mutmaßlichen Täters gefunden, deren Größe der Konfektionsgröße des Betroffenen entsprach. Auch durch Aufnahmen von Überwachungskameras konnte nicht ausgeschlossen werden, dass der Betroffene nicht der Täter war. Die Körpergröße in der Aufnahme stimmte mit der des Betroffenen überein. Eine durch das Landeskriminalamt durchgeführte Täterprofilerstellung ergab, dass der Täter höchstwahrscheinlich in Tatortnähe wohnte oder aus sonstigen Gründen über sehr gute Ortskenntnisse verfügte. Aufgrund dessen wollte die Polizei bei allen tatortnah beschäftigten Männern auf freiwilliger Basis eine Speichelprobe entnehmen und diese einer molekulargenetischen Untersuchung unterziehen. Die Untersuchung von 3000 Männern hatte zu keinem Ergebnis geführt. Der Betroffene, der die Kriterien erfüllte, verweigerte die freiwillige Teilnahme. Gegen die Durchführung der Maßnahme legte er Beschwerde ein. Die Beschwerde blieb ohne Erfolg.[1632]

Nach dem Beschluss der Kammer des Landgerichts war die Durchführung der Maßnahme an dem Betroffenen unerlässlich. Das Landgericht stellte zwar fest, dass ein auf die betreffende Person zutreffendes Täterprofil nicht die Beschuldigteneigenschaft begründen kann. Da aber nach der Fallanalyse der Täterkreis örtlich eingrenzbar erscheine, der Betroffene zu einem Kreis von Personen gehöre, auf die das Täterprofil zutrifft und da in dem mit größter Wahrscheinlichkeit vom Täter stammenden Spurenmaterial beste Ermittlungsansätze vorliegen, gebiete es die Aufklärungspflicht, den definierten Personenkreis zu überprüfen. In dem speziellen Fall stützte sich das Täterprofil auch auf eine Vielzahl von tatsächlichen Erkenntnissen, wie Ortskenntnis, Körpergröße und Konfektionsgröße.[1633]

Hinzugefügt sei, dass diese Erkenntnisse für sich allein wohl bereits für die Annahme der Unerlässlichkeit der Maßnahme im Sinne des § 81 c II 1 StPO hätten ausreichen können.[1634]

1632 LG Mannheim NStZ-RR 2004, 301.

1633 LG Mannheim NStZ-RR 2004, 301 f.

1634 Dies ist nach § 244 II StPO zu beurteilen, wobei nicht notwendig ist, dass alle anderen Beweismethoden versagt haben, KK-*Senge*, § 81 c Rn. 5 m. w. N.; BeckOK/StPO-*Ritzert*, § 81 c Rn. 14.

IX. Zusammenfassung

Die dargestellte Rechtsprechung zeigt die Unsicherheit und Uneinigkeit über die Einordnung der Fallanalyseergebnisse in den Strafprozess. So wurden Fallanalytiker als (sachverständige) Zeugen[1635] und als Sachverständige[1636] gehört bzw. die Verlesung des Gutachtens beantragt.[1637] Der 3. Strafsenat des Bundesgerichtshofs hat der operativen Fallanalyse jegliche Beweismittelqualität abgesprochen.[1638] Der 1. Strafsenat scheint dagegen den Ergebnissen der OFA als Beweismittel positiv gegenüberzustehen.[1639]

Offensichtlich wird ferner, dass die Rechtsprechung die unterschiedlichen Phasen der Fallanalyse nicht hinreichend berücksichtigt und dementsprechend nicht ausreichend bei der Frage der Beweismittelqualität differenziert. Auch ist erkennbar, dass die ordnungsgemäße Stellung der Beweisanträge Schwierigkeiten zu bereiten scheint.

B. Die Einordnung der Ergebnisse der operativen Fallanalyse in den Strafprozess

Wie schon in der Literatur zutreffend dargestellt, besteht jedoch die Möglichkeit, bestimmte Fallanalyseergebnisse im Rahmen des Strengbeweises in der Hauptverhandlung zu verwerten.[1640] Auch hier scheinen aber Korrekturen notwendig.

An dieser Stelle soll daher erneut der Versuch unternommen werden, anhand der zuvor dargestellten dogmatischen Kriterien und einer Betrachtung der Arbeitsweise und Methodik der operativen Fallanalyse, die Ergebnisse der OFA im Strafprozess zu verorten und dabei die bisherige Rechtsprechung und Ansichten in der Literatur zu überprüfen. In Betracht kommen der Zeugen-, der Sachverständigen-, der Augenscheins- und der Urkundsbeweis.

Es soll ferner die Frage beantwortet werden, ob und unter welchen Voraussetzungen die Verwertung der Ergebnisse der operativen Fallanalyse im Strafprozess sinnvoll ist.

1635 BGH BeckRS 2007, 12286.

1636 BGH NJW 2007, 92.

1637 BGH NStZ 2006, 712 f.

1638 BGH NStZ 2006, 712; BGH NStZ 2009, 284.

1639 BGH NJW 2007, 92 ff.

1640 Vgl. *Becker*, S. 165 ff.; *Wippler*, S. 168 ff.; Musolff/Hoffmann-*Bruns*, S. 261 ff.; *Gerst*, S. 218 ff.

I. Der Fallanalytiker als Zeuge

Eine Möglichkeit der Verwertung der Fallanalyse in der Hauptverhandlung ist die Vernehmung eines oder mehrerer Fallanalytiker als Zeugen.[1641]

Eine Zeugenvernehmung von Fallanalytikern kommt in Betracht, wenn das Gericht die Beweisperson zu Tatsachen befragt, die sie im Rahmen der Fallanalyse – sachkundig oder nicht – wahrgenommen hat, ohne dazu von einem zuständigen Strafverfolgungsorgan beauftragt worden zu sein.[1642] Die Notwendigkeit der Vernehmung eines Fallanalytikers als Zeugen besteht in der Regel jedoch nur, wenn er selbst neue Tatsachen zum Tatgeschehen wahrgenommen hat. Mit neuen Tatsachen sind solche gemeint, welche die ermittelnde Dienststelle selbst noch nicht wahrgenommen hat.

Wie bereits dargestellt, werten Fallanalytiker jedoch schon vorhandenes und von der ermittelnden Dienststelle übersandtes Beweismaterial (Anknüpfungstatsachen) aus und versuchen, anhand dessen neue Ermittlungserkenntnisse zu gewinnen.[1643] Der Sinn und Zweck ihrer Hinzuziehung liegt somit in der Erlangung von Ergebnissen in Form von Schlussfolgerungen und Bewertungen und nicht in der Wahrnehmung von Tatsachen. Aussagen darüber sind aber der zweiten Aussagekategorie des Sachverständigenbeweises zuzuordnen[1644] und nicht im Wege des Zeugenbeweises einzuführen.

Das Bedürfnis, Fallanalytiker zu Tatsachenwahrnehmungen zu hören, wird daher regelmäßig nicht bestehen, weswegen sie als Zeugen kaum in Betracht kommen.[1645]

Denkbar ist ihre Hinzuziehung als Zeugen allenfalls bezüglich der Gegebenheiten am Tatort, dessen Besichtigung von den Qualitätsstandards empfohlen wird.[1646] Ob für die am Tatort gemachten Wahrnehmungen eine besondere Sachkunde notwendig ist, die über die Sachkunde der ermittelnden Beamten

1641 Beweisantrag der Staatsanwaltschaft, vgl. BGH NStZ 2006, 712. Nach der hier vertretenen Auffassung ist nicht zwischen sachverständigem und einfachem Zeugen zu unterscheiden, s. 3. Kapitel, D. 9. d).

1642 Vgl. auch *Gerst*, S. 219, 220, der aber die Trennung von reinen Tatsachenwahrnehmungen und Bewertungen nicht konsequent einhält.

1643 S. 2. Kapitel, B.; vgl. auch BGH NStZ 2006, 712.

1644 S. 3. Kapitel, B. II. 2.

1645 Vgl. auch Musolff/Hoffmann-*Bruns*, S. 265; vgl. auch *Becker*, S. 59.

1646 So konnten in dem beispielhaft von *Erpenbach* geschilderten Fall durch die Tatortbesichtigung Gegebenheiten (zusätzlich) wahrgenommen werden, die so aus den Ermittlungsakten nicht erkennbar waren, FPPK 2010, 107, 110 f., 2. Kapitel, F.

hinausgeht, ist eine Frage des Einzelfalls, wohl aber eher die Seltenheit.[1647] Für Feststellungen am Tatort ist in der Regel keine besondere Sachkunde notwendig.[1648] Selbst wenn dafür eine besondere Sachkunde notwendig wäre, ist davon auszugehen, dass auch die ermittelnden Beamten der jeweiligen Dezernate hinsichtlich der Feststellungen am Tatort besonders geschult sind, und die Sachkunde der Fallanalytiker nur in seltenen Fällen darüber hinausgeht. Vornehmlich werden sie daher Zusatztatsachen wahrnehmen.

Becker ist der Ansicht, der Fallanalytiker werde selbst bei der schlichten Wiedergabe objektiver Daten, um die hierauf gestützten Schlussfolgerungen zu erläutern, nicht als [einfacher] Zeuge vernommen. Er sei mithin grundsätzlich als Sachverständiger oder sachverständiger Zeuge einzuordnen.[1649] Dies erschließt sich nicht. Zum einen sollte nach hiesiger Auffassung auf den Begriff des sachverständigen Zeugen verzichtet werden. Zum anderen ist der Fallanalytiker als Zeuge zu vernehmen, soweit er lediglich Zusatztatschen wahrgenommen hat,[1650] wovon in der Regel auszugehen ist. Eine Einführung dieser Wahrnehmungen in den Prozess kann durch Verlesung des entsprechenden Abschnitts des Fallanalysegutachtens[1651] oder eines entsprechenden Protokolls bzw. Vermerks über die Besichtigungshandlungen erfolgen (§ 256 I Nr. 5 StPO).[1652]

Soweit es sich bei den wahrgenommenen Tatsachen um Befundtatsachen handelt,[1653] kann die Vernehmung von Fallanalytikern als Zeugen zu diesen Tatsachen allerdings an einem bestehenden Auftrag scheitern.[1654] Die Fallanalyseeinheiten

---

1647 Vgl. z.B. den Beispielsfall Karin F., 2. Kapitel, F.; mit anderer Einschätzung ohne weitere Begründung *Becker*, S. 59.

1648 *Wippler* ordnet diese Tatsachen ohne weitere Begründung grundsätzlich den Befundtatsachen zu, S. 180.

1649 *Becker*, S. 60.

1650 S. 3. Kapitel, A. II., B. II. 5. c).

1651 Soweit die Besichtigung darin protokolliert ist, s. 2. Kapitel, C. III.

1652 S. dazu 3. Kapitel, B. VII. 6. Soweit es sich bei der Besichtigung und Protokollierung um eine Routinehandlung handelt, wovon auszugehen ist, kommt nach allen Ansichten eine Verlesung in Betracht.

1653 Dabei handelt es sich entgegen der Auffassung von *Wippler* nicht um die Ergebnisse der Fallanalyse, S. 179 f. Diese unterfallen der zweiten Aussagekategorie und dürfen nicht im Wege des Zeugenbeweises in die Hauptverhandlung eingeführt werden. Bei den Befundtatsachen handelt es sich um die sachkundig wahrgenommenen Tatsachen, die regelmäßig im Rahmen der Gutachtenerstattung wahrgenommen werden. Ist kein Sachverständigenauftrag ergangen, können Befundtatsachen aber auch Gegenstand des Zeugenbeweises sein, s. 3. Kapitel, A. II., III.

1654 S. 3. Kapitel, B. II. 3., 5. b), D. 9. c); so auch *Becker*, S. 60.

handeln grundsätzlich nicht von sich aus, sondern erst nach Hinzuziehung durch die ermittelnde Dienststelle bzw. durch die zuständige Staatsanwaltschaft. Zwar entspricht die Hinzuziehung der Fallanalytiker nicht immer den o. g. Anforderungen an eine Auftragserteilung. Denn wie schon ausgeführt, ist nicht in jeder Inanspruchnahme eines Sachverständigen für die Zwecke der Strafverfolgung durch das Gericht oder die Staatsanwaltschaft ein Auftrag zu sehen.[1655] Dennoch liegt in der Regel ein Auftrag der Staatsanwaltschaft vor, wenn sie von der OFA-Einheit die Begutachtung eines bestimmten Beweisthemas verlangt. Nach hiesiger Auffassung scheidet dann eine Vernehmung der Auskunftsperson hinsichtlich der Befundtatsachen als Zeuge aus.[1656]

Opferdaten aus Zeugenaussagen sind wegen des Unmittelbarkeitsgrundsatzes aus § 250 StPO dagegen grundsätzlich über die Vernehmung derjenigen Person als Zeuge in das Verfahren einzuführen, welche die Tatsache wahrgenommen hat.[1657]

Soweit also das LG Berlin den die ViCLAS-Datenbank auswertenden Fallanalytiker als sachverständigen Zeugen zu der Frage der Wahrscheinlichkeit der Zuordnung mehrerer Taten zu dem Angeklagten vernommen und daraus Sachkunde abgeleitet hat,[1658] ist festzustellen, dass diese Einordnung fehlerhaft war. Entsprechend war auch der Beweisantrag der Staatsanwaltschaft im Fall, über den des Landgerichts Lübeck zu entscheiden hatte, fehlerhaft gestellt.[1659]

II. Der Fallanalytiker als Sachverständiger

Aufgrund des Ziels der operativen Fallanalyse, dem Gewinnen neuer Ermittlungsansätze durch Bewertung der objektiven Tatsachen zum Tatgeschehen, könnte die Vernehmung eines Fallanalytikers als Sachverständiger in Betracht kommen. Denn das Bewerten und Schlussfolgern ist die Aufgabe eines Sachverständigen im Sinne der zweiten Aussagekategorie. Auch die Vernehmung zu abstrakten Erfahrungssätzen, die durch die Arbeit der OFA erlangt worden sind, kann für die Hauptverhandlung von Interesse sein. Es stellt sich jedoch die Frage,

1655 BGHSt 28, 381, 382.

1656 S. 3. Kapitel, D. II. 9. c); so im Ergebnis auch *Wippler*, S. 176, 177 ff., die an anderer Stelle aber nicht konsequent ausführt, dass Einigkeit darüber herrsche, dass die Verfahrensposition einer Beweisperson nach rein rechtlichen Kriterien zu beurteilen sei, S. 170; *Becker*, S. 60.

1657 So auch *Wippler*, S. 180 f.; § 256 I Nr. 5 StPO kommt aufgrund der darin formulierten Ausnahme nicht zur Anwendung.

1658 BGH BeckRS 2007, 12286.

1659 Vgl. BGH NStZ 2006, 217.

ob Fallanalytiker die Voraussetzungen erfüllen, welche zur zutreffenden Einordnung als Sachverständige notwendig sind.

1. *Der Auftrag*

Nach der hier vertretenen Auffassung setzt die Einordnung als Sachverständiger die Beauftragung durch eine Strafverfolgungsbehörde voraus.[1660] Die bloße Inanspruchnahme der OFA-Einheiten durch die ermittelnden Beamten, wie sie regelmäßig vorkommt,[1661] kann aber den Anforderungen an eine Auftragserteilung in der Regel nicht genügen, weil für einen Sachverständigenauftrag das zuständige Strafverfolgungsorgan zuständig ist (§§ 73 I 1, § 161 a StPO).[1662] Ein Recht des ersten Zugriffs gemäß § 163 StPO, das die Polizei zur Beauftragung ermächtigen könnte, besteht bei der OFA regelmäßig nicht. Denn die Fallanalyse stellt in der Regel keine derart eilige Maßnahme im Sinne dieser Vorschrift dar.[1663] Sie wird erst in Auftrag gegeben, wenn die Ermittlungen ins Stocken geraten und neue Ermittlungsansätze gefunden werden müssen.[1664]

Die Qualitätsstandards legen zu der Auftragserteilung kein bestimmtes Vorgehen fest. Das ist sicherlich der Tatsache geschuldet, dass es bei der Fallanalyse nicht um die gerichtliche Verwertung geht. Im Idealfall können die ermittelnden Beamten durch die neuen Ermittlungsansätze genügend andere, verwertbare Beweismittel sammeln, so dass kein Bedürfnis für die Einbeziehung der Fallanalyseergebnisse vor Gericht besteht.

Festzuhalten ist aber, dass die Staatsanwaltschaft der OFA-Einheit vor Erstellung des Fallanalysegutachtens nach der hier vertretenen Ansicht einen formellen und erkennbaren Auftrag erteilen muss, soll später die Möglichkeit bestehen, das Ergebnis der Fallanalyse vor Gericht im Rahmen des Sachverständigenbeweises zu verwerten.[1665] In dem Auftrag hat die Staatsanwaltschaft das Beweisthema zu bestimmen, welches begutachtet werden soll. Die Anknüpfungstatsachen sind die im Rahmen der Auftragserteilung mitgeteilten objektiven Falldaten.[1666] Der Auftrag sowie die überlassenen Anknüpfungstatsachen sollten aus Gründen der Transparenz in den Ermittlungsakten vermerkt werden.

1660 S. 3. Kapitel, D. II. 9. c).
1661 BKA-Polizei+Forschung-*Ernst*, S. 131.
1662 BKA-Polizei+Forschung-*Bruns*, S. 162; BKA-Polizei+Forschung-*Ernst*, S. 131 ff.; SK-*Rogall*, Vor § 72 Rn. 195.
1663 BKA-Polizei+Forschung-*Ernst*, S. 132.
1664 *Dern* et al., Qualitätsstandards, 2.2, s. Fn. 32.
1665 So im Ergebnis auch *Becker*, S. 163 f.
1666 S. 3. Kapitel, B. II. 5. c), 2. Kapitel, D. II.

In der Hauptverhandlung kann das erkennende Gericht die Erstellung eines Fallanalysegutachtens in Auftrag geben (§ 73 StPO). Das wird jedoch regelmäßig nicht notwendig sein, weil die OFA ihrem Ziel nach dazu dient, die Ermittlungen zu unterstützen und einen Täter zu ermitteln. Kommt es zur Hauptverhandlung, ist eine hinreichend tatverdächtige Person aber schon gefunden (vgl. §§ 170 I, 203 StPO).[1667] Im Einzelfall muss daher das Beweisziel genau geprüft werden, um zu entscheiden, ob die OFA zur Beantwortung der Beweisfrage beitragen kann.[1668]

2. *Die Sachkunde der Fallanalytiker*

Wie bereits dargelegt, wird eine Aussageperson deshalb als Sachverständiger beauftragt, weil bei ihr eine besondere Sachkunde[1669] vermutet wird. Stellt sich später heraus, dass der Sachverständige diese Sachkunde nicht besitzt, ist er zu entpflichten und einem Beweisantrag auf Bestellung eines weiteren Sachverständigengutachtens ist stattzugeben.

Für die Frage, ob Fallanalytiker überhaupt als Sachverständige in Betracht kommen, muss daher die Frage beantwortet werden, ob die polizeilichen Fallanalytiker eine solche besondere Sachkunde grundsätzlich besitzen.[1670]

a) Expertenwissen durch Übung und Erfahrung

Die besondere Sachkunde kann in der Methodik der Hypothesengenerierung und -überprüfung zum Tatgeschehen, dem Erstellen eines Täterprofils und den weiteren Aufgabenbereichen eines Fallanalytikers liegen.

Für die OFA werden regelmäßig Ermittlungsbeamte rekrutiert, die bereits mehrere Jahre in den einschlägigen Deliktsbereichen ermittelt haben.[1671] Daran schließt sich eine langjährige Ausbildung an, in der die Fallanalytiker die Fallanalysetechniken und -methoden erlernen und entsprechende Erfahrung

---

1667 Eine Beauftragung durch das Gericht ist aber nicht ausgeschlossen.

1668 So zeigt sich beispielsweise im „*Rosenmordfall*", dass das Gericht die OFA zwar in Auftrag gegeben, die Ergebnisse aber auch auf anderem Wege erlangt und das Gutachten nicht verwertet hat. Auch das LG Regensburg hatte eine OFA in Auftrag gegeben und sich im Anschluss ohne vertiefte Begründung gegen die Ergebnisse gewandt.

1669 Zum Begriff s. 3. Kapitel, B. III. a) bb).

1670 Wird die besondere Sachkunde generell bei polizeilichen Fallanalytikern bejaht, entbindet ihr Vorliegen das Gericht nicht davon, die besondere Sachkunde im Einzelfall und bezogen auf das konkrete Beweisthema zu überprüfen.

1671 S. 2. Kapitel, E.

sammeln müssen. Dadurch erlangen sie spezifisches Wissen sowie Fertigkeiten und Fähigkeiten, welche allein diejenigen erworben haben können, die diesen Werdegang durchlaufen haben. Die Anwendung des erlernten, interdisziplinären Ansatzes sowie das Arbeiten im Team führen zu speziell generierten Ergebnissen im Wege von Schlussfolgerungen, die im Idealfall über die Erkenntnisse der Ermittlungsbeamten hinausgehen.[1672]

Auch die ViCLAS-Datenbank kann ausschließlich von dafür ausgebildeten Fallanalytikern so ausgewertet werden, dass sie die benötigten Ergebnisse liefern kann.[1673] Hier ist eine entsprechende Ausbildung und praktische Erfahrung nötig, um bestimmte Recherchekriterien herauszuarbeiten. Denn es erfordert Ausbildung, Kreativität und Fachkenntnisse, insbesondere Wissen über das Verhalten von Gewalttätern.[1674]

Wie bereits dargelegt, kann besondere Sachkunde als Erfahrungswissen gerade durch besondere Übung erlangt werden. Den Fallanalytikern ist daher mehr Sachkunde hinsichtlich der interdisziplinären Hypothesengenerierung in der Fallanalyse zuzusprechen als Vertretern der einzelnen, im Rahmen des *„Werkzeugkastenmodells"* angewendeten Wissenschaften.[1675] Dasselbe gilt gegenüber anderen Kriminalisten, wie beispielsweise behördenhierarchisch gleichgeordneten Polizeibeamten aus den Ermittlungskommissionen. Jedenfalls kann in solchen Fällen von besonderer Sachkunde ausgegangen werden, in denen die Aufklärung so schwierig ist, dass die entsprechende Ermittlungskommission die OFA-Einheit zur Hilfe und Unterstützung heranzieht. Denn die Ermittlungskommissionen haben regelmäßig in den für sie relevanten Deliktsbereichen ein großes Wissen über Täterverhalten und Verbrechensstrukturen. Dennoch sind sie an eine Grenze der Erkenntnisfähigkeit gestoßen, wenn sie die OFA-Einheit beauftragen.

Auch wenn es sich bei den fallanalytisch begutachteten Fällen um Deliktstypen handelt, welche regelmäßig zum Schwurgericht, zumindest aber zur großen Strafkammer, angeklagt werden, ist im Regelfall nicht davon auszugehen, dass die Berufsrichter dieselbe Sachkunde zur Hypothesengenerierung besitzen wie ein Fallanalyseteam.[1676] Richter können sich zwar im Laufe ihrer beruflichen Erfahrungen und durch Fortbildungen auch kriminalistische psychologische, rechtsmedizinische etc. Erfahrung aneignen. Sie werden in diesen Methoden und

---

1672 So auch *Becker*, S. 56 f.

1673 S. 2. Kapitel, B. VIII.

1674 S. 2. Kapitel, B. VIII.

1675 So im Ergebnis auch *Wippler*, S. 186 f.

1676 Vgl. Musolff/Hoffmann-*Bruns*, S. 258; *Becker*, S. 169.

Techniken im Rahmen ihrer juristischen Ausbildung aber nicht geschult und müssen sich diese durch Eigeninitiative zusätzlich aneignen. Von einer Sachkunde im Sinne der operativen Fallanalyse ist in dem Maße der deliktsspezifischen Erfahrungen der Fallanalytiker bei Richtern grundsätzlich nicht auszugehen.[1677] Darüber hinaus kann im Gerichtssaal eine Fallanalyse schon aus praktischen Gründen nicht entsprechend den Vorgaben durchgeführt werden, so dass ein Gericht die Erkenntnisse im Zweifel nicht selbst generieren kann.

b) Zweifel an der Wissenschaftlichkeit der Methode

Die Hinzuziehung von Fallanalytikern als Sachverständige wird teilweise wegen des Zweifels an der Wissenschaftlichkeit der Methode[1678] problematisiert.[1679] Die Anwendung des Werkzeugkastenmodells auf den Einzelfall wird auch als Handwerk oder im ausländischen Schrifttum als *„art"*, also Kunst, bezeichnet.[1680] Die Frage, ob es sich bei der Methode der Fallanalyse um eine Wissenschaft handelt[1681] und diese dementsprechend wissenschaftlich gesicherte Erkenntnisse liefern muss, braucht an dieser Stelle nicht entschieden zu werden.[1682] Denn schon die zuvor beschriebene Übung und Erfahrung reichen für die Annahme der besonderen Sachkunde aus.[1683]

Die OFA nimmt auch keine Wissenschaftlichkeit in Anspruch. Vielmehr betrachtet sie den Einzelfall in seinen individuellen Besonderheiten und leitet daraus nur unter großen Vorbehalten mögliche allgemeingültige, besser wohl typische, Schlussfolgerungen für den bestimmten Deliktstyp ab.[1684] Ihr Ziel ist es nicht, wissenschaftliche Erkenntnisse zu generieren, sondern die Ermittlungen

---

1677 Musolff/Hoffmann-*Bruns*, S. 262; *Wippler*, S. 165 f., 261 ff., 263 ff., 269 ff.; *Schiemann*, NStZ 2007, 683, 687; SK-*Rogall*, Vor § 72 Rn. 197; *Becker*, S. 56.

1678 Wie bereits festgestellt, ist wohl davon auszugehen, dass die Einzelfallanalyse keine generellen wissenschaftlichen Erkenntnisse liefert, auch wenn sie mit wissenschaftlichen Methoden arbeitet, *Wippler*, S. 199 ff., 203 ff., 205 ff.; *Eisenberg*, Rn. 1894 a; BKA-Polizei+Forschung-*Ignor*, S. 95, 98 f.; vgl. auch BKA-Polizei+Forschung-*Ernst*, S. 139 f.; SK-*Rogall*, Vor § 72 Rn. 193.

1679 *Boetticher*, FFPK 2010, 117, 123, 125; BKA-Polizei+Forschung-*Ignor*, S. 94 f.; Musolff/Hoffmann-*Bruns*, S. 266 f.; vgl. auch *Wippler*, S. 198 ff.; *Schiemann*, NStZ 2007, 684, 687.

1680 *Neuhaus*, FS-Beulke, S. 921 m.w.N.

1681 Ausführlich behandelt von *Wippler*, S. 199 ff., 203 ff.; s. auch Musolff/Hoffmann-*Hoffmann*, S. 65, 72.

1682 A. A. BKA-Polizei+Forschung-*Ignor*, S. 95.

1683 Vgl. 3. Kapitel, B. III. 3. a) bb).

1684 So im Ergebnis auch *Wippler*, S. 203 ff.;vgl. auch *Becker*, S. 196.

zu unterstützen.[1685] Die Tatsache, dass die Wissenschaftlichkeit der OFA nicht erwiesen ist, macht das Ergebnis demnach auch nicht per se zu einem völlig ungeeigneten Beweismittel im Sinne des § 244 III 2 StPO.[1686]

c) *Kein Expertenwissen bezüglich der angewendeten Wissenschaften*

In Bezug auf die für die Fallanalyse angewendeten Wissenschaften, wie z.B. die Rechtsmedizin oder die Psychologie, ist den polizeilichen Fallanalytikern, wenn es auf deren Ergebnisse oder abstrakte Erfahrungssätze ankommt, die besondere Sachkunde dagegen abzusprechen. Zieht das Fallanalyseteam ein solches Expertengutachten für die Fallanalyse heran, beispielsweise den rechtsmedizinischen Befund, hat der Experte selbst die besondere Sachkunde für das Teilgebiet.[1687] Denn die Fallanalytiker können allein in der von ihnen angewendeten interdisziplinären Methode der Hypothesengenerierung sowie Überprüfung und in der Teamarbeit überragendes Wissen in Form von Erfahrung und Übung für sich beanspruchen. Insofern handelt es sich bei dem Gutachtenersteller auch nicht um einen *„Hilfssachverständigen"*, dessen Hinzuziehung die h. M. zulässt.[1688]

Auch die von dem Experten wahrgenommenen Tatsachen können lediglich durch dessen Vernehmung in das Verfahren eingeführt werden.[1689]

d) *Zusammenfassung*

Aufgrund des spezifischen Erfahrungswissens und Trainings der polizeilichen Fallanalytiker in Kombination mit ihrer Arbeit im Team kann daher hinsichtlich der interdisziplinären Hypothesengenerierung und der Kenntnisse bestimmter Delikts- und Tätertypen von einer besonderen Sachkunde gegenüber dem Gericht und den ermittelnden Polizeibeamten generell ausgegangen werden.

Festzustellen ist jedoch, dass das spezifische Mehrwissen bei der Einzelfallanalyse im engeren Sinne insbesondere durch die Teamarbeit generiert wird. Welche Auswirkungen das auf die Verwertung der Ergebnisse in der Hauptverhandlung

---

1685 Vgl. Definition bei *Dern* et al., Qualitätsstandards, 1, s. Fn. 32.

1686 Ausführlich *Wippler*, S. 197 ff., 205 f., 206 ff.; vgl. auch SK-*Rogall*, Vor § 72 Rn. 197; s. dazu auch 3. Kapitel, B. III. 3. a) bb).

1687 Dann muss der Gutachtenersteller – bei Vorliegen der Voraussetzungen des Sachverständigenbeweises – dieses selbstständig vertreten.

1688 Dieser Auffassung ist nicht zu folgen, s. 3. Kapitel, B. VI. 2.; so zutreffend auch *Wippler*, S. 181.

1689 Ob diese im Wege des Zeugen- oder Sachverständigenbeweises einzuführen sind, hängt davon ab, ob es sich um Befund- oder Zusatztatsachen handelt und ob ein entsprechender Auftrag erteilt wurde, s. 3. Kapitel, D. 9. c).

hat, wird im Folgenden behandelt.[1690] Für die Auswertung der Daten der ViCLAS-Datenbank ist dagegen keine Teamarbeit erforderlich. Hier kann auch ein einzelner Fallanalytiker die Ergebnisse generieren.

Die Einführung der Fallanalyseergebnisse in die Hauptverhandlung im Rahmen des Sachverständigenbeweises ist hinsichtlich der geforderten Abgrenzungskriterien grundsätzlich möglich.[1691]

III. Das Gutachten der OFA als Behördengutachten

Ob für die Verwertung der Fallanalyseergebnisse tatsächlich ein Personalbeweis infrage kommt, ist jedoch zweifelhaft.

So wird für die Erstellung eines Gutachtens der OFA keine einzelne natürliche Person beauftragt.[1692] Vielmehr wendet sich die ermittelnde Dienststelle bei Bedarf eines Fallanalysegutachtens an die Hotline der OFA-Einheit des Bundeskriminalamts oder der Landeskriminalämter. Diese sind öffentliche Behörden im Sinne des § 256 I Nr. 1 a StPO.[1693] Dort wird von der Behörde ein Fallanalyseteam gebildet. Darauf, wer Mitglied des Teams ist, hat der Auftraggeber keinen Einfluss. Nach hiesiger Auffassung können die Fallanalyseergebnisse daher ausschließlich im Wege des Urkundsbeweises über die Verlesung des schriftlich abgefassten Gutachtens[1694] als Behördengutachten im Sinne des § 256 I Nr. 1 a StPO in die Hauptverhandlung eingeführt werden.[1695]

Die Einführung des Fallanalysegutachtens in die Hauptverhandlung durch Verlesung erscheint auch sinnvoll. Denn es hat sich gezeigt, dass sich das

---

1690 S. 4. Kapitel, C. III.

1691 Zu der Frage, ob die Fallanalyse prinzipiell Ergebnisse liefern kann, die für eine Verwertung in der Hauptverhandlung hilfreich sind und welche Teilbereiche tatsächlich in Betracht kommen, wird an spätere Stelle erörtert, s. 4. Kapitel, C. V.

1692 Anders ist dies zu beurteilen, wenn ein polizeilicher Fallanalytiker persönlich ausgewählt und beauftragt wird, ein Gutachten zu erstatten. Dann entspricht das Vorgehen aber nicht der operativen Fallanalyse, wie sie in den Qualitätsstandards festgelegt wurde. Schon der der OFA-Methode immanente Teamansatz kann von einem einzigen nicht geleistet werden.

1693 BGH NJW 1968, 206; KK-*Diemer*, § 256 Rn. 4; *Meyer-Goßner/Schmitt*, § 256 Rn. 13; *Kube/Leineweber*, S. 74; *Wippler*, S. 190.

1694 S. 3. Kapitel, B. VII. 2., 3.

1695 So weit auch *Wippler*, S. 191; *Schiemann*, NStZ 2007, 684, 687; Voraussetzung ist, dass die formalen Mindestanforderungen an ein Gutachten eingehalten werden, s. dazu *Boetticher/Nedopil/Bosinski/Saß*, NStZ 2005, 57 ff. sowie *Boetticher/Kröber/Müller-Isberner/Böhm/Müller-Metz/Wolf*, NStZ 2006, 537 ff., deren Ergebnisse auch auf andere Untersuchungsgegenstände anzuwenden sind, *Becker*, S. 138 f.

spezifische Wissen der Fallanalytiker in der Einzelfallanalyse durch die Erstellung des Gutachtens im Team ergibt und die Ergebnisse nicht durch eine Einzelperson generiert werden können bzw. sollen.[1696] Der *„natürliche"* Sachverständige hat aber das Gutachten persönlich und unabhängig zu erstatten und zu vertreten.[1697] Zwar ist ihm die Einzuziehung von Hilfspersonen erlaubt;[1698] bei der Entwicklung des Fallanalysegutachtens ist aber das gesamte Team gleichberechtigt beteiligt. Denn Sinn und Zweck der Teamarbeit ist die Generierung von mehr Erkenntnissen durch die Kumulation von Erfahrung und Sachwissen in der interdisziplinären Auseinandersetzung.[1699]

Es gibt zwar in jedem Fallanalyseteam den verantwortlichen Fallanalytiker,[1700] der auch eine besondere Erfahrung bei der Durchführung von Fallanalysen mitbringen sollte, die gegebenenfalls über die Erfahrung der anderen Gruppenmitglieder hinausgeht. Die Besonderheit seiner Stellung liegt aber ausschließlich in der Leitung und Moderation der Gruppe sowie der Überwachung und Präsentation des Analyseprozesses. Das Ergebnis des Gutachtens wird jedoch von allen Teammitgliedern gemeinsam und gleichberechtigt erstellt,[1701] weswegen entgegen der Ansicht *Beckers*[1702] ein einzelnes Teammitglied das Gutachten nicht – auch nicht in Teilen – eigenverantwortlich vor Gericht vertreten kann.[1703] Aus diesem Grund handelt es sich bei den übrigen Teammitgliedern auch nicht um reine *„Hilfskräfte"*, die dem verantwortlichen Fallanalytiker lediglich zuarbeiten. Das wäre jedoch Voraussetzung für eine rechtlich zutreffende Bestellung des verantwortlichen Fallanalytikers als *„natürlicher"* Sachverständiger, der sich der Unterstützung von Hilfskräften bedient.[1704] Mit der in dieser Arbeit vertretenen Auffassung kommt insbesondere auch eine Vernehmung des verantwortlichen Fallanalytikers als *„Leiter"* einer Sachverständigengruppe nicht in Betracht.[1705]

1696 Vgl. *Sarstedt*, NJW 1968, 177, 180, s. auch 3. Kapitel, B. VI. 4.
1697 S. 3. Kapitel, B. VI.
1698 S. 3. Kapitel, B. VI. 1.
1699 S. 2. Kapitel, C. II.
1700 S. 2. Kapitel, C. II. 1.
1701 Vgl. *Dern* et al., Qualitätsstandards, 2.4.1.2, s. Fn. 32; vgl. auch 2. Kapitel, C. II.
1702 *Becker*, S. 63.
1703 S. 3. Kapitel, B. VI. 4.
1704 S. 3. Kapitel, B. VI. 2.
1705 S. 3. Kapitel, B. VI. 2.

Die Gleichberechtigung in der Teamarbeit bleibt sogar dann bestehen, wenn in das Team weitere Experten mit einbezogen werden.[1706] Obwohl der verantwortliche Fallanalytiker im Regelfall in den für die Fallanalyse relevanten Fachgebieten und Deliktsfeldern erfahren ist, weist beispielsweise ein Rechtsmediziner oder Linguist in seinem Fachgebiet regelmäßig eine größere Sachkunde auf. In Bezug auf diese Fachgebiete könnte der verantwortliche Fallanalytiker das Gutachten schon deshalb nicht als sein eigenes vertreten.[1707] Insbesondere entscheidend ist jedoch, dass er nicht persönlich beauftragt wurde.

Weil die einzelnen Teile des Fallanalysegutachtens auch nicht einem jeweils dafür zuständigen Sachverständigen des Teams zugeordnet werden können, handelt es sich bei dem Gutachten auch nicht um ein Gruppengutachten, das die einzelnen Mitglieder hinsichtlich der von ihnen generierten Einzelergebnisse persönlich vertreten können.[1708]

1. Verfahrensrechtliche Auswirkungen der Einordnung als Behördengutachten

Zu betrachten ist, wie sich die Einordnung des Fallanalysegutachtens als Behördengutachten verfahrensrechtlich auswirkt.

a) Keine Ablehnungsrechte gemäß §§ 74, 22 ff. StPO

Eine verfahrensrechtliche Konsequenz der Einordnung des Fallanalysegutachtens als Behördengutachten ist, dass eine Ablehnung wegen der Teilnahme an den Ermittlungen oder Befangenheit gemäß § 74 StPO ausscheidet.[1709] Das ist aus rechtlichen Gesichtspunkten im Hinblick auf die Zugehörigkeit der Fallanalyseeinheiten zum Bundeskriminalamt oder zu den Landeskriminalämtern grundsätzlich nicht problematisch. Zwar kann ein Sachverständiger, der als Polizeibeamter an den Ermittlungen beteiligt war, abgelehnt werden (§ 74 I i. V. m. § 22 Nr. 4 StPO). Nach der höchstrichterlichen Rechtsprechung greift das

---

1706 *Dern* et al., Qualitätsstandards, 2.4.1.2, s. Fn. 32. Erstellen diese Experten neben dem Fallanalysegutachten andere, fachspezifische Gutachten, gilt das natürlich nicht. In einem solchen Fall sind sie die alleinigen Gutachtenersteller. Wenn sie aber nicht persönlich vom Gericht oder der Staatsanwaltschaft beauftragt wurden, sondern von ihrer Behörde, handelt es sich auch bei diesem Gutachten um ein Behördengutachten, s. 3. Kapitel, B. VII.

1707 A. A. *Becker*, S. 63.

1708 S. 3. Kapitel, B. VI. 3., 2. Kapitel, C. II.; a. A. wohl BKA-Polizei+Forschung-*Bruns*, S. 168.

1709 S. 3. Kapitel, B. VII. 5.

Ablehnungsrecht aber nur, wenn der Sachverständige bei den Ermittlungen nicht bloß beratend tätig war, sondern sicherheitspolizeiliche Aufgaben wahrgenommen hat.[1710]

aa) Durchführung der Fallanalyse abgesetzt von den Ermittlungen

Eine Teilnahme an den Ermittlungen ist bei den Fallanalyse-Einheiten regelmäßig nicht gegeben,[1711] weil die operative Fallanalyse nach den Qualitätsstandards abgesetzt von den Ermittlungen und weisungsfrei durchgeführt wird.[1712] Die OFA-Einheiten sind auch räumlich und organisatorisch getrennt von den Ermittlungseinheiten untergebracht.[1713]

Zudem schreibt die Methode der Fallanalyse im engeren Sinne vor, dass Hypothesen anhand der objektiven Daten zu kontrollieren sind und sich an ihnen messen lassen müssen. Selbst wenn ein Teammitglied subjektive Tendenzen hat, können diese durch die Teamarbeit und die objektiven Daten kontrolliert werden. Dass belastende Tendenzen auf das Gesamtergebnis durchschlagen, ist daher eher unwahrscheinlich.

Die Gefahr, dass informell Daten übernommen werden und dadurch gegebenenfalls Wertungen einfließen, die der geforderten Objektivität und Unparteilichkeit des Gutachtens widersprechen, ist ebenfalls relativ gering. Denn die Teile des Fallanalysegutachtens, die für die Verwertung in der Hauptverhandlung infrage kommen, sollen der Ermittlungsunterstützung in Form der Findung weiterer Ermittlungsansätze dienen. Einen Beschuldigten gibt es zu diesem Zeitpunkt folglich in der Regel nicht, weswegen auch das Ermittlungsmaterial regelmäßig noch keine ausschlaggebenden belastenden Tendenzen enthält. Vor allem aber sollen die subjektiven Daten durch die ermittelnde Dienststelle vor Übergabe des Materials aussortiert werden. Da die Weitergabe der gesamten Ermittlungsakten nach hiesiger Auffassung der Leitungsaufgabe des zuständigen Strafverfolgungsorgans widerspricht,[1714] ist diese Vorgehensweise der OFA zu begrüßen.

1710 S. 3. Kapitel, B. IV. 1.

1711 Zu dem Fall, dass Ermittlungsbeamte im OFA-Team mitarbeiten, folgen Ausführungen an späterer Stelle; einschränkend, im Ergebnis aber übereinstimmend *Becker*, S. 66 f.

1712 *Dern* et al., Qualitätsstandards, 2.4.1.1, s. Fn. 32. Eine psychologische Problematik bei einem belastenden Fallanalysegutachten kann allerdings nicht ausgeschlossen werden, vgl. BKA-Polizei+Forschung-*Bruns*, S. 168.

1713 S. 2. Kapitel, C. II. 2.

1714 S. 3. Kapitel, B. V. 1. a); vgl. auch BKA-Polizei+Forschung-*Ignor*, S. 96; *Wippler*, S. 290, 294 f.

Eine entsprechende Regelung findet sich in den Qualitätsstandards jedoch nicht. Die Aufnahme einer solchen Regelung wäre sinnvoll.

Ferner sind im schriftlichen Gutachten nach den Anforderungen der Qualitätsstandards die Informationen zum Auftrag und die der Fallanalyse zugrunde gelegten Daten darzulegen.[1715] Anhand dieser Darlegung kann überprüft werden, ob nicht gegebenenfalls im Rahmen von informellem Informationsaustausch wie *„Flurgesprächen"* weitere Informationen in das Gutachten mit aufgenommen wurden, die nicht den mitgeteilten, objektiven Daten entsprechen.[1716] So kann gewährleistet werden, dass subjektive Daten wie Geständnisse nicht an die Fallanalytiker gelangen, wie es im Fall *„Müller"* geschehen sein soll.[1717] Das alles spricht für die notwendige Objektivität des Gutachtens, wobei – wie bei jedem Gutachten – das Gericht dieses darauf zu prüfen hat, ob die Voraussetzungen tatsächlich eingehalten wurden.[1718]

bb) Der Sonderfall der Hinzuziehung ermittelnder Beamter

Insgesamt anders ist der Fall aber zu beurteilen, wenn – wie vom Bundeskriminalamt praktiziert – ermittelnde Beamte[1719] in das Analyseteam miteinbezogen werden[1720] oder die OFA-Einheiten schon zu Beginn der Ermittlungen mit zum Tatort genommen werden bzw. auf sonstige Weise die Ermittlungen begleiten.[1721] In diesem Moment ist die klare Trennung der OFA-Einheit von den ermittelnden Dienststellen aufgehoben.

1715 S. 2. Kapitel, C. III.

1716 Vgl. BKA-Polizei+Forschung-*Bruns*, S. 168.

1717 Vgl. BKA-Polizei+Forschung-*Ignor*, S. 96.

1718 Im *„Rosenmordfall"* ist aus dem Fallanalysegutachten beispielsweise ersichtlich, dass der Grundsatz, nur objektive Daten dem Gutachten zu Grunde zu legen und insbesondere Angaben eines Beschuldigten nicht zu verwerten, nicht eingehalten wurde, vgl. 4. Kapitel, A. III.

1719 Würde es sich nicht um ein Behördengutachten handeln, würde ihre Beteiligung an dem Gutachten zu einem Ablehnungsrecht führen, s. 3. Kapitel, B. IV. 1.

1720 Musolff/Hoffmann-*Bruns*, S. 270; BKA-Polizei+Forschung-*ders.*, S. 168; *Wippler*, S. 299 ff.; *Schiemann*, NStZ 2007, 684, 687; BKA-Polizei+Forschung-*Ignor*, S. 97; a. A. MAH-*Dern/Baurmann*, 1. A., § 84 Rn. 68; SK-*Rogall*, Vor § 72 Rn. 198, nach dessen Auffassung es ausreicht, wenn der Leiter der Fallanalysegruppe die Verantwortung für die gewissenhafte und unabhängige Erstellung des Berichts übernehmen kann. Das mag im Einzelfall zur Gewährleistung der Objektivität genügen, sollte aber möglichst vermieden werden, insbesondere da keine Ablehnung der Behörde möglich ist; vgl. auch Musolff/Hoffmann-*Bruns*, S. 270 f.

1721 S. 2. Kapitel, C. II., D. I.

Der Nutzen, Ermittler präsent zu haben, die über die Akten hinausgehendes Wissen besitzen und dieses im Laufe der Fallanalyse schnell und auf unkompliziertem Weg vermitteln können, ist für die Effizienz der Fallanalyse nicht von der Hand zu weisen.

Die Gefahr, dass auf diese Weise aber subjektive Wertungen und Beeinflussungen auf das Fallanalyseergebnis einwirken, erscheint ungleich höher als in den Fällen, in denen ermittelnde Beamte nicht an der Erstellung des Gutachtens teilnehmen. Denn es besteht eine deutlich höhere Wahrscheinlichkeit, dass sie sich zum Zeitpunkt ihrer Beteiligung am Fallanalyseteam eine eigene Meinung zu dem Fall gebildet haben,[1722] als es bei den Mitarbeitern der OFA-Einheit zu erwarten ist, die keine Beziehung zu den Ermittlungen haben. Die Beamten der Ermittlungskommission kennen im Zweifel das gesamte Ermittlungsmaterial und haben daher *„überlegenes"* Wissen, was von den übrigen Teammitgliedern nicht unbedingt als solches erkannt werden muss.[1723] Auch sind die ermittelnden Beamten in der Hypothesengenerierung der Fallanalyse nicht geschult, weswegen es ihnen schwerer fallen könnte als den geschulten OFA-Mitarbeitern, subjektive Wertungen von objektiven zu trennen. Dadurch wird die – nicht nur für die gerichtliche Verwertung – geforderte Transparenz des Gutachtens beeinträchtigt.

Ob die Einbeziehung von ermittelnden Beamten in das Fallanalyseteam für die Erstellung der Fallanalyse tatsächlich notwendig ist, kann an dieser Stelle nicht beurteilt werden. Es erscheint jedoch zweifelhaft, weil das Fallanalyseteam durch die Tatortbesichtigung, Kartenmaterial[1724] und die Mitteilung über erfolgte Ermittlungsmaßnahmen umfassende Kenntnis von den objektiven Daten erlangen kann. Tritt der Fall ein, dass tatsächlich weitere Fragen aufkommen oder die Nacherhebung von Daten notwendig sein sollte, könnte alternativ eine Anfrage an die ermittelnden Beamten gestellt werden.[1725] Sowohl die Anfrage als auch die Antwort sind dann in den Akten nachvollziehbar, was die Transparenz deutlich besser wahrt als mündliche Äußerungen von Teammitgliedern während des Analyseprozesses, auch wenn diese im Gutachten festgehalten werden sollen.

In Fällen, in denen Ermittlungsbeamte Teil des Analyseteams waren oder das OFA-Team von Anfang an die Ermittlungen begleitete, sollte das Gericht

---

1722 Auch wenn es noch keinen Beschuldigten gibt, können sich bei ihnen schon gewisse Vorstellungen und subjektive Wertungen manifestiert haben.

1723 Es muss den ermittelnden Beamten noch nicht einmal bewusst sein.

1724 Mittlerweile ist es über Internetdienste jedermann möglich, die tatsächlichen Gegebenheiten im Internet zu betrachten.

1725 Eine unverzügliche Beantwortung sollte im Zeitalter von E-Mail und Fax möglich sein, so dass kaum Zeitverzögerung eintritt.

daher auf die Verwertung des Gutachtens verzichten.[1726] Ist ihm dies wegen § 244 II StPO nicht möglich, hat es die Vermischung von Ermittlung und Gutachtenerstellung sowie die deshalb möglicherweise fehlende Objektivität in der Beweiswürdigung zu berücksichtigen und gegebenenfalls ein weiteres Sachverständigengutachten in Auftrag zu geben.[1727]

b) Keine Ausnahme von der Durchbrechung des Unmittelbarkeitsgrundsatzes, § 256 I Nr. 1 a StPO

Wie bereits ausgeführt, führt die Einordnung des Fallanalysegutachtens als Behördengutachten nach hiesiger Ansicht dazu, dass seine Verwertung ausschließlich im Wege des Urkundsbeweises durch Verlesung erfolgen kann.[1728]

Nach Verlesung des Gutachtens können eine oder mehrere amtliche Auskunftspersonen der Behörde zwar weitere Erläuterungen dazu abgeben, wenn dies dem Gericht erforderlich erscheint. Die Aussage kann aber lediglich im Wege des Freibeweises bewertet werden. Urteilsgrundlage bleibt allein das verlesene Gutachten.[1729]

Sinnvoll ist sicherlich, dass diese Auskünfte durch den verantwortlichen Fallanalytiker gegeben werden. Wenn Experten wie Rechtsmediziner oder Psychologen Teil des Teams waren, ist gegebenenfalls auch deren Vernehmung anzuraten. Einen Anspruch auf Auskunft durch eine bestimmte Person hat das Gericht jedoch nicht.[1730]

Soweit das Gericht über das Fallanalysegutachten hinaus sachkundige Bewertungen benötigt, muss es eine natürliche Person zum Sachverständigen bestellen, für die dann die Vorschriften über den Sachverständigenbeweis Anwendung finden (z.B. §§ 74 und 79 StPO). Ob ein einzelnes Mitglied des OFA-Teams die benötigte Sachkunde besitzt, ist im Einzelfall zu prüfen.[1731]

1726 Eine Pflicht besteht allerdings nicht, s. 3. Kapitel, B. VII. 5.

1727 Vgl. *Leineweber*, MDR 1980, 7, 9 f.

1728 3. Kapitel, B. VII. 3., 5.; a. A. *Becker*, die einen Vorrang des Mündlichkeitsgrundsatzes annimmt, S. 167.

1729 S. 3. Kapitel, B. VII. 4. c), 5.

1730 S. 3. Kapitel, B. VII. 1.

1731 A. A. *Becker*, nach deren Auffassung der Fallanalytiker, am besten der verantwortliche Fallanalytiker, stets das Gutachten mündlich in der Hauptverhandlung als Sachverständiger erstatten soll, S. 166 f. Im Ergebnis sei der Fallanalytiker als Sachverständiger einzuordnen, S. 208 f. Wie dies möglich sein soll, erschließt sich nicht, da nach ihrer Auffassung der mit der Gutachtenerstattung beauftragte Bedienstete lediglich Vertreter seiner Behörde ist, S. 63.

Wippler ist der Ansicht, dass hinsichtlich der Fallanalyse eine Ausnahme von der Durchbrechung des Unmittelbarkeitsgrundsatzes aus § 250 StPO durch § 256 I StPO gemacht werden müsse, um den Ausschluss unsachlicher Einflüsse auf das Verfahren zu vermeiden.[1732] Zwar handele es sich um ein Behördengutachten mit den entsprechenden rechtlichen Konsequenzen, weswegen eine Vereidigung oder Ablehnung der Behördenvertreter grundsätzlich auszuschließen sei.[1733] Weil aber die Gutachten der OFA regelmäßig sehr komplex und ein Großteil der Gerichte mit der Methode noch nicht so vertraut seien, sei eine mündliche Erstattung der Ergebnisse notwendig.[1734] Es handele sich bei dem Fallanalysegutachten nicht um ein standardisiertes Routinegutachten, wie beispielsweise die Gutachten im Sinne der § 256 I Nr. 3 und 4 StPO.[1735] Die Folge sei, dass das Gericht seiner Aufklärungspflicht aus § 244 II StPO allein durch Vernehmung des Fallanalytikers als dem amtlichen Vertreter der Behörde gerecht werde.[1736] Dieser müsse entsprechend einem Sachverständigen unter analoger Anwendung des § 74 StPO auch ablehnbar sein.[1737] Das Bedürfnis ergebe sich auch daraus, dass zwar Behörden Professionalität und Zuverlässigkeit zugesprochen werden könne, dies aber für die Behördenmitarbeiter nicht zwangsläufig auch gelte.[1738]

Dem ist zu widersprechen. Das Gesetz sieht die Verlesung von Behördengutachten – und damit die Durchbrechung des Unmittelbarkeitsprinzips – explizit vor (vgl. § 256 StPO). Dabei differenziert es nicht zwischen standardisierten Routinegutachten und komplexen Gutachten, wie sich an § 256 I Nr. 1 a i. V. m. Nr. 3 und 4 StPO ablesen lässt.[1739] Eine Differenzierung für jeden Einzelfall, je nach Komplexität des Gutachtens, würde zu einer nicht hinnehmbaren Rechtsunsicherheit führen. Aus § 83 III StPO ist herauszulesen, dass gerade bei komplexen Verfahren Behördengutachten einzuholen sind. Daraus lässt sich ein besonderes Vertrauen in die Arbeit einer Behörde ablesen.[1740]

1732 *Wippler*, S. 195 f.

1733 *Wippler*, S. 195.

1734 Vgl. auch Musolff/Hoffmann-*Bruns*, S. 266.

1735 *Wippler*, S. 191 ff., 193.

1736 *Wippler*, S. 193.

1737 *Wippler*, S. 194 ff.

1738 *Wippler*, S. 196.

1739 Vgl. auch OLG Celle NStZ 2014, 175 f.; BT-Drucks. 15/1508, S. 26 zu § 256 I Nr. 5 StPO.

1740 S. 3. Kapitel, B. VII. 2.

Da Behörden jedoch nie selbst, sondern immer nur durch natürliche Personen als ihre Vertreter handeln können, ist auch das Argument zurückzuweisen, Behörden seien objektiv, für ihre Mitarbeiter müsse das aber nicht zwangsläufig gelten. Die Objektivität einer Behörde hängt immer von ihren Mitarbeitern ab, wird aber im Gesetz vorausgesetzt.[1741]

Hinzu kommt, dass die fallanalyserelevanten Themen und Wissenschaften dem Richter aufgrund seiner Berufserfahrung nicht völlig fremd sind. Anders als beispielsweise bei physikalischen oder chemischen Verfahren und Erkenntnissen[1742] ist anzunehmen, dass ein Richter aufgrund seiner beruflichen Erfahrung und inhaltlichen „*Nähe*" seiner Arbeit zu der der Fallanalytiker ein Fallanalysegutachten nachvollziehen kann und ihm deshalb regelmäßig dessen Würdigung ohne größere Schwierigkeiten möglich ist. Das Gutachten ist zwar nur in den seltenen Fällen notwendig, in denen der Richter selbst nicht denselben Grad an Erfahrung und Übung in dem Bereich der Hypothesengenerierung hat. Deswegen kann ihm aber noch nicht die Kompetenz für das Verständnis des Gutachtens abzusprechen sein.

Für das Gutachten der OFA gilt ferner, dass es immer das Ergebnis einer Teamarbeit ist. Derjenige, der es vor Gericht erstattet, hat es nicht selbstständig erstellt.[1743] Es stellt sich die Frage, zu welcher Konsequenz die Ablehnung des Vertreters führen würde bzw. wie die Tatsache zu handhaben wäre, dass ein anderes Teammitglied befangen ist.[1744] Dieses wäre nach der Auffassung von *Wippler* und *Becker* nicht ablehnbar. Selbst wenn alle Mitarbeiter zusammen das Gutachten vor Gericht vertreten würden und ein Mitarbeiter des Teams wegen Befangenheit abgelehnt würde, ist fraglich, welche Auswirkungen dieser Umstand auf das Gutachten selbst haben soll. Diese Fragen müssen hier nicht abschließend geklärt werden, da nach hiesiger Auffassung gerade keine Ablehnungsmöglichkeit für Behördengutachten oder die es vor Gericht erläuternde amtliche Auskunftsperson besteht.[1745] Wie schon *Sarstedt* ausführte, handelt sich gerade bei

---

1741 Vgl. *Leineweber*, MDR 1980, 7, 9 f. So räumt *Wippler* auch ein gewisses „*Unbehagen*" aufgrund der Rechtsfolgenorientierung ihres Ergebnisses ein und führt zurecht aus, dass ein Eingreifen des Gesetzgebers wünschenswert wäre, um Klarheit hinsichtlich der Vertretung von Behördengutachten zu erreichen, S. 196 Rn. 350, S. 197.

1742 Vgl. dazu Alsberg/Nüse/Meyer-*Güntge*, Rn. 1335.

1743 S. 2. Kapitel, C. II.

1744 Diese Frage wird auch von *Becker* nicht beantwortet.

1745 S. 3. Kapitel, B. VII. 3., 5.

der Verlesung eines Teamgutachtens einer Behörde gemäß § 256 StPO um einen gangbaren Weg.[1746]

Um dem legitimen Interesse der Objektivität Rechnung zu tragen, hat die Behörde jedoch darauf zu achten, keine *„ungeeigneten“* bzw. befangenen Sachbearbeiter zu wählen.[1747] Hilfreich wäre, in die Qualitätsstandards aufzunehmen, dass die einzelnen Mitarbeiter verpflichtet sind, auf eine mögliche Befangenheit hinzuweisen. Auch sollte vollständig auf die Hinzuziehung ermittelnder Beamter verzichtet werden. Diese Pflicht wäre nicht nur im Hinblick auf eine gerichtliche Verwertung der Ergebnisse sinnvoll, sondern auch um eine objektive Ermittlungsunterstützung zu gewährleisten. Darüber hinaus ist Voraussetzung, dass die Fallanalysen entsprechend den Qualitätsstandards durchgeführt werden. Auf Unsicherheiten hinsichtlich gefundener Ergebnissen und Wahrscheinlichkeitsaussagen ist ausdrücklich hinzuweisen.

Im Übrigen hat das Gericht eine mögliche Befangenheit im Rahmen des § 261 StPO zu würdigen. Es kann ferner ein weiteres Gutachten in Auftrag geben und gegebenenfalls die Behörde gemäß § 76 I 2 StPO entpflichten. Diesen Schritt sollte das Gericht auch gehen, sobald sich – wie beispielsweise im *„Rosenmord“*-Fall[1748] – Anzeichen dafür ergeben, dass die Fallanalyse nicht gemäß den Vorgaben der Qualitätsstandards erstellt wurde.

2. *Die Verwertung der ViCLAS-Analyse*

Weil auch für die ViCLAS-Analyse regelmäßig die Behörde selbst beauftragt wird, gilt das soeben Erörterte ebenso für diesen Bereich. Allerdings handelt es sich in der Regel nicht um ein Teamgutachten, weil die ViCLAS-Analyse durch eine Einzelperson durchgeführt werden kann.

Eine Einordnung des die Analyse durchführenden Beamten als Sachverständiger kommt jedoch dann in Betracht, wenn er persönlich dazu beauftragt wurde. Weil in einem derartigen Fall in der Regel ein in diesem Verfahren besonders geschulter Fallanalytiker beauftragt wird, erfüllt er unter diesen Umständen das Erfordernis der besonderen Sachkunde. Wird er bei Vorliegen der Voraussetzungen als Sachverständiger vor Gericht vernommen, kann er wegen Befangenheit

1746 *Sarstedt*, NJW 1968, 177, 180.

1747 Vgl. *Leineweber*, MDR 1980, 7, 9 f.

1748 BGH, Beschluss vom 9.5.2006 – Az. 1 StR 149/05 – (nicht veröffentlicht), das Urteil stützte sich im Ergebnis aber nicht auf das Gutachten der Fallanalytiker, sondern auf das rechtsmedizinische Gutachten, s. dazu 4. Kapitel, A. III.

oder Teilnahme an den Ermittlungen abgelehnt werden gemäß § 74 I 1 StPO i. V. m. §§ 22 Nr. 4, 24 StPO.

IV. Der Fallanalytiker als Augenscheinsgehilfe

Als Augenscheinsgehilfen kommen polizeiliche Fallanalytiker in Betracht, wenn sie beauftragt werden, eine Tatsache wahrzunehmen, für die keine besondere Sachkunde notwendig ist. Ein solcher Fall ist faktisch kaum denkbar. Wenn es nicht auf die besondere Sachkunde der Fallanalytiker ankommt, kann die Aufgabe auch von den ermittelnden Beamten ausgeführt werden. Ausgeschlossen ist die Vernehmung eines Fallanalytikers als Augenscheinsgehilfe aber wohl grundsätzlich nicht.

V. Die Fallanalyse als brauchbares Beweismittel im Strafprozess im Spannungsverhältnis zu § 261 StPO

Nach der hier vertretenen Auffassung können die Ergebnisse der operativen Fallanalyse als Behördengutachten in den Strafprozess eingeführt werden. Zu klären bleibt aber die Frage, inwieweit die Ergebnisse der operativen Fallanalyse ein brauchbares Beweismittel sind. Dies soll abschließend betrachtet werden.

Nach ihrer Definition handelt es sich bei der Fallanalyse um ein rein kriminalistisches Element.[1749] Eine prozessuale Funktion kommt ihr zunächst nicht zu. Die Überführung des Täters soll mit klassischen kriminalistischen Mitteln erfolgen, zumal die OFA für eine Überführung oft schon ausreichende Beweise liefert.[1750] Es stellt sich also die Frage nach den tatsächlichen Erkenntnissen, welche die operative Fallanalyse dem Gericht im Rahmen des Behördengutachtens vermitteln und die das Gericht nicht selbst ohne sachverständige Hilfe erlangen kann.[1751] Denn in der Hauptverhandlung geht es, anders als bei den Ermittlungsunterstützungen, um die Frage der Schuld oder Unschuld eines bestimmten Angeklagten.[1752]

1749 *Erpenbach*, FPPK 2010, 107 ff., 116; *Nitschke/Schinke/Ottermann/Thomas/Osterheider*, Nervenarzt 2011, 827 ff., die eine Verwertung der Ergebnisse der polizeilichen Fallanalyse für die forensische Psychiatrie diskutieren.

1750 *Kröber*, FPPK 2010, 89.

1751 Grundlegende Ausführungen zu Nutzen und Grenzen der Fallanalyse im Hauptverfahren s. *Wippler*, S. 142 ff.

1752 BKA-Polizei+Forschung-*Ignor*, S. 91.

Zum einen kommen Befundtatsachen als Gegenstand von Sachverständigenleistungen in Betracht,[1753] welche die Fallanalytiker im Rahmen ihrer Analyse wahrgenommen haben.

Zum anderen können Bewertungen, Schlussfolgerungen und Erfahrungssätze Gegenstand einer Sachverständigenleistung sein. Nun wird in der Literatur und Rechtsprechung problematisiert, dass es zwischen der Aussage eines Fallanalytikers als Sachverständigem und dem Grundsatz der freien richterlichen Beweiswürdigung aus § 261 StPO zu Überschneidungen kommen kann, z. B. bei der Verhaltensbewertung, Motivbewertung und der Herleitung der Täterhypothese.[1754] Denn die Schlussfolgerung aus festgestellten Beweistatsachen auf das Tatgeschehen ist originäre Aufgabe des Richters.[1755] Ein Sachverständiger ist im Rahmen der zweiten Aussagekategorie lediglich zu Bewertungen und Schlussfolgerungen berufen, sofern sie eine besondere Sachkunde voraussetzen und keine rechtliche Würdigung enthalten.[1756] Das gilt auch für das Behördengutachten anzuwenden.

Wegen dieses Problems und wegen der Frage, ob die Ergebnisse der operativen Fallanalyse ein brauchbares Beweismittel im Strafprozess sind, erscheint es angebracht, zwischen den einzelnen Arbeitsschritten und Phasen der Fallanalyse zu differenzieren.[1757] Denn die Vorgehensweisen und die Möglichkeit der Überprüfung der entwickelten Hypothesen anhand objektiver Daten weichen je nach Arbeitsschritt signifikant voneinander ab.[1758] Dies hat Auswirkungen auf die Erkenntnisgewinnung und die Verwertbarkeit durch das Gericht.

1. Die Ergebnisse der Tathergangsanalyse als brauchbares Beweismittel im Strafprozess?

Durch die Tathergangsanalyse kann der Tatsachenstoff im Einzelfall durch das Gutachten verwertbar gemacht werden, indem Lücken im Tatverlauf durch Hypothesen geschlossen werden. Die Ergebnisse der Tathergangsanalyse können auf diese Weise helfen, das Tatgeschehen nachzuvollziehen und somit die

---

1753 Vgl. auch Musolff/Hoffmann-*Bruns*, S. 265; SK-*Rogall*, Vor § 72 Rn. 196; *Wippler*, S. 179 ff., die allerdings unzutreffend auch die Ergebnisse der Fallanalyse den Befundtatsachen zuordnet.

1754 *Wippler*, S. 263 ff., 269 ff.; BKA-Polizei+Forschung-*Ignor*, S. 93 f.

1755 *Meyer-Goßner/Schmitt*, § 261 Rn. 3; BKA-Polizei+Forschung-*Ignor*, S. 93; *Wippler*, S. 269 f.; vgl. BGH NStZ 2003, 276, 278; 3. Kapitel, B. X.

1756 S. 3. Kapitel, B. II. 2.

1757 Vgl. *Wippler*, S. 250 ff.

1758 Vgl. 2. Kapitel, B.

vorhandenen Spuren zu verwerten. Ihre Einführung in das Verfahren wird aber häufig nicht notwendig sein. Denn hat die Tathergangsanalyse ihrem Zweck nach neue Ermittlungserkenntnisse geliefert, konnten die ermittelnden Beamten im Idealfall neue Beweismittel finden, die zur Überzeugungsbildung des Gerichts ausreichend sind.

Allein in den Fällen, in denen das Auffinden neuer, ausreichender Beweismittel nicht möglich war, kommt eine Einführung der Ergebnisse einer Tathergangsanalyse in Betracht.[1759] Denn wenn in diesen Fällen die Ergebnisse der Fallanalyse zur Anklageerhebung und Eröffnung des Hauptverfahrens – also dem Bestehen des hinreichenden Tatverdachts im Sinne der §§ 170 I, 203 StPO – beigetragen haben, können sie gegebenenfalls auch einen Erkenntniswert für das Hauptverfahren liefern und müssen dann auch gemäß § 244 II StPO als Beweismittel herangezogen werden.[1760] Die Einführung von Ergebnissen einer Tathergangsanalyse im Wege des Behördengutachtens erscheint daher in solchen Fällen sinnvoll und möglich.[1761]

a) Wahrscheinlichkeiten als Ergebnis der Tathergangsanalyse

Zwar handelt es sich bei den in der Tathergangsanalyse generierten Hypothesen als Schlussfolgerungen und Bewertungen regelmäßig nicht um erwiesene Tatsachen, sondern *„nur"* um Wahrscheinlichkeiten, und die Ergebnisse stehen auch in einem Spannungsfeld zu § 261 StPO, weil sie regelmäßig die Schuld- und Straffrage betreffen. Dies steht jedoch einer Verwertung in der Hauptverhandlung im Wege des Behördengutachtens oder Sachverständigenbeweises nicht zwangsläufig entgegen.[1762]

Wahrscheinlichkeiten sind das regelmäßige Ergebnis von Sachverständigengutachten auch in anderen Disziplinen, wie beispielsweise die Ergebnisse von DNA-Analysen oder Schriftsachverständigen.[1763] Dass sich in den Bereichen, welche den Menschen selbst betreffen, nie allgemeingültige und sichere Aussagen

---

1759 *Wippler*, S. 275. Weil es sich bei den Hypothesen um Bewertungen und Schlussfolgerungen und keine reine Tatsachenwahrnehmung handelt, kommt eine Zeugenvernehmung nicht in Betracht, vgl. auch BKA-Polizei+Forschung-*Ernst*, S. 137 ff., 138; SK-*Rogall*, Vor § 72 Rn. 196 ff.

1760 Vgl. Musolff/Hoffmann-*Bruns*, S. 261.

1761 Vgl. auch *Wippler*, S. 250 f., 269 ff.

1762 Zur Vertiefung s. *Wippler*, S. 197 ff.; *Becker*, S. 171 f.; a. A. BGH NStZ 2006, 712; wohl auch BKA-Polizei+Forschung-*Ignor*, S. 92.

1763 *Neuhaus*, FS-Beulke, S. 919; BKA-Polizei+Forschung-*Ernst*, S. 139; *Schiemann*, NStZ 2007, 684, 687; s. dazu auch 3. Kapitel, B. III. 3. a).

treffen lassen, ergibt sich bereits aus der Unsicherheit, dass der Mensch in seiner Individualität nie vollständig erfasst und beurteilt werden kann.[1764] In den Qualitätsstandards ist ausdrücklich festgehalten, dass es sich bei den Ergebnissen der Fallanalyse um Wahrscheinlichkeitsaussagen auf der Basis des zum Zeitpunkt der Analyse vorliegenden Datenmaterials handelt.[1765] Dies muss für die Einhaltung der Transparenz des Verfahrens im Gutachten und in der Kommunikation zum Gericht auch deutlich gemacht werden.[1766]

Bei der Tathergangsanalyse werden die Hypothesen jedoch (nahezu)[1767] ausschließlich anhand objektiver Daten entwickelt und müssen nach den Qualitätsstandards anhand dieser überprüfbar darzulegen sein.[1768] Das hilft dem Gericht, das Gutachten nachzuvollziehen, sich mit ihm auseinanderzusetzen und daraus Erkenntnisse und Sachkunde abzuleiten.

Sinn und Zweck des Sachverständigenbeweises und mithin der Sachverständigenleistungen im Rahmen enes Behördengutachtens ist die Wissensvermittlung gegenüber dem Gericht, damit es auf dieser Grundlage eine sachgerechte Entscheidung treffen kann. Das Gericht kann aus der Verwertung des Fallanalysegutachtens zu der Tathergangsrekonstruktion neue Erkenntnisse schöpfen und die dort aufgeführten Thesen anhand der objektiven Daten des Falls überprüfen.[1769]

So können anerkanntermaßen psychowissenschaftliche Gutachten wie Glaubwürdigkeitsgutachten, die ebenfalls nur Wahrscheinlichkeiten als Ergebnis generieren, vor Gericht erstattet werden. Auch bei diesen Gutachten kommt es regelmäßig zu Überschneidungen zwischen dem Grundsatz der freien richterlichen

1764 Vgl. BKA-Polizei+Forschung-*Dittmann*, S. 121.

1765 *Dern* et al., Qualitätsstandards, 2.1, s. Fn. 32.

1766 Dass es sich um Wahrscheinlichkeitsaussagen handelt, soll im Fallanalysegutachten dargestellt werden, vgl. *Dern* et al., Qualitätsstandards, Anlage 6, s. Fn. 32, z.B. Fallanalysegutachten im Fall Harry Wörz, s. Fn. 1614.

1767 Die einzige Ausnahme bilden gegebenenfalls Opferdaten.

1768 BKA-Polizei+Forschung-*Dittmann* bezeichnet das Verfahren der Tathergangsanalyse daher als weitgehend standardisiert. S. E. darf die Methode sogar einen Anspruch auf wissenschaftliche Fundierung erheben, soweit sie ausschließlich der Generierung von Hypothesen dient, S. 125; *Becker*, S. 189 ff., die im Ergebnis eine Wissenschaftlichkeit ablehnt.

1769 Vgl. auch *Köhler/Müller/Kernbichler/van den Boogart/Hinrichs*, MschrKrim 2007, 360, 370 mit dem Hinweis auf die Notwendigkeit, die Tathergangsanalyse sowie ihre relevanten Parameter inhaltlich zu präzisieren und zu definieren.

Beweiswürdigung mit der Sachverständigenaussage.[1770] Insbesondere im Verhältnis zu den psychowissenschaftlichen Gutachten sollte es dem forensisch erfahrenen Richter aber in der Regel leicht fallen, die Fallanalysegutachten nachzuvollziehen und eigenständig zu bewerten. Das ergibt sich aus der inhaltlichen Nähe der Tathergangsrekonstruktion zu der richterlichen Tätigkeit und den auch dort benötigten Kenntnissen in der Kriminalistik und Kriminologie.[1771] Die Nachvollziehbarkeit des Fallanalysegutachtens ergibt sich ferner aus der Transparenz und Einheitlichkeit der Methode, wodurch sich die OFA von anderen Disziplinen wie der häufig zitierten Parapsychologie[1772] abgrenzt.[1773]

Dies wird auch durch die Bemühungen des Bundeskriminalamts und der Landeskriminalämter gefördert, durch kriminalistische Forschung der Methode der operativen Fallanalyse wissenschaftliche Erkenntnisse zugrunde zu legen.[1774] Auch wenn die Ergebnisse der Evaluation der Fallanalyseergebnisse einigen Defiziten unterliegen, kann von einer objektiv vergleichsweise verlässlichen, weil überprüfbaren, Ergebniserlangung ausgegangen werden.[1775]

Weil die Ergebnisse aber nur Wahrscheinlichkeitsaussagen sind, können sie lediglich als Indizien zur Überzeugungsbildung herangezogen werden.[1776] Das Gericht muss daher in seinem Urteil deutlich machen, dass ihm der begrenzte Beweiswert bewusst ist und ob und inwieweit die Wahrscheinlichkeitsaussage durch andere Beweismittel bestätigt wird.[1777] Somit bleibt trotz des Grundsatzes der freien richterlichen Beweiswürdigung aus § 261 StPO Raum für ein Sachverständigen- bzw. Behördengutachten.[1778]

1770 Der Bundesgerichtshof betont in diesem Zusammenhang die große Bedeutung der richterlichen Eigenständigkeit, z. B. BGH NStZ 1997, 278, 280; vgl. *Wippler*, S. 276.

1771 Vgl. auch 2. Kapitel, B. I., C. I.

1772 Z. B. BGH NJW 1978, 1207; KK-*Senge*, Vor § 72 Rn, 2.

1773 *Wippler*, S. 206 ff., 214.

1774 Vgl. auch *Wippler*, S. 214.

1775 Zur Vertiefung der Frage der Geeignetheit des Beweismittels überzeugend und detailliert *Wippler*, S. 197 ff.

1776 Vgl. die Rechtsprechung zu DNA-Gutachten, z. B. BGH JR 1993, 123; BKA-Polizei+Forschung-*Ignor*, S. 91.

1777 LR-*Gollwitzer*, § 261 Rn. 90; 3. Kapitel, B. X.

1778 Vgl. auch *Wippler*, welche in diesen Fällen vom *„überschießenden Raum für Fallanalysen"* spricht, S. 275 ff.

b) *Kein völlig ungeeignetes Beweismittel i. S. d. § 244 III 2 StPO*

Aus den soeben angeführten Gründen handelt es sich bei den Ergebnissen der Tathergangsanalyse auch nicht um ein völlig ungeeignetes Beweismittel im Sinne des § 244 III 2, 3. Var. StPO.[1779] Wäre dies der Fall, könnte das erkennende Gericht einen entsprechenden Beweisantrag ablehnen.

Regelmäßig werden genügend Anknüpfungstatsachen für die Erstattung des Gutachtens vorliegen.[1780] Denn das Datenmaterial wird zunächst einer *„Machbarkeitsprüfung"* unterzogen.[1781] Bei nicht ausreichend vorliegenden objektiven Daten wird eine Fallanalyse grundsätzlich nicht durchgeführt.[1782]

Ferner lässt schon allein der Wortlaut der Vorschrift *„völlig ungeeignet"* keinen Spielraum für die Ablehnung eines Beweisantrags, wenn die Möglichkeit von Erkenntnissen für das Strafverfahren besteht und diese Erkenntnisse nicht ohne jeden Beweiswert sind.[1783] Ein Beweismittel ist nach herrschender Meinung in Rechtsprechung und Literatur nur dann als völlig ungeeignet anzusehen, wenn ungeachtet des bisherigen Beweisergebnisses nach sicherer Lebenserfahrung feststeht, dass sich mit ihm das im Beweisantrag in Aussicht gestellte Ergebnis nicht erzielen lässt.[1784] Eine relative Ungeeignetheit reicht dagegen für die Ablehnung des Beweismittels nicht aus.[1785] Zwar kann sich eine völlige Ungeeignetheit des Beweismittels auch daraus ergeben, dass die Untersuchungsmethode unausgereift und nicht zuverlässig ist.[1786] Ob dies der Fall ist, ist nach der allgemeinen Lebenserfahrung und dem Stand wissenschaftlicher Erkenntnisse zu untersuchen.[1787] Davon ist bei den Ergebnissen der Tathergangsanalyse aber, wie soeben ausgeführt, nicht auszugehen.

Der Erkenntnisgewinn der Tathergangsanalyse kann aufgrund des interdisziplinären Ansatzes auch über den aus Vernehmungen der Sachverständigen aus

---

1779 Ausführlich *Wippler*, S. 197 ff., 250 f.

1780 Bei Nichtvorliegen der Anknüpfungstatsachen handelt es sich um ein völlig ungeeignetes Beweismittel, BGH 14, 339; BGH StV 1982, 102; *Meyer-Goßner/Schmitt*, § 244 Rn. 59 a.

1781 S. 2. Kapitel, D. II.

1782 MAH-*Dern*, § 84 Rn. 40 f.; s. auch 2. Kapitel, D. II.

1783 *Wippler*, S. 219 ff. m. w. N.; BGH NStZ 1995, 97, 98; BGH StV 1997, 338, 339; *Herdegen*, NStZ 1998, 505, 506.

1784 Z.B. BVerfG NStZ 2004, 214, 215; BGH NStZ 1993, 395, 396; BGHSt 14, 339, 342; statt vieler: *Neuhaus*, FS-Beulke, S. 918 m.w.N.

1785 BGH NStZ 1983, 181 m. w. N.

1786 BGH NStZ 1985, 515; *Meyer-Goßner/Schmitt*, § 244 Rn. 59 a.

1787 BGH NStZ 1993, 395, 396; LR-*Becker*, § 244 Rn 238 m. w. N.

den Einzelwissenschaften, wie Rechtsmediziner, Ballistiker oder Psychologe, hinausgehen. Daraus folgt, dass in solchen Fällen ein Beweisantrag nicht mit der Begründung abgelehnt werden kann, durch das rechtsmedizinische oder psychologische Gutachten sei der Aufklärungspflicht aus § 244 II StPO Genüge getan.

Mithin ist der Entscheidung des Bundesgerichtshofs vom 1.6.2006[1788] zu widersprechen. Darin führt er aus, ein auf die Hinzuziehung eines Fallanalysegutachtens gerichteter Beweisantrag sei an sich unzulässig,[1789] da es im Hauptverfahren dem Tatgericht obliegt, Bewertungen vorzunehmen, die sich darauf beschränken, aus festgestellten Beweistatsachen Schlüsse auf Tatabläufe zu ziehen. Grundsätzlich ist im Zusammenhang mit der Tathergangsanalyse im Einzelfall zu entscheiden, ob sie Erkenntnisse liefern kann, die aufgrund der besonderen Sachkunde der Fallanalytiker über die Erkenntnisfähigkeit des Gerichts hinausgehen.

Soweit der 3. Strafsenat in seiner Entscheidung vom 16.12.2008 seiner vorangegangenen Rechtsprechung folgt,[1790] ist festzustellen, dass sich diese Entscheidung auf die Verwertung einer „*Täteranalyse*“ bezog – gemeint ist wohl die Täterprofilerstellung.[1791]

2. *Die Verhaltensbewertung als brauchbares Beweismittel im Strafprozess?*

Die Verhaltensbewertung orientiert sich, genauso wie die Tathergangsrekonstruktion, an objektiven Daten und generiert Hypothesen zum Täterverhalten anhand kriminalistischer Erkenntnisse, wie der Darstellung der Verhaltensmerkmale sowie des deliktsuntypischen Verhaltens, und charakterisiert das Täterhandeln.[1792] Auch hier kann dem Fallanalyseteam, zumindest im Einzelfall, Sachkunde zugesprochen werden.[1793] Es bedarf allerdings einer Prüfung durch das Gericht, ob es nicht selbst hinreichende Sachkunde aufweist, da zumindest der *Modus-Operandi*-Vergleich in der Regel von einem erfahrenen Richter vorgenommen werden kann.[1794] Weil auch diese Hypothesen vom Gericht anhand der objektiven Daten überprüft werden können, muss für die Verhaltensbewertung dasselbe gelten wie für die Tathergangsrekonstruktion, soweit aus ihr Erkenntnisgewinn abgeleitet werden kann, den das Gericht nicht selbst erreichen

---

1788 BGH NStZ 2006, 712, 713.

1789 So auch *Schiemann*, NStZ 2007, 684, 686.

1790 BGH NStZ 2009, 284, 285.

1791 Ob das Ergebnis einer Täterprofilerstellung Gegenstand einer Sachverständigenaussage sein kann, wird an anderer Stelle erörtert, s. 4. Kapitel, C. V. 3.

1792 Kritisch *Neuhaus*, FS-Beulke, S. 923.

1793 Vgl. 2. Kapitel,B. II. 2.

1794 Vgl. auch Musolff/Hoffmann-*Bruns*, S. 262; s. 3. Kapitel, B. III. 2.

kann. Im Einzelfall besteht daher die Möglichkeit, das Fallanalysegutachten als Beweismittel in die Hauptverhandlung einzuführen, wobei die Ergebnisse jedoch nur indizielle Wirkung haben können.

3. *Die Täterprofilerstellung, Motivbewertung und Fallcharakteristik als brauchbares Beweismittel im Strafprozess?*

Alle sich an die Tathergangsanalyse und Verhaltensbewertung anschließenden möglichen weiteren Phasen der Fallanalyse werden anhand der zuvor generierten Hypothesen durchgeführt. Es handelt sich um indirekte Ableitungen.[1795] Daraus folgt, dass es sich bei den sich anschließenden Verfahren immer um deutlich fehleranfällige Ergebnisse handelt, weil sich Folgefehler ergeben können und nicht mehr ausreichend objektive Daten vorhanden sind, anhand derer sich die Folgeergebnisse überprüfen lassen.[1796] Als indirekte Ableitung ist das Täterprofil insofern nicht geeignet, in das Verfahren eingeführt zu werden, auch nicht im Wege des Indizienbeweises.[1797]

Unabhängig davon kann ein Täterprofil auch nicht denselben Erkenntnisgewinn für die Hauptverhandlung liefern wie die Tathergangsrekonstruktion. Denn Sinn und Zweck des Täterprofils ist die Unterstützung der Ermittlungseinheiten beim Finden eines unbekannten Täters durch Priorisierung des Täterkreises.[1798] In der Hauptverhandlung gibt es aber schon einen Angeklagten und aus dem Täterprofil kann nicht abgeleitet werden, ob es sich bei dem Angeklagten tatsächlich um den Täter handelt.[1799] Auch wenn große Übereinstimmungen zwischen Angeklagtem und Täterprofil bestehen, kann daraus nicht auf die Täterschaft geschlossen werden. Anders als beispielsweise bei einer DNA-Analyse, welche als Indiz für die Täterschaft herangezogen werden kann,[1800] handelt es sich bei dem Täterprofil nicht um eine Spur, die direkt auf den Angeklagten verweist.[1801]

Ein Auftrag zur Erstellung eines Täterprofils in der Hauptverhandlung sowie die Verwendung eines bereits erstellten Täterprofils ist aufgrund des soeben

---

1795 MAH-*Dern/Baurmann*, 1. A., § 34 Rn. 129; s. auch 2. Kapitel, B. III., IV. und V.

1796 MAH-*Dern/Baurmann*, 1. A., § 34 Rn. 129.

1797 S. 2. Kapitel, B. V.; vgl. auch *Wippler*, S. 255, 260.

1798 S. 2. Kapitel, B. V.

1799 Vgl. auch BGH, Urteil v. 27.6.2006 – Az. 1 StR 129/06 (nicht veröffentlicht) zu Schlussfolgerungen auf die Nichttäterschaft durch die ViCLAS-Analyse.

1800 Z. B. BGH JR 1993, 123.

1801 S. 2. Kapitel, B. V.; so auch *Wippler*, S. 258 ff.

Ausgeführten sinnlos[1802] und sollte auch schon deshalb nicht stattfinden, weil es bereits einen (hinreichend) Tatverdächtigen – den Angeklagten – gibt.[1803]

Auch bei der Motivbewertung handelt es sich um eine indirekte Ableitung, die für den Sachverständigenbeweis nicht geeignet ist.[1804] Denn es handelt sich ausschließlich um eine Wertung, die von den in der Tathergangsrekonstruktion entwickelten Hypothesen abgeleitet wurde. Die Unsicherheit dieser Ableitungen besteht insbesondere auch deshalb, weil dem Täter sein Motiv häufig selbst nicht bewusst ist.[1805]

Die Fallcharakteristik ist für die Einführung in die Hauptverhandlung schon praktisch nicht geeignet. Diese Ergebniszusammenfassung dient der internen Kontrolle ihrer Hypothesen durch die Fallanalytiker.[1806] Für die Hauptverhandlung ist das abschließende Gutachten heranzuziehen.

4. Die vergleichende Fallanalyse und die geografische Fallanalyse als brauchbares Beweismittel im Strafprozess?

Auch die vergleichende Fallanalyse und die geografische Fallanalyse sind als indirekte Ableitungen nicht geeignet, als Beweismittel in die Hauptverhandlung eingeführt zu werden.[1807]

So werden bei der vergleichenden Fallanalyse die Tatabläufe und die daran entwickelten Hypothesen miteinander verglichen und mögliche Gemeinsamkeiten herausgearbeitet. Dies erfolgt in erster Linie anhand des *Modus-Operandi-* und *„Handschriften“*-Vergleichs.[1808] Grundlage ist regelmäßig eine Kombination objektiver Daten mit *„unsicheren“* Daten, insbesondere den Hypothesen der Tathergangsrekonstruktion.[1809] Eine Überprüfbarkeit wie bei der Tathergangsrekonstruktion ist daher nicht gegeben.

1802 Vgl. auch *Neuhaus*, FS-Beulke, S. 924 f., der das Täterprofil als *„völlig ungeeignet im Rechtssinne“* bezeichnet.

1803 Wenn schon eine bestimmte Person verdächtigt wird, was in der Hauptverhandlung immer der Fall ist, soll aus Gründen der Seriosität und Objektivität kein Täterprofil erstellt werden. Das ergibt sich bereits aus der Definition der Methode der Täterprofilerstellung, in der von einem unbekannten Täter gesprochen wird, s. 2. Kapitel, B. V.

1804 Vgl. auch *Wippler*, S. 251 f.

1805 Vgl. auch *Wippler*, S. 251 f.; *Neuhaus*, FS-Beulke, S. 923 f.

1806 S. 2. Kapitel, B. IV.

1807 Vgl. auch *Wippler*, S. 253.

1808 S. 2. Kapitel, B. VI.

1809 S. 2. Kapitel, B. VI.

Hinzu kommt, dass der *Modus-Operandi*-Vergleich regelmäßig von einem erfahrenen Richter vorgenommen werden kann.[1810] Selbst wenn man also die Verwertbarkeit der Ergebnisse der vergleichenden Fallanalyse annehme, müsste das Gericht im Einzelfall genau prüfen, ob es nicht selbst die besondere Sachkunde zur Beurteilung hat (vgl. § 244 IV 1 StPO).

Für die Einführung der geografischen Fallanalyse wird in der Regel kein Bedürfnis bestehen, da sie während der Ermittlungen der regionalen Eingrenzung des Täterkreises dient und in der Hauptverhandlung daher kaum weitere Erkenntnisse liefern kann. Des Weiteren ist gegen ihre Verwertung einzuwenden, dass regelmäßig ermittelnde Beamte an ihrer Erstellung teilnehmen, weil sie gute Ortskenntnisse haben. Dadurch kann jedoch die Objektivität des Gutachtens beeinträchtigt sein, weswegen von einer Verwertung des Gutachtens abgesehen werden sollte.

5. *Die ViCLAS-Analyse als brauchbares Beweismittel im Strafprozess?*

Die Einführung der Ergebnisse der Auswertung des ViCLAS-Systems in die Hauptverhandlung kommt dagegen durchaus in Betracht. Das Vorgehen ist beispielsweise mit der Auswertung eines Röntgenbilds durch einen medizinischen Sachverständigen vor Gericht vergleichbar, was ohne rechtliche Bedenken möglich ist. Denn es handelt sich um direkte Ableitungen auf der Grundlage einer bestehenden objektiven Datenlage.[1811] Die Auswertung des ViCLAS-Systems entspricht letztlich der Auswertung von Datenmaterial.[1812]

Die entsprechend ausgebildeten Fallanalytiker haben hinsichtlich der Auswertung der Datenbank eine Sachkunde durch spezielle Schulungen und Erfahrungswerte. Das Computersystem ist für sich genommen zur Ergebniserreichung nicht in der Lage. Anhand der objektiven, im System gespeicherten Daten ist es einem Fallanalytiker durchaus möglich, bestimmte Wahrscheinlichkeiten in Bezug auf Tatzusammenhänge darzulegen. Es handelt sich um die Klärung sachverständig zu beurteilender Zusammenhänge. Die Hinzuziehung eines Fallanalytikers ist auch erforderlich, weil allein mit dessen Sachkunde die Auswertung möglich ist. Denn dafür bedarf es ganz besonderer Ausbildung und Erfahrung.[1813] Diese Tätigkeit geht ferner über die Vornahme bloßer Verrichtungen hinaus und kann somit im Wege des Sachverständigenbeweises verwertet

---

1810 Vgl. auch Musolff/Hoffmann-*Bruns*, S. 262; s. 3. Kapitel, B. III. 2.

1811 S. 2. Kapitel, B. VIII.

1812 Vgl. OLG Zweibrücken NStZ-RR 2004, 298.

1813 S. 2. Kapitel, B. VIII.

werden, soweit der Fallanalytiker persönlich[1814] mit der Erstattung des Gutachtens beauftragt wurde.[1815] Anhand der objektiven Falldaten und Suchkriterien, die der ViCLAS-Analyse zugrunde liegen, ist dem Gericht auch eine Nachprüfung der Ergebnisse möglich.

Wie schon bei der Tathergangsrekonstruktion erörtert, können Wahrscheinlichkeitsaussagen Gegenstand eines Sachverständigenbeweises sein, wenn sie, wie hier, nachvollziehbar und überprüfbar sind.[1816] Ob es sich im Ergebnis in dem speziellen Fall tatsächlich um eine Tatserie handelt oder ob der Angeklagte diese begangen hat, muss das Gericht im Anschluss an die Beweisaufnahme selbst im Sinne des § 261 StPO frei würdigen.[1817] Weil auch die Ergebnisse der ViCLAS-Auswertung Wahrscheinlichkeitsaussagen sind, die nicht für sich genommen zur Verurteilung des Angeklagten führen können, dürfen auch diese Ergebnisse regelmäßig nur als Indizien verwertet werden und nur im Zusammenhang mit weiteren Beweisen zu einer Verurteilung führen.[1818] Dennoch kann es im Einzelfall einen Erkenntnisgewinn für das Gericht durch die Einführung der ViCLAS-Ergebnisse geben.

Anders als vom LG Berlin entschieden,[1819] kann das Ergebnis jedoch nicht im Wege des (sachverständigen) Zeugenbeweises in das Verfahren eingeführt werden. Denn es sind für diese Ergebniserlangung, wie es sich schon aus dem Wortlaut des Urteils des LG Berlin selbst ergibt, Bewertungen und Schlussfolgerungen notwendig.

6. *Zusammenfassung*

Anders als der Bundesgerichtshof pauschal festgestellt hat, können bestimmte Ergebnisse der operativen Fallanalyse, namentlich die Ergebnisse der Tathergangsrekonstruktionen, der Verhaltensbewertungen sowie der Auswertung des ViCLAS-Systems für die Hauptverhandlung im Einzelfall ein brauchbares Beweismittel sein. Gegebenenfalls kann daher eine Verpflichtung des Richters zur Einführung des Fallanalysegutachtens gemäß § 244 II StPO bestehen. In solchen Fällen kann das erkennende Gericht auch einen entsprechenden Beweisantrag

---

1814 Bei der ViCLAS-Analyse wird in der Regel nicht im Team gearbeitet.

1815 Nach der hier nicht vertretenen h. M. ist dies auch bei der Vornahme bloßer Verrichtungen möglich, s. 3. Kapitel, B. II. 4.; vgl. auch OLG Zweibrücken NStZ-RR 2004, 298.

1816 Anhand der objektiven, gespeicherten Daten.

1817 Vgl. auch BGH, Urteil v. 27.6.2006 – Az. 1 StR 129/06 (nicht veröffentlicht).

1818 Vgl. *Meyer-Goßner/Schmitt*, § 261 Rn. 25.

1819 So ersichtlich aus dem Urteil des BGH BeckRS 2007, 12286.

nicht ohne Weiteres mit der Begründung ablehnen, es handele sich um ein völlig ungeeignetes Beweismittel im Sinne des § 244 III 2 StPO.

Wie bei jedem anderen Sachverständigengutachten muss es sich zunächst mit der Frage der eigenen Sachkunde auseinandersetzen. Auch kann es vorkommen, dass durch die Vernehmung anderer Sachverständiger, wie Rechtsmediziner oder Ballistiker, die Voraussetzungen des § 244 IV 2, 1. Alt. StPO gegeben sind und es der Einführung der Erkenntnisse der Fallanalyse in die Hauptverhandlung nicht mehr bedarf. In einigen Fällen kann das Gericht ferner Erkenntnisse über die Vernehmung anderer Sachverständiger und Zeugen erlangen. Allerdings hat das Gericht zu beachten, dass die Fallanalyse im Einzelfall darüber hinausgehende Erkenntnisse liefern kann. Das ist insbesondere dem interdisziplinären Ansatz sowie der Teamarbeit geschuldet. Dann ist eine Ablehnung des Beweisantrags nach § 244 IV 2 StPO nicht möglich. Die Ergebnisse können allerdings lediglich als Indizien bewertet werden und deshalb nur in Verbindung mit anderen Beweisen zu einer Verurteilung führen.

Dabei ist nicht zu vergessen, dass Fallanalyse nicht primär zur Verwertung vor Gericht durchgeführt wird und ein Erkenntnisgewinn, der über die gesammelten Beweismittel der ermittelnden Dienststelle und die Rekonstruktion des Tatverlaufs durch das entscheidende Gericht hinausgeht, nur im Einzelfall besteht. Ob ein solcher vorliegt, bedarf aber einer genauen Prüfung und kann nicht generell verneint werden. Hier ist das erkennende Gericht zu einer detaillierten Auseinandersetzung mit der Fragestellung, dem Ziel der Einführung der OFA-Ergebnisse in den Prozess und dem Gutachten berufen.

5. Kapitel: Ergebnisse der Untersuchung und Ausblick

Die Darstellung der gesetzlichen Konzeption der Beweispersonen, ihrer Aufgaben und der verschiedenen Abgrenzungsversuche hat gezeigt, dass allein Prozesshandlungen über ihre Verfahrensstellung entscheiden können. Diese Handlungen müssen objektiv erkennbar sein.[1820] Nur so können sie Wirkung entfalten und auf ihre Richtigkeit überprüft werden. Sofern die Prozesshandlung nicht ausdrücklich erfolgt, ist bei der Abgrenzung der Beweispersonen voneinander im Zweifel auf die Art der Befragung durch das zuständige Prozessorgan abzustellen, wie sie für die Verfahrensbeteiligten offensichtlich wird.

Darauf, ob eine Person bei ihrer Beauftragung zum Sachverständigen tatsächlich besonders sachkundig ist, kommt es für die Verfahrensposition dagegen nicht an, weil die Sachkunde lediglich vermutet werden kann. Eine fehlende Sachkunde macht die Bestellung inhaltlich unrichtig aber nicht unwirksam. Für die Einordnung einer Beweisperson als Zeuge ist das Merkmal der vermuteten oder tatsächlichen Sachkunde irrelevant. Auf den Begriff des *„sachverständigen Zeugen"* sollte verzichtet werden. Er ist nichtssagend und schlicht irreführend.

Die vermutete und vorausgesetzte besondere Sachkunde ist hinsichtlich der Abgrenzung der persönlichen Beweismittel allein im Rahmen einer Auftragserteilung für die Frage entscheidend, ob ein Sachverständigenauftrag oder ein Auftrag zur Augenscheinnahme ergeht.

Der Rechtsprechung des Bundesgerichtshofs, dass das Gericht zu einer Aufklärung über die Verfahrensstellung im Zweifel nicht verpflichtet sei, ist entschieden entgegenzutreten. Sie führt zu einer nicht hinnehmbaren Rechtsunsicherheit und es sind keine legitimen Gründe ersichtlich, warum an ihr festzuhalten ist. Eine Änderung der höchstrichterlichen Rechtsprechung ist daher notwendig und wünschenswert.

Werden Behörden mit der Erstellung eines Gutachtens beauftragt, können diese allein im Wege der Urkundsverlesung in das Verfahren eingeführt werden. Die Vorschriften des Sachverständigenbeweises können dagegen nicht auf das Behördengutachten angewendet werden, soweit sie eine natürlich Person voraussetzen (z.B. §§ 74, 79 StPO).

1820 Diese Grundsätze müssen auch im Fall einer Kumulation- und Sukzession von Verfahrensrollen gelten.

Daraus folgt, dass auch eine Verwertung der Fallanalyseergebnisse in der Hauptverhandlung nur durch die Verlesung des Gutachtens möglich ist, weil keine natürliche Person, sondern die Behörde selbst beauftragt wird.[1821] In Betracht kommt im gerichtlichen Verfahren nach hiesiger Auffassung die Verwertung der Ergebnisse der Tathergangsrekonstruktion, der Verhaltensbewertung und der Auswertung des ViCLAS-Systems. Sie sind als Hypothesen anhand rein objektiver Kriterien überprüfbar und können dem Richter als Indizien im Einzelfall wertvolle Unterstützung leisten. Dass die Ergebnisse lediglich Wahrscheinlichkeiten abbilden, steht ihrer Einführung in den Strafprozess, anders als vom Bundesgerichtshofs entschieden, nicht entgegen.

Besondere Sachkunde ist den OFA-Einheiten und damit dem Bundeskriminalamt bzw. den Landeskriminalämtern hinsichtlich der für die gerichtliche Verwertung in Betracht kommenden Phasen der Fallanalyse grundsätzlich zuzusprechen. Allerdings muss das Gericht in jedem Einzelfall beurteilen, ob es selbst die erforderliche Sachkunde zur Bewertung der Ermittlungsergebnisse hat. Weil die Auswertung von Ermittlungsergebnissen zur Standardaufgabe eines Strafrichters gehört, wird die Fallanalyse nur in Ausnahmefällen Ergebnisse liefern, deren Erreichung einem erfahrenen Spruchkörper nicht selbst möglich wäre. Auch in Zukunft wird daher wohl nur in seltenen Fällen das Bedürfnis nach der Einführung der Ergebnisse der OFA in die Hauptverhandlung bestehen. Hat das Gericht selbst ausreichende Sachkunde, kann es einen Beweisantrag gemäß § 244 IV 1 StPO ablehnen. Es muss seine eigene Sachkunde im Urteil aber hinreichend darlegen.

Kann die Fallanalyse Erkenntnisse liefern, die der Richter selbst nicht erreichen würde, ist Voraussetzung für eine gerichtliche Verwertung, dass ein zuständiges Strafverfolgungsorgan die Behörde beauftragt. In der Regel werden derzeit die Fallanalysen während des Ermittlungsverfahrens von den ermittelnden Dienststellen in Auftrag gegeben. Empfehlenswert und rechtlich zutreffend sollte aber im Ermittlungsverfahren die Beauftragung der OFA-Einheiten, unabhängig von dem Interesse an einer gerichtlichen Verwertung der Ergebnisse, grundsätzlich durch die Staatsanwaltschaft als Herrin des Verfahrens erfolgen.

Die Ablehnung des Behördengutachtens oder des Behördenvertreters vor Gericht kommt wegen der gesetzlichen Konzeption des Behördengutachtens nicht in Betracht, auch nicht, wenn Beamte der ermittelnden Dienststellen an der Erstellung mitgewirkt haben. Aus Gründen der Objektivität sollte aber von den

1821 Bezüglich der ViCLAS-Auswertung kommt auch ein Sachverständigenbeweis in Betracht, wird die auswertende Person persönlich vom Gericht beauftragt.

OFA-Einheiten von der Einbeziehung ermittelnder Beamter in den Fallanalyseprozess ausnahmslos abgesehen werden. Das gilt zumindest aus strafprozessualer Sicht. Aber auch wenn das primäre Ziel der Fallanalyse nicht ihre Verwertung im Prozess ist, sollte in jedem Einzelfall geprüft werden, ob eine solche Hinzuziehung tatsächlich notwendig ist, um die Objektivität eines solchen Gutachtens zu wahren.

Soweit an der Erstellung des Fallanalysegutachtens ermittelnde Beamten beteiligt waren, sind die Gerichte gehalten, von der Verwertung des Gutachtens abzusehen. Die Behörde mag zwar objektiv sein. Ein berechtigtes Interesse, an einem solchen Gutachten weiter festzuhalten, ist aber nicht ersichtlich, da sein Zweck nicht mehr erreicht werden kann. In jedem Fall ist eine mögliche Befangenheit im Rahmen der Beweiswürdigung zu berücksichtigen.

Es ist davon auszugehen, dass eine gerichtliche Verwertung von Fallanalyseergebnissen auch in Zukunft eher die Seltenheit bleiben wird.[1822] Dennoch ist das Bedürfnis ihrer Einführung in die Hauptverhandlung in Einzelfällen nicht von der Hand zu weisen. Neben der Weiterentwicklung der Fallanalyse und ihrer Methoden sollte daher auf Behördenseite darauf geachtet werden, dass die Grundvoraussetzungen für eine gerichtliche Verwertung als Standards eingehalten werden, möchte man sich diese Möglichkeit nicht verwehren.

Die Gerichte müssen die Einhaltung der Voraussetzungen genau prüfen. Dabei müssen sie ein besonderes Augenmerk darauf legen, ob lediglich objektive Daten als Anknüpfungstatsachen mitgeteilt wurden und ob darüber hinaus weitere Informationen in das Fallanalysegutachten eingeflossen sind. Gerade wenn ermittelnde Beamte Teil des Fallanalyseteams waren und das Gutachten dennoch verwertet wird, ist dieser Punkt von besonderer Bedeutung, um zu verhindern, dass Ergebnisse, die auf subjektiven Wertungen beruhen, als Indizien herangezogen werden. Zur Wahrung der Rechte des Angeklagten ist dies unerlässlich, da die Ergebnisse der Fallanalyse von Strafverfolgungsbehörden generiert werden und diese, anders als Sachverständige, nicht gemäß § 74 StPO abgelehnt werden können.

Mehr als bisher geschehen, haben sich die Gerichte darüber hinaus mit der Frage auseinanderzusetzen, welche Teile des Fallanalysegutachtens sie im Einzelfall auf welche Weise in den Prozess einbeziehen können und müssen. In diesem Zusammenhang wird eine verstärkte Beschäftigung mit den Methoden und Erkenntnissen der Fallanalyse sowie den in der Literatur nun erfolgten ersten rechtlichen Bewertungen notwendig sein.

1822 So auch *Wippler*, S. 315.